全国高等教育自学考试指定教材
法律专业（本科）

保 险 法

（2010 年版）

（附：保险法自学考试大纲）

全国高等教育自学考试指导委员会　组编

主　编　徐卫东
撰稿人　徐卫东　高　宇
　　　　潘红艳　祝　杰
审稿人　贾林青　王绪瑾　陈　飞

图书在版编目(CIP)数据

保险法:2010年版:附保险法自学考试大纲/徐卫东主编. —北京:北京大学出版社,2010.9
(全国高等教育自学考试指定教材)
ISBN 978 – 7 – 301 – 17766 – 2

Ⅰ. ①保… Ⅱ. ①徐… Ⅲ. ①保险法 – 中国 – 高等教育 – 自学考试 – 教材 Ⅳ. ①D922.284

中国版本图书馆 CIP 数据核字(2010)第 176346 号

书　　名：	保险法(2010 年版)
	附:保险法自学考试大纲
著作责任者：	徐卫东　主编
责 任 编 辑：	孙战营
标 准 书 号：	ISBN 978 – 7 – 301 – 17766 – 2/D · 2687
出 版 发 行：	北京大学出版社
地　　　址：	北京市海淀区成府路 205 号　100871
网　　　址：	http://www.pup.cn
电　　　话：	邮购部 62752015　发行部 62750672　编辑部 62752027
	出版部 62754962
电 子 邮 箱：	law@pup.pku.edu.cn
印　刷　者：	河北滦县鑫华书刊印刷厂
经　销　者：	新华书店
	880 毫米×1230 毫米　32 开本　13.875 印张　415 千字
	2010 年 9 月第 1 版　2025 年 1 月第 15 次印刷
定　　　价：	21.00 元

未经许可,不得以任何方式复制或抄袭本书之部分或全部内容。
版权所有,侵权必究
举报电话:010 – 62752024　电子邮箱:fd@pup.pku.edu.cn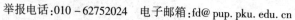

组编前言

21世纪是一个变幻莫测的世纪，是一个催人奋进的时代。科学技术飞速发展，知识更替日新月异。希望、困惑、机遇、挑战，随时随地都有可能出现在每一个社会成员的生活之中。抓住机遇，寻求发展，迎接挑战，适应变化的制胜法宝就是学习——依靠自己学习、终生学习。

作为我国高等教育组成部分的自学考试，其职责就是在高等教育这个水平上倡导自学、鼓励自学、帮助自学、推动自学，为每一个自学者铺就成才之路，组织编写供读者学习的教材就是履行这个职责的重要环节。毫无疑问，这种教材应当适合自学，应当有利于学习者掌握、了解新知识、新信息，有利于学习者增强创新意识、培养实践能力，形成自学能力，也有利于学习者学以致用、解决实际工作中所遇到的问题。具有如此特点的书，我们虽然沿用了"教材"这个概念，但它与那种仅供教师讲、学生听，教师不讲，学生不懂，以"教"为中心的教科书相比，已经在内容安排、形式体例、行文风格等方面都大不相同了。希望读者对此有所了解，以便从一开始就树立起依靠自己学习的坚定信念，不断探索适合自己的学习方法，充分利用自己已有的知识基础和实际工作经验，最大限度地发挥自己的潜能达到学习的目标。

欢迎读者提出意见和建议。

祝每一位读者自学成功。

全国高等教育自学考试指导委员会
2005年1月

目 录

第一编 保险法绪论 …………………………………………（1）
第一章 危险与保险 ……………………………………（1）
第一节 保险的含义与特征 …………………………（1）
第二节 保险的分类与职能 …………………………（20）
第二章 保险法的产生及其变动 ………………………（27）
第一节 保险法概说 …………………………………（27）
第二节 保险法的产生与发展 ………………………（30）

第二编 保险法本论 …………………………………………（38）
第三章 保险合同概述 …………………………………（38）
第一节 保险合同的概念和特征 ……………………（38）
第二节 保险合同的主要分类 ………………………（46）
第四章 保险合同的主体与客体 ………………………（55）
第一节 保险合同的当事人 …………………………（55）
第二节 保险合同的关系人 …………………………（58）
第三节 保险合同的辅助人 …………………………（69）
第四节 保险利益 ……………………………………（80）
第五章 保险合同的订立与生效 ………………………（90）
第一节 保险合同的订立 ……………………………（90）
第二节 保险合同订立中的先合同义务 ……………（95）
第三节 保险合同的生效 ……………………………（106）
第四节 保险合同的形式与内容 ……………………（115）
第六章 保险合同的效力变动 …………………………（128）
第一节 保险合同的变更 ……………………………（128）
第二节 保险合同的转让 ……………………………（132）
第三节 保险合同的中止 ……………………………（135）

第四节　保险合同的复效 …………………………………… (138)
　　第五节　保险合同的解除 …………………………………… (140)
　　第六节　保险合同的终止 …………………………………… (146)
第七章　保险合同的履行 …………………………………… (150)
　　第一节　投保人义务及履行 ………………………………… (150)
　　第二节　保险人义务及履行 ………………………………… (168)
　　第三节　保险合同的解释 …………………………………… (177)

第三编　保险法各论 …………………………………… (182)
第八章　财产保险合同概述 ………………………………… (182)
　　第一节　财产保险合同的概念和特征 ……………………… (182)
　　第二节　财产保险合同的种类 ……………………………… (184)
　　第三节　保险代位 …………………………………………… (186)
　　第四节　保险金额与保险价额 ……………………………… (192)
　　第五节　重复保险 …………………………………………… (197)
第九章　财产损失保险合同 ………………………………… (202)
　　第一节　财产损失保险合同的概念和种类 ………………… (202)
　　第二节　火灾保险合同 ……………………………………… (204)
　　第三节　国内货物运输保险合同 …………………………… (207)
　　第四节　国内运输工具保险合同 …………………………… (209)
　　第五节　农业保险合同 ……………………………………… (211)
第十章　责任保险合同 ……………………………………… (213)
　　第一节　责任保险合同的概念、特征及分类 ……………… (213)
　　第二节　责任保险合同的第三人 …………………………… (217)
　　第三节　责任保险合同的履行和基本条款 ………………… (218)
　　第四节　机动车交通事故强制保险 ………………………… (224)
第十一章　保证保险合同与信用保险合同 ………………… (230)
　　第一节　保证保险合同 ……………………………………… (230)
　　第二节　信用保险合同 ……………………………………… (236)
第十二章　海上保险合同 …………………………………… (243)
　　第一节　海上保险合同的概念和种类 ……………………… (243)

第二节　海上保险合同的内容及保险标的的损失 …… (245)
　　第三节　海上货物运输保险合同 ……………………… (248)
　　第四节　海上船舶保险合同 …………………………… (251)
第十三章　人身保险合同导论 ………………………………… (257)
　　第一节　人身保险合同的概念、特征和种类 ………… (257)
　　第二节　人身保险合同的当事人及关系人 …………… (260)
　　第三节　人身保险合同的主要内容 …………………… (265)
第十四章　人寿保险合同 ……………………………………… (274)
　　第一节　人寿保险合同的概念和种类 ………………… (274)
　　第二节　人寿保险合同的订立和内容 ………………… (277)
　　第三节　年金保险合同的种类 ………………………… (281)
第十五章　意外伤害保险合同 ………………………………… (285)
　　第一节　意外伤害保险的概念、种类及特征 ………… (285)
　　第二节　意外伤害保险合同的主要内容 ……………… (287)
　　第三节　旅游意外伤害保险合同 ……………………… (291)
第十六章　健康保险合同 ……………………………………… (294)
　　第一节　健康保险的概念、特征和分类 ……………… (294)
　　第二节　医疗费用保险 ………………………………… (296)
　　第三节　失能收入保障保险和护理保险 ……………… (298)
　　第四节　疾病保险和重大疾病保险 …………………… (301)

第四编　保险业法 ……………………………………… (306)

第十七章　保险组织 …………………………………………… (306)
　　第一节　保险组织的设立 ……………………………… (306)
　　第二节　保险公司的变更 ……………………………… (312)
　　第三节　保险公司的解散、清算 ……………………… (315)
第十八章　保险监管 …………………………………………… (320)
　　第一节　保险监管概述 ………………………………… (320)
　　第二节　保险监管的内容 ……………………………… (323)

后记 ………………………………………………………………… (337)

保险法自学考试大纲
（含考核目标）

- Ⅰ　本课程的性质与设置目的 …………………………………（342）
- Ⅱ　课程内容与考核目标 ………………………………………（343）
- 第一编　保险法绪论 ……………………………………………（343）
  - 第一章　危险与保险 …………………………………………（343）
  - 第二章　保险法的产生及其变动 ……………………………（346）
- 第二编　保险法本论 ……………………………………………（348）
  - 第三章　保险合同概述 ………………………………………（348）
  - 第四章　保险合同的主体与客体 ……………………………（352）
  - 第五章　保险合同的订立与生效 ……………………………（360）
  - 第六章　保险合同的效力变动 ………………………………（367）
  - 第七章　保险合同的履行 ……………………………………（372）
- 第三编　保险法各论 ……………………………………………（381）
  - 第八章　财产保险合同概述 …………………………………（381）
  - 第九章　财产损失保险合同 …………………………………（387）
  - 第十章　责任保险合同 ………………………………………（392）
  - 第十一章　保证保险合同与信用保险合同 …………………（395）
  - 第十二章　海上保险合同 ……………………………………（398）
  - 第十三章　人身保险合同导论 ………………………………（403）
  - 第十四章　人寿保险合同 ……………………………………（409）
  - 第十五章　意外伤害保险合同 ………………………………（414）
  - 第十六章　健康保险合同 ……………………………………（418）
- 第四编　保险业法 ………………………………………………（422）
  - 第十七章　保险组织 …………………………………………（422）
  - 第十八章　保险监管 …………………………………………（426）
- Ⅲ　有关说明与实施要求 ………………………………………（429）
- Ⅳ　题型示例 ……………………………………………………（431）
- Ⅴ　后记 …………………………………………………………（433）

第一编 保险法绪论

第一章 危险与保险

第一节 保险的含义与特征

一、危险及危险处理

保险是人类对抗危险的有效方法。人类在维持自身生存,与自然力抗争,改造自然界,创造物质财富和文明生活的过程中,必然要面临来自人类自身行为和自然形成的危险,构成了对我们既定目标实现和安定生活的威胁。现代生活使我们享受到科技与物质文明提供的舒适生活,但同时也出现相应的危险,例如,乘坐飞机、轮船、大型游乐项目、刺激的极限运动等等,都可能造成意外伤亡。"危险是指损失发生及其程度的不确定性。危险是客观存在的现象,不确定性是指损失是否发生的不确定性,损失发生的时间、地点、程度及其承担的主体是不确定的。损失的不确定性是危险固有的内在本质,危险损失的不确定性是其最为显著的特性,危险是存在于人们活动中的负面效应。"①

危险具有如下特征:

1. 危险具有客观性

所谓客观性是指对于人类生活的危害是一种确实的存在,不以人们的主观意识为转移,只要人类社会存在,就要面对各种各样的危险事故。

---

① 张洪涛、郑功成:《保险学》,中国人民大学出版社2000年版,第5页。

2. 危险具有不确定性

所谓不确定性是指危害后果的发生具有一定必然性或偶然性，但发生的时间、地点、程度或状态并不确定。

3. 危险具有可测定性

所谓可测定性是指危害事件的发生与发展遵循一定规律，自然现象多表现为重复的规律，例如，海啸、冰害、地震、水灾等。即使人类受主观意识支配的行为，从个体而言似乎无章可循，但随机现象的大量观察与分析，仍可掌握大概的发生几率。

4. 危险具有损失性

所谓损失性是指危险将会给人们造成财产损失、人身伤亡、心情焦虑、生活费用增加或者期待利益的丧失的不利后果，危险因此被说成是纯粹风险[1]，其直接的危害或是造成有形财产损失，或者是无形的损害。

危险处理指的是人类以理性态度对抗各种危害行为或事件，以便减小对于正常生活与社会正常秩序造成不利影响的主动或被动的应对措施。危险处理一般指社会整体或组织的行动，也可以是个人或家庭为单位做出的一种选择。从人类进入文明社会以来，人们就在探求对抗危险的各种对策，形成了危险处理的系统方法，构成了管理危险的多重手段的综合社会实践。

综合人类历史上危险处理的实践，可以分成八种措施：

第一，避免危险，指人们认识到危险发生的可能性极大，为了防止损害结果发生，坚决地放弃从事可能造成危害后果的行为，能够从根本上排除危险事故。例如，考虑到溺水的危险性，不去自然江河内野泳。

第二，预防危险，指某项活动或行为必然面临出现损害后果的可能性，但又无法采用不参与的方法去排除，因而以一定的预防措施去

---

[1] 保险学上将危险解释为纯粹的风险，其基本观点是，风险只不过是人们在从事某种活动或决策过程中，未来结果的随机不确定性。学者们将风险分类为收益风险、投机风险和纯粹风险。其中，纯粹风险专指那些会产生损失但不会导致收益的可能性。经济领域包括保险领域的风险仅限于第二和第三类风险，不包括收益风险。参见张洪涛、郑功成：《保险学》，中国人民大学出版社2000年版，第4—5页。

减少或抑制危害后果的危险处理方法。例如,农民为防止发生涝灾,于农田上设置排涝沟渠。

第三,自留危险。指危害后果发生具有极大可能性,但为了生存或获得更大利益,宁可承受这种损失的一种被动性的危防处理措施。例如,农业社会中采用的以丰补歉的抗灾方法,就是对抗危害农业生产各种灾害的无奈的选择。

第四,抑制危险,指危害事件发生后,采用一定方法力求使损失程度有所降低的危险处理方法。抑制危险的主要特点在于事后的处置与补救,重点在减少危害后果的扩大。例如,2008年四川汶川地震后形成了很多的堰塞湖,采取的加固与导流等措施就是典型的抑制危险的办法。

第五,集合危险,指集合处于同类危险中的多数单位,形成共同的利益团体,经其中少数损失由另外未受损害部分补偿或分担的办法,达到抗灾害的目的。例如,某投资人将资金用于购买债券、基金、股票等不同风险的金融产品,虽有资本市场涨落波动,但价格上升时有投机性的股票可获高额回报,于市场疲弱时有稳健型的债券保底,从而达到可接受的风险。

第六,中和危险,指将损失机会与获利机会予以平均的危险处理方法,属于运用折中思想降低较大损失的一种化解危险的技术手段,可以一定程度上达到危险的处置。例如,担心房价未来走低,将所拥有的部分房出售用以预防发生大幅度降低时资产价值的降低。

第七,分散危险,指将危险单位集中而形成较大的危险,经由分解手段分散于若干小的危险单位中,达到保障整体利益的效果,例如,炼油厂将原油分别放在彼此有一定距离的若干储油罐中贮存,防止一旦发生火灾或爆炸的集中灾害后果。

第八,转移危险,指将具有危险较高的行为或标的可能发生的危害后果,以一定转让或委托方式交由其他管理或处置,用以达到化解危险的目的。例如,将易于伤人的耕牛出售给他人,将经营收益不稳定、有可能亏损的店铺出兑给别人等。

人类对抗危险与损害的创造物凝结了很多的智慧,各种方法都以一定的抗危险效果发挥作用,成为处分危险的有益尝试。但是,就对抗威胁人类生存与经济活动的自然与人为灾害事故而言,前述介绍的危险处理措施都具有极大的局限性,实践证明均无法单独适用而达到积极有效地抗击危险事故所造成的损失。

如何在既保持有利于人类生产、生活秩序的正常进行,又能够使危险处理以最小的代价达到最佳效果,即使危险事件造成的损失能够及时得到经济补偿,步入到稳定与经济的轨道呢?经过长期摸索与总结,保险方法应运而生。它将集合危险、分散危险与转移危险的危险处理措施加以合理综合,取各种方法之优势,"将危险转移、分散与集合以一定技术手段集于一种商业性制度使形成了保险。通过保险合同关系的建立,将保险事故所致损失转移给形式上的保险人,实质上是由保险人作为中介人,将危险分散于危险团体。收取保险费是为集合危险而采用的技术方法和经费保障,用以分担少数危险单位的损失。在此过程中,实际将损失分散于各个加入保险团体的危险单位。集合与分散是一个问题的两个方面"[①]。可以说,保险方法是人类创造的运用商业经营方式管理危险的至今为止为实践检验为最佳的对抗各种危险的经济制度。

二、保险及其特征

(一) 保险的概念

保险采用了商业化的运营模式,将同质危险以集中管理的措施统由保险机构加以控制,由分散状态的危险单位共同出资形成利益共同体——危险团体(保险团体),少数危险单位的意外灾害事故的损失,由共同基金进行补偿,从而达到整体的抗御灾害的效果。

保险的定义有经济学与法学有两种不同的概括。

"关于保险在经济与社会上的意义(即保险之要素),系保险乃为预防特定危险之发生,集合多数经济单位,根据合理计算,共筹资金,公平负担而将个人之损失,分散于社会大众,以确保经济之安定的制度。依照上述定义,保险应具备下列四项要素:(1)以特定的危

---

① 徐卫东主编:《保险法学》,科学出版社2009年版,第7页。关于危险团体、危险单位和保险团体的含义,将在后面章节中加以说明。

险为对象,即须有"危险"(risk);(2)以确保经济之安定为目的,即在于"补偿"(indemnity);(3)须有多数经济单位之集合,须有"协力"(cooperation);(4)须基于合理计算,而公平负担其资金,即需要有"保险费"(Premiumor Contribution)等。[1]

上述可以得出结论,经济学上所定义的保险,主要将保险定义为,保险是指经济单位和个人筹集费用,形成保险基金,对特定的危险事故造成的损失给予补偿,以稳定经济和社会秩序为职能的一种经济制度。

有的保险学者还将保险归纳为是集合同类危险聚资建立基金,对特定危险的后果提供经济保障的一种财务转移机制[2],另有观点认为,从不同角度去解释,就转移风险的方式而言,经济学可以将保险定义为保险是以经济合同方式建立保险关系,集合多数经济单位或个人的风险,合理计收分摊金,由此对特定的灾害事故造成的经济损失或人身伤亡提供资金保障的一种经济形式。

上述各种关于保险的定义,从不同侧面提示了保险的某些外部特征、职能、作用、技术条件、存在方式以及经济内涵,尽管在定性方面有所差异,但在下列问题上具有共同性,可以帮助我们正确理解保险在经济领域的特定位置:第一,保险是经济补偿制度,是对抗经济组织和个人面临的灾害风险而进行的积极的制度安排,具有稳定生活与安定经济活动的作用;第二,保险应该由参加者(投保人)承担合理费用,构成共同基金,保险基金承担的职责就是弥补灾害性事件给团体成员造成的经济损失;第三,保险依赖于互助式的协调关系,少数成员的损失由多数出资人所形成的基金去支付;第四,保险所承保的危险事故是约定好的,由大量观察同质风险提供的数据为预测的基础,因而只有统计范围内的特定事故发生的损失才给予补偿,并且收取的费用与补偿之间存在内在联系;第五,保险是风险转移方法,经济组织和个人将危险通过订立保险合同方式转给保险人,后者于事故发生后承担补偿的责任;第六,保险是一种金融制度安排,应

---

[1] 梁宇贤:《保险法新论》,中国人民大学出版社 2004 年版,第 17 页。
[2] 参见张洪涛、郑功成:《保险学》,中国人民大学出版社 2000 年版,第 66 页。

对经营中的资金风险而提供了有效的防范更大财务支出的手段。

保险的法律定义又分为学理定义和立法定义。

在学理上,保险的法律意义上的含义,被学者们进行了下列概括:在英美法中,学者们将保险定义为双方当事人约定,一方向另一方当事人支付保险费,他方对于因不可预料或不可抗力所致的损失给予赔偿的契约。大陆系国家学者则将双方约定的权利义务关系归纳总结为法律行为。如果采用商法典的国家,保险又被说成是商行为。

保险是受同类危险威胁的成员为分散危险而通过双方有偿合同组成共同团体,在危险发生受到损害时,享有独立请求权的危险处理方法,是受法律调整的商事法律关系。

保险法上从立法角度也对保险给出正式的定义。《中华人民共和国保险法》(以下简称《保险法》)第2条规定:"本法所称保险,是指投保人根据合同约定,向保险人支付保险费,保险人对于合同约定的可能发生的事故因其发生所造成的财产损失承担赔偿保险金责任,或者当被保险人死亡、伤残、疾病或者达到合同约定的年龄、期限等条件时承担给付保险金责任的商业保险行为。"

上述有关保险经济学上的定义中,强调的是保险的经济补偿制度本质,是稳定经济秩序和社会安定的最优的商业处理危险的手段。法学意义和法律意义上的保险定义,更注重保险关系形成的原因是自愿订立合同而转移风险,合同关系中约定的给付保险金都附有条件,构成权利义务一致的有偿财产关系,保险人承担的给付义务仅仅针对约定的保险事故发生而造成的损失。

(二) 保险的特征

不同学者对保险特征有不同的概括,有学者认为:"保险具有合法性、商业性、风险性及金融性四大特征,这些特征使它与储蓄、赌博及保证等明显区别开来。"[1]另有学者认为,保险之特性主要强调与其他契约之不同,值得深论者有如下数点,包括非要式性、保费之约

---

[1] 覃有土主编:《保险法》,北京大学出版社2000年版,第4页。

定、危险、射倖性、诚信原则以及附合契约。①

我们将从保险本质及要素方面概括保险的特征。②

1. 危险依赖性

保险制度存在的根本前提与价值最集中地表现为是对抗危险的方法,是处理危险的手段,俗语讲"无危险即无保险"就是形象的说法,正是为了解决危险处理人类运用智慧创造了保险。危险与人类伴生,决定了人们对于保险提供的经济补偿存在巨大依赖和强烈需求。人类在征服自然、创造财富、追求幸福生活、探知未知世界,以及丰富文化娱乐等方面,都时刻面临来自自然与人类行为的各种风险,例如,像2010年发生在山西省乡宁县华晋王家岭煤矿透水事故那样的煤矿安全事故,每年在我国都会因各种原因而发生多起,造成人员财产的重大损失,构成了危害煤炭生产的重大灾害,但由于事故发生的规律难以掌握,事故发生又有复杂人为因素,目前我国保险公司对于煤矿安全保险仍处在十分谨慎阶段,真正完全通过保险去化解救援风险,仍有很长的路要走。

2. 危险选择性

这是保险与慈善事业最本质的差别。所谓危险选择性,是指保险公司作为营利性的经济组织,尽管它要承担社会责任,特别是发挥经济补偿的功能,但首先要考虑的是开办某一险种,或者经营保险事业能否保证赢利,能否使设立保险公司的投资人有可预见的利润回报。因此,应当允许保险公司创办保险产品时,要依赖于对于某一类危险长期经验统计数据的积累,财产保险要统计与分析损失率、残余率、平均损失率、施救与预防费用;人身保险中的人寿保险,保险公司要积累各年龄段人群的平均预期寿命,影响人的健康与生命保存的各种因素等等。只有对于同质危险发生规律有了经验数据的积累,有了对未来危险发生规律波动形态的科学预测,特别是对于意外事故可能发生的特别重大的灾害的对策,保险公司才有可能创办某一保险产品。例如,假如有对2010年我国西南五省百年未遇旱灾呈现

---

① 施文森:《保险法总论》,三民书局1981年版,第8—13页。
② 参见徐卫东:《保险法论》,吉林大学出版社2000年版,第5—13页。

持续多年的发展趋势的预测,经营农业保险的保险公司至少对于西南五省的农作物、水产养殖和林木业的保险积极性肯定会降低,甚至不排除撤出业务的可能性。

3. 行为营利性

保险公司经营保险业务,主观上就是要追求利润最大化,要使投资者能够得到丰厚的利益回报。当然,在客观上,保险市场的繁荣与发展,会有力地促进社会保障水平的提高,能够提供良好的经济与社会安定的环境,有利于长治久安,持续发展。强调保险行为营利性,就是要尊重保险行业自身的经营规律,尊重对抗危险的技术手段的科学性,不能强制保险公司开办显然无利可图,政府又不通过优惠扶持政策积极倡导的某些保险产品,社会再迫切需要也不行。这就使保险与公益事业项目与社会保险形成了本质性的差异。城市交通、自来水供应、供热服务等属于公用事业项目,政府要履行其促进公民福利的职责,应当要求这类企业不能以营利为目的,要通过财政补贴方式保证其正常运转。社会保险项目(我国主要是养老保险、医疗保险、失业保险、工伤保险和生育保险)是国家社会保障制度的核心与重要组成部分,从性质而言不能以营利为目的。

4. 分担社会性

分担社会性集中地反映出保险制度优势的技术基础。人类对抗灾害事故、不可抗力的办法有很多,包括回避危险、集合危险、转移危险、自留危险等,但唯有保险方法最科学、最经济、最有效,它很好地解决了有效行为目的实现与危险以最小代价处理之间的协调。仅以回避危险为例,如果我们因为害怕危险发生及其严重后果,我们不去进行航海探险、修建铁路、研制药物、开采矿藏、种植粮食,仅仅因为会遇到风险,那么我们今天可能仍然生活在刀耕火种的野蛮时代。保险因此也形成了与自留危险方法的区别。众所周知,自留危险可以在一定程度上解决经济补偿问题,古代社会以丰补歉,留存救灾资金的做法就是典型的实践。然而,自留危险的办法存在巨大的局限性,有不可克服的缺陷。一是经济组织或家庭的经济实力不足;二是造成救灾资金处于封闭状态,必然造成投资周转不能的收益损失;三是后续的补充资金没有可靠来源而处于不稳定状态。与此不同,保险则是通过社会互助共济原理,将同质风险的众多经济组织和个人由保险公司为纽带,形成实力强大的保险集团,投保人以固定的、小额保险费支出,形成规模巨大,实力超群的经济补偿基金,一旦发生危险事故,造成了被保险标的发生各种形态的损失,由保险基金加以赔偿,能够达到有损尽补的理想补偿效果。保险公司利用数理统计结果而厘定的保险费率,能够保证对于少数出险的被保险人或受益人的及时足额的经济补偿,这是自留危险方法无法实现的。一般而言,保险团体的成员越多、越普遍,社会分担越彻底,投保人的经济负担越能最小化,保险经营才能越安全,原因就是积累的补偿基金数额巨大。

5. 资金公益性

保险是社会共济制度启发之下而出现的抗灾补偿制度,很好地发挥了社会成员为了共同利益而团结互助的高尚精神,最大限度地克服狭隘的利己主义和偏执的自我封闭的观念。这里的公益性特指保险团体形成的补偿用途的基金,是为了全体保险团体成员利益而存在,不再单纯地考虑其私人归属问题,而不是说基金具有公共福利性质不能运用于经营性的目的。理解这一特征,可以从以下六个方面入手:第一,保险人的身份是公益财产的合法管理人,他只能依照章程与合同规定的用途去支配与使用资金。第二,公益性的保险基金是为对抗灾害积累而成,应当重视安全性,为将来补偿时对抗通货膨胀压力,必须保持其实际购买力与动态价值。第三,保险人为了保险团体成员整体利益,一般无权减负保险费,也无权拒收不附加任何条件替投保人缴纳的保险费。第四,投保人于财产保险场合,已交付的保险费,不会因自身财产未发生事故而于合同期限届满时要求返还,公益性决定了保险费具有双重功能,即要换得保险人对于投保人个人保险标的的风险的赔偿的承诺,同时也承担不出险时为保险团体其他成员分担的义务,故保险与储蓄之间有严格界限。第五,保险资金积累中包含了国家优惠法律提供的强大吸引力(主要指保险投资性收益得享受税收减免方面的照顾),因此,保险资金在投资于资本市场时,要服从国家的产业政策,支持国家有关投资方向上的指导性意见。第六,保险公司为了经营安全,减少事故发生率,支持对于防灾救灾有重要价值的科学研究,设备研制,事故发生规律研究,以及对于被保险财产更加安全的资金投入,也客观上具有公益性质,应当常态化。

6. 目的合法性

保险是由众多同质危险威胁下的经济组织和个人所组成的抗灾自救的团体,通过危险社会负担实现灾后补偿的积极目的,具有合法性,主要表现为其直接任务是稳定社会经济秩序,防止出现灾后社会生产与生活的停顿。显然,这一制度具有合法性。保险制度设计中,特别强调保险利益,即投保人与保险标的之间存在合法经济利益或其他合法利益,从而使抢劫、偷窃等占有他人财产,于投保时就使其不具有法律保护的财产之性质,也就不是保险标的。除极少数险种外(如海外投资保险),都把战争、暴力犯罪、罢工、骚乱等行为排斥在承保的危险事故之外,从而使保险与国家法律精神与约束保持一致,很好地堵塞了危险逆选择的漏洞。保险的经营惯例中,也把被保险人因犯罪致残、致死列为免除给付义务的范围。保险在给予被保险人期待利益方面,具有射幸行为的某些特征,即利益的取得完全仰赖于偶然事故的发生,经济利益处于不确定状态,这一点与赌博行为存在外部特征方面的某些相似性,主要是:第一,保险和赌博都是取决于偶然事件的发生来产生利益;第二,保险与赌博都有经济利益方面的付出,即金钱方面的支出;第三,对于危险事故都采用一定标准加以选择,不是所有的危险发生都可直接获利,赌博往往对于事故的规定极为具体;第四,保险与赌博所生利益,与投入资金之间不成比例,有可能得到投入的几十倍甚至上百倍回报。但是保险与赌博在性质上完全不同,后者目的的违法性决定了其定性问题。

7. 利益对等性

保险制度对于保险人和投保人(被保险人)双方均具有经济利益,他们在不期望保险事故发生问题上达到了高度一致,因此,保险关系建立后,财产投保场合,财产仍然置于被保险人使用或实际控制下;人身保险场合,合同不限制被保险人的人身自由,保险人不必担心绝大多数被保险人会故意制造危险事故,因为损害填补原则,使被保险人不能得到超过损失的额外利益。投保人(被保险人)投保后即使未发生危险事故,支付的保险费不得返还,但其利益受到保障,仅以固定、小额保险费的代价,换取精神上的安心与排斥焦虑,亦得到了其预期的目的。至于现实生活中有少数人因诈骗保险金得逞而打破了双方利益的一致性,保险公司对于本该赔偿的赔案反以种种借口推托谋取不当利益,并不是保险固有的双方利益对等性应有的表现。一对具体保险关系中,保险公司因事故发生给付保险金,而他在此笔业务中仅收取比例极小的保险费;相反,被保险人仅以极小的保险费支付,于事故性后得到支出保险费价值几百倍之补偿,他们之间的利益关系上仿佛呈现出不公平。其实,保险关系之有偿性决定了这种现象并未突破利益对等性。

8. 金融中介性

金融中介性主要指保险公司已经从传统保险业务经营为主转而倾向于投资业务,成为实力雄厚的机构投资者,利用资本市场实现营利性目标,保险业务更多成为融资的基本渠道。20世纪50年代以后,保险业得到全面恢复和发展,保险公司利用其拥有巨额资金的优势,大量购置金融产品,追求价值形态的财产利益,取得明显经济效益。保险公司本身具有金融机构的性质,法律授权其可以利用保险资金参与金融市场的经营,保证其具有足够的偿付能力前提下,通过合理的金融资产配置,达到自身经济实力的增强,也同时提高了保险业务的经营安全。在世界范围内混业经营成为流行趋势的情况下,保险公司与证券业务、信托业务、银行业务、投资业务相结合,特别是金融控股公司的出现,为保险公司投资业务的开展创造了更多的机会。然而,就业务本身而言,保险公司永远都不能脱离其保险服务的主业,投资仅仅是增强实力的一种手段,这是保险公司企业经营性质所决定的。

三、保险的形成与发展

(一) 保险观念时代

对抗灾害事件,寻找灾后的救济方法,伴随人类文明可以追溯到几千年前早期的社会生活中。据考证,距今四千多年前的古代巴比伦、埃及,以及后来步入文明社会的中国、古代希腊、罗马,都形成了最初级的社会力量救灾与分担危险的观念和有益实践。例如,古巴比伦就出现了通过征收税方式以筹集赈灾资金的做法。还有学者们指出,最早出现的类似保险的实践产生于公元前3000年的中国,主要是商人采用分担风险的办法使海上货运损失转移给商保团体成员,具体做法是每个人都将自己的货运分别装载在其他人的船上。当一艘船触礁损毁以后,由所有商人共同分担这种损失。[①]

这些早期互助实践仅仅是一种对于危险转移的朦胧认识,尚没有上升到理性的认识,与后世的保险制度没有任何相同点,主要表现为,第一,共济制度是以人类团体性为思想基础,主要追求社会成员之间的相互提携与帮助,没有针对危险的风险转移意识。第二,互助性质的分散风险完全没有考虑到对于同质风险的观察与统计,即没有事故损失作为收取费用基础的技术方法。第三,很多共济组织具有宗教与家族色彩,经济利益考虑要服从于信仰追求,因而具有某种心理强制。第四,尚未形成处于中立地位,专嗣经营的独立的经营机构,当时的机构充其量是一种互助组织而已。第五,政府运用法律强制推动,有很多的公共政策因素,使相互性组织性组织行为混同于社会慈善组织或宗教团体,商业性成分降低。第六,共济行为主要不是解决生产与生活的最核心风险的分担问题,而仅仅涉及某些人群、某一行业或一定组织机构的内部成员间,尚无面向社会的普遍业务范围。所以,我们要认识到,古代世界的互助与共济组织及其行为,不能认为是现代保险的初级形态,仅仅是存在某些思想观念,难以与设计精巧的保险制度有更多的内在联系。

(二) 前保险时代

这一时期是以对抗海上风险造成船只与货物损失的冒险借贷为重要标志,划分出14世纪以前属于保险萌芽时期。人们的以互助方式对抗风险的要求演变为商业式社会生活的常态,互助的目的更多的是解决灾后救济与损失社会分担问题。在罗马帝国后期,产生于希腊商业习惯海上借贷制度出现。约公元3世纪左右,流行于地中海一带,放贷人向船主提供海运借款,发生海上危险事故时,贷款使

---

① 转引自孙祁祥:《保险学》,北京大学出版社2003年版,第23页注释。

用人得免除偿债义务。同时,地中海上的罗德岛曾通过立法,承认船舶海上遇到危险时,抛弃船货而保全其他货物和船舶,造成的货物损失由全体货主共同承担。中世纪欧洲,历史上存在的共济性团体仍然存在,他们由共同出资形成的基金,按照使用的规则,主要用于补偿某种危险造成的少数成员的损失。这些费用缴纳,承担补偿的风险,补偿的比例,以及资金管理均有了类似契约的共同协商的文件或公约形式。公元8世纪80年代的法规中,特别要求火灾互助社类似的组织,成员应当以实际缴费来履行其社员的义务,不能单纯地以教徒的虔诚的誓言承诺危险发生后的出资,应该形成用于提供损失补偿的基金。公元13世纪,甚至在欧洲出现了终身定期金买卖行为,买受人于预付一笔款额后,便领取出卖人定期的金钱给付,直到死亡。

　　保险萌芽时期的互助制度与古代的共济方法有了本质的不同,更具有某些保险的特质,主要表现为:

　　(1)中世纪的互助制度远远超出了单纯出于怜悯而具有慈善性质与宗教义务的范畴,更多地考虑到风险在团体成员之间的分担问题,例如,海上航运发生的船货损失,由全体货主们共同承担,类似于保险中由未出险的其他被保险人共同承担损失的原理。

　　(2)中世纪的互助制度向前迈出实质性的一步,出现了契约形式约定缴费数额,此费用不仅与基金承担的赔偿额相联系,更充分地针对补偿的效果,从而将损失发生的概率与损失额、赔偿比例挂钩,这完全不同于早期共济制度的仅追求形式上的补偿,即仅有安慰与部分补偿性质,与保险制度的数理统计技术方法很接近。

　　(3)中世纪的互助制度较为遵从其经济上价值,有意识地排斥唯有宗教色彩的良心承担,对于缴费的义务施加了法律上的约束,例如,卡尔大帝于公元779年制定的法律中就有明确的规定[1],从而使互助关系具有经济关系的性质,这与保险的经济补偿制度之间具有本质的一致性。

　　(4)中世纪互助制度中除了具有自力救助抗灾的组织形态外,

---

[1] 参见江朝国:《保险法基础理论》,中国政法大学出版社2002年版,第3页。

更有了类似专门经营风险业务的组织,例如,为海上运输业提供资金的放贷人,他们出于营利目的而承担商业风险,他们会出于投资安全考虑而注意观察与总结危险发生的自然规律,计算投入与产出间的各种影响因素,还要关心船主们的品德,目的是防止发生人为原因导致损害结果的发生。显然,这与保险公司的性质极为相似,而古代共济制度中尚无这种自身不发生风险而仅对别人风险后果具有投资效益依赖的独立经济人。

(5)中世纪互助制度开始注意到互助关系中存在风险分担的重大问题,为了减少事后争执,通过将有关事项明确约定和解决纠纷的需要的固定方法,出现了契约形态,权利义务与责任被具体化,缴费与补偿责任承担都有法律约束性,基本排斥了慈善捐助与宗教赠与的纯道德约束办法,结果,这种契约与保险条款更加接近。

(6)中世纪互助制度基本上不再依赖于政府推动与倡导,而是更注重其商业性运作与交易,例如,政府通过法律明确禁止的是纯道义性的缴费义务,从而承认了双方约定的缴费数额与比例的经济性质,即自由处分财产和设定民事义务的私权行使问题。这与保险制度运行时的保险契约订立与履行的模式已经大同小异了。

(7)中世纪互助制度开始深入到社会经济活动的主要领域,在当时,最主要是面临海上贸易如何对抗自然危险与人为危险(海盗)问题,因此,共同海损补偿制度与早期的海上冒险借贷制度对于经济发展的保障作用极其突出。不仅如此,社会亦开始关注大宗财产的抗灾问题,主要是火灾事故对于建筑物的毁损严重,于是出现了对抗火灾事故的互助性救灾组织。中世纪之前的那种偏重精神领域的与人的生命、尊严和平等相关的共济制度,已经被彻底突破,反而开始重视对于死者遗嘱生活的帮助,结果,保险中的人寿保险有了雏形。

(三)保险形成时代

多数学者们的观点认为,真正意义上的保险形成于公元14世纪,而且以海上保险为开端,形成了海上保险先于陆上保险的独特现象。冒险借贷成为转化为保险的突破口。冒险借贷交易的原理是,船东以船舶和船货作为抵押物,向放贷人融通资金,双方约定债务履行的条件和免除责任的事由。如果船舶在航行时发生海难致使发生损害后果,依约定,得免除债务人(船东)一部或全部债务清偿义务。相反,如果船舶安全返航,债务人应当连本带利返还给放贷人。[1] 就此交易关系性质而言,实为附条件的消费借贷行为。

上述事实说明,冒险借贷的原本形态与保险交易相去甚远,定性为特殊的、附条件消费借贷是完全合适的。为对抗教会法禁收利息的约束,人们创造了无偿借贷交易制度。所谓无偿借贷交易,是由放贷人以借款人身份向贸易商借贷资金,形成双方的债权债务关系,约定了清偿债务条件,即船舶航行遇海难事故造成船东及货主损失时,放贷人依约定承担借贷资金的返还义务。假如船舶安全返航时,则放贷人(债务人)得免除其返还借贷资金义务。无偿借贷交易关系,与冒险借贷交易关系形成本质的差别。

据考证,1347年10月23日签发的于意大利热那亚发现的公证书是迄今发现最早的无偿借贷契约文本,乔治·勤克维伦以放贷人身份签发了承担圣·克勤拉号货轮的航行风险。保险学界以此契约签发作为保险诞生的标志和时间节点。

(四) 保险扩展时代

保险扩展时代是指保险从海上保险诞生的14世纪至20世纪初保险事业的不断演进,形成成熟的经济补偿制度。

海上保险业务由于贸易迫切需求而得到了长足的发展。1683年,英国商人爱德华·劳埃德在伦敦的郭塔街设立的咖啡馆,为保险人与客户之间洽商贸易提供了场所。1692年,爱德华将迁至伦巴第街的咖啡馆改组为劳合社保险人协会(简称"劳合社"),这标志海上保险在世界范围内的重大转变。

以承保财产损失(主要是房屋等建筑)为目的的火灾保险是继海上保险后出现的另一类业务品种,不再针对海难事故风险而是陆上固定资产(财产)受到火灾事故给人们生活造成的不便和巨大损失。1666年9月2日的英国伦敦大火灾,使城市85%的建筑物被毁,二十多万人无家可归,财产损失更是无法统计。英国人巴蓬博士于1667年设立了世界上首家专门承保火灾事故的保险组织。1680

---

[1] 参见覃有土主编:《保险法教程》,法律出版社2002年版,第26页。

年,改组为合股公司,称为"火灾保险公司",该公司的经营开创了火灾保险的先河,在保险历史上地位重要。1710年查理士·波文建立的"伦敦保险人公司"(即后来的太阳火灾保险公司)被说成是现代火灾保险的开始者。

德国最早的火灾保险公司是1765年在汉堡设立的保险组织,同时承保海上危险事故。专门承保火灾风险的德国火灾保险公司在1812年于柏林设立。法国火灾保险公司最早设立于18世纪,荷兰是1700年,丹麦是1731年,美国是1752年。

人寿保险的出现使保险业发展进入到全新的领域,突破了保险仅针对财产损失补偿的经济职能,开始了对人的生命和其他身体利益损害给予承保的有益的业务延伸。1693年,英国人哈雷以布勒劳布市的死亡统计数据,创立世界上第一个死亡统计表,使具有人寿保险性质的定期年金制度有了更加准确的依据。69年后,英国人多德森和辛普森依据死亡表的精确数据,成立了公平人寿保险公司,死亡统计表第一次被正式地运用来核算保险费。

学者们将近代促使保险事业发展的状况及成就归纳为五个方面,包括:(1)非只是具有附随性任务性质之相互性火灾保险和商业性契约式火灾保险;(2)出现独立的人寿保险;(3)出现较大规模的保险组织;(4)科学化人寿保险技术建立;以及(5)冰雹保险之产生。[①] 同时,再保险制度,责任保险品种,私人健康保险的出现,标志着保险业已经形成了具有相当规模,并不断发挥作用的重要行业。保险公司的数量于19世纪末达到相当水平,全球大约共有一千二百多家。

(五)保险现代化时代

20世纪以后,全球保险业得到了迅速发展,对于经济的保障作用增强,保险市场提供了广泛的商业保险服务。其全面发展与走向成熟的标志,集中表现在:

(1)保险业规模扩大,对于国民经济发展的保障能力显著提高。保险公司在管理风险,提供全方位服务和提高偿付能力等方面,呈现

---

① 参见江朝国:《保险法基础理论》,中国政法大学出版社2002年版,第5—6页。

出强劲的发展势头。例如,世界保险费的总额在1950年只有210亿美元左右,1982年时也只有4660亿美元,但到2000年时统计数字竟达到创纪录的24400亿美元。①

(2)保险产品创新势头强劲。德国在1898年时就开办了汽车保险业务,美国在20世纪初创立了航空保险,德国创立了机器设备保险与工程保险;20世纪60年代以后,出现了卫星保险。不仅如此,像责任保险、信用保险、营业中断保险等都使财产保险的领域有了很大发展。

(3)满足社会需要的人身保险品种呈爆炸性增长趋势。人身保险中依托寿险而派生出各种保险产品,针对了投保人的不同保险选择和个性化需求,不断完善传统人寿保险创立的交易规则,受到欢迎。例如,人寿保险出现了团体保险业务,具有投资性质的变额保险品种。

(4)保险产品功能不断完善。各家保险公司在激烈的市场竞争中,开动脑筋,追求创新,甚至突破了保险基础与核心的经济保障功能,开始研究与金融资产的储蓄功能和投资功能有机地结合在一起,出现了寿险中的两全保险、减轻投保人负担的综合保险、分红保险、保证保险等。

(5)保险公司承保范围的增大。仅以财产保险为例,考虑到人类面临的风险不断扩大问题,保险公司也在充分掌握各种风险发生规律和提高偿付能力的基础上,有意识扩大承保范围,例如,从单纯针对火灾保险中的火灾事故造成的损失,扩大到针对财产的各种危险,包括地震、地陷、飓风、泥石流等;已经从只承保自然灾害造成的损失,扩大到针对人为灾害情形下的给付义务,包括暴动、罢工、内乱、盗抢等。

(6)保险金额日益巨大,保险索赔额外负担增多。主要因为被保险财产价值很高,动辄几百万元、几十亿元的也不乏其例,比如,在阿联酋首都迪拜建造的世界最高的哈里发塔,投资额就达到了数十亿美元。几十万吨级的运洋油船,一旦出险后的索赔额将会十分惊

---

① 以下参见孙祁祥:《保险学》,北京大学出版社2003年版,第25—27页。

人。2001年美国"9·11"恐怖袭击事件,造成财产及人员死亡的损失,保险公司面临的索赔高达上百亿美元,结果,导致保险的经营风险普遍增大。

(7) 再保险业务发展导致国际市场繁荣。正是由于财产保险标的价值提高,承保业务中面临很多综合性的巨额赔偿的风险,化解此风险的办法就是在保险公司间分散风险,导致再保险业务得到长足发展,尤其在国际海运市场,海上保险业务呈现跨国承保与分保的趋势,专门办理再保险业务的公司活跃在保险市场,其中最有影响的是拥有164年历史的德国科隆再保险公司。单独依靠本国保险业维系安全经营的历史已经结束。

(8) 保险业的金融中介功能日益提高。保险公司的金融机构性质,决定了除办理保险业务之外,尚有长期持有的巨额资金能够运用于资本市场,以提供金融服务形式参与金融产品的交易,将会极大地提高保险公司自身经济实力。法律授权保险公司可以设立银行、证券公司、信托投资公司、资产管理公司等,更可以将其资产适当地进行合理配置,持有股票、债券、基金、参与国际货币市场、债券市场的投资业务,提供诸如融资、信贷等方面服务。保险公司已经成为很多国家最具实力的机构投资者,美国国际集团(AIG)就是世界上超级保险公司。

四、中国保险的演变

中国保险始于近代。据考证,最早经营保险的机构是1805年在香港由外国商人建立的"广州保险协会",英国商人在华最早设立的保险机构是1835年的友宁保险公司。由清政府招商局在1876年设立的仁和保险公司是第一个华商保险机构。第一次世界大战期间,中国民族工商业得到恢复性发展,形成保险的社会需求,因而像中国联保保险公司、永宁保险公司、华安保险公司、永安保险公司等纷纷设立,出现保险业兴旺发展的短暂时期。抗日战争爆发以前,我国保险事业迎来第二次发展机遇,出现了大华保险公司、太平保险公司、泰山保险公司、四明保险公司等。新中国成立前夕,旧中国保险业以上海为中心又出现第三次复兴,仅上海就有保险公司三百多家,广州、天津、武汉、昆明等地普遍开展了保险业务,但由于国内处于战争状态,导致通货膨胀,金融市场处于动荡之中,保险业已经陷入全面危机。

新中国建立初期,国家对保险业开展整顿。1952年,外商保险公司因业务量减少而全部歇业撤离中国市场,对外保险业务,由中国保险公司经办。

改造旧中国保险公司和整顿规范市场的同时,中央人民政府政务院于1949年10月20日批准成立了中国人民保险公司,属全民所有制企业,总部设在北京,分公司设于各大行政区,行业主管部门为中国人民银行。在1952年,中国人民保险公司成为国有保险公司占主导的中国独立自主发展保险事业的核心企业。公司在全国范围内迅速开展业务,包括火灾保险、运输保险、意外伤害保险以及海外保险业务。截止到1955年短短三年时间内,中国人民保险公司已在全国各地组建超过1300个分支机构,保险代理机构达到三千多个。在国民经济恢复时期,保险业为国营企业、合作社企业的财产设备提供保障。到1958年,中国人民保险公司经历近十年的发展,共积累了近16亿元的保险费,支付赔款额近3.8亿元,上缴国家财政5亿元,积累的准备金有4亿多元。

由于受到"左"倾思想的影响,主要是对保险补偿的根本性质存在争议,1958年召开的全国财贸工作会议决定,中国人民保险公司停办国内保险业务,对外保险业务由中国人民银行总行办理。新中国保险业第一次全面恢复时期结束。

党的十一届三中全会以后,国家转为以经济建设为中心的正确发展道路,也为全国恢复保险业提供了良好的条件。1979年召开的全国银行行长会议上,正式提出要恢复中国人民保险公司的业务机构。1984年,国务院决定将中国人民保险公司从中国人民银行的组织机构中分立出来,变成直属国务院的,国家级独立国有企业专门办理保险业务。

从1980年到2010年的30年期间,中国保险业取得了长足的进步,已经发展成为世界上最有发展潜力的新兴保险市场,对于我国改革开放事业发展和社会主义市场经济体制的建立,起到了不可估量的作用。1988年3月,中国平安保险公司在深圳成立,结束了中国人民保险公司独揽保险经营业务的历史。1991年11月,中国太平洋保险公司成立,保险市场竞争局面彻底形成。国家提出建立社会主义市场经济体制,发挥市场在资源配置方面的积极作用,为保险业发展开辟广阔的发展空间。截止到1993年,国家批准的保险公司有24家,包括外资保险公司、地方性保险公司、兼营的保险公司。到1995年,我国保险从业人员已达到四十多万人,是新中国成立初期的8倍,保险费收入达到540亿元人民币。保险业务范围扩大,开办的涉外保险业务包括进出口货物运输保险、海洋船舶保险、飞机保险、工程保险、责任保险、投资保险、利润保险、海上石油开发保险、卫星保险、保证保险等。国内保险业务品种超过400个。依1995年颁布的《保险法》的要求,1996年7月23日,中国人民保险公司改组为"中国人民保险(集团)公司",下辖中保财产保险有限公司,中保人寿保险有限公司和中保再保险有限公司。继1992年9月,美国友邦保险公司获批在上海设立分公司,1994年11月,日本东京海上火灾保险公司在上海设立分公司以后,世界上很多大保险公司纷纷寻求进入中国保险市场的机会。

21世纪以后,中国保险业进入前所未有迅猛发展阶段。

第二节 保险的分类与职能

一、保险的分类

根据不同的标准,保险可以做以下基本分类:

(一) 根据实施形式不同进行分类①

按照保险实施方式不同,学者将保险分类为强制保险和自愿保险。

强制保险又称"法定保险"、"非自愿保险",指保险关系的建立不是基于当事人双方意思表示一致,自然人或法人提出要求,保险公

---

① 参见覃有土主编:《保险法》,北京大学出版社2000年版,第9—12页;覃有土主编:《保险法教程》,法律出版社2002年版,第12—18页。

司愿意承保,承担事故发生后给付保险金义务,而是由法律或规范性文件,要求特定主体必须就特定利益向保险公司投保,如不参加将承担法律责任的保险。强制保险的主要特点有:(1) 保险关系的建立不是当事人协商而自愿订立,而是基于法律明确规定;(2) 保险关系仍采用保险单的订约方式,但条款内容由主管部门提出,包括承保范围、责任范围、除外责任、保险费等;(3) 强制保险经办机构可以采用指定方式,也可以采用自选方式;(4) 强制保险制度多是推行社会政策、经济政策等目的,项目本身不以营利为目的,出现经营性亏损时,政府要给予适当补贴。新中国成立初期曾颁布过《国有企业财产强制保险条例》、《铁路旅客、飞机旅客和轮船旅客意外伤害强制保险条例》,突出对于人身安全和事故后的保险金给付,解决医疗费用负担问题。2006 年 7 月 1 日,我国颁布《机动车交通事故责任强制保险条例》,开始在全国范围内实行机动车第三者责任强制保险。

自愿保险是学理上与强制保险相对应的概念,非正式法律用语,指保险关系的建立是基于双方的意思表示一致,自然人或者法人提出要求,保险公司愿意承保,承担事故发生后给付义务的保险。很显然,现实生活中除法定保险以外的所有商业保险关系的建立,都属于自愿保险的范畴。

(二) 根据保险标的不同进行分类

按照保险标的的不同性质,立法上和学理上把保险细分为财产保险和人身保险。

财产保险是指以各种财产为标的,保险人对于财产及相关利益损失给予赔偿的保险,是保险法上对保险的最基本分类的一种,是最早出现的保险类别(主要是针对船舶与货物损失的海上保险),又称为"火灾保险"、"损失保险"、"产物保险"等,财产保险在早期仅针对有形财产而设立,包括船舶、货物、房屋等,后来扩大到机器设备、家庭财产等。19 世纪末期,保险标的扩大到无形财产,主要是民事赔偿责任、保证责任、信用等。

财产保险按照不同标准,又可分为海上保险、运输工具保险,火灾保险、责任保险、信用保险、保证保险等。我国财产保险又特别细分出家庭财产保险、企业财产保险、涉外保险、农业保险等。

人身保险是指以人的生命、健康或其他身体利益为保险标的保险，依照保险标的性质不同，与财产保险相对应，也是我国立法上正式承认的保险种类。人身保险的保险人依照约定，于被保险人发生死亡、伤残、疾病时，承担给付保险金的义务。人身保险还可以以人的寿命为条件，约定达到一定的年龄时，视为保险事故发生（即不要求人身发生任何损伤的后果），保险人同样承担给付保险金的义务，最典型的就是年金保险。人身保险业务按照发生事故性质、后果以及给付标准不同，又分为人寿保险、健康保险和意外伤害保险三大类。

（三）根据承担责任次序不同的分类

根据保险人承担责任的次序不同，法律上和学理上又把保险划分为再保险和原保险，这是对于财产保险的又一种细分方法。

原保险，也称"第一次保险"、"基础保险"，指保险人对于被保险人因特定事故发生造成标的损失所承担的直接的、原始性的赔偿保险金责任的一种保险。"原保险"不是立法使用的正式概念，仅仅由于再保险的出现，为了研究再保险的性质，两种保险业务的联系与区别，才由业界创造出这一纯学理性概念。

再保险，又称为"分保"、"第二次保险"、"保险的保险"，是指原保险人（保险公司）以自己承担的有效合同而形成的超过其能力的保险责任，再向其他保险人（保险公司）投保，于事故发生后将由接受人承担部分或全部赔偿责任的一种保险。再保险关系中，以自己业务向其他保险公司再投保的是再保险分出人，接受分保业务的保险人称为"再保险分入人"，他们之间形成了利益共同体。再保险针对保险公司经营风险的转移而设计，是风险转移的措施，一般仅发生在财产保险关系中，是就财产保险业务中超出自己承受能力，为减少自己赔偿责任向其他保险公司投保。

（四）根据创设保险目的不同进行分类

根据保险的目标、职能和根本性的差异，学理上和立法上将保险分类为商业保险和社会保险。

商业保险指由私人创办的营利性保险公司经营的保险。在我国，法律文件中使用的"保险"都是指商业保险。1995年《保险法》

颁布前,我国法律、法规中并没有商业保险的正式法律概念,商业保险包含的营利性保险行为,就用"保险"加以概括。在学理上,商业保险仅仅在与社会保险相对应使用时才被提及。

社会保险是由国家创办,不以营利为目的,体现社会福利政策,向劳动者提供物质帮助,强制性将某些风险向社会分担的一种社会保障制度的组成部分。有学者将保险设定最广义范畴时包含社会保险,但它与商业保险有本质性的区别。社会保险是德国在1881年创立,主要是对劳动者提供改善劳动条件、保障劳动安全、最低工资、工伤救助等方面的福利,强制雇主要承担相应义务。在我国,社会保险领域的项目,包括养老保险、医疗保险、失业保险、工伤保险和生育保险。社会保险是政府主办的强制保险。

二、保险的职能

(一) 分担风险职能

这是保险的最基本职能。保险的产生就是采用危险转移方式处理的一种有效方法,以其较为经济的技术性措施而显示其强大生命力。在没有保险制度之前,人们针对来自意外事件或不可抗力造成的损害只能采用被动的自留危险与回避风险的办法,尽管能够在一定程度上解决风险与降低损失的效果,但要付出阻碍人类征服自然能力、财富能有限发挥作用以及经济发展速度缓慢的巨大代价。例如,我们正在积极推动清洁能源和低碳经济,但如果核电站运行过程中发生意外事故,生产企业将面临破产的境地,因为它无法以意外事故储备金的方式来解决事故后恢复生产与损害的补偿问题,其结果必然是核电事业永远停留在人们的美好期待中。我们有了保险制度,经营核电站过程中可能出现的各种风险(主要是核渗漏事故)就通过保险产品转移给保险公司,又通过保险团体分散到社会众多成员,使个别经济单位无法解决的抗拒风险问题,以商业化运营方法彻底加以解决。在我国,通过开发企业财产保险、运输工具保险、运输货物保险、建设工程保险、机动车辆保险、农业保险、海外投资保险、进出口业务保险等,使很大比例的有形财产纳入到保险范畴,得到保险的保障。学者们对保险的这种分担职能有精辟的阐述,"从经济意义上说,保险是把个别人由于未来特定的、偶然的、不可预测的事故财产上所受的不利结果,使处于同一危险之中,但未遭遇事故的多数人予以分担以排除或减轻灾害的一种经济补偿制度"[①],美国学者克劳斯塔也主张,"被保险人转嫁给保险人的仅仅是危险,也就是损失发生的可能性,所以是可以承保的,保险人把这种共同性的危险,大量汇集起来,就能将危险进行均摊","保险就是以收受等价,实现均摊为目的而进行危险的汇集"[②]。

(二)经济补偿职能

经济补偿是保险经济价值的最集中体现,是投保人参加保险的最终目的,同时,经济补偿显然是与分担风险具有内在统一性的,体现保险制度本质的两个方面,分担风险是外在形式,经济补偿则是内在根本。如果没有经济补偿的实质性与恢复秩序的物质保障,所谓分担风险就是一句空话,风险也不会化为无形。经济补偿行为就是危险事故发生后由保险人向被保险人或受益人提供的金钱给付,它以保险标的损失为前提,以损失程度与价值确定补偿范围与额度,以被保险人恢复生产生活秩序,补偿财产利益损失为直接动因。经济补偿性质与效果在财产保险领域体现最为充分。被保险财产发生危险事故造成损失,保险公司要给付的保险金有时数额巨大,因此才有可能以资金及时到位而使灾害的损失降到最低。例如,2003年,我国保险公司财产保险费收入为869.41亿元,按照主要险种平均费率7.5‰计算,使超过80万亿的财产价值及财产责任得到了保险保障,其补偿作用极其明显。因此,美国危险及保险协会在解释保险时,强调了其外部特征就是将风险所造成的意外损失集中转移给保险人,后者于损失发生时,同意赔偿给被保险人或者提供有关危险的服务。

(三)防灾防损职能

指保险业由于直接参与风险管理工作,直面各种灾害预防事项,以其切身利益而提高企业的防灾抗灾能力,堵塞安全漏洞,能够使被保险财产安全性提高,损失降低。保险的防灾防损职能是其分担风

[①] 〔日〕园圪治:《保险总论》,李进之译,中国金融出版社1983年版,第7页。
[②] 转引自李玉泉:《保险法》,法律出版社1997年版,第3页。

险基本职能派生出来的,但已经过实践的检验。保险以分担风险、经济补偿为主要作用形式,为经济生活的稳定和经济发展提供保障,说到底,仍然是一种对于灾害事故造成危害结果的社会分摊与事后补偿的制度安排,具有一定的被动性质,尚不能阻止事故的发生,侧重点仅在于生产生活秩序得以尽快的恢复。然而,保险业发展过程中,出现了超出最初设计的积极的危险处理倾向,即保险公司无意间参与到高风险行业与行为防灾防损管理体系中,而且占据重要作用。例如,法律明确授权保险公司于财产保险场合,拥有对于被保险财产(主要指机器设备等生产要素)的安全运行情况进行检查的权利,可以提出加强安全防范措施的建议。这些改进的意见由于涉及保险公司的经济利益与赔偿责任,肯定具有针对性,这便会促使被保险人发现事故隐患,及时采取措施,防止保险事故发生。不仅如此,保险公司还通过支持、赞助提高产品安全性和对自然灾害事故发生规律的科学研究的措施,提高整个社会的抗灾水平,都能够使抗御灾害事故水平大大提高。保险公司倡导健康科学饮食,积极参加体育健身,支持绿色产品研制开发,减少恶性疾病发生率,能够积极推动民族素质提高,大大降低医药费用支出,间接地发挥了防病抗病的作用。

(四) 金融中介功能

保险以承担风险转移和意外事故后的补偿为基本职能,但保险业经营的性质是在社会范围内广泛地吸纳资金,拥有巨额的准备金,资金长期占用以备给付之用,形成了其企业属于非银行的金融机构性质,于是,"保险由经济保障的作用衍生出金融中介的功能"[1],就是说,金融中介本属于银行、证券公司、信托业的职能,由于保险业发展演变,使其依赖于投资于资本市场的收益来支持保险偿付能力,不断地演变与调整,派生出这一反映经济变化的具有时代性的经济职能。我们知道,保险业是以承担赔偿责任而从事高风险的经营活动,由于自然灾害与意外事故发生都是在合同有效期间内,很多保险责任期限又很长(如某些寿险品种会长达几十年),故保险公司收取的保险费与实际给付保险金间会有时间差,大量资金以准备金形式沉

---

[1] 孙祁祥:《保险学》,北京大学出版社2003年版,第18页。

淀下来。显然,从经营效益角度而言,企业不能使这笔资产处于闲置状态,应当用于投资,否则,必定会造成社会资源的浪费。例如,2000年时,全球保险费收入已经达到了24436亿美元。保险业的高度负债经营性,必然要应对投保人获得保险金时其实际价值可能会降低的风险,而由于存在市场变化、通货膨胀导致的货币贬值以及经济波动的不确定性,所以唯一有效的办法就是充分利用保险资产进行投资,希图以不断增加的收益冲抵通货膨胀,增强企业的经济实力,保持其市场竞争实力。西方工业化国家早在20世纪初即开始积极探索保险投资的模式问题。保险投资受到其承担的赔偿责任的限制,强调安全性与流动性,因此,投资项目选择上要符合上述要求,但从最近几十年的经验看,资产组合投资是较为可行的方案,投资项目包括债券、投资基金、股票、抵押贷款、银行存款以及房地产等。保险业组织结构与经营范围的变化,也使投资方式发生很大变化,随着分业经营模式被打破,特别是金融控股公司出现,银行保险金融服务方式创新的结果,使保险公司金融中介功能得以充分发挥,保险产品本身变成了一种金融工具,保险公司成为重要机构投资者,保险集团公司可以设立证券公司、资产管理公司,保险业务已经与其他金融业务混合在一起。可以预计,保险投资的势头会更加迅猛。资料显示,"发达国家保险业的综合赔付率多年来在100%以上水平居高不下,因而保险投资成为保险业和保险公司生存与发展的生命线。以美国为例,其保险公司的承保业务自1979年以来连续二十多年亏损,利润主要来自于保险投资,一方面弥补承保亏损,一方面形成综合经营利润"[1]。

. [1] 孙祁祥:《保险学》,北京大学出版社2003年版,第270页。

第二章 保险法的产生及其变动

第一节 保险法概说

一、保险法的概念

保险法是调整保险关系的法律法规的总称。学界对于保险法的内涵有不同的概括,分为广义说和狭义说,上面提到的即是广义说,包括保险公法和保险私法,前者主要指以强行规范为特征对相关保险关系加以调整,包括保险监管法、社会保险法和保险的公法条款,其中,保险的公法条款包含了在行政法、刑法、诉讼法、税法等法律中对保险的规定。后者是指以任意性规范为特征对保险关系加以调整的法律,包括保险合同法、保险组织法和保险的私法条款。其中,保险的私法条款包含了在其他民商法律中有关保险的规定,如在公司法领域、海商法领域、证券法领域、破产法领域、商事登记以及仲裁领域涉及保险的法律规定。保险法尚有两种狭义的划分方法,一种是保险私法中仅包括保险合同法和保险组织法,保险监管法不包括在内。① 另外一种是英美法中将保险法的含义仅限定为保险合同法,调整保险合同中权利义务关系,又以判例法中形成的法律规则为法律的基本内容。

本书采用折中主义说,结合我国保险立法的实际情况,将保险合同法、保险监管法和保险组织法列为保险法的涵盖范围。

在保险私法之下,又可以分为形式意义的保险法和实质意义的保险法。形式意义保险法指以保险法命名的调整保险私法关系的法律规范,采用立法形式的分类标准,又分为保险合同法与保险业法独立的模式,如日本有保险合同法,又有保险业法;德国、法国亦有单独

---

① 参见徐卫东主编:《保险法学》,科学出版社2009年版,第23页。

命名的保险契约法。另外一种是采用保险私法与保险公法合一的立法模式,将保险合同法、保险组织法和保险业法规定在一个基本法中,1995年6月30日公布实行的我国《保险法》,都是这种立法模式。实质意义的保险法,是指涉及保险合同关系、保险组织法、保险监管法、保险私法条款、保险相关司法解释及法院判例在内的所有规范,构成了实质意义上的保险法。

二、保险法的调整对象

保险法的调整对象,按照折中说的分类标准,能够构成较为完整的保险法体系,主要包括三个部分:

(一) 保险合同法

保险合同法是保险私法中最核心的内容,规定保险合同的定义、合同的当事人资格、合同订立的程序、合同基本条款、成立及生效、合同解除权、财产保险合同与人身保险合同的特殊规定、合同条款的解释等。法国、德国、日本等国都有单独制定的保险契约法。

(二) 保险业法

保险业法,又称保险监管法,广义的保险业法包括保险监管法和保险组织法,是调整与规范保险组织及行为,约束保险公司其他从业人员,监督与规范保险市场竞争行为的法律、法规体系。立法体例上,有以保险业法命名,如1901年日本的《保险业法》,德国1901年的《民营保险业法》;还有专门规范保险业组织的,如英国1909年的《保险公司法》。美国各州以保险法命名的法主要涉及保险事业监督方面的法律规范,也包含对保险业组织的管理,如影响较大的纽约州保险法。

(三) 保险特别法

保险特别法,主要指保险法之外其他商法部门法、保险行政法规、地方立法和法院判例有关保险关系的法律规范,亦即我们前面提及的保险私法条款。保险特别法的构成有:(1) 以保险合同法为基本法,突出某种保险品种的特色,有必要单独设立法规,例如,简易人身保险法、规定于海商法中的海上保险法;(2) 为了推行公共政策,强化保险的保障功能,促进社会事业繁荣而设立的强制保险项目,如旅游人身意外伤害保险法、机动车强制保险责任法、地震保险法、水灾保险法、渔业保险促进法等;(3) 规定保险特别经营授权方面的立法,如邮政保险法、银行保险法、保险合作社法、相互保险公司法等。

三、保险法的特征

保险法的对象和任务决定了其在国家法律体系中的地位和作用,是我们总结其区别于其他法律部门的不同外在表现形式的基本依据。保险法具有如下特征:

(一) 保险法是私法

这是以调整法律关系的性质和实行手段而对于法律的划分。保险法直接规范保险公司相关的交易行为,主要实行任意性规范,尊重当事人对于自身的财产及人身利益的自由支配权,坚持平等自愿、协商一致、等价有偿、诚实信用的原则。私法的性质确立了保险法以规范方式调整保险权利义务关系时,要尊重民事主体的自由选择权,除非为了维护公共利益的目的,否则不能强制当事人建立保险关系和确定权利义务与责任。

(二) 保险法是具有公法性的商法

这是由保险关系具有的公共性所决定的。由于现代商事交易关系涉及的领域扩大,交易内容广泛,且与人们的重大生命利益与财产利益息息相关,加之交易方式日益呈现出团体性、标准化、交易主体间经济实力悬殊,单纯由当事人自由协商处分财产利益,可能会出现严重的不公平。从19世纪末开始,公权力介入到商事交易行为的调整范围内已得到社会普遍认可。

(三) 保险法是公益法

这一特征来源于保险事业的公益性质。保险业具有分担风险、经济补偿职能,经营方式表现为高度的社会性、道义性和公共性,于达到赢利目的的同时,还承担客观上的社会经济保障责任。形式而言,保险公司提供风险承接服务,以积累的保险费承担给付保险金义务,似乎是一种纯商业性经营方式,没有强迫任何组织和个人参加,完全是以产品设计合理而吸引消费者,并不存在任何意义的公共性。其实不然,保险营业具有天然的公益性。

（四）保险法具有鲜明的技术性

保险法属于典型的隶属行业而形成的法律规范，设计的法律约束与要求首先要服从于该行业反映科学与规律的实现性事实，要对于保险交易的特殊形式与要件有基本的认同。保险交易行为经历了六百多年的演变，形式到内容都发生了很大的变化，保险法必须不断适应这种变化而调整立法条款，及时反映时代的变化与交易方式的变革。在保险费厘定、格式化条款、告知义务、除外责任、准备金提存、按比例承担赔偿责任、保险保证与约定、再保险以及代位求偿权等方面，保险法体现出高度的技术性特征。

第二节 保险法的产生与发展

一、国外保险法的沿革

最早的成文保险法据考证是意大利《康索拉都海事条例》，后来又有1266年的《奥列隆法》，1369年《热那亚法令》标志着保险立法的诞生。这些法律对于海上贸易惯例加以条文化，体现出对于海上保险交易的法律调整。1435年西班牙《巴塞罗那法令》标志着海上保险立法达到的水平，对后世纪影响很大。1523年意大利《佛罗伦萨法令》确立了标准海上保险条款。欧洲后来出现的1563年比利时《安特卫普法令》，英国1601年伊丽莎白女王制定的《海事条例》，以及1681年法国路易十四国王颁布的《海事条例》，使欧洲中世纪的海上保险立法达到了相当高超的水平。

自由资本主义时期，欧美国家的保险法经历了全面发展的变化过程，初步建立了规范保险交易行为和保险业组织模式的法律体系，有力地促进了保险事业的发展。法国路易十四国王于1681年制定的《海事条例》被公认是欧洲近代典型的保险立法，1789年法国大革命后拿破仑主持制定的法典中，就有1807年的《法国商法典》，该法典在第二编第9章规定了海上保险的相关制度。而陆上保险则规定在1804年《法国民法典》第1964条的射幸契约内。在德国，有关保险的最早立法是1731年的《汉堡保险及海损条例》。到1794年

《普鲁士普通法》颁布之时,已经对包括陆上保险制度都有了详尽的规定。德国全面建立保险法律制度是1900年与民法典同时生效的《德国商法典》,共有120条对保险相关制度加以规定。

欧洲大陆在近代保险方面的立法活动,呈现如下特点:首先,对于海上保险进行系统法律规范,对共同海损责任分担、委付、契约形式、告知义务、除外责任等,都有较详细规定。其次,在立法模式上,法国、德国都选择制定商法典模式,将保险设为其中的重要内容,但法国稍有不同,它把陆上保险放在民法典之中。再次,保险制度的法律规定尚不够全面,也反映了保险,特别是陆上保险还是新生事物,主要是以火灾保险为主。最后,法律受到宗主国与殖民地、附属国关系的影响,在传播和移植上走出不同道路,法国保险法主要影响比利时、西班牙、葡萄牙等国,德国保险法主要影响瑞士、瑞典、奥地利、丹麦、意大利、挪威、日本等国家。

英美法系近代保险法的特殊性集中表现在:(1)保险契约关系主要由判例法调整,包括海上保险。(2)英国对于人寿保险多采取成文立法形式,传统的火灾保险、海上保险已有成熟的商业惯例和司法规则可循。(3)英国对于海上保险业务采用宽松监管政策,授权由劳合社社团法人形式去经营,拥有提供海上标准合同文本的权利,法院承认其具有权威性。(4)保险单行立法与法典同时并存,像英国的人寿保险法、简易人身保险法、保险公司法,都具有法典性质。美国则有纽约州保险法典。(5)美国由于是联邦制国家,保险立法权掌握在州政府(议会)手中,导致美国保险法在各州差异性很大。

近代国外的保险立法走上加快发展的道路。

欧洲大陆的法国,20世纪初开始探讨保险契约单独立法问题,毕竟其特殊性多于一般的射幸合同,仅在民法典中规定难以适应司法需要。1930年,法国的《保险契约法》公布施行。该法共4章86条。在德国,《保险契约法》颁布时间比法国早20年,于1910年实行,共5章194条。德国于1901年制定了《民营保险业监督法》(我国简称其为"保险业法"),1931年又颁布了《再保险监督条例》、《民营保险企业及建筑银行法》等。

英国现代保险立法的里程碑,是1906年制定的《海上保险法》,

该法共94条,对于最大诚信原则、保险利益制度、告知及陈述、契约转让、保险单条款、灭失及委付等的规定,较为全面,影响了世界范围内的海上保险立法,很多国家都加以仿效。英国还制定了1930年的《第三人保险权利法》、1923年的《简易人寿保险法》、1909年的《保险公司法》、1935年的《保险公司解散法》等。

在美国,保险立法仍由各州享有立法权,联邦层面上仅有少数与全国范围内的劳工补偿保险方面制定的法律。各州立法中,以纽约州的立法最为完备,通过18章631条集中规定了保险监管制度。

二、旧中国的保险立法

旧中国于清末开始探索保险立法之路。1908年,由日本人志田钾太郎受命起草大清商律,第二编商行为中规定了损害保险与生命保险。该法主要参照日本商法典制定,因不符合当时国情,并未公布施行。

北洋政府时期亦有保险立法尝试。1927年北洋政府委托法国人艾斯嘉拉(Escarra)草拟中华民国保险契约法草案。该草案内容包括4章109条。涉及的题目包括保险总则、损害保险、人身保险和终结条款。由于国内形势严峻,草案未及走进立法程序,北洋政府即宣告垮台,中华民国第一次保险立法宣布失败。

国民政府迁都南京后,1929年11月,立法院商法起草委员会筹备起草保险契约法。经与民法起草委员会共同审查,将法案文本交立法院讨论。会议将"保险契约法"的"契约"删除,保留"保险法"字样。该项立法案于1929年12月30日由国民政府以《中华民国保险法》公布。这是近代中国第一部借鉴西方立法经验,正式予以公布的保险法草案。法案全文共三章82条。但该法同样因国内时局原因未能颁布实施。[①]

1935年6月7日,国民政府立法院通过《保险业法》,并于1935年7月5日公布,1937年1月11日修订公布。该法案由7章80条组成,第一章通则,第二章保证金,第三章保险公司,第四章相互保

[①] 参见张国键:《商事法论(保险法)》,三民书局1985年版,第33页。

社,第五章会计,第六章罚则,第七章附则。

抗战爆发以后,国民政府于1943年12月25日公布施行了《战时保险业管理办法》。至1949年新中国成立前,国民政府有关保险方面的立法,仅有上述《战时保险业管理办法》得以实施。

三、新中国的保险法

(一)初步形成时期

新中国成立后,国家推行国营保险事业模式,组建中国人民保险公司主办全国保险业务,开展全方位的财产及人身险业务。1952年2月3日,中央人民政府政务院颁布了《关于实行国家机关、国营企业、合作社财产强制保险及旅客强制保险的决定》,政务院财经委员会先后颁布了六个强制保险条例,包括《财产强制保险条例》、《船舶强制保险条例》、《铁路车辆强制保险条例》、《轮船旅客意外伤害强制保险条例》、《铁路旅客意外伤害强制保险条例》以及《飞机旅客意外伤害强制保险条例》,初步建立了具有中国特色的财产保险与人身伤害责任保险法律制度。1953年6月20日,政务院颁布《关于强制保险投保范围的通知》。由于1958年停止中国人民保险公司的国内业务,保险立法亦处于停顿状况。

(二)恢复时期

1980年,国务院决定重新组建中国人民保险公司,保险事业迎来了新的发展机遇。为了加强对经济活动的法律调控,国家颁布了《中华人民共和国经济合同法》,其中就财产保险作出专门规定。1983年9月1日,国务院发布了《财产保险合同条例》,这是改革开放以后我国第一部以保险命名的行政法规。该法共5章,主要规定了总则,保险合同的订立、变更和转让,投保方的义务,保险方的赔偿责任以及附则。尽管该条例的内容较为简略,但还是在规范财产保险合同行为方面起到了重要作用。

1985年3月3日,国务院公布实施了《保险企业管理暂行条例》,共6章24条,主要规定了总则、保险企业的设立、中国人民保险公司、偿付能力和保险准备金、再保险以及附则。

这一时期的另外一个重要立法尝试,就是全国性保险业务的基本条款,由中国人民银行批准,也具有规范文件性质,例如,1983年11月制定的《中国人民保险公司机动车辆保险条款》,共5章25条,其形式与部门规章很相似,第一章总则,第二章保险责任,第三章除外责任,第四章保险金额,第五章被保险人的义务,第六章无赔偿安全奖励,第七章赔偿处理。类似的保险条款还有1982年3月的《中国人民保险公司企业财产保险条款》,1981年12月18日的《中国人民保险公司简易人身保险条款(甲种)》等。

1992年11月7日,第七届全国人大常委会第二十八次会议通过了《中华人民共和国海商法》(以下简称《海商法》),对于海上贸易法律制度作了系统的规定,其中第十二章"海上保险合同"就海上保险作出了具体要求,除一般规定外,还规定了海上保险合同的订立、解除和转让,被保险人的义务,保险人的责任,保险标的的损失和委付。

最高人民法院通过对保险疑难案件法律适用的司法解释,促进全国范围内保险法制的统一,弥补立法方面的不完备,例如,《最高人民法院关于适用〈涉外经济合同法〉若干问题的解答》(1987年10月19日),《最高人民法院关于保险金能否作为被保险人遗产的批复》(1988年3月24日),《最高人民法院关于财产保险单能否用于抵押的复函》(1992年4月2日),《最高人民法院关于对私营客车保险期满后发生的车祸事故保险公司应否承担保险责任的请求的复函》(1993年8月4日)等等。

这一时期,我国保险法的立法与司法实践呈现出如下特点:

(1)已经开始全面的保险立法工作,探索建立符合中国实际的,适应保险业发展要求的法律体系,在保险合同法、保险业法、强制保险法、地方性保险法以及保险司法解释方面取得了初步的成就,具有突破性。(2)立法反映了当时的社会与经济体制阶段性特征,如仍然坚持保险行业的国有保险企业的垄断地位,《经济合同法》之下的《财产保险合同条例》并没有完全体现出平等主体之间的财产自由处分权利。(3)并没有全面规范保险私法关系的基本法律,立法缺少系统性。(4)对于20世纪50年代制定的保险条例等规范文件未能及时清理,又制定了一系列新的意外保险的项目,法律标准与适用范围有冲突。(5)保险监管体制更多地强调了保险行为的格式化,提出要防止恶意竞争,故施行了全国性保险业务的法定基本条款模式①,经审查批准后才能适用,人民法院无权宣布某项条款无效。(6)以《海商法》为标志,我们在保险立法上仍在沿袭海上保险系一般商业保险法特别法并采用单独立法的模式。(7)许多新保险业务尚缺乏明确的法律规范,特别是像人身保险责任保险、保证保险,司法实务特别需要有正式的执法依据,在没有依据情形下,只有适用国际上保险较发达国家的保险法原理的依据,结合我们的法律观念,作出相应判决。(8)全面制定保险基本法的工作开始启动。1991年10月,当时保险业的监督管理机关是中国人民银行,为了完善我国的保险法律制度,组织专家成立了保险法起草小组。该起草小组的扎实工作,终于迎来了《保险法》的诞生。

(三)发展与完善时期

1995年6月30日,第八届全国人大常委会第14次会议通过的《保险法》标志着我国保险法立法与法制建立进入了发展与完善时期。该法是新中国成立以来调整保险关系的第一部基本法律,采用合同法与保险业法合一的立法体例,形成了我国保险方面的立法特色。该法由8章152条构成,除总则外,还规定了保险合同、保险公司、保险经营规则、保险业的监督管理、保险代理人和保险经纪人、法律责任以及附则。

1995年《保险法》的颁布实施,确立了我国保险制度的基本框架,到2002年10月28日该法第一次重大修改,是我国保险法律制度全面健全时期,立法向系统、全面方面迈出关键步伐。

2002年10月28日,第九届全国人大常委会第三十次会议对《保险法》加以修订,以适应自1995年《保险法》施行以来保险业发展的迫切需要。

经2002年、2009年两次修订后的《保险法》,是我国保险立法走

---

① 这方面的情况不仅表现为法院在审判中,视保险基本条款为规范性文件而且得到了保险业界,法学界的普遍认同。例如,卞昌久主编:《保险法律实用大全》,河海大学出版社1996年版,其收录的保险条款共有26项之多。

向完备的重要时期,保险法制在有法可依与制度构建方向趋于成熟。

2009年2月28日的第二次修订前,保险立法的成就集中表现在:

(1)保险基本制度领域,国务院颁布了《关于保险业改革发展的若干意见》(2006年6月15日),保监会发布《行政许可实施办法》(2004年6月30日)、《行政处罚程序规定》(2005年11月8日)等。

(2)财产保险业务领域,主要有国务院《机动车交通事故责任强制保险条例》(2006年3月21日),保监会《机动车辆保险监管职责划分》(2002年12月31日)、《财产保险公司保险条款和保险费率管理办法》(2005年11月10日)等。

(3)人身保险业务领域,主要有保监会《关于加快健康保险发展的指示意见》(2002年12月26日),《关于调整人身保险产品监管方式的通知》(2003年4月8日),《人身保险新型产品精算规定》(2003年6月6日),《人身保险产品审批和备案管理办法》(2004年6月30日),《健康保险管理办法》(2006年8月7日)等。

(4)资金运用监管领域,主要有保监会《保险公司投资证券投资基金管理暂行办法》(2003年1月17日),《保险公司投资企业债券管理暂行办法》(2003年5月30日),《保险资金运用风险控制指引》(2004年4月28日),《保险机构投资者股票投资管理暂行办法》(2004年10月24日),《保险资金间接投资基础设施项目试点管理办法》(2006年3月14日),保监会还于2003年3月24日公布施行了《保险公司偿付能力额度及监管指标管理规定》,2008年9月,保监会发布《保险保障基金管理办法》(保监会令[2008]2号),这必将促进我国的保险监管模式由以保险人行为监管为重心向以偿付能力监管为重心的转化。

(5)再保险业务监管方面主要有保监会2005年10月14日制定的《再保险业务管理规定》。

(6)保险中介服务监管领域,主要有保监会的《保险代理机构管理规定》(2004年12月1日),2009年9月25日,保监会公布了《保险专业代理机构监管规定》(保监会令[2009]5号),对原有规范进行了补充、发展,于同年10月1日施行,2004年12月1日颁布的《保险代理机构管理规定》(保监会令〔2004〕14号)同时废止;《保险经纪机构管理规定》(2004年12月15日),2009年9月25日,保监会公布了《保险经纪机构监管规定》(保监会令〔2009〕6号),对原有规范进行了补充、发展,于同年10月1日施行,2004年12月15日颁布的《保险经纪机构管理规定》(保监会令〔2004〕15号)同时废止;保监会于2001年11月16日公布《保险公估机构管理规定》,并于2002年1月1日起施行,2000年1月14日颁布的《保险公估人管理规定(试行)》同时废止。2009年9月25日,保监会公布了《保险公估机构监管规定》(保监会令〔2009〕7号),对原有规范进行了补充、发展,于同年10月1日施行,2001年11月16日颁布的《保险公估机构管理规定》(保监会令〔2001〕3号)同时废止。

(7)保险机构监管领域,主要有保监会的《保险资产管理公司暂行规定》(2004年4月21日),《保险公司管理规定》(2004年5月13日),2009年9月25日,保监会公布了《保险公司管理规定》(保监会令〔2009〕1号),对原有规范进行了补充、发展,于同年10月1日施行,2004年5月13日发布的《保险公司管理规定》(保监会令〔2004〕3号)同时废止;《规范保险公司治理结构的指导意见》(2006年1月5日),《保险营销员管理规定》(2006年4月6日)等。

(8)外资保险机构管理领域,主要有保监会《外资保险公司管理条例实施细则》(2004年5月13日),《外国保险机构驻华代表机构管理办法》(2006年7月12日)等。

2009年2月28日第十一届全国人大常委会第七次会议修订通过了《保险法》,这是我国保险基本法制定后的第二次较大的修订,反映了保险事业全面发展的社会需求,也是规范保险行为,完善我国保险制度的主要手段,集中体现了保险立法调整社会关系的及时有效性特征。

第二编 保险法本论

第三章 保险合同概述

第一节 保险合同的概念和特征

一、保险合同的概念

保险合同属于债权合同的一种,是危险共同团体(保险人所代表的利益团体)和其成员(投保人)以保险为目的所缔结的债权债务关系。依《保险法》第2条、第10条规定,保险合同是指投保人与保险人约定,投保人向保险人给付保险费,保险人对于合同约定的可能发生的事故因其发生所造成的财产损失承担保险金给付义务,或者当被保险人死亡、伤残、疾病或者达到合同约定的年龄、期限等条件时承担给付保险金义务的协议。其核心内容在于:投保人承担给付保险费义务,在发生保险事故时,享有保险金给付请求权;保险人享有受领投保人给付保险费的权利,承担约定的危险,并在保险事故发生时给付保险金。

二、保险合同的特征

特征者,是此事物与彼事物相区别时表现出来的事物的属性。法律特征者,系事物间在法律上相区别时所表现出的该事物的法律属性。所谓保险合同的特征,是保险合同与其他民事合同相比较而表现出来的不同于其他民事合同的属性。

(一) 债权性

在财产关系领域,债权合同与物权合同相区别而存在。保险合同属于债权合同,在投保人与保险人之间发生保险债权债务关系。保险人对投保人有请求给付保险费的债权,保险人承担约定危险的债务(当保险事故发生时,则表现为依约给付保险金的债务)。保险合同不能直接促使权利发生、变动或消灭,是债权合同而非物权合同。保险合同所生之债系特种之债,保险法无特别规定时,民法上有关债的一般规定也适用于保险合同。

(二) 非典型双务性

以当事人是否互负对待给付义务为标准,合同可分为单务合同与双务合同。当事人互负对待给付义务的合同是双务合同,例如,买卖合同就是典型的双务合同。反之,若一方负有给付义务,他方不负对待给付义务,则只是当事人单方面负担义务,故称单务合同(或片务合同),典型的单务合同如赠与。区分双务合同与单务合同的法律意义在于:(1) 对双方义务履行的顺序具有影响。双务合同,如法律没有另外规定或合同没有另外约定的,任何一方在自己没有履行义务时,无权要求对方履行。而单务合同的义务只是由一方负担,义务履行的先后顺序没有意义。(2) 因不可归责于双方当事人的事由而不能履行合同的结果不同。在双务合同情形下,当事人因不可归责的事由不能履行时,无权要求对方履行。如对方已经履行,则应将其所得返还于对方。而单务合同不发生对等履行和返还问题。(3) 双务合同的一方当事人违约时,若守约方已经履行了合同,则守约方可以请求另一方实际履行合同、给付违约金、损害赔偿或解除合同。解除合同并溯及既往时,守约方有权请求违约方返还受领的给付。单务合同不发生该种后果。

保险合同为双务合同,投保人与保险人互负对待给付义务,即投保人负保险费给付义务;保险人负承担约定危险的对待给付义务,并非只是在保险事故发生时给付保险金。危险为损害发生的可能性,本身既有发生与不发生的可能。既然义务内容包括了两可之间的危险,就不能说若保险事故(合同中约定的具体危险)不发生,保险人就不负有义务;亦不能认为只有保险事故发生,保险人才负有义务。危险承担的义务表现为:一方面,若不发生保险事故,权利人免于无形的精神忧虑;另一方面,若发生保险事故,则负有给付保险金的义务,以填补因此所受有形之财产损失。从时间上来说,于保险期间开始后,保险合同权利人即具有保险金给付的期待权,只是此时危险承担处于隐性阶段,而当保险事故发生时,危险承担才由隐性阶段进入实现阶段,表现为期待权的实现。[①]

双务合同因对待给付是否为合同当事人的不同,可分为典型双务合同与非典型双务合同。典型双务合同,合同当事人彼此互负对待给付义务,例如,买卖合同。非典型双务合同,是指合同当事人虽因合同成立生效而各自负有给付义务,但并非当然彼此互负对待给付义务,有时合同当事人负给付于他人的义务,而他人负有给予第三人的义务。投保人为负有交付保险费义务的当事人,但保险人却常对不同于投保人的被保险人或受益人负给付义务。保险合同虽属双务合同,但双务合同的规定对保险合同却无法完全适用。例如,投保人有先为保险费给付的义务,无法主张同时履行抗辩权。依《保险法》第38条规定,保险人对人寿保险合同的投保人的保险费给付请求权受到不得强制履行的限制,保险人只能通过其他方式影响合同效力,例如,依据法律规定终止人身保险合同的效力,或按照合同约定的条件减少保险金额,以使投保人交付保险费的义务和保险人的保险给付义务相适应。不安抗辩权的规定也不能如适用于一般民事合同那样适用于保险合同。

(三) 强制有偿性

合同以当事人取得权益是否须付出相应代价为标准,可分为有偿合同与无偿合同。若当事人一方取得合同约定的权益,须向对方当事人偿付相应代价,则为有偿合同。保险合同是典型的有偿合同。反之,若当事人取得约定的权益,无须向对方当事人给付相应代价,则是无偿合同,赠与即为典型。双务合同当事人双方对价关系的结果自然是互为对待给付。所以,双务合同皆为有偿合同,但有偿合同未必都是双务合同。有偿合同与无偿合同一般只能在财产关系中作出区分。

区分二者的法律意义在于:(1)对订立合同主体的要求不同。

[①] 参见江朝国:《保险法基础理论》,瑞兴图书股份有限公司1999年版,第37页。

有偿合同的缔约当事人一般为完全行为能力人,限制行为能力人非经法定代理人同意,不得订立重大有偿合同。对纯获利益的无偿合同,限制行为能力人与无行为能力人即使未经法定代理人同意,亦可订立。(2) 对当事人责任轻重的影响不同。有偿合同的债务人须尽善良管理人的注意义务来履行债务,负抽象轻过失责任,责任较重。而在无偿合同场合下,债务人履行债务只应尽与处理自己事务为同一的注意义务即可,负具体轻过失责任,责任较轻。

保险合同既为双务合同,亦为有偿合同。保险合同的投保人须给付保险费,保险人承担危险,在保险事故发生时给付保险金。保险合同还是强制性的有偿合同。无给付保险费的约定或约定免除投保人给付保险费义务的,保险合同无效。保险合同亦不能依当事人意思由有偿转化为无偿。例如,当事人一方转移所有权于他方,他方给付价金的买卖合同虽为有偿合同,但若卖方不要价金,其可转化为赠与。保险人若免除保险费,保险合同无效,不能转化为赠与合同。

(四) 射幸性

合同以当事人给付义务的内容(应为给付或给付范围)在缔约时是否确定为标准,可分为确定合同和射幸合同。确定合同是指在合同成立时,当事人的给付内容已经确定的合同,多数合同是确定合同。反之,在合同成立时,当事人给付义务的内容不能确定,须视将来不确定事实发生与否或发生迟早而定的合同是射幸合同。

保险合同是典型的射幸合同。保险合同中,投保人给付保险费的义务在合同成立时即已确定。但是,保险人是否会履行给付保险金义务及其应给付的具体数额,则须待不确定事实(保险事故)是否发生及其发生结果而定。其不确定包括以下含义:一是将来是否发生不确定;二是将来会确定发生但发生迟早不确定。

保险合同作为一种不确定合同,是就个别保险合同而言的。若就承保同种危险的全体保险合同而言,保险费给付义务与保险金给付义务之间则具有确定性的特点。其以一定的统计计算为基础,即就危险团体与保险人订立的合同总体而言,其保险费给付与保险金给付数额之间的关系是依精确的数理计算、统计而确定的。同时亦须注意,在保险人给付保险金义务是否确定上,而不是在保险人危险承担义务是否确定上来说,保险合同才属于一种射幸合同。

（五）不要式性

合同成立以是否须采用法律或当事人要求的形式为标准,分为要式合同与不要式合同。法律或当事人要求合同成立必须采取一定方式或完成一定程序的合同是要式合同。法律规定某种合同形式采要式的理由在于：其一,合同权利义务关系复杂,所涉关系重大,时间较久,不以要式方式为之,当事人之间的权利义务关系不足以明确,须保留证据以明确当事人的权利义务关系；其二,当事人之间的法律关系须向社会公示,给他人提供充分的信息,以为善意第三人所知悉,以利于第三人决定自己的行为,确保交易安全。反之,法律或当事人不要求合同成立须具备一定形式或经过一定程序的合同是不要式合同。要式合同与不要式合同的意义不在于是否具备特定形式或经过特定程序,而是在于是否不具备一定形式或经过一定程序,该合同即不成立。同时,不要式合同并非排斥合同采用书面、登记等形式或程序。其意义在于法律不强求当事人必须采特定的形式,而是允许当事人自由选择合同形式。当事人可以约定合同须采用书面、公证等形式。不要式合同只须当事人意思表示合致即为成立,无须践行一定方式或程序。基于合同自由原则,合同除法律另有规定或当事人另有约定外,均为不要式合同。

保险合同是否为要式合同,决定着保险人对其未签发保险单或其他保险凭证之前所发生的保险事故是否承担保险给付义务。实务中,当保险人已收受保险费,在人身保险的被保险人已经体检,只是保险单尚未签发时,若主张保险合同是不要式合同,即使保险单未签发,合同仍然成立生效,保险人亦须负给付保险金的义务。反之,若为要式合同,以签发保险单或其他书面保险凭证为成立要件,因该要式没有完成,合同并不成立,更无所谓生效。显然,此种情形下,若保险合同是不要式合同对权利人有利。

《保险法》第 13 条第 1 款规定："投保人提出保险要求,经保险人同意承保,保险合同成立。保险人应当及时向投保人签发保险单或者其他保险凭证。"据此,投保人与保险人达成危险承担的合意,合同成立,并未将某种特定形式或特定程序规定为保险合同成立的法定要件。保险合同之所以为非要式合同，其理由在于：其一，以不要式合同缔约，通过将签发保险单或其他保险凭证作为合同义务，亦可保证保险权利义务的明确，不至于因此导致当事人间权利义务关系混淆。其二，保险合同所涉及的法律关系只限于保险人、投保人、被保险人与受益人之间，并无向社会公示的必要。其三，以不要式合同缔约，实务中有利于便捷地完成交易，切合效率价值的要求，亦能保留相当的自由选择空间，满足当事人的实际生活需要。若采要式合同缔约，在实务中则必须等到签发保险单或其他保险单证后合同才能成立，例如，货物运送保险、家庭财产保险等，不能切合当事人的实际生活需要，亦不利于便捷地完成交易。

（六）格式性

格式合同是指由当事人一方为与不特定多数人订约而预先拟定，并且不允许相对人对其内容进行变更的合同。格式合同又称为标准合同、定式合同、定型化合同，法国称其为附和合同。① 格式合同包含有格式条款，格式条款总是由一方当事人在未与对方协商的情况下事先拟订，重复使用。

格式合同的内容具有事先确定性和不变性。格式合同事先拟定好，准备多次使用，缔约人每次交易不必单独拟定。格式合同的承诺亦相当简单，格式合同缔约具有高效性和低成本的特点。但格式合同当事人经济地位具有不平衡性。提供格式合同的一方往往在经济方面占有较为明显的优势，在事实上或法律上居于垄断地位。同时，其合同内容一般与人们日常生活密切相关，一方当事人若以格式条款方式缔约，会造成另一方当事人要么从整体上接受合同条件，要么不订立合同的结果。因此，通过格式合同的运用，事实上限制了对方当事人自由意思的表达，订立合同形式上的自由掩盖了事实上的不自由。

保险合同作为一种格式合同，其订立缺乏协商的过程。若格式合同的拟定人在拟订合同时，能站在公平正义的立场，不仅考虑自身

---

① 参见崔建远主编：《新合同法原理与案例评释》（上），吉林大学出版社1999年版，第91页。

利益,亦兼顾他方利益,诚为至美之事。但事实上格式合同使用人无法处于超然地位,多借合同自由的美名,利用其经验制定出倾向于自身利益的合同条款。因此,针对格式合同的特点,为了消除此种不平等交易的缺陷,一般由政府监督管理机关制定基本条款,或在保险立法中予以控制。

在《合同法》、《保险法》中,亦对保险合同的格式性所带来的弊端进行了校正。其内容主要包括立法控制、司法控制和行政控制,此外,还有社会组织控制。

1. 立法控制

立法控制,指通过立法规定保险合同的格式条款内容发生效力的条件及其法律后果,以此来约束合同内容,此为事前控制。

第一,订立保险合同,采用保险人提供的格式条款的,保险人向投保人提供的投保单应当附格式条款。

第二,订立保险合同,采用保险人提供的格式条款的,保险人应当向投保人说明合同的内容。《保险法》第17条第1款规定:"订立保险合同,采用保险人提供的格式条款的,保险人向投保人提供的投保单应当附格式条款,保险人应当向投保人说明合同的内容。"

第三,订立保险合同,采用保险人提供的格式条款的,对保险合同中免除保险人责任的条款,保险人在订立合同时应采取合理的方式提请投保人注意免责条款的内容,并对免责条款予以明确说明。根据社会通常观念,如果采取格式条款缔结的保险合同存在超出投保人就合同内容期望之外的条款,则非经保险人或其代理人于缔约时告知被保险人或投保人,不得为合同的内容。《合同法》第39条规定:"采用格式条款订立合同的,提供格式条款的一方应当遵循公平原则确定当事人之间的权利和义务,并采取合理的方式提请对方注意免除或者限制其责任的条款,按照对方的要求,对该条款予以说明。格式条款是当事人为了重复使用而预先拟定,并在订立合同时未与对方协商的条款。"《保险法》第17条第2款规定:"对保险合同中免除保险人责任的条款,保险人在订立合同时应当在投保单、保险单或者其他保险凭证上作出足以引起投保人注意的提示,并对该条款的内容以书面或者口头形式向投保人作出明确说明;未作提示或者明确说明的,该条款不产生效力。"采用保险人提供的格式条款缔约的保险人违反合理提示义务,该未经合理提示的免责条款无效,保险人仍承担保险给付义务。

第四,订立保险合同,采用保险人提供的格式条款的,保险人应当公平确定当事人之间的权利义务。保险人不得借助格式合同加重对方义务与责任,而减轻自己义务与责任。依《合同法》第40条规定,《保险法》第19条规定,采用保险人提供的格式条款订立的保险合同中的下列条款无效:(1)免除保险人依法应承担的义务或者加重投保人、被保险人责任的;(2)排除投保人、被保险人或者受益人依法享有的权利的。

立法控制通过制定的成文法约束保险合同的内容,具有普遍性、影响对象广泛性、事前性的特点。

2. 司法控制

司法控制,即指法院或仲裁机关通过对保险合同条款的认定、确认及解释等方式约束合同内容,主要表现为疑义不利解释规则的适用,此为事后控制。在保险合同的内容发生争议时,裁判者应作出不利于起草人而有利于非起草人的解释。依《保险法》第30条规定,采用保险人提供的格式条款订立的保险合同,保险人与投保人、被保险人或者受益人对合同条款有争议的,应当按照通常理解予以解释。对合同条款有两种以上解释的,人民法院或者仲裁机构应当作出有利于被保险人和受益人的解释。

司法控制以司法者对待决案件中的争议条款的解释来影响保险合同内容,具有消极性、个别性、事后性的特点。

3. 行政控制

行政控制,即由保险监管机构对保险合同条款的内容先行审查,经核准后才允许其作为保险人与投保人订约的基础,以事后监督的方式修正合同中可能存在的不公平因素。我国《保险法》第136条第1款规定:"关系社会公众利益的保险险种、依法实行强制保险的险种和新开发的人寿保险险种等的保险条款和保险费率,应当报国务院保险监督管理机构批准……其他保险险种的保险条款和保险费率,应当报保险监督管理机构备案。"行政控制具有保障力强大,对非格式条款一方保护主动、直接和救济高效等特点。由于监管机构的运作是行政控制有效发挥作用的必要条件,其成本较高,受执法体系实际运作的有效性及其执法水平等因素的影响较大。

4. 社会组织控制

社会组织控制,即通过保险行业协会、消费者协会等社会自治团体的力量影响合同内容。社会团体控制具有高效率与低成本的特点。《保险法》第182条规定:"保险公司应当加入保险行业协会。保险代理人、保险经纪人、保险公估机构可以加入保险行业协会。保险行业协会是保险业的自律性组织,是社会团体法人。"

第二节 保险合同的主要分类

一、财产保险合同与人身保险合同

以保险标的性质不同,保险合同分为财产保险合同与人身保险合同。

(一)财产保险合同

财产保险合同是指以财产以及相关利益为保险标的的保险合同。

(二)人身保险合同

人身保险合同是指以人的生命或身体为保险标的的保险合同。

(三)区分财产保险合同与人身保险合同的法律意义

1. 损失填补原则适用与否不同

财产保险合同完全适用损失填补原则。保险事故发生后,被保险人仅得依其实际损失请求保险人给付,不得因此获取不当得利。而人寿保险合同完全不适用损失填补原则,除医疗费用补偿性质的健康保险合同与伤害保险合同外,其他健康保险合同与伤害保险合同亦不适用损失填补原则。

2. 保险价值的概念是否适用不同

保险价值指财产保险中的保险标的的价格(又称保险价额)。人身保险中的保险标的(人的生命、健康)无法估价,不存在所谓保险价值。所以,保险价值的概念只适用于财产保险合同而不适用于人身保险合同。

3. 保险利益的判断基础及其相关规则的运用不同

财产保险合同的保险利益为可用金钱估价的经济利益,包括现有利益、期待利益与责任利益;而人身保险合同的保险利益基于主观关系,多属于非金钱可估价的利益。

4. 保险费的给付与返还不同

在财产保险合同,投保人不交付保险费,保险人可以诉讼方式请求其交付欠交的保险费。而保险人对人寿保险的保险费,不得用诉讼方式要求投保人支付。对于财产保险合同,若合同生效后,投保人解除或终止保险合同,保险人须返还自解除或终止之日起至合同期限届满日止的保险费。当提前终止具有现金价值的人寿保险合同时,保险人应返还现金价值。

5. 现金价值存在与否及其运用不同

财产保险合同无现金价值。人寿保险合同中的终身死亡保险与生死两全保险合同在交付保险费后因具有现金价值,投保人以该现金价值给付请求权可以设定债权质权。

6. 对保险人营业范围的影响不同

以保险标的性质为准,保险人的营业范围可分为财产保险业务与人身保险业务。同一保险人不得同时兼营财产保险业务和人身保险业务。但是,经营财产保险业务的保险公司经国务院保险监督管理机构批准,可以经营短期健康保险业务和意外伤害保险业务。[①]

二、损失填补保险合同与定额给付保险合同

根据保险金确定的方式,即保险金给付是以保险事故发生所致的经济损失为准,还是不论经济损失多少而以预先约定的固定金额为准,保险合同可分为损失填补型保险合同与定额给付型保险合同。损失填补型保险合同以补偿被保险人因保险事故发生所致的实际经济损失为目标,保险金额的确定以可评价的客观经济利益为基础。

---

① 见《保险法》第 95 条第 2 款。

该类合同适用超额保险、重复保险以及代位求偿的规则,禁止超过实际经济损失获得不当利益。定额给付保险合同因保险事故发生即按约定给付固定金额,不以实际经济损失的数量确定保险金给付。财产保险合同属于损失填补型保险合同,人身保险合同中的人寿保险合同属于定额给付型保险合同。至于被保险人因意外伤害或疾病、分娩等支出的医疗费用而订立的医疗费用保险合同,如果合同约定按照实际支出的医疗费用计算保险金给付的数额,则其属于损失填补型保险合同;如果合同约定不论实际支出的医疗费用多少,每天给付固定的保险金额,按照被保险人遭受意外伤害或罹患某种疾病、分娩而住院治疗的天数计算总的给付数额,则其为定额给付型保险合同。

三、定值保险合同与不定值保险合同

以是否在合同中预先确定保险价值为准,保险合同可分为定值保险合同与不定值保险合同。保险价值指财产保险中的保险标的的价格(又称保险价额)。由于人身保险中的保险标的(人的生命、健康)无法以金钱估价,不存在所谓保险价值,所以,该种分类只适用于财产保险合同而不适用于人身保险合同。依《保险法》第55条第1款规定,投保人和保险人约定保险标的的保险价值并在合同中载明的,保险标的发生损失时,以约定的保险价值为赔偿计算标准。

(一) 定值保险合同

1. 定值保险合同的含义

定值保险合同,指当事人双方缔约时,已经事先确定保险标的的价值,并载于保险合同中,作为保险标的于保险事故发生时的价值的保险合同。

定值保险合同成立后,若发生保险事故,双方在合同中事先确定的保险价值即应作为保险人承担给付保险金义务的计算依据。若保险事故发生造成保险标的的全部损失,无论该保险标的实际损失如何,保险人均应给付合同所约定的保险金额的全部,不必对保险标的重新估价;若保险事故发生仅造成保险标的的部分损失,则只需确定损失的比例,该比例与双方确定的保险价值的乘积,即为保险人应

给付的补偿金额,亦无须对保险标的的实际损失进行估量。

定值保险合同中,保险标的的保险价值由双方自愿约定。这便存在其约定价值高于或低于保险标的在承保危险发生时的实际价值的现实问题。但在发生保险事故后,除非保险人能证明投保人在确定保险价值上有欺诈行为,否则,保险人不得以保险标的的实际价值与双方约定的价值不相符合为由,拒绝履行保险合同义务。实际生活中,定值保险合同多是以某些不易确定价值的财产(例如,古董、字画艺术品等)为保险标的的财产保险合同。在海上保险、内陆货物运输保险中,由于运输货物的价值在不同时间、不同地点可能存在很大差别,为避免在计算保险标的价值时发生争议,其当事人亦常采定值保险合同的形式。

2. 定值保险合同的存在价值

定值保险合同虽不如不定值保险合同那样符合财产保险以填补损失为目的的宗旨,但仍具有下述优点:

(1) 避免保险事故发生后定价的困难。火灾保险或海上保险的保险事故发生后,保险标的或已化为灰烬,或已沉没海底,欲事后鉴定该保险标的在保险事故发生时的价值,事实上定有困难。若勉力为之,鉴定价额所需费用可能多于实际给付的保险金数额。为避免鉴定价额的困难,在保险合同订立时,合同双方当事人可先约定保险标的的价值,并以其作为保险事故发生时的保险标的的价值,以杜绝争执。

(2) 预先约定具有主观价值的保险标的的价值,可避免定价之争。某些保险标的的价值,具有相当的主观性,例如,文稿、古玩、书画等。珍爱者视若至宝,不喜爱者弃若敝屣。若在保险事故发生后才鉴定其价值,由于缺乏市场确定的价格可供参考,当事人又见仁见智,流于主观,价格甚难确定。为免争执,当事人缔约时即就保险标的的价值预先约定。

(3) 在客观上,可使保险人在决定是否承保前更为审慎地评估保险标的的实际价值。依定值保险合同,保险事故发生后,保险人即依约定价值,视保险标的的损失程度而为全部或一部的保险金给付,一般不得重新鉴定保险标的的价值。因此,保险人在决定承保前,必须审慎确定保险标的的价值,以避免定价偏低而减少保险费收入或定价偏高而增加道德危险。

(4)防止保险人于保险事故发生后定价偏低。在不定值保险合同,保险标的的价值须待保险事故发生后才予确定。此时,保险人为减轻其保险给付义务,就保险标的的价值难免从严从低定价。而在定值保险合同,由于当事人就保险标的的价值已预先约定,在保险事故发生后,一般可避免保险人过于严苛定价的弊端。

3. 定值保险合同存在的问题

在定值保险合同中,须注意下述问题:

(1)以约定价值作为保险标的于保险事故发生时的价值只是一个原则。根据保险法的规定,定值保险合同的约定价值,是被推定为"保险事故发生时"的保险标的的价值的,而不是作为"缔约时"的保险标的的价值。但在比较法的意义上,约定价值若远逾保险事故发生时保险标的的实际价值的,为贯彻财产保险以损失填补为原则的功能,仍不得以"约定价值"作为"保险事故发生时保险标的的价值"。[①]

(2)定值保险合同仍有保险价值与保险金额不同的问题。定值保险合同中,固然存在以约定保险价值(即缔约时预先约定保险标的于保险事故发生时的价值)作为保险金额,而投保"全部保险"的。但约定的"保险金额"亦有较当事人约定的"保险价值"为低的情形。此时,保险人所负担的义务,应以保险金额与保险价值的比例来决定。《保险法》第55条第4款规定:"保险金额低于保险价值的,除合同另有约定外,保险人按照保险金额与保险价值的比例承担赔偿保险金的责任。"

4. 定值保险合同保险人的撤销权与拒绝保险给付请求权

保险人因受欺诈致使保险标的定价错误,作为定值保险合同的缔约人,得撤销该保险合同。投保人或被保险人故意促使保险事故发生的,保险人不负给付义务。

[①] 见《德国保险契约法》第57条中段。

(二) 不定值保险合同

不定值保险合同,是指保险标的的价值于保险合同订立时并未约定,须待保险事故发生后,再评估保险事故发生时保险标的的价值的保险合同。财产保险的宗旨即在于填补被保险人因保险事故发生所致的损失,自然以采不定值保险合同为当。因不定值保险合同,须于保险事故发生后评估保险事故发生时保险标的的价值,以此评定被保险人的损失,最切合实际情况,据此为保险给付,亦较能贯彻保险以填补损失为目的的理念。《保险法》第55条第2款规定:"投保人和保险人未约定保险标的的保险价值的,保险标的发生损失时,以保险事故发生时保险标的的实际价值为赔偿计算标准。"

四、特定危险保险合同与一切危险保险合同

根据保险人所承保的危险的不同范围,保险合同可分为特定危险保险合同与一切危险保险合同。

(一) 特定危险保险合同

特定危险保险合同指保险人仅承保特定的一种或数种危险的保险合同。在该类合同中,保险人承保的危险须在保险合同中明确予以列举,例如,家庭财产盗窃险。特定危险保险合同,以保险人承保危险为一种性质的危险还是多种性质的危险(即以保险人承保危险性质的种类多寡),可分为单一危险保险合同与多种危险保险合同。保险人仅承保一种危险的保险合同,为单一危险保险合同,例如,汽车第三者责任险。保险人在一个保险合同中承保两种以上不同性质的危险的,是多种危险保险合同。基于生活中危险的综合性以及人们多方面的分散危险的需求,保险合同有从单一危险保险合同向多种危险保险合同转化的趋势。例如,火灾保险合同已不再单纯以火灾为承保危险,而包括洪水、地震、暴风雨、爆炸、雷电等多种危险。

(二) 一切危险保险合同

一切危险保险合同又称"综合合同",指保险人承保合同明确予以排除的危险以外的一切危险的保险合同。一切危险保险合同的承保危险仍有范围限制,并非意味着保险人承保一切可保危险。在此种保险合同中,保险人并不列举其承保何种危险,而是以"除外责

任"的方式明确其不予承保何种危险。凡未除外的危险,皆为承保危险。例如,中国人寿保险股份有限公司国寿《99洪福两全保险条款》(2000·6经中国保险监督管理委员会核准备案,备案号:01200003)中第5条保险责任部分规定:"在本合同有效期内,本公司负以下保险责任:(1)被保险人于本合同生效之日起,生存至每3周年的生效对应日,本公司按保险单载明的保险金额的6%给付生存保险金。(2)被保险人身故,本公司按保险单载明的保险金额给付身故保险金,本合同终止。"该合同第6条责任免除部分规定:"……(8)战争、军事行动、暴乱或武装叛乱;(9)核爆炸、核辐射或核污染及由此引起的疾病。"在财产保险合同,一切险的表述一般为"保险期间内,本合同所列明的被保险财产因自然灾害或意外事故造成的直接物质损毁灭失,保险人依保险合同的约定负保险金给付义务。"

一切险保险合同的缺点在于,由于合同承保了保险标的的多种危险,且该多种危险状态难以区别,给危险几率的确定带来了困难。投保人在为分散危险而选择投保时,其所给付的保险费与其力求分散危险的需求可能无法合理配置。例如,被保险财产根本不可能因火灾损毁灭失,但若投保一切险,则必然包括火灾险,并须支付该种性质危险的相应的保险费。但其优点在于承保危险广泛,更有利于被保险人获得全面的保险保障。由于其危险范围大,易于确定保险给付义务的成立与否。

五、原保险合同与再保险合同

根据两个以上互相牵连的保险合同的相互关系,即保险人承担责任的不同次序为标准,保险合同可分为原保险合同与再保险合同。

(一)原保险合同

原保险合同又称"第一次保险合同",在两个以上互相牵连的保险合同中,由投保人与保险人订立的保险合同为原保险合同。依原保险合同,其当事人为投保人与保险人,原保险合同中的保险人承保原投保人所欲转移的危险,相对于再保险合同而言,其保险给付义务具有"第一次"或"原"的意义。原保险合同是相对于再保险合同而言,是纯粹理论上的称谓。

(二) 再保险合同

再保险合同又称"第二次保险合同"、"分保合同",是指再保险人与原保险人约定,将原保险人承担的部分保险给付义务转而由再保险人承担所达成的协议。分出保险给付义务的一方为原保险人,原保险人又称"分出人"。接受原保险人分出的给付义务的保险人为再保险人,又称"分入人"。《保险法》第28条第1款规定:"保险人将其承担的保险业务,以分保形式部分转移给其他保险人的,为再保险。"

六、单保险合同与复保险合同

《保险法》第56条第4款规定:"重复保险是指投保人对同一保险标的、同一保险利益、同一保险事故分别与两个以上保险人订立保险合同,且保险金额总和超过保险价值的保险。"据此,依是否以同一保险标的、保险利益、保险事故,在同一保险期间,与两个以上的保险人分别订立两个以上保险金额总和超过保险价值的保险合同为标准,保险合同可分为单保险合同与复保险合同。

(一) 单保险合同,系指投保人对某一保险标的,基于某一保险利益、就某一保险事故与某一保险人订立的保险合同。

(二) 复保险合同,系指投保人对于同一保险标的,基于同一保险利益,以同一保险事故,在同一或重叠的保险期间内分别与两个以上的保险人订立保险金额总和超过保险价值的两个以上的保险合同。

在复保险合同下,当事人可能获得不当得利,需特设规则予以控制。

七、为自己利益的保险合同与为他人利益的保险合同

以保险合同是否为自己利益而订立为标准,可将其分为为自己利益的保险合同与为他人利益的保险合同。

(1) 为自己利益的保险合同,是指投保人以自己为给付保险金请求权人而订立的保险合同。其分为两种情况:

① 投保人以自己为被保险人,而未另行指定受益人。如下所示:

投保人　A　　被保险人　A　　受益人　A

② 投保人以第三人为被保险人,而指定自己为受益人。如下所示:

投保人　A　　被保险人　B　　受益人　A

(2) 为他人利益的保险合同,是指投保人不享有保险金给付请求权的保险合同。其分三种情况:

① 投保人自己为被保险人,而指定他人为受益人。如下所示:

投保人　A　　被保险人　A　　受益人　B

② 投保人以他人为被保险人,未另行指定受益人,或是指定受益人被保险人自己。如下所示:

投保人　A　　被保险人　B　　受益人　B

③ 投保人以他人为被保险人,另行指定第三人为受益人。如下所示:

投保人　A　　被保险人　B　　受益人　C

第四章　保险合同的主体与客体

保险合同的主体,在广义上,指与保险合同的订立、履行具有直接关系、间接关系或辅助关系的人,包括保险合同的当事人、保险合同的关系人以及保险合同的辅助人。狭义上的保险合同的主体仅指保险合同的当事人。保险合同的当事人,系订立保险合同,享有保险合同权利,负担保险合同义务的人,包括投保人与保险人。保险合同关系人,指虽非保险合同当事人,但因保险合同的订立而与保险合同具有利害关系的人,包括被保险人与受益人。在保险合同订立、履行、消灭的过程中,尚涉及保险辅助人。保险合同的辅助人系指非保险合同当事人,亦非保险合同关系人,但对保险合同的订立、履行起辅助作用的人,包括保险代理人、保险经纪人与保险公估人等。

第一节　保险合同的当事人

一、保险人

保险人,指与投保人订立保险合同,按约定有权收取保险费,并承担危险,在保险事故发生时履行给付保险金义务的经营保险的组织。在我国,经营商业保险的保险人只能是保险公司。《保险法》第10条第3款规定:"保险人是指与投保人订立保险合同,并按照合同约定承担赔偿或者给付保险金责任的保险公司。"保险公司可以采取有限责任公司和股份有限公司形式设立。

保险人的经营得失关乎危险分散、损失补偿与危险分担功能的发挥,牵连社会的安定,因此,国家对保险人的营业资格采特许主义。保险人须具备法定条件和经过法定程序,才能在核定范围内从事保险业务。各国一般皆在法律上明确规定其条件和营业范围。在保险人资格方面,绝大多数国家法律限定保险业仅法人得为经营。保险企业采股份公司的形式为主,不过,英国亦允许个人经营保险业务。我国保险业在新中国成立后由中国人民保险公司独家经营。为了改变这种不合经济规律的情况,1985年,国务院颁布的《保险企业管理暂行条例》规定,经中国人民银行批准,可以设立保险公司,经营保险业务。1996年,中国人民保险公司分拆,我国保险市场逐渐形成多元主体竞争的状况。

二、投保人

(一) 投保人的概念

投保人,在我国台湾立法上称"要保人",在日本法上称为"保险契约者",是指向保险人发出投保请求,与保险人订立保险合同,并依约承担交付保险费义务的人。换言之,投保人是为了自己或他人的合法利益,以特定标的,为了分散不可抗力或意外事故造成的损失,而与保险人订立保险合同的一方当事人。之所以称其为要保人,因其在保险合同成立时,相对于保险人而言处于要约人(offerer)的地位,而保险人则为承诺人(acceptance)。

(二) 投保人应具备的条件

一般来说,投保人须具备如下条件:

1. 具有权利能力与相应的行为能力

凡具有权利能力者,不论是自然人、法人或其他组织,均可以成为保险合同的投保人。投保人的资格不似保险人那样须严格限制,自然人、法人或其他组织皆得为之。

投保人是发出保险要约,与保险人订立合同的当事人,据此,投保人应具有相应的民事权利能力与行为能力,也可以依法委托代理人订立合同。保险合同成立以当事人意思表示合致为要素,因此,订立合同的人须具备一定的独立表达其意思、理解自己行为性质和控制行为后果的能力,即行为能力。法人的权利能力与行为能力是一致的,行为能力受到权利能力的限制,自然人的行为能力根据年龄、智力或精神状况的不同,存在不同情况。

《中华人民共和国民法通则》(以下简称《民法通则》)将自然人的行为能力分为三种,即完全行为能力、限制行为能力与无行为能力。完全行为能力人包括年满18周岁,智力发育正常的成年人;已满16周岁不满18周岁、但以自己的劳动收入为主要生活来源的人。限制行为能力人包括10周岁以上的未成年人;不能完全辨认自己行为的精神病人。无行为能力人包括不满10周岁的未成年人;不能辨认自己行为的精神病人。据此,在我国,具有完全行为能力的自然人可以独立订立法律允许自然人作为合同主体的一切合同。投保人为无民事行为能力人或限制民事行为能力人时,可由其法定代理人代为订立保险合同。

2. 人身保险的投保人在合同订立时须具有保险利益

根据《保险法》第12条第1款、第31条第3款规定,人身保险的投保人在保险合同订立时,对被保险人应具有保险利益,否则合同无效,旨在防止道德危险。而财产保险的被保险人在保险事故发生时,对保险标的应当具有保险利益,投保人对保险标的无需具有保险利益。① 保险在于以保险金给付填补权利人因保险事故发生所致的损失。因此,享有保险金请求权的人应对保险标的具有保险利益。保险利益是填补损失的必然要求,亦为防止道德危险发生的有力保障。但是,投保人作为合同缔约人,未必享有保险金请求权。在财产保险合同中,若投保人以自己的财产投保,以自己为被保险人,则发生保险事故,自己享有保险金给付请求权。其权利乃基于财产受有损失之被保险人地位,而非基于投保人地位。若投保人以他人财产投保,以他人为被保险人,则在保险事故发生时,受有损失的该他人有给付保险金请求权,而与投保人无关;若投保人以他人财产投保,以自己为被保险人,则在保险事故发生时,受有损失者为该他人,投保人未遭受损失,不能请求保险金给付。因此,财产保险合同的投保人与保险标的之间非以具有保险利益为必要。

(三) 投保人的法律特征

投保人具有如下法律特征:

1. 投保人是保险合同的缔约人,须具有相应的民事权利能力与民事行为能力。合同系属法律行为,保险合同作为合同的一种,当然

---

① 见《保险法》第12条第2款。

适用法律行为的若干法律规则,其缔约者自应遵循法律行为对于行为人意思能力的相关要求。

2. 投保人是保险合同的一方当事人,而不是保险合同的关系人。其虽负有交付保险费的义务,但保险合同利益并不当然为其而存在。在财产保险合同中,保险合同利益为被保险人而存在,在人身保险合同中,合同利益为受益人而存在。

3. 投保人作为保险合同的一方当事人,虽不当然享有合同利益,却须依约履行保险合同义务。投保人依合同负有交付保险费的主给付义务。

第二节 保险合同的关系人

保险合同的结构与一般民事合同的结构不同,投保人因投保成为合同当事人,但合同利益并非因其投保而当然为其存在。保险合同利益实际上是为被保险人利益或受益人利益而存在,即为保险合同关系人的利益而存在。因此,准确理解关系人的法律地位对于理解保险合同殊为重要。保险合同的关系人是指除保险合同的保险人和投保人之外,对于保险合同利益有独立请求权的人,包括被保险人与受益人。

一、被保险人

(一) 被保险人的概念与资格

1. 被保险人的概念

被保险人是指财产或者人身受保险合同保障,享有保险金请求权的人,被保险人可以为投保人。在财产保险中,被保险人是保险事故发生时真正受有损失的人。在人身保险中,被保险人是保险事故发生的载体,是保险合同承保危险的承受者。《保险法》第12条第5款规定:"被保险人是指其财产或者人身受保险合同保障,享有保险金请求权的人。投保人可以为被保险人。"

被保险人可以是自然人、法人或其他组织。自然人是基于自然规律出生而取得民事主体资格的人,包括本国人、外国人和无国籍人。法人是指具有民事权利能力和民事行为能力,并依法享有民事权利和承担民事义务的组织,包括企业法人、机关法人和社会团体法人。其他组织,指不具备法人资格的组织,主要包括:法人的分支机构;企业之间或企业、事业单位之间联营,不具备法人条件的组织;合伙组织;个体工商户等。

2. 被保险人的资格及其限制

在人身保险合同中,被保险人是危险发生的载体,基于对被保险人人身安全的保护,防止道德危险的发生,对以死亡为给付保险金条件的人身保险合同,区分被保险人不同的意思能力,对被保险人分设不同规范。依《保险法》第33条规定,投保人不得为无民事行为能力人投保以死亡为给付保险金条件的人身保险,保险人也不得承保。父母为其未成年子女投保的人身保险,不受上述规定限制。但是,因被保险人死亡给付的保险金总和不得超过国务院保险监督管理机构规定的限额。在以死亡为给付保险金条件的人身保险中,被保险人不得为无民事行为能力人,此为一般性规定;父母为其未成年子女投保以死亡为给付保险金条件的人身保险的为例外性规定,但其保险金数额也受到相应限制。无民事行为能力人指10周岁以下的未成年人,还包括完全不能辨认和控制自己行为的已经成年的精神病人。前者是年龄未达到发育成熟的程度;后者是虽达到相应年龄,但智力出现障碍,不能独立的认识、判断和控制自己行为。因其无独立的意思能力,不能独立思考判断和控制自己的行为,易发生受益人为图谋保险金而杀伤被保险人的道德危险。只有父母可以为无民事行为能力人与限制行为能力人投保以死亡为给付保险金条件的人身保险合同,包括10周岁以下的无民事行为能力人、10周岁以上18周岁以下的限制民事行为能力人,但已满16周岁不满18周岁,以自己的劳动收入为主要生活来源的未成年人除外。因此,父母为其未成年子女订立保险合同无年龄限制与精神状况的限制。而当投保人不是其父母时,则被保险人不得为无民事行为能力人,但可以是限制民事行为能力人。

至于财产保险,法律对于被保险人无资格限制,但要求被保险人有权利能力,且在保险事故发生时对保险标的具有保险利益。

(二) 被保险人的同意

1. 被保险人同意的根据

在财产保险合同中,由于有客观的保险利益的控制,无须通过被保险人同意来防止道德危险。被保险人与保险标的之间利害关系的有无决定着合同利益的最后归属,其他与保险标的没有利害关系的主体即使故意对保险标的实施侵害,保险人在承保危险发生时也应将补偿给付于真正受有损失之人,而不会将补偿给付于侵害人。

被保险人与受益人非为同一人的人身保险合同,以人的生命或身体为保险对象,若无限制,无异于以他人生命为赌注,易引发道德危险,所以应对以他人为被保险人投保的死亡保险加以限制。而财产保险中保险利益防控道德危险的功能难以在人身保险合同中发挥。保险金给付请求权人与被保险人之间的关系具有主观性,以具有某种金钱利益关系或具有亲属关系存在即为有保险利益存在为判断标准,这种控制道德危险的机制难以在人身保险中加以适用。若具有某种亲属关系则具有保险利益,无须被保险人同意,这种以形式上的亲属关系来判定彼此之间的保险利益有无的处理方法,实质上未必合理。人的亲属关系有亲疏远近,但并非亲近之人恒为友善。夫妻反目,父子成仇,兄弟势如水火者亦非鲜见。故若仅凭借亲属关系的存在来防止道德危险的发生,难达其初衷。

有人主张以某种利益关系作为标准,以控制道德危险。只是人与人之间具有的关系颇为复杂,何样的利益关系才能确保对被保险人不会发生道德危险难以判断。若以被保险人同意来代替对客观上利益关系进行判断,即保险合同的效力发生与否,取决于被保险人同意,基本上可以缓解判断客观上利益关系对自身影响的困难。当投保人以第三人为被保险人订立包含死亡为给付保险金条件的人身保险合同时,须经被保险人同意,否则合同不生效力。此时,实际上将保险利益控制道德危险的功能系于被保险人同意与否的基础上。其优点在于:

首先,由于人身保险合同中,人与人之间的关系颇为复杂、多变,赋予被保险人同意,使其自己决定是否参加保险,将具有主观性的人与人之间的利益关系客观化。其建立的前提是人的意志自由,人能够认识、判断并选择自己的行为。

其次,对保险金额的同意的主要目的是凭借保险金额的约定,使被保险人自己来决定自己生命面临的危险状况,另一方面也凭此来推察投保人的动机,实际上可以更有效地控制风险。一般情况下,保险金额越大危险几率越大,保险金额越小危险几率越低。

最后,当第三人为被保险人订立以死亡为给付保险金条件的合同时,由于以他人生命、身体为对象,涉及他人人格权。人格权的要旨在于维护个人人格的完整、独立与不可侵犯。因此,由被保险人同意的行使,实质上让其自己决定是否愿意以自己身体或生命为保险标的,体现了对人格权的尊重。

2. 被保险人同意的性质

在民法上,同意分为事前的同意(允许)与事后的同意(承认)。[①] 被保险人的同意不能脱离保险合同而在法律上独立存在。该同意也不是与保险合同当事人的意思表示结合起来成为保险合同的成立要件,而是作为保险合同生效要件。被保险人的同意是以死亡为给付保险金条件的保险合同的来自外部的效力要件。

(1)事前的同意(允许)。① 允许的性质。允许的性质为单独行为。单独行为即由当事人一方的意思表示而成立的法律行为。[②] 允许的性质一般认为是有相对人的单独行为。允许是事前所为同意的意思表示,须以积极的方式为之。② 允许的方式。在一般民法上,允许的方式原则上为不要式行为。

(2)事后的同意(承认)。① 承认的性质。承认是事后的同意,其性质为单独行为。承认权是一种形成权。形成权,即依权利人一方的意思表示而使法律关系发生、变更或消灭的权利。[③] 承认权是对已成立的法律行为通过事后同意,而使其法律关系确定,当然属于形成权的一种。其与允许的区别在于,允许不能促使该法律关系立即发生变化,所以,允许不是形成权。[④] ② 承认的方式。在民法上,

---

① 王泽鉴:《民法总则》中国政法大学出版社 2001 年版,第 499—500 页。
② 史尚宽:《民法总论》,中国政法大学出版社 2000 年版,第 309 页。
③ 王泽鉴:《民法总则》,中国政法大学出版社 2001 年版,第 97 页。
④ 江朝国:《保险法论文集》(一),瑞兴图书股份有限公司 1997 年版,第 315 页。

承认的方式若无法定或特别约定的情况,为非要式行为。

为防止道德危险,保护被保险人的人格权,《保险法》第34条规定的同意包括了事前的允许和事后的承认,体现了对被保险人更周全的保护。其行使成为合同的效力要件。

3. 同意的内容

在不同条件下,被保险人同意的内容不同。(1)在订立保险合同时,同意包括对投保人以及其为被保险人订立包含死亡为保险事故的人身保险合同的同意和对投保人与保险人间约定的保险金额的同意。(2)在指定受益人时,被保险人对指定的人为受益人为是否同意的意思表示。(3)在变更受益人时,被保险人对变换已指定的受益人为是否同意的意思表示。(4)在以死亡为给付保险金条件的保险合同转让或质押时,也应经被保险人为同意的意思表示。在合同订立时的同意是被保险人第一次同意,而在该合同债权转让或质押时,需经被保险人的第二次同意,第一次同意不能代替第二次同意。

4. 被保险人同意的行使

依《保险法》第34条规定,是否订立合同的同意,即第一次同意,可以书面、口头等方式,不必限于书面要式的同意。当该保险合同转让或质押时,被保险人的第二次同意,应以书面形式为之,采取要式行为的方式行使。

在被保险人为完全行为能力人时,具有完全的意思能力,同意由其本人按自己的意思完成;当父母以其未成年子女为被保险人订立保险合同时,如果包括了死亡作为保险事故,则无须经该父母的未成年子女同意,在该合同转让或质押时,亦无须该未成年人本人的同意。

5. 同意的时间

以死亡为给付保险金条件的人身保险合同,在其订立、指定受益人、变更受益人和转让或质押时,均须经被保险人同意。由于被保险人是危险载体,而享有保险合同利益的受益人可能危及被保险人的安全,因此,在以死亡为给付保险金条件的人身保险合同订立、指定受益人、变更受益人以及保险合同转让或质押时,均须经被保险人同意来控制道德危险。《保险法》第39条规定,人身保险的受益人由被保险人或者投保人指定。投保人指定受益人时须经被保险人同意。投保人为与其有劳动关系的劳动者投保人身保险,不得指定被保险人及其近亲属以外的人为受益人。被保险人为无民事行为能力人或者限制民事行为能力人的,可以由其监护人指定受益人。该法第41条第2款规定,投保人变更受益人时须经被保险人同意。

二、受益人及其受益权

(一) 受益人

1. 受益人的概念

受益人是指由权利人在保险合同当中指定的享有保险金给付请求权的人。受益人的法律地位源于人身保险合同中指定权人的指定。《保险法》第18条第3款规定:"受益人是指人身保险合同中由被保险人或者投保人指定的享有保险金请求权的人。投保人、被保险人可以为受益人。"受益人一般没有资格限制,法人、其他组织或自然人皆可充任。指定自然人为受益人的,不以具有民事行为能力的人或与被保险人有利害关系的人为限。我国《保险法》将受益人限定于人身保险合同,不适用于财产保险合同。

2. 受益人的法律特征

(1) 基于保险合同,在保险事故发生时,享有保险金给付请求权。

(2) 受益人须由权利人在保险合同中指定而产生。

(3) 在以死亡为给付保险金条件的保险合同中,权利人指定受益人时,须经被保险人同意。

3. 受益人的种类

有人将受益人分为原始受益人、后继受益人和法定受益人。原始受益人,是指订立保险合同时投保人或被保险人最初指定的受益人;后继受益人,是指在保险合同存续期间原始受益人死亡而被保险人仍然生存时(受益人先于被保险人死亡),被保险人再次指定的受益人;法定受益人,即当以上两种受益人均先于被保险人死亡,由被保险人的法定继承人为受益人并基于该受益人地位享有保险金给付请求权。其保险金不是作为被保险人的遗产而取得。此时将被保人的继承人作为法定受益人。① 依《保险法》第 42 条规定,上述分类方法的合理性值得怀疑。分类的目的在于明确不同类型的法律意义,特别是要通过分类澄清不同类型的主体有不同的权利义务,进而减轻思维的负担。然而,在将受益人分为原始受益人、后继受益人和法定受益人的情况下,原始受益人是最初指定的受益人,而后继受益人实际上指的是经变更后的受益人,所谓后继与原始之间无任何法律关系。当已经被指定的受益人先于被保险人死亡时,权利人可重新指定受益人或不指定受益人。所谓法定受益人的概念亦无明确的实证法根据。《保险法》第 42 条规定的情况实质上是在无受益人,即从来就没指定受益人或曾经指定受益人而已先于被保险人死亡(即受益人不再存在)、受益人放弃受益权、受益人失去受益权时,对保险金的处理方式。也就是说,在上述几种情形下,若被保险人死亡,则将保险金作为被保险人的遗产来处理。这实际上是合同利益的继承问题,而非受益人的问题。在此情形下,法律推定合同利益为被保险人利益而存在,而由其继承人继承。因此,现行《保险法》上不存在所谓法定受益人的概念。所谓的"法定受益人",不是因其享有受益权之故,而是继承了合同利益的结果。此时,若实行遗产税制,则继承人应按其继承的份额缴纳遗产税。

现行《保险法》没有对受益人进行类型划分。在美国,受益人以是否得由权利人变更为标准,分为可变更受益人与不可变更受益人。② 在可变更受益人的情况下,被保险人虽已指定受益人,但保留处分权,得以合同或遗嘱处分之。权利人得随时变更受益人,受益人仅有一种期待利益。但于死亡事故发生后,保险金应由受益人受领,不得作为被保险人的遗产。在不可变更受益人的情况下,被保险人在指定受益人时,抛弃处分权,保险合同利益即归属于受益人,被保

---

① 有人根据 1993 年 4 月 9 日发布的《简易人身保险条款》第 13 条规定:"……如果没有指定受益人或受益人先于被保险人死亡,被保险人的法定继承人即为受益人",认为此种情况下的被保险人的法定继承人即为法定受益人。但这只能表明该合同条款中的处理仅是对受益人指定方法的一种约定,并不能作为法定受益人存在的理由和根据。参见覃有土主编:《保险法概论》,北京大学出版社 2001 年版,第 338—339 页;李玉泉:《保险法》,法律出版社 2003 年版,第 251—252 页。

② 参见施文森:《保险法论文第一集》,五南图书出版公司 1982 年版,第 227 页。

险人不得以任何行为妨害受益人的既得利益。其非经受益人同意，亦不得变更既定的受益人。

(二) 受益权

1. 受益权及其性质

受益权是受益人基于保险合同享有的保险金给付请求权。受益权是基于合同而产生并行使的权利，而非继受的权利，无须收取遗产税或个人所得税。已确定的受益人，其受益权以保险事故发生时，该受益人仍生存为限。若其在保险事故发生前死亡，受益权即行消灭。

权利依其实现要件是否已经全部具备，可分为既得权与期待权。既得权是指全部要件已经具备，权利人实际享有的权利。期待权是实现要件尚未全部具备，待其余要件发生后才能实际享有的权利。受益权是期待权，而非既得权。

2. 受益权的产生

受益权因受益人的产生而存在，受益人的产生即为受益权的产生。依《保险法》第39条规定，受益人基于权利人指定而产生，非基于投保人与保险人或被保险人与保险人的约定而产生。

(1) 指定权的主体。指定权是保险合同的权利人享有的确定受益人的权利。依《保险法》第39条规定，当投保人与被保险人为同一人时，受益权的指定者为同一人，当两者非为同一人时，可能发生投保人与被保险人指定不同的主体为受益人。此时，投保人的指定须经被保险人同意的约束。据此，被保险人真正拥有受益人的指定权。

投保人的指定须经被保险人的同意，是为被保险人的利益而设，以避免发生道德危险。被保险人可以明示或默示的方式为同意的意思表示。其可以事先允许，亦可事后承认。若被保险人是无民事行为能力人或限制民事行为能力人，可由其监护人指定。受益人的指定应从被保险人利益出发。受益人的指定权人不能是投保人，亦不能由二人共同指定，实际上只能是被保险人享有指定权。[①] 如果没有指定受益人或者指定的受益人先于被保险人死亡，则保险合同利益为被保险人而存在。

---

① 覃有土主编：《保险法概论》，北京大学出版社2001年版，第336页。

(2) 指定权的行使。指定权的行使是一种单方行为,对所指定的受益人,无须征得其本人的同意,亦不须与保险人达成意思的合致,但须在保单中载明。依《保险法》第 39 条、第 40 条规定,指定受益人的方式并未被限定为要式行为。但依该法第 41 条规定,变更受益人的行为则为要式行为。此时按当然解释,指定受益人,从而使受益权产生的行为亦应以要式方式为之,即采书面形式,且应在保单上载明。当被保险人为无民事行为能力人或限制行为能力人时,应当由被保险人的监护人来指定。

受益人的指定既可以在订立保险合同的当时,亦可以在合同成立之后。

在指定受益人时,一般只须载明受益人的姓名即可,无须说明受益人的身份或被保险人与受益人的关系。

权利人可以指定一人或数人为受益人,原则上无人数的限制。

受益人的受益顺序,指权利人在保险合同中确定的各受益人享有保险金给付请求权的先后次序。受益顺序在先的受益人,享有保险合同约定的全部保险金利益,受益顺序在后的受益人,只有在受益顺序在先的受益人不能行使受益权或丧失受益权时,才可以享有保险合同约定的保险金利益。受益份额,指在保险合同中指定的相同受益顺序的各受益人所享有的保险金给付请求权的份额。权利人在指定受益人时,可以在合同中确定受益人的受益顺序与受益份额。未确定受益份额的,相同顺序的受益人按相等份额享有受益权。当受益人为一人时,不生受益份额与受益顺序的问题。未确定受益顺序和受益份额的情况下,按同一顺序处理,同一顺序的受益人按相等的份额享有受益权。若指定了受益顺序,但未确定受益份额,则同一顺序的受益人,按相等的份额享有受益权。

3. 受益权的变更

受益权可因受益人、受益顺序或受益份额的变更而变更。受益人经指定后或经指定并经被保险人同意后,亦可以变更。受益人的变更是指对先前已经确定的受益人进行更换。其基本含义包括:更换前已经指定了的受益人;现在变换原先已确定的受益人。因此,若先前未指定受益人,则不生受益人变更问题,而属于受益人的指定。

变更内容包括人数增加、减少、数额分配的变化以及顺序变化等。

(1) 变更主体。依《保险法》第41条规定,被保险人或投保人可以变更受益人,但投保人在变更受益人时须经被保险人同意。因此,真正控制变更权的主体是被保险人,而不是投保人,亦不能认为是投保人与被保险人共同变更受益人。变更受益人行为是变更权人意思自治的范围,故与保险人无关,无须与保险人的意思表示达成合致。

(2) 变更方式。依据《保险法》第41条规定,被保险人或者投保人可以变更受益人并书面通知保险人。保险人收到变更受益人的书面通知后,应当在保险单上批注。

(3) 变更期限。变更受益人应在合同当事人确定受益人之后至保险事故发生之前这段时间内为之。其前提保险合同成立并生效,否则,无法律意义。若当事人未指定受益人,则系指定而非变更,不生变更与否的问题。若保险事故发生后为变更行为,则此时受益权已由期待权变为既得权,事实既已确定,不能再行变更。

(4) 变更内容。变更受益权的内容包括变更受益人的人数、变更受益人的受益份额以及变更受益人的受益顺序。

4. 受益权的放弃

在确定受益人之后,该受益人作出拒绝享有保险金给付请求权的意思表示,为受益权的放弃。放弃受益权的行为为单方行为,自作出拒绝享有保险金请求权的意思表示后成立并产生法律效力。

5. 受益权的移转

受益权在保险事故发生前为一种期待利益,只有当被保险人发生保险事故时,受益权才确定地变为现实的财产权。《保险法》第34条第2款规定:"按照以死亡为给付保险金条件的合同所签发的保险单,未经被保险人书面同意,不得转让或者质押。"按反对解释,以死亡为给付保险金条件的合同所签发的保险单[①],经被保险人书面同意,便可以转让或者质押。

---

① 实际上指保险合同债权。

6. 受益权的消灭

受益权的消灭分为绝对消灭与相对消灭两种。受益权的绝对消灭系指受益权行使后，因最终实现而不再存在。受益权的相对消灭系指已确定特定受益人，因特定事由发生而使受益权对该受益人而言不再存在，包括：受益人在保险事故发生前先于被保险人死亡，其受益权因而不再存在；由享有变更权的人变更已确定的受益人，原受益人的受益权不再存在；由撤销权人将已确定的特定受益人撤销以及特定受益人因对被保险人实施不法加害行为导致受益权不再存在。受益权的相对消灭涵盖了因已确定的受益人死亡而导致的消灭，受益权因变更权人变更原来既有的受益人而导致的消灭，撤销权人撤销既有的受益人而导致的消灭以及因受益权丧失而致的消灭。

受益权丧失系权利人指定受益人之后，若受益人对被保险人为不法加害行为，保险法剥夺其受益权，其先前的受益权不再存在。《保险法》第43条第2款规定："受益人故意造成被保险人死亡、伤残、疾病的，或者故意杀害被保险人未遂的，该受益人丧失受益权。"据此，受益权的丧失有两种情况：一是受益人故意造成被保险人死亡、伤残或疾病，受益权丧失；二是受益人故意伤害被保险人未遂的，受益权丧失。

变更受益权不同于丧失受益权。变更受益权是出于当事人的意定行为，而丧失受益权是基于法律的规定，出现法定情形即当然引发受益权不再存在的法律后果。变更受益权属于当事人意思自治的范围，丧失受益权则属于强行性规则调整的领域，涉及社会公共利益，故限制当事人基于其意思自由决定。受益权丧失与受益权撤销亦不同。撤销权人未撤销受益权时，其受益权仍有效，并不当然失效。只有撤销权人行使撤销权时，其受益权才不再存在。

受益人在保险事故发生前先于被保险人死亡，该受益人的受益权不再存在，指定权人可再行指定他人为新的受益权人。当受益人与被保险人在同一事件中死亡，不能确定死亡先后时，依《保险法》第42条第2款规定，推定受益人先于被保险人死亡。被保险人的继承人享有保险金给付请求权。

第三节　保险合同的辅助人

保险合同订立、履行乃至消灭的过程中，尚须其他人辅助当事人为相应行为，以期保险目的的圆满达成。与保险合同的订立或履行具有一定辅助关系的人即为保险合同辅助人，亦称补助人。我国《保险法》规定的辅助人主要有三种：保险代理人、保险经纪人与保险公估人。

保险合同的订立及履行过程，涉及投保、核保、承保、保险合同的变更、解除、保险给付请求权的行使等诸多环节，几乎每一个环节皆须关于保险的专门知识和技术。而在保险合同中，保险人的相对人一般为普通大众，须具有专门知识技术之人的辅助。同时，保险合同当事人亦可通过中介人扩展意思自治的空间，避免事必躬亲的局限与不便，使保险人降低经营成本，扩大保险发挥分散危险、安定社会的作用范围。

一、保险代理人

(一) 保险代理人的概念及特征

1. 保险代理人的概念

民法上的代理，系指代理人在代理权限内，以本人(被代理人)名义与第三人为法律行为，其法律后果归属于本人。以他人的名义与第三人为法律行为的人，为代理人；对代理人的行为承担法律后果的人，称为本人(被代理人)。

根据《民法通则》第 63 条的规定，一般民事代理具有以下特征：(1) 代理人须以被代理人的名义与第三人为法律行为；(2) 代理人须在代理权限范围内为代理；(3) 代理人在代理权限内须独立作出意思表示；(4) 代理行为的后果直接由被代理人承担。

保险代理为民法上代理的一种。根据《保险法》第 117 条第 1 款规定，保险代理人是指根据保险人的委托，向保险人收取代理手续费，并在保险人授权的范围内代为办理保险业务的机构或个人。保险代理人是保险人的代理人，代保险人办理保险业务。

2. 保险代理人的特征

保险代理人所进行的代理行为是民法上代理的一种。因此,保险代理人首先应遵循民事代理制度的一般规定。但是,保险代理毕竟是一种专业代理,基于其功能的特殊性,法律对保险代理人的要求比一般代理人严格。所以,它除了具有一般代理的特征外,亦具有自己的特点,表现在如下方面:

(1)保险代理人的代理权一般是依据保险人的授权产生的(仅有委托代理),即保险代理人是受保险人的委托而代为办理保险业务。一般民事代理人的代理权,既可由被代理人的授权而产生(委托代理),也可以因法律的直接规定而产生(法定代理),还可以因国家主管机关的行政命令或法院的裁定而产生(指定代理)。

(2)保险代理人的代理行为一般是有偿的,其可向保险人收取约定的佣金。一般民事代理人的代理活动,既可以是有偿的,亦可为无偿。在法定代理中,根本不存在收取报酬的问题。

(3)一般民事代理只包括代理为法律行为,而不包括事实行为。在保险代理中,除代理为法律行为外,亦兼及事实行为与侵权行为。[①] 保险代理人欺诈投保人而与其订立保险合同,由保险人承担

[①] 关于法律行为、事实行为、侵权行为之间的关系,不同国家的民法理论体系有不同的理解和认识。在德国民法理论中,法律行为是与事实行为相对应的概念,强调法律行为与事实行为是基于两种不同的调整方法而产生的两个概念,其分别适用不同的法律规则,有关法律行为的各项规则不能适用于事实行为。参见董安生:《民事法律行为——合同、遗嘱和婚姻行为的一般规则》,中国人民大学出版社1994年版,第107页。在对事实行为外延的理解上,各种民法理论的认识亦不一致。有人认为,侵权行为也可由事实行为构成。见史尚宽:《债法总论》,荣泰印书馆1978年版,第119页。在我国台湾的民法理论中,侵权行为属于违法行为,其法律后果是产生民事责任而非民事义务;事实行为属于适法行为,其行为后果是产生民事权利义务关系。适法行为是与违法行为相对应的概念,适法行为又分为表示行为与非表示行为,事实行为属于非表示行为,法律行为只是适法行为的一部分。见王泽鉴:《民法总则》,中国政法大学出版社2001年版,第258页。我国大陆的民法理论以合法性为标准,传统民法中的事实行为必然包含有不法行为,这些行为与侵权行为存在互相转化的关系。见董安生:《民事法律行为——合同、遗嘱和婚姻行为的一般规则》,中国人民大学出版社1994年版,第118页。我国大陆的一部分民法学者以合法性为标准将行为划分为合法行为与违法行为,侵权行为属于违法行为,事实行为属于合法行为。参见董安生:《民事法律行为——合同、遗嘱和婚姻行为的一般规则》,中国人民大学出版社1994年版,第123页。也有人认为法律行为与事实行为都可能是合法行为或违法行为。见马俊驹、余延满:《民法原论》(上),法律出版社1998年版,第239页。

法律后果。保险代理人的有些规则与一般民法上代表的有些规则相似,而异于一般民事代理。保险代理人在业务范围内所为的行为,虽未经保险人指示,亦有约束保险人的效力。即使保险代理人的行为侵害他人的利益,如以欺诈的方法诱使投保人订立保险合同,发给伪造的或未经保险人核准的保险单,亦对保险人有约束力。一般民事代理人如果实施了未经被代理人指示的行为,对被代理人则无约束力。根据《民法通则》第66条的规定,只有经过被代理人的追认,被代理人才承担民事责任。未经追认的行为,由行为人自己承担民事责任。

(4) 保险代理人在业务范围内所知道的有关订立保险合同的重要事项,即使实际上并未告知保险人,也都推定为保险人所已知,保险人不得以投保人未履行如实告知义务而拒绝履行自己的保险金给付义务。例如,保险代理人订立保险合同之前,明知被保险人患有重大疾病而不告知保险人,待保险事故发生时,保险人不得以投保人告知不实为由推卸责任。一般民事代理人没有履行其应尽职责而给被代理人造成损害的,应由其本人承担民事责任。

根据《保险法》第117条和《保险代理人管理规定(试行)》①第3条的规定,保险代理人分为专业代理人、兼业代理人和个人代理人。专业代理人是指专门从事保险代理业务的组织。② 根据《保险专业代理机构监管规定》第5条规定,除保监会另有规定外,保险专业代理机构应采取有限责任公司和股份有限公司形式。兼业代理人是指受保险人委托,在从事自身业务的同时,指定专人为保险人代办保险业务的单位。③ 个人代理人是指根据保险人委托,向保险人收取代理手续费,并在保险人授权的范围内代为办理保险业务的个人。④

---

① 2004年的《保险代理机构管理规定》只是废止了2001年《保险代理机构管理规定》的效力,并没有否定《保险代理人管理规定(试行)》中与其不冲突的规则。
② 参见《保险代理人管理规定(试行)》第18条前段。
③ 《保险代理人管理规定(试行)》第40条。
④ 《保险代理人管理规定(试行)》第48条。

(二) 保险代理人的资格

1. 保险专业代理人的条件

根据《公司法》第26条、第81条规定和《保险专业代理机构监管规定》第5条、第6条和第7条规定,设立专业保险代理人,应采取有限责任公司和股份有限公司形式,并应具备如下条件:

(1) 股东、发起人信誉良好,最近3年无重大违法记录。

(2) 如果采取有限责任公司形式,其注册资本不得少于人民币200万元;经营区域不限于注册地所在省、自治区、直辖市的保险专业代理公司,其注册资本不得少于人民币1000万元。如果采取股份有限公司形式,其注册资本不得少于人民币500万元;经营区域不限于注册地所在省、自治区、直辖市的保险专业代理公司,其注册资本不得少于人民币1000万元。保险专业代理公司的注册资本必须为实缴货币资本。

(3) 公司章程符合有关规定。

(4) 董事长、执行董事、高级管理人员符合规定的任职资格条件。

(5) 除保监会另有规定外,名称应包含"保险代理"或"保险销售"字样,不得与现有保险中介机构相同,并具备健全的组织机构和管理制度。

(6) 有与业务规模相适应的固定住所。

(7) 有与开展业务相适应的业务、财务等计算机软硬件设施。

(8) 法律、行政法规和保监会规定的其他条件。

2. 保险兼业代理人的条件

根据中国人民银行公布的《保险代理人管理规定(试行)》[①]、2000年8月4日由保监会公布的《保险兼业代理管理暂行办法》(保监发[2000]144号)的规定,保险兼业代理人是指受保险人委托,在从事自身业务的同时,指定专人为保险人代办保险业务的单位。而在北京和沈阳,保监会将保险兼业代理机构划分为A、B、C三类,各

---

① 《保险代理人管理规定(试行)》第40—47条的规定。

自具有不同的设立要件,并实行分类监管。①

保险兼业代理人资格的取得须具备如下实质条件与程序条件:

(1) 取得兼业保险代理人资格必须符合下列实质条件②:第一,须具有法人资格或经法定代表人授权,且具有工商行政管理机关核发的营业执照。第二,须有与经营主业直接相关的一定规模的保险代理业务来源,即其经营主业中所涉财产及其利益或人的身体、健康需要通过订立保险合同获得保险保障,例如,货物运输部门为保险人代理货物运输保险业务。第三,须有固定的营业场所。这是兼业代理人为主营业务的物质条件,也是为保险代理行为的基础。第四,须具有在其营业场所直接代理保险业务的便利条件,例如,具有为代理保险业务的设备。第五,须具备持有《代理资格证书》的专人从事保险代理业务。从事保险代理业务的人员必须参加保险代理人资格考试,并获得保监会颁发的《代理资格证书》。第六,须不违反对保险兼业代理人资格取得的禁止性规定。党政机关及其职能部门、事业单位和社会团体不得从事保险代理业务。③

(2) 取得保险兼业代理人资格亦应符合如下程序条件④:保险兼业代理人资格的取得须经特定核准程序。保监会是保险兼业代理人资格的核准机关。兼业代理资格的取得须经申请。保险兼业代理人资格申请,应由被代理的保险公司报保监会核准。

3. 个人保险代理人的条件⑤

个人保险代理人是指根据保险人委托,向保险人收取代理手续费,并在保险人授权的范围内代为办理保险业务的个人。个人保险代理人是其他保险代理人的基本组成单位,其他保险代理人是在个人保险代理人基础上形成的。

个人保险代理人资格取得须具备如下条件:第一,须获得《代理

---

① 因其属于试点性质,在此不再赘述,具体内容可参见《关于下发〈保险兼业代理机构管理试点办法〉及开展试点工作的通知》(保监发〔2006〕109号)。
② 《保险代理人管理规定(试行)》第42—46条;《保险兼业代理管理暂行办法》第7条、第17条。
③ 《保险兼业代理管理暂行办法》第5条。
④ 《保险兼业代理管理暂行办法》第8条。
⑤ 《保险代理人管理规定(试行)》第48—54条。

资格证书》，从事保险代理业务的人员必须参加保险代理人资格考试，并获得保监会颁发的《代理资格证书》。第二，向拟代理的保险人申请个人代理人的展业证书，凡获得《代理资格证书》自愿从事保险代理业务的人员，应将《代理资格证书》交由被代理的保险公司审核，保险公司统一授权后，应留存《代理资格证书》并向代理人员核发《保险代理人展业证书》（以下简称《代理展业证书》）。第三，须与保险人订立保险代理合同，签订保险代理合同书。凡持有《代理资格证书》并申请从事个人代理业务者，必须与保险公司签订《保险代理合同书》。然后，持资格证书、展业证书、代理合同书向保险人申请为个人代理业务，由保险人代其向所在地审批机关报请备案，才取得个人保险代理人的资格，从事保险代理业务。因此，个人保险代理人的资格取得，须经两次申请，首先，向保险人申请个人代理展业证书；其次，向保险人申请个人代理备案报请。持有所代理保险公司核发的《代理展业证书》，并由所代理保险公司报保监会备案后，其方可从事保险代理业务。

（三）保险代理人的权限

1. 专业代理人的权限

专业代理人的权限系指采合伙企业、有限责任公司或股份有限公司形式设立的保险代理人为保险代理业务的范围。经保监会批准，保险代理机构可以经营下列业务：（1）代理销售保险产品。（2）代理收取保险费，保险代理业务的保费收入可以由投保人直接交付保险公司，或由保险代理机构代收。保险代理机构代收保费的，应当开设独立的保费代收账户，保险代理机构不得挪用、侵占该账户上的资金，保险代理机构对代收的保费，应在约定的时间内进行解付。（3）根据保险公司的委托，代理相关业务的损失勘查和理赔。（4）保监会批准的其他业务。

保险代理合同是保险人委托代理人从事保险代理业务而与保险代理人签订的确定保险代理权利义务的协议。保险代理是一种委托代理，代理人从事保险代理业务的根据是作为委托人的保险人的委托授权。保险人的授权可以通过签署授权委托书的方式进行，也可通过其他方式进行。由于保险代理的广泛性和普遍性，以及第三人的不特定性,如果按照一般代理的要求,保险代理人每进行一次代理活动都要单独授权,保险代理就无法进行。例如,保险代理人每销售一张保单,都要附上一份授权委托书,这就不符合现代商法所要求的交易迅捷原则,也不便于保险代理人开展业务。为此,保险行业采取保险代理合同的形式来替代单个的授权委托书,对保险代理人实行概括性授权。因此,保险代理合同既有委托代理合同的性质,也具有授权行为的性质。保险代理合同的主体是保险人和保险代理人。保险代理合同往往是保险代理人开展保险代理业务的依据。

2. 兼业代理人的权限

兼业代理人的业务范围包括代理推销保险产品;代理收取保险费。兼业代理人只能代理与本行业直接相关,且能为投保人提供便利的保险业务。《保险兼业代理管理暂行办法》第17条规定:"保险兼业代理人只能为一家保险公司代理保险业务,代理业务范围以《保险兼业代理许可证》核定的代理险种为限。"

3. 个人代理人的权限

由于人员力量的单薄及财产能力相对弱小,个人代理人所从事的保险代理业务的范围也是极为有限的。个人代理人的业务范围仅限于代理推销保险产品和代理收取保险费。个人代理人不得办理企业财产保险业务和团体人身保险业务。任何个人不得兼职从事个人保险代理业务。个人代理人不得签发保险单。个人保险代理人在代为办理人寿保险业务时,不得同时接受两个以上保险人的委托。①

二、保险经纪人

(一) 保险经纪人的概念

保险经纪人是指基于投保人的利益,为投保人与保险人订立保险合同提供中介服务,并依法收取佣金的机构,包括保险经纪公司及其分支机构。②

保险经纪人是居于投保人与保险人之间,从中撮合订立保险合

---

① 《保险法》第125条。
② 《保险法》第118条;《保险经纪机构监管规定》第2条、第6条。

同的人。保险经纪人所为行为具有居间的性质。经纪即是居间,俗语称为中介。民法上的居间指受托人接受委托人的委托,为委托人与第三人订立合同提供机会或为媒介行为。居间行为应依居间合同为之。居间合同系居间人向委托人报告订立合同的机会或提供订立合同的媒介服务,并获得报酬的协议。居间分为报告居间与媒介居间。前者,居间人只为委托人与第三人订立合同提供机会,并不参与合同的订立(要约与承诺);后者,居间人居中斡旋,为订立保险合同的双方当事人传达要约或承诺的意思。保险经纪人即为保险居间人,包括报告居间与媒介居间。

不论是何种居间,居间人仅仅是缔约双方的中间人,而不是任何一方的代表人或代理人。在保险经纪中,保险经纪人有时受保险人的委托进行活动,且其佣金亦由保险人支付。但保险经纪人不是保险人的代理人,保险经纪人的行为不是保险人的行为,保险人亦不承担保险经纪人所为行为的法律后果。同理,保险经纪人亦不是投保人或其他保险关系人的代理人,投保人或其他保险关系人不承担其行为的法律后果。保险经纪行为的后果由其自己承担。

保险经纪人可分为人身保险经纪人与财产保险经纪人。同一人可同时为人身保险经纪人和财产保险经纪人。保险经纪属于专门职业,保险经纪人并不隶属于某一保险人。经纪人可为投保人利益同时与数保险人进行订立保险合同的洽商,不生利益冲突的问题。这与保险代理人隶属于某特定保险人的规则相异。保险经纪人与保险代理人的主要区别在于:

(1)保险经纪人是基于投保人的利益为保险经纪行为的。保险代理人是为保险人的利益为保险代理行为的,其在双方当事人之间代表的是保险人的利益。而保险经纪人具有保险专业知识,熟悉保险技术。其利用自身具有的业务知识技术,基于投保人利益,为投保人争取有利的缔约条件,促成保险合同的订立。可见,两者的服务对象相异,行为作用方向相反。

(2)保险经纪人以自己的名义为保险经纪行为,并独立承担法律后果。保险代理人以保险人的名义进行保险代理业务,其行为的后果亦由本人(作为被代理人的保险人)承担。在辅助订立保险合同的过程中,保险经纪人是以自己的名义为经纪行为的,其行为的后果亦自己承担。保险经纪人居于独立的地位,既不依附于保险人,也不依附于投保人。

(3) 保险经纪人的行为内容是为投保人与保险人订立保险合同提供中介服务,包括直接保险经纪与再保险经纪。这与保险代理人的行为内容是不同的。直接保险经纪是指保险经纪公司与投保人签订委托合同,基于投保人或被保险人的利益,为投保人与保险人订立保险合同提供中介服务,并按约定收取佣金的经纪行为。再保险经纪是指保险经纪人与原保险人签订委托合同,基于原保险人的利益,为原保险人与再保险人安排再保险业务提供中介服务,并按约定收取佣金的经纪行为。

(4) 保险经纪行为涉关投保人、被保险人利益甚巨,我国法律将其主体形式严格限制为一定组织。《保险法》明确规定保险经纪人须为"机构"。[①] 根据《保险经纪机构监管规定》第 6 条的规定,保险经纪人应采取有限责任公司或股份有限公司形式。据此,保险经纪人只能采取上述形式,这与保险代理人不同。保险代理可以由机构或个人进行。[②] 这也是保险经纪人与一般经纪人不同之处。

(5) 保险经纪人收取佣金的方式与保险代理人不同。保险代理人是为保险人利益而为保险代理行为的,他只能从保险人处获取代理费。而保险经纪人的报酬取得方式与此相异。有时,保险经纪人虽为投保人的利益而从事保险经纪活动,但通常却是由保险人从收取的保险费中提取一定比例作为佣金支付给保险经纪人。若被保险人委托保险经纪人向保险人请求保险金给付,佣金则由被保险人支付。保险经纪人的佣金既可由保险人给付,亦可由保险人的相对人给付。

现代意义的保险从海上保险发展而来,保险经纪人也是从早期的海上保险中逐渐产生的。有据可查的保险经纪人出现于 1757 年。在过去,由于航海技术的落后,海上事故经常发生,海上贸易的当事

---

① 《保险法》第 118 条。
② 《保险法》第 117 条、第 118 条。

人要负担较大的危险。在伦敦保险市场上,没有一个商人敢于承担一次航行的全部危险,而只能承担保险金额的一部分。为了解决危险超出单个承保人所能承担的范围而无法充分分散的问题,即须中介人将超出部分的危险在其他承保人中分摊,保险经纪人应需而生。随着保险经纪业务的发展,保险经纪人在数量上不断增加,保险经纪业务也日趋多样化。在英国,保险经纪人的力量最为强大,投保人与劳合社的保险商订立保险合同时,承保人甚至只接受保险经纪人的业务。保险经纪人作为联系保险市场供需双方的媒介,在保险市场上发挥着不可替代的作用。美国的保险市场,特别是大城市的保险市场,大部分都由保险经纪人控制。

(二)保险经纪人的资格

根据《公司法》第 26 条、第 81 条规定和《保险经纪机构监管规定》第 7 条、第 8 条规定,采取不同公司形式设立的保险经纪人应具备如下条件:

第一,股东、发起人信誉良好,最近 3 年无重大违法记录;

第二,注册资本不得少于人民币 1000 万元的最低限额,且必须为实缴货币资本;

第三,公司章程符合有关规定;

第四,董事长、执行董事和高级管理人员符合规定的任职资格条件;

第五,除保监会另有规定外,名称应包含"保险经纪"字样,不得与现有保险中介机构相同,并具备健全的组织机构和管理制度;

第六,有与业务规模相适应的固定住所;

第七,有与开展业务相适应的业务、财务等计算机软硬件设施;

第八,法律、行政法规和保监会规定的其他条件。

(三)保险经纪人的权限

经中国保监会批准,保险经纪机构可以经营下列业务:(1)为投保人拟订投保方案、选择保险人、办理投保手续;(2)协助被保险人或受益人进行索赔;(3)再保险经纪业务;(4)为委托人提供防灾、防损或风险评估、风险管理咨询服务;(5)保监会批准的其他业务。①

保险经纪机构及其分支机构的具体受托权限在上述范围内由委托合同约定。

三、保险公估人

(一) 保险公估人的概念

根据《保险法》第 129 条和 2009 年 9 月 25 日公布,并于同年 10 月 1 日起施行的《保险公估机构监管规定》第 2 条的规定,保险公估人是指受当事人委托,专门从事保险标的的评估、勘验、鉴定、估损、理算等业务,并依约收取报酬的组织。根据 2002 年 1 月 1 日实施的《保险公估机构管理规定》②,保险公估机构可采合伙企业、有限责任公司或股份有限公司形式。2009 年 9 月 25 日由保监会公布,并于同年 10 月 1 日起施行的《保险公估机构监管规定》沿袭了既有的关于保险公估机构的组织形式的规定。③

(二) 保险公估人的资格

根据《公司法》第 26 条、第 81 条规定和《保险公估机构监管规定》第 8 条、第 9 条规定,设立保险公估机构,应当具备下列条件:

第一,股东、发起人或者合伙人信誉良好,最近 3 年无重大违法记录。

第二,采取合伙形式或有限责任公司形式设立保险公估机构的,其注册资本不得少于人民币 200 万元,以股份有限公司形式设立的,其注册资本不得少于人民币 500 万元,且必须为实缴货币资本。

第三,公司章程或者合伙协议符合有关规定。

第四,董事长、执行董事和高级管理人员符合本规定的任职资格条件。

第五,除保监会另有规定外,名称应包含"保险公估"字样,不得

---

① 参见《保险经纪机构监管规定》第 30 条。
② 已为 2009 年 9 月 25 日由保监会公布,并于同年 10 月 1 日起施行的《保险公估机构监管规定》废止,见中国保险监督管理委员会令 2009 年第 6 号。
③ 见《保险公估机构监管规定》第 7 条。

与现有保险中介机构相同,并具备健全的组织机构和管理制度。

第六,有与业务规模相适应的固定住所。

第七,有与开展业务相适应的业务、财务等计算机软硬件设施。

第八,法律、行政法规和保监会规定的其他条件。

(三)保险公估人的权限

经保监会批准,保险公估机构可以经营下列业务:(1)保险标的承保前和承保后的检验、估价及风险评估;(2)保险标的出险后的查勘、检验、估损理算及出险保险标的残值处理;(3)风险管理咨询;(4)保监会批准的其他业务。保险公估机构从事保险标的的评估、勘验、鉴定、估损、理算等业务应当遵守法律、行政法规和保监会的有关规定,坚持客观、公正、公平的原则。保险公估机构因自身过错给保险当事人造成损害的,应当依法承担相应的法律责任。[①]

保险公估机构在开展业务过程中,应当与委托人订立书面委托合同,并应明确告知委托人有关保险公估机构的名称、住址、业务范围、法律责任等事项。保险公估人对其所从事的公估行为,应按双方当事人的约定收取报酬。保险公估机构应自办理工商登记之日起20日投保职业责任保险或者缴存保证金。未经保监会书面批准,保险公估机构不得使用、处分其缴存的保证金。

第四节 保险利益

一、保险利益的概念与作用

(一)保险利益的概念

1. 保险利益

保险利益又称可保利益,是指权利人对保险标的具有的法律上的利害关系,即在保险事故发生时可能遭受损失的利益。故拥有保险利益者以保险标的的现状的维持为其所求;反之,该现状的破坏则为其所拒斥。拥有保险利益者因保险标的的有关危险发生而受有损

---

① 见《保险法》第129条、《保险公估机构监管规定》第30条。

失,因危险不发生而继续保有其利益。保险利益表征了权利人与保险标的之间利害关系的存在,指明了保险标的现存状态的维持或破坏;责任的发生与不发生;被保险人生存、死亡、疾病或伤害,和当事人的利益得失休戚相关。《保险法》第12条第6款规定:"保险利益是指投保人或者被保险人对保险标的具有的法律上承认的利益。"就财产保险而言,保险利益还表征了该利害关系的存在范围,若超过其范围投保,则超过部分无保险利益。

2. 保险利益的法律意义

在我国保险法上,保险利益在人身保险合同中的意义在于,首先,对保险标的有保险利益的人才具有投保人的资格;其次,投保人对被保险人的保险利益是保险合同的效力要件,依《保险法》第31条第3款规定,在订立保险合同时,投保人对被保险人不具有保险利益,该合同无效。依《保险法》第48条规定,在保险事故发生时,财产保险合同的被保险人应对保险标的具有保险利益,否则不得向保险人请求给付保险金。

(二) 保险利益的作用

1. 保险利益的存在有助于区分保险与赌博,以消除赌博的可能性。保险合同缺乏保险利益,与赌博无异。《英国1906年海上保险法》第4条规定:"任何游戏或赌博的海上保险契约均为无效。"

2. 保险利益的存在意在防止道德危险的发生。若以与自己无任何利益关系的财产、身体、生命作为保险标的订立保险合同,可能发生为图谋保险金而故意促使保险事故发生的行为,在人身保险表现为谋财害命,在财产损失保险表现为因钱毁财。

3. 在财产保险合同中,以是否具有保险利益作为判断标准,决定真正受有损失的人。财产保险贯彻损失填补的基本准则,在保险事故发生时,真正受有损失的人才有权向保险人请求给付保险金。请求给付保险金的人与保险标的之间是否具有利害关系,即保险利益是否存在决定着谁受有损失,只有真正受有损失的人才有保险金给付请求权。保险利益的存在要求将保险金给付于受有损失之人。只有如此,才能够有助于达成人尽其力、物得其所的配置机制,使社会资源按照效益的原则进行分配。反之,若将保险金给予无保险利益之人,会造成不劳而获的后果,亦增加保险人所收取的保险费的支出——实际上是参加保险整体成员聚集的资金。这将损及危险团体的利益,不能保证资源的优化配置。

4. 在财产保险合同中,以保险利益为判断标准限制保险人的损失填补额度。财产保险合同所承保的危险发生,保险人应权利人的请求给付保险金数额的多寡,亦由保险利益来决定。通过权利人所受不利益的范围与程度确定保险人履行保险金给付义务的额度。

保险利益的有无及其大小的认定属于专业知识领域,一般人难以具备相应的能力。因此,在订立保险合同时,投保人或被保险人只须就保险利益的有无进行事实描述即可,不能令其负有认定是否具有保险利益的义务。关于保险利益有无的认定应是保险人的义务。若因无保险利益而使保险合同不生效力,应由保险人负责。保险利益的性质以及范围亦无须记载于保险合同中。

二、财产保险的保险利益

(一)财产保险的保险利益的含义

财产保险的保险利益既表征了一种利害关系,又表征了一种利益,即主体对保险标的所具有的适法的经济利益。其构成要件包括:

(1)保险利益具有适法性,即须为适法利益或为法律所允许的利益。适法是指不违反法律的强行性规范,或者说该利益不为法律所禁止。《保险法》第12条第2款规定:"财产保险的被保险人在保险事故发生时,对保险标的应当具有保险利益。"该条第6款规定:"保险利益是指投保人或者被保险人对保险标的的具有的法律上承认的利益。"

(2)保险利益具有可估价性,即其利益必须是有经济价值的利益。该利益能够以货币来表征或衡量。但何谓能为货币所评价,亦受时代观念与一国社会实际情况的影响。例如,账簿、照片等纪念品因不同国家的立法政策不同,有的将其纳入保险保障的范围,有的将其排除于保险保障的范围。

(3)保险利益具有可确定性,即可保险的利益须为确定的利益或可得确定的利益。确定的利益指主体对保险标的的现有利益,例如,动产与不动产的经济价值。可得确定的利益是指基于现有利益而产生的期待利益,例如,借贷人的金钱利息。其确定的时间或在保险合同订立时,或在保险事故发生时。现有利益较易确定,期待利益则不易确定。过去有的国家对期待利益曾明确禁止。但因保险营业技术的进步,期待利益在技术上亦能够较准确的计算,故以期待利益为保险在各国或地区得以普遍的实行。

(二) 财产保险利益的存在时间

《保险法》第12条第2款规定:"财产保险的被保险人在保险事故发生时,对保险标的应当具有保险利益。"据此,财产保险的被保险人在保险事故发生时,对保险标的具有保险利益即为已足,在合同订立时是否具有在所不问。若保险利益在合同订立时存在,但在保险事故发生时丧失,则被保险人对于保险标的已无利害关系,自然无损失或补偿可言,被保险人无保险金给付请求权。在财产保险合同中,受有损失的是被保险人,实际上是对被保险人损失的填补,因此,应要求被保险人具有保险利益,而不是投保人。在投保人与被保险人为同一人时,结果是相同的。但这并不是投保人有保险利益的结果,而是被保险人有保险利益使然。就区分赌博或防止道德危险来说,投保人若无保险利益,损失发生时自然不能获得补偿。所以投保人无保险利益而投保,亦不会引发道德危险或赌博。

(三) 财产保险利益的具体认定

财产保险的保险利益可分为积极的财产保险利益与消极的财产保险利益。积极的财产保险利益是对债权、物权以及准物权所享有的现存利益以及期待利益。消极的财产保险利益,是指因债务不履行所生的责任或侵权所致的不利益。

财产保险的保险利益一般包括:

(1) 基于债权的现存利益。其主要指基于有效合同而产生的利益,包括债权本身,例如,基于租赁合同而产生的租金债权。此外,该利益还包括基于有效合同而产生的其他权利,例如,因租赁合同、承揽合同而产生的承租人占有该租赁物的权利。

(2) 基于物权的现存利益。物权包括所有权以及定限物权。所有权的存在形态包括单独所有与共有。不论所有人为单独所有、共同共有或按份共有,所有人对其所有物具有保险利益。定限物权分为用益物权与担保物权。用益物权以标的物的存在为前提,若标的物不存在,自无用益物权的存在。因此,用益物权的权利人对其标的物具有保险利益。而担保物权以担保标的物的存在为前提,若其损毁灭失,担保物权亦不复存在。主体对于用益物权或担保物权所负载的保险标的所具有的保险利益范围受利害关系大小的限制。当担保的债权额小于担保标的物的价值时,以担保的债权额为限;当担保的债权额大于标的物价值时,以标的物的价值为限。

（3）占有人对其占有物所具有的利益。占有人对其占有物基于有权占有,当然具有保险利益,例如,因承租而占有标的物。在民法承认取得时效的情况下,基于无权占有,占有人可因时效取得所有权或定限物权。因此,占有物的损毁灭失与该物权占有人仍存在利害关系。占有人对其占有物仍具有保险利益。例如,无因管理人对于其保管的标的物具有保险利益。但如占有人系恶意占有,则无保险利益,典型的例子是小偷对于其窃得物,或窃得物的恶意买受人对于该物无保险利益。

（4）基于股权的利益。我们认为,股东对于公司财产当然具有利害关系,但其对公司享有股权,不能对公司财产直接行使任何权利。股东享有的股权缺乏保险利益所要求的确定性,因此,其对公司财产不具有保险利益。

期待利益,包括积极的期待利益与消极的期待利益。积极的期待利益是指主体基于其正常的营业或现有财产的安全而可获得的利益。《保险法》对积极期待利益的保险无明文规定。但在我国保险实务中,保险人多将利润损失保险作为其他财产保险的附加险。消极的期待利益系指基于现有利益而期待某种责任不发生的利益,主要表现为责任保险。

三、人身保险的保险利益

（一）人身保险的保险利益的含义及特点

人身保险的保险利益,是指权利人对于被保险人的生命或身体所具有的利害关系。根据《保险法》第12条第1款规定,人身保的投保人在保险合同订立时，对被保险人应当具有保险利益。在人身保险中，人本身是发生保险事故，而非物或其他具有财产价值的客体。若非经本人同意而以其为危险发生的对象，可能引发危险或有失其人格尊严。

人身保险的保险利益与财产保险的保险利益相比有不同的特点，表现在：

（1）财产保险的保险利益以保险事故发生时存在为已足，人身保险的保险利益在缔约时即须存在。

（2）财产保险的保险利益的内容限于与经济利益有关的利害关系，人身保险的保险利益不以经济上的利害关系为必要内容。

（3）保险利益的大小有无客观标准不同。财产保险的保险利益的大小，依保险事故发生时，保险标的遭受损失的多少来决定。若超过经济利益的范围投保，会导致超额保险，合同的效力将受影响。除实支实付型医疗费用支出保险外，人身保险以人的生命或健康为保险标的，不能以金钱估价，保险利益只存在有无之别，而无大小之量，超额保险对其无法适用。若以人身保险合同补偿因保险事故发生而造成的医疗费用损失，在缔约时亦不能通过人身保险的保险利益来确定损失的大小，给付金额只有在事故发生后才能确定，不能如一般财产保险那样在缔约时即可确定。

（4）人身保险的保险利益不能以金钱估量，无双重受益或代位求偿存在的余地。

（5）在以死亡为保险事故发生的人身保险中，由于受益人是保险事故发生时享有保险金给付请求权之人，所以，该受益人与被保险人之间的关系决定着是否会引发赌博与道德危险。为控制危险，在以死亡为给付保险金条件的保险合同中，投保人以他人为被保险人投保人身保险须经被保险人同意。行为人在指定受益人或变更受益人时，仍由被保险人控制合同利益的归属。《保险法》第34条规定："以死亡为给付保险金条件的合同，未经被保险人同意并认可保险金额的，合同无效。按照以死亡为给付保险金条件的合同所签发的保险单，未经被保险人书面同意，不得转让或者质押。父母为其未成年子女投保的人身保险，不受本条第1款规定限制。"该法第39条规定:"人身保险的受益人由被保险人或者投保人指定。投保人指定受益人时须经被保险人同意……"该法第41条第2款规定"投保人变更受益人时须经被保险人同意。"所以,在人身保险中,如果采用保险利益概念,应要求受益人对被保险人具有保险利益。保险利益存在与否经由被保险人同意来判断,即委诸于被保险人的自由意思来决定。当被保险人欠缺意思能力时,则通过特别规则来调整。据此,《保险法》第33条规定:"投保人不得为无民事行为能力人投保以死亡为给付保险金条件的人身保险,保险人也不得承保。父母为其未成年子女投保的人身保险,不受前款规定限制。但是,因被保险人死亡给付的保险金总和不得超过国务院保险监督管理机构规定的限额。"

(二) 人身保险利益的具体认定

人身保险按投保方式不同,可分为投保人以自己的生命或身体投保的人身保险和投保人以他人的生命或身体投保的人身保险。依《保险法》第31条规定,投保人对一定范围内的人员具有保险利益,分为法定保险利益和意定保险利益,前者只要投保人与被保险人具备法定的客观关系,即具有保险利益,与被保险人意思无关;后者是以被保险人的自由意思确定法律规定的客观关系之外的人对其是否具有保险利益,及意思决定是否具有保险利益。

1. 法定保险利益

(1) 本人对其自身具有保险利益,任何人对自己的生命或身体具有无限利益,皆得以自己为被保险人投保任何一种人身保险;

(2) 投保人对其配偶、子女、父母具有保险利益;

(3) 投保人对其配偶、子女、父母以外与其有抚养、赡养或者扶养关系的家庭其他成员、近亲属具有保险利益;

(4) 投保人对与有劳动关系的劳动者具有保险利益。

2. 意定保险利益

被保险人同意上述法定保险利益之外的人作为投保人为其订立合同的,视为投保人对被保险人具有保险利益。当他人以其为危险载体订立人身保险合同时,通过被保险人的自由意思确定该合同订立、履行对其自身的利害关系,以防控道德危险。

四、保险利益的转移

保险利益的转移,又称保险利益的变动。保险利益移转方式的不同对于保险合同的效力也有不同的影响。保险利益的转移主要指在被保险人死亡而发生继承关系、保险标的物易主而发生所有权转移关系、投保人破产时其财产归入破产财团以备分配于破产债权人等情形下,保险利益是否为受让人利益继续存在。也就是说,在出现上述情形时,保险合同是否仍应为继承人、受让人或破产管理人而存在。

(一) 因继承关系引起的保险利益的转移

在财产保险,被保险人死亡,而被保险人的财产未遭受事故损害,则有保险利益的继承问题,对此,《保险法》没有相应规定。其他国家或地区的保险法多采"同时移转主义"的立法例,即在被保险人死亡时,财产保险合同仍为继承人利益而存在。

在人身保险,被保险人死亡,如是人寿保险中的死亡保险或两全保险,则属保险事故发生,保险人应承担给付保险金的义务,保险合同即终止,不发生保险利益转移。若属于其他人身保险合同且非因保险事故导致的死亡,保险合同因保险标的的消灭而终止,亦不存在保险利益的移转。

当投保人以他人为被保险人订立保险合同而投保人死亡时,若对被保险人的利益属于投保人专有,如因亲属关系、抚养关系而产生的利益,保险利益不得转移;若对被保险人的利益并非属于投保人所专有,如因债权债务关系而产生的利益,则应认为人身保险合同仍可为继承人的利益而继续存在。

(二) 保险标的因法律行为转让而导致的保险利益转移

因保险标的的让与所生保险利益是否继续的问题仅限于财产保险,人身保险则无此问题。在财产保险中,保险利益是否因保险标的的转让而转移,各国法律规定不尽相同,综观其规定,主要有三种立法方式:

(1) 属人主义的立法例。其认为保险合同是对人合同,以双方当事人相互之间的认识及信任为基础，故保险合同以不得转移为原则。① 受让人与保险人间并未有合同关系，若受让人未取得保险人的同意或承认，原保险合同即终止。属人主义立法例的国家多规定，除另有约定外，保险合同不因标的的转移而转移。

(2) 从物主义的立法例。其认为保险标的若已转让他人，则保险利益亦应随之转移，以维持合同效力。采此立法例的国家多规定，除另有约定外，合同于标的转移后，保险合同仍为享有合同利益的人而存在。

(3) 折中主义立法例。其认为保险标的若为不动产的转让，则采"同时移转主义"，保险合同仍为受让人的利益而存在；若为动产的转让，则为保险合同终止的原因。该立法例顾及保险人的责任较重的事实因素，所以仅允许在不动产的移转方面采"同时移转主义"。

《保险法》第49条规定："保险标的转让的，保险标的的受让人承继被保险人的权利和义务。保险标的转让的，被保险人或者受让人应当及时通知保险人，但货物运输保险合同和另有约定的合同除外。因保险标的转让导致危险程度显著增加的，保险人自收到前款规定的通知之日起30日内，可以按照合同约定增加保险费或者解除合同。保险人解除合同的，应当将已收取的保险费，按照合同约定扣除自保险责任开始之日起至合同解除之日止应收的部分后，退还投保人。被保险人、受让人未履行本条第2款规定的通知义务的，因转让导致保险标的的危险程度显著增加而发生的保险事故，保险人不承担赔偿保险金的责任。"据此，首先，当保险标的转让时，保险利益原则上仍为受让人利益而存在。其次，被保险人或受让人应负及时通知义务，并采取约定优先的处理方式，即通过当事人的自由意思来约定，有约定的从其约定，当事人也可以约定无需通知，通过任意性规则予以规范，在当事人未约定的情况下，则应及时通知保险人。再次，对于货物运输保险合同保险标的的转让的，则保险合同当然为受让人的利益而存在并无须通知，这属于原则的例外。最后，对于转让保

---

① 桂裕：《保险法论》，三民书局股份有限公司1981年版，第75页。

险标的导致危险增加的,义务人及时通知后,保险人可以增加保费或解除合同;未履行及时通知义务的,保险人对于保险标的转让引起危险增加所致的损失不负保险金给付义务。

在人身保险中,除因存在债权债务关系而订立的人身保险合同可随债权一同转让外,其他人身保险的保险利益不得因转让而转移。

(三) 因破产引起的保险利益的转移

在财产保险,被保险人破产时,保险标的成为破产财产,其保险合同利益是否仍为破产债权人利益而存在?《保险法》对此未有明文规定。从其他国家或地区的立法来看,一般规定,被保险人破产时,保险合同仍为破产债权人利益而存在,但都有一定的时间限制。

在人身保险中,其合同为受益人利益而存在,而非为破产债权人利益而存在,不会发生上述问题。

五、保险利益的消灭

在财产保险中,保险标的灭失,保险利益即归消灭。在人身保险中,当投保人与被保险人间丧失构成保险利益的关系时,原则上保险利益随之消灭。

第五章　保险合同的订立与生效

第一节　保险合同的订立

一、保险合同的订立与成立

保险合同的订立系指投保人与保险人之间为保险的意思表示并达成合致的状态。其所揭示的是缔约人自接触、洽商直至达成关于保险的合意的过程,是动态行为与静态的保险协议的统一。前者包括投保人与保险人的接触和洽商,达成合致之前的过程。要约邀请、要约(要保)、反要约等制度调整着该阶段,产生先合同义务及缔约过失责任。静态合意(协议)系指投保人与保险人的意思表示达成合致,合同的主要条款已经确立,保险合同的权利义务得以固定,即合同成立。承诺(承保)、保险合同成立要件和保险合同条款等制度发挥作用。保险合同成立是指投保人与保险人之间达成的保险意思表示的合致,是经过了订立程序而致的静态结果。

保险合同成立与订立是不同的概念,保险合同的成立是合同订立的一部分,标志保险合同的产生与存在,是静态的协议结果;保险合同订立除了包括成立,还有投保人与保险人接触和洽商的其他动态过程。保险合同的成立是认定其效力的前提。确定保险合同的效力,首先要确定保险合同是否已经成立,即在当事人之间是否有一个合同关系存在。如果没有合同关系存在,诸如保险合同的履行、变更、解除或解释等问题就无从谈起,保险合同的有效或无效的认定也就失去了最基本的前提。

保险合同的成立不同于保险合同的生效。保险合同的成立是指保险合意存在的法律事实,即保险合同的成立解决合同在法律上是否存在的问题。但合同成立不仅属于事实判断。合同是否存在的事实并非客观事实本身,亦包含了纳入法律保护的价值评价因素。合同成立虽遵循着意思自治原则,是当事人意思自由的结果,亦受法律的规范引导。对于已存在的保险合同进行何样的法律评价,是合同效力等制度所调整的内容。保险合同的生效是国家通过法律评价投保人与保险人的合意的表现,是法律肯认其意思的结果。成立的保险合同符合法律的要求才能生效,否则,或无效,或可撤销,或效力未定。

保险合同的订立是交易行为的法律表现。其存在是保险交易(买卖保险商品)要求的产物,又促进保险(保险商品)的交易。

保险合同作为动态过程,始于其订立,终结于适当履行或责任承担。其间可能涉及保险合同的变更、中止、复效、解除、消灭等环节。保险合同的订立是启动其他环节的前提。保险合同的订立质量亦影响着后续环节。

保险合同的订立是合同责任得以成立的前提。合同订立中的洽商阶段可产生先合同义务以及缔约过失责任。保险合同成立但无效、可撤销时亦可产生缔约过失责任。保险合同成立并生效,保险合同主体违约时可产生违约责任。

二、保险合同订立的一般程序

保险合同成立是指保险合同当事人投保与承保的意思表示的一致。《保险法》第13条第1款前段规定:"投保人提出保险要求,经保险人同意承保,保险合同成立。"

保险合同成立的要件有缔约人,即投保人与保险人,以及关于保险保障意思表示的一致。投保人与保险人就保险合同的条款达成合意,保险合同才成立。保险合同虽为格式合同的一种,但其订立过程仍表现为要约(要保或投保)与承诺(承保)。

(一)保险要约

1. 保险要约的含义及构成要件

要约是要约人向受约人发出的订立合同的意思表示。在保险合同订立中,要约表现为未来的投保人向保险人发出的订立保险合同的意思表示,也称为投保或要保。此时未来的投保人在实际上是要约人,常称为"投保人"、"要保人"或"保险申请人"。在保险实务中,保险要约通常以投保人填写预先由保险人印制好的投保申请书,并将其交付给保险人的方式来完成。

2. 保险要约的方式

保险要约固然可以口头方式为之,但常以投保人填写投保申请书的方式进行。所谓投保申请书,是投保人向保险人发出订立保险合同的意思表示的书面文件,又称投保书或要保书。投保书通常由保险人事先印制。投保书的内容除投保人、被保险人的基本情况(包括投保人、被保险人的名称或姓名、住址等)、保险标的的基本情况(包括坐落地点等)以及投保人要求保险人提供保险保障的范围等内容。投保人请求保险时,应填写投保申请书,并按申请书所列内容逐一如实填写。

3. 保险要约的法律效力

保险要约有如下效力:(1)保险要约一旦到达受要约人,要约人即不得撤回或进行变更扩张;(2)受要约人在保险要约到达后失效前即享有承诺权;(3)保险要约一般以其到达受要约人时生效。[①] 保险要约的生效时间也要根据不同情况来具体判断。当事人采直接谈话方式(如电话)缔约时,以确实了解到要约内容那一刻为要约生效时间。若以非直接对话方式发出的保险要约,以保险要约送达受要约人时生效。没有明确传达到受要约人的保险要约不产生效力。若保险要约人没有特别限定要约生效时间,以要约能够到达的合理时间为准。采用数据电文形式订立保险合同,数据电文进入受约人系统的时间为保险要约的生效时间。以 E-mail 形式订立合同的,以其进入到该收件人 E-mail 的地址、到达收件人系统的首次时间为保险要约的生效时间。保险要约的传达人须是要约人本人或其代理人,与此无关的第三人传达的,无效。

4. 保险要约的存续期间

自保险要约生效至其效力消灭之间的这段时间是保险要约的存续期间,也是承诺的有效期间。

---

① 《合同法》第 16 条第 1 款。

5. 保险要约的终止

保险要约因下列事实而终止:(1)保险承诺期限届满,受要约人未作出保险承诺;(2)没有约定时间的,经过了合理期间,受要约人没有保险承诺的,视为终止;(3)受保险要约人明确拒绝保险要约,并且拒绝保险要约的通知到达保险要约人;(4)受要约人对保险要约的内容作出实质性的变更;(5)保险要约人死亡;(6)保险要约被撤回或被撤销。

保险要约可以撤回,但撤回保险要约的通知应当在保险要约到达受要约人之前或者同时到达受要约人。与撤回不同,保险要约的撤销是指保险要约送达受要约人后生效,在受要约人承诺前,要约人将该保险要约取消,使其效力归于消灭。如给对方造成损失,保险要约人应负缔约过失责任。

保险要约可以撤销,但撤销保险要约的通知应当在受要约人发出保险承诺通知之前到达该受要约人。有下列情形之一的,保险要约不得撤销:(1)保险要约人确定了保险承诺期限或者以其他形式明示保险要约不可撤销;(2)受保险要约人有理由认为保险要约是不可撤销的,并且已经为履行保险合同作了准备。

保险要约引诱,又称保险要约邀请,是希望他人向自己发出保险要约的意思表示。价目表的寄送、拍卖公告、招标公告、说明书、商品广告、保险宣传单为要约邀请。商品广告的内容符合要约规定的视为要约。在保险实务中,一般将保险人提供投保书的行为作为要约邀请。

(二)保险承诺

1. 保险承诺的概念

保险承诺是指受要约人对保险要约的内容完全接受的意思表示。英美法上用收盘、接盘来表示。受要约人一旦作出保险承诺的意思表示,就不得随意变更保险承诺的内容。保险承诺也称为承保,是保险人完全接受投保人发出的保险要约的意思表示,即保险人接受投保人在投保请求书中提出的全部条件,在发生保险事故时承担保险给付义务。

2. 保险承诺的基本要求

构成保险承诺须具备如下要件:(1) 须由受保险要约人作出。(2) 须向保险要约人作出。受保险要约人向非保险要约人作出的意思表示不是保险承诺。(3) 须在保险承诺期限内到达保险要约人。(4) 保险承诺与保险要约应一致。保险要约与保险承诺完全一致后发生争议时,才可适用保险合同解释。(5) 保险承诺须表明受保险要约人决定与保险要约人订立保险合同的意思。

3. 保险承诺的方式

(1) 若法律规定须以一定方式作出,那么承诺人作出的保险承诺须符合法律规定的方式。

(2) 若保险要约规定以某种方式作出,但没有规定非如此不可,只要受保险要约人作出保险承诺的方式在合理性方面不比保险要约规定的差,不违反法律的相应规定,该承诺就有效。

承保既可由保险人亲自作出,亦可由其代理人作出。保险人或其代理人为承保的意思表示须是无条件的。若保险人或其代理人在对投保人的投保请求作出承保的意思表示时又附加其他条件的,该种意思表示不能作为保险承诺,而是一种新的保险要约。该新的保险要约,须经投保人为接受的意思表示后,保险合同才能成立。此时,投保人是承诺人,保险人则成为要约人。

保险人事先拟订保险条款或以一定方式招揽保险业务,例如,通过其从业人员或保险代理人向消费者发放关于各种保险合同的宣传材料等,都不能视为保险要约,而是保险人的要约邀请。若将保险人的上述行为作为要约,则保险要约的效力是使相对人取得保险承诺权。这样,只要相对人为接受的意思表示,则合同成立,使得保险人无法对危险进行评估和控制(通常所说的核保)。

在一般情况下,保险合同的订立表现为先由投保人投保,然后,由保险人决定是否承保。保险人接到投保人填具的投保单,经过核保,可以完全接受或附加一定条件。当保险人对投保人的要约完全接受时,承保的意思表示一经作出,保险合同成立。当其接受的意思表示附有新的条件时(该附加条件以是否改变对方或第三人的权利义务为准),保险人的表示在法律上就构成一个新要约。衡量是否构成一个新要约,应当以其接受的意思表示与投保人提出要约时的意思表示内容相比是否发生实质性变化为标准来判断。

4. 承保的法律效力

经保险人承保后,即产生成立保险合同的法律后果。

第二节 保险合同订立中的先合同义务

一、保险人之相对人的先合同义务——告知义务

告知义务关涉保险合同订立的质量,决定着保险合同的未来命运,对力求分散危险的人而言,利害相关。

(一) 告知义务的概念

所谓告知义务(disclosure, representation),是指在保险合同订立时,义务人应将保险标的的有关重要事实情况向保险人如实陈述。虽然保险人也常在合同中明确约定此项义务,但告知义务属于义务人的法定义务,不因约定而存在。

(二) 告知义务的根据

保险合同所承保的对象为抽象的危险,这与其他合同的交易对象不同,危险的程度与范围决定着保险人是否承保或以何样的条件承保。危险的状况多赖于投保人的如实描述,而不可能全赖保险人的实地考察。因此,合同的成立须先测定危险,计算保险费。囿于技术上的限制,保险人测定危险有赖于义务人如实告知义务的履行。所以,告知义务的设置,实际上是保险人据以测定危险的技术要求的结果。义务人在缔约之际必须履行如实告知义务,其目的在于使保险人对危险获得充分的认识,从而基于双方的自愿达成合意,使保险人承担的危险与获取的保险费符合保险法上的对价平衡原则。

告知义务不是保险合同的约定义务,而是先合同义务,即基于诚信原则所派生的义务,包括通知、忠诚、协助等。先合同义务源于诚信原则,告知义务的制度基础在于诚信原则。

(三) 告知义务的性质

告知义务属于先合同义务,即缔约之际基于诚信原则而发生。

该义务存在于要约生效之后(即投保申请到达保险人之后),保险合同成立之前(即保险人承保之前)。

(四) 告知义务的主体

《保险法》第 16 条第 1 款规定:"订立保险合同,保险人就保险标的或者被保险人的有关情况提出询问的,投保人应当如实告知。"据此,告知义务的主体是投保人,不包括被保险人。

当投保人与被保险人为同一人时,无论二者谁为告知义务人,其结果在实质意义上是相同的。当投保人与被保险人非为同一人时,被保险人是否同为义务人值得考虑。首先,在财产保险,发生保险事故时,被保险人是因危险发生而真正受有损失的人,根据权利义务相一致的原则,被保险人负有告知义务是当然的结果。其次,被保险人是危险发生的承受者,其对于保险标的的情况应该最为关切。由于被保险人是实际掌握和控制保险标的的人,对保险标的的危险情况亦应最为明了。若以其为告知义务人,比以投保人为义务人的理由更为充分,既便于义务的履行,更能实现告知义务的立法目的。再次,若被保险人故意不实告知,保险人是否有权解除合同?若不享有解除权,则有违保险的宗旨,若有解除权,实证法上却缺乏法律根据。最后,在人身保险,以被保险人的生命或身体为保险标的,一般情况下,我们大体上承认这样的假定:即每个人应对自己的情况最为了解,每个人应最关心自己的利益。因此,生活中,只有自己才最有资格判断关于自身的需要,并根据自身的需要进行相应的行为选择。所以,只有被保险人最清楚自己的健康状况及其他信息,亦只有被保险人才能判断以自身的生命或身体为保险标的对自己的利害关系。这样会使保险人能够更充分地了解保险标的的危险状况,并在此基础上进行是否承保以及以什么条件承保的行为选择。所以,被保险人也应是告知义务人。

(五) 告知的时间

义务人在合同订立时应就保险标的的重要情况向保险人如实陈述。订立合同时一般指保险人承保之前的一段时间,即义务人于投保时开始至保险合同成立时为止的时间段限。

1. 保险合同订立时

在保险合同订立时,即义务人从投保时开始至保险合同成立时为止的时间段限内应对保险人如实陈述保险标的的重要情况。

2. 保险合同订立后

在保险合同订立后,告知义务的履行可分为两种情况:

(1) 续约时,应区分不同情况而定其是否须履行告知义务。保险合同的续约是指保险合同的保险期限届满后,当事人为使原保险合同的效力持续进行,约定其保险合同效力继续。保险合同续约,其本质原属两个合同,即续约在法律上的意义为再订约,所以投保人应负如实告知义务,但若该合同的续约是基于双方当事人在原合同内订有"自动续约条款"而产生的,显然表示双方当事人有意以原合同的内容不加改变而继续维持其效力,保险人系以投保人在原合同订立时所告知的内容为其承保的条件,故投保人亦无须再履行如实告知义务。此外,若合同内并无"自动续约条款",而在期间届满时或届满前以协议方式延长该合同的效力时亦同。只有在原合同因期间届满而丧失效力后,当事人在隔一段期间后以原合同为内容而续约时,才属真正的新合同订立,投保告知义务人应重新履行如实告知义务。

(2) 保险合同复效时,不应再履行该告知义务。关于复效时义务人是否应负告知义务,在理论上有肯定说与否定说两种主张。

主张肯定说者认为,人身保险合同暂时停止效力后再令其复效,虽旨在顾及投保人交付保险费的困难,但无法避免被保险人发现患有疾病才申请复效的情况,即出现危险的逆选择。故,应使义务人负有如实告知义务,以防止危险逆选择的发生。若否定复效时的告知义务,会诱使义务人于保险合同订立时故意不为告知,合同成立后再设法使之处于效力停止的状态,待保险人解除权的除斥期间经过后再申请复效,与保险的宗旨相悖。此说在逻辑上具合理性,但被保险人处于危险时才会申请复效的假设欠缺统计上的根据,难以坚实。根据《保险法》第37条规定,保险合同复效须经保险人与投保人协商并达成协议,此时保险人可以通过告知义务测定保险标的上的危险。

否定说者认为,保险合同复效的设置本来是为了使被保险人获得充分的保险保障,复效的法律意义是保险合同效力暂时停止后,待效力停止事由不再存在时,保险合同效力自行恢复如未停止的状态。因在该合同订立时,保险人已通过义务人的如实陈述测定了承保危险,并收取相应保险费,此时不应再要求义务人履行告知义务,否则有违复效的本意。我们认为否定说更具合理性,但贯彻否定说,确实无法杜绝个别人的危险逆选择。

3. 保险合同变更时

在保险合同变更时,若属于合同要素变更,则应履行告知义务。保险合同内容的变更是指保险关系依双方当事人的协议而变更。合同变更可分为合同的要素变更与非要素变更。所谓合同的要素变更,系指给付发生重要部分的变更,导致合同关系失去同一性。非要素变更,则指给付发生非重要部分的变更,该变更并未导致合同关系失去同一性。在保险合同变更时,义务人是否应履行告知义务,应以保险合同变更后是否与原合同保持同一性来决定。有人认为,保险合同变更并不属新合同的订立,但若改变的内容对保险人的危险估计有影响时,则视为新合同的订立,投保人负有重新如实告知的义务,例如,增加保险标的或保险灾害。至于不影响原合同对价平衡的,则不属于新合同的订立。① 因此,我们须区分合同要素变更与非要素变更,据此来判断义务人是否应履行如实告知义务。若合同变更属于要素变更,因原保险合同关系失去同一性,成为一个新合同关系,则应履行如实告知义务。若属于未失去同一性的非要素变更,则可通过危险增加的通知义务控制危险。

(六) 告知的方式

保险人依赖告知义务了解承保危险的状况,法律上也没有规定告知拘泥于一定方式。义务人告知时可采书面形式,亦可采口头形式。实务上,有约定的,从其约定;若无约定,告知义务人可采上述方式履行。义务人若主张自己已履行告知义务,则须负举证责任。

---

① 周玉华:《保险法上的告知义务制度》,载《法学杂志》2001 年第 5 期,第 35 页。

(七) 告知的范围

告知的范围包括应告知的事项与免予告知的事项。

1. 应告知的事项

应告知的范围限于重要事实,而不是事无巨细,尽数告知。

(1) 判断标准。第一,客观上重大。该事实存在与否成为保险人决定是否承保的因素,及其存在与否成为保险人决定是否需以提高的保险费来承保的因素,即客观上重大。应如实告知的事项必须是"实质性重要事实",即足以影响保险人是否承保以及如何承保的事实。在保险实务中,保险人只对会提高损失几率的重要事实进行确认,不论这些事实是否会直接导致保险事故。第二,主观上应知。重要事实须是告知义务人在投保前已知或应知的事项。如果告知义务人在合同成立后才知道,即使其未告知,亦不构成违反如实告知义务。在通常情况下,保险人在被保险人就近医院调查其在投保前的病史病档,请医学专业工作者分析病情发展情况,以确定其投保前是否知道,再比照投保资料中告知情况的记录判定其是否如实告知。

(2) 应告知事项的界定。《保险法》第16条第1款规定:"订立保险合同,保险人就保险标的或者被保险人的有关情况提出询问的,投保人应当如实告知。"据此,投保人应如实回答保险人对保险标的的危险状况提出的询问,对保险人未询问的情况,义务人无须陈述。保险人的询问通常采书面形式,要求投保人如实填写投保单上载明的询问事项。但该规定采取询问告知主义的模式。询问主义的优点在于,首先,一般民众身为保险的"外行人",难以要求其必须知道何为重要危险,何为不重要危险,询问主义可以限缩投保人告知义务范围及推定重要事实的含义,让拥有专业知识技术优势的保险人去判断何样的事实足以影响其决定承保与否及评估费率的高低;其次,将应告知的内容限于知道或应知的事项,采过错原则归结义务人的责任;最后,可以避免举证的困难。但《海商法》第222条规定:"合同订立前,被保险人应当将其知道的或者在通常业务中应当知道的有关影响保险人据以确定保险费率或者确定是否同意承保的重要情况,如实告知保险人。保险人知道或者在通常业务中应当知道的情况,保险人没有询问的,被保险人无须告知。"该规定系采自动申告主义,根据特别法优于普通法的原则,海上保险应优先适用《海商法》的规定。

2. 免予告知的事项

对于某些事项,义务人可不必告知,一般包括:(1)保险人已知的事实;(2)保险人应知但因故意或重大过失而未知的事实。

(八)违反告知义务的构成

1. 主观要件

义务人故意或重大过失未如实告知。《保险法》第 16 条第 2 款规定:"投保人故意或者因重大过失未履行前款规定的如实告知义务,足以影响保险人决定是否同意承保或者提高保险费率的,保险人有权解除合同。"据此,对违反告知义务的主观归责原则亦采过错主义,不仅将告知义务人主观上无过错的情况排除在外,而且将义务人的过失限制为重大过失,排除了轻过失。其合理性在于:(1)告知义务人在保险专业知识方面与保险人相比,居于弱势地位,若对其施以无过错责任,有失公允;(2)由于技术因素或对客观事实的认识因素的影响,可能导致告知义务人(甚至包括保险人)对保险标的的危险状况无法知晓或不能正确认识。(3)从义务性质上而言,告知义务系属派生于诚实信用原则的先合同义务。违反先合同义务构成缔约上过失[①]责任,缔约过失责任的构成在主观要件上须具有过错,违反告知义务的主观归责原则亦应如此。

2. 客观要件

在客观要件上,有危险评估说、因果关系说和危险评估兼因果关系说。

纵观各国立法,违反告知义务的客观构成要件大致有三种体例:

(1)危险评估说认为,告知义务人只要未对重要事项如实告知,保险人即得解除合同,至于保险事故发生与未如实告知的事项之间是否具有因果关系在所不问。采此说的国家为意大利。

(2)因果关系说认为,保险事故须基于未如实告知事项而发生,

---

① 过失有两种意义,一种是广义上的与"过错"同义,指故意或过失;另一种是狭义上的与故意相对的概念,仅指过失。此处实为过错的意思。

若告知义务的违反与保险事故发生致损之间无因果关系,则保险人不得解除合同。

(3) 危险评估兼因果关系说认为,若告知义务人不如实告知足以变更或减少保险人对于危险的估计,保险人得解除合同,危险发生后亦同。但若义务人证明未如实告知的事项与保险事故发生所致损失之间无因果关系存在,则保险人不得解除合同,不构成告知义务的违反。

依《保险法》第16条第2款规定,在客观要件上似采危险评估说,但该条第4款、第5款的规定同时采取了危险评估说和因果关系说。依《保险法》第16条第4款、第5款的规定,因义务人主观心态的不同而异其效果。若出于故意,保险人得解除保险合同,不论是否解除合同,保险人对保险事故发生导致的损失都不承担给付义务,采危险评估说。若出于重大过失,当义务人的未告知事项对保险事故发生有严重影响的,保险人才不承担给付保险金义务。若告知义务的违反出于重大过失,但对保险事故的发生无严重影响的,保险人对于保险合同解除前发生的保险事故,仍应负保险给付义务,据此,在义务人因重大过失未履行告知义务时,似乎采因果关系说。关于该条规定,法律解释上一般认为具有以下两种含义:一是认为投保人因重大过失未履行如实告知义务,对保险事故的发生有严重影响的,保险人对于保险合同解除前发生的保险事故,不承担保险给付义务,但可以退还保险费;二是按反对解释,若投保人因重大过失未履行如实告知义务,对保险事故的发生无严重影响的,保险人对于保险合同解除前发生的保险事故,则承担保险给付义务。

(九) 违反告知义务的法律后果

根据《保险法》第16条规定,订立保险合同时,义务人未如实陈述的,保险人可以行使解除权,但受除斥期间的限制。

1. 义务人故意不履行告知义务

当保险人询问有关保险标的的重要事实,义务人故意不如实陈述时,保险人可以解除合同。该合同因解除而自始无效。保险人对于合同解除前发生的保险事故,不承担保险金给付义务,并不退还保险费。如果保险人在法定除斥期间内不行使解除权,期间经过,解除权消灭,不能再解除合同。在保险期间内发生保险事故,保险人应依约承担保险金给付义务。解除权属于形成权,其行使应有除斥期间的限制,除斥期间分为不定期间和确定期间。该解除权自保险人知道有解除事由之日起,超过30日不行使而消灭,此为不定期间。该解除权自保险合同成立之日起超过2年不行使的,保险人不能再解除合同。

2. 义务人因重大过失没有如实陈述

重大过失,是指义务人不但没有尽到法律要求的较高的注意义务,甚至没达到人们应尽到的注意义务的一般标准。在义务人因重大过失而没有如实告知时,保险人可以行使上述解除权,并为上述除斥期间所限制。对于合同解除前发生的保险事故,如果义务人因重大过失没有如实告知对其发生有严重影响的,保险人不承担保险金给付义务,但应退还保险费;如果义务人因重大过失未如实告知对其没有严重影响的,保险人仍应承担保险金给付义务。

但是,如果在合同成立时,保险人已经知悉义务人未如实告知,无论故意不实告知,还是重大过失而不实告知,都视为保险人同意承保并放弃合同解除权,保险人不得再解除合同。在保险期间内发生保险事故,保险人依约承担保险金给付义务。

二、保险人的先合同义务——说明义务

(一)说明义务的概念及根据

保险人的说明义务是指保险人在与投保人订立保险合同时,须对合同内容作确定的解释和澄明,使投保人能够了解合同的内容。

在订立合同时,之所以要求保险人向相对人说明,主要是因为:

(1)保险合同内容具有专业性和技术性,对于一般投保人来说,缺乏相关专业知识,难以确切理解合同条款的含义。

(2)保险合同虽由双方订立,但其条款内容均由保险人预先印就,投保人实际上不能真正平等地与保险人协商,其与保险人订立保险合同的过程,相当程度上基于信赖保险人就其保险条款的内容所作的解释或者阐明。

(3)保险合同条款的格式化,使得保险人在订立保险合同时居

于优于投保人的地位,其所拟定的保险合同条款若含有免除保险人责任的规定,投保人往往缺乏认识。在这种状态下,若保险人事先不对该内容详加阐明,就等于实际上使投保人被迫接受该条款。为此,保险人在保险合同成立时应向投保人详细说明保险合同的各项条款,特别是免责条款,并对投保人有关保险合同条款的疑问予以确切解释。

(二) 说明义务的性质

说明义务属于先合同义务,即在订立合同之际,当事人双方之间由一般社会关系转变为特殊社会关系,由素昧平生转变为相识、相知,进而产生一种相互依赖关系。正是基于此种信赖,保险人负说明保险合同内容的义务,投保人负告知保险人关于保险标的的重要事实的义务。

(三) 说明义务与告知义务的区别

说明义务不同于投保人的告知义务。有人认为,在我国保险、合同法中,合同订立前的如实告知义务是双方的义务,其实混淆了两者在使用上的差别。

告知义务,即在保险合同订立时,告知义务人应将有关保险标的的重要事实如实告知保险人。告知义务与说明义务都是影响保险合同效力的重要因素,都是法定义务,但两者的区别也是明显的。

(1) 履行义务的主体不同。说明义务的履行主体是保险人,由保险人向投保人为之。而告知义务的履行主体在我国保险法上为投保人。在其他国家或地区的立法例上,则要求投保人与被保险人皆为告知义务的主体。

(2) 义务作用的对象不同。说明内容是保险人制定的格式合同内容。告知内容是有关保险标的的重要事实,即足以影响保险人决定是否同意承保或者提高保险费率的事实。

(3) 违反两者的法律后果亦不完全相同。一般而言,说明义务违反会导致保险合同部分无效,而告知义务的违反将导致保险合同的解除或可撤销。

(4) 两者的目的不同。说明义务的目的是让投保人能够充分了解到其将订立的保险合同是否能提供所需要的保险保障,亦要借此限制保险人不适当地免除保险给付义务。而告知义务的目的是使保险人能够正确地了解与保险标的的危险状况有关的重要事实,据此测定危险,计算保险费,是保险经营技术上所要求的必要条件。保险人在每一个保险合同中,无法亲自对保险标的的状况进行逐一检查、勘验,而只能依赖告知义务弥补因无法亲自了解保险标的的情况而处于不利地位的状况。

（四）说明的内容

说明的目的是使投保人准确地了解保险合同的内容,澄明保险合同的确切意思,以便投保人据此判断保险合同内容是否符合自己的情况,能否实现自己分散危险、获得保险保障的目的。因此,说明的内容主要包括保险合同条款的有关情况。保险人的说明义务应以一般人的理解程度为履行标准,达到足以使假设为一般人的相对人明了保险合同内容的程度。说明范围的广狭取决于是否能够使相对人充分地了解到其所订立的保险合同提供的保险保障。根据《保险法》第17条规定,保险人在合同订立前,应当向投保人解释保险合同的条款内容,以使投保人充分了解其投保的险种中保险人承保的危险范围、免责条款、被保险人义务、保险费等内容。

《保险法》第17条第1款、第2款规定的说明义务是不相同的。该条第1款规定的说明义务一般认为是针对保险合同的所有条款都应当说明,而对未说明的法律后果没有作出规定。该条第2款规定的说明义务是专门针对保险合同中的免责条款,并且出于充分保护被保险人和受益人利益的考虑,实际上对保险人设定了超出一般人注意义务的说明义务标准,即规定保险人对保险合同除外责任的说明应是一种"明确"的说明。该条第1款规定的"保险合同的条款内容"包括免责条款。

（五）说明的时间和方法

说明义务的履行通常是在保险合同成立之前或当时进行。保险合同一经成立,双方的权利义务即已确定,故在保险合同成立后,不存在说明义务。

说明义务的履行方法是指说明的具体方式与步骤。《保险法》未特别规定说明义务的履行方式。通常,保险人可以书面或者口头形式向投保人作出说明,也可以通过本人或代理人向投保人作出说明。无须投保人询问或请求,保险人应当主动对该条款的内容、术语、目的及适用范围等作出解释。依《保险法》第 17 条规定,订立保险合同,采用保险人提供的格式条款的,保险人向投保人提供的投保单应当附格式条款,保险人应当向投保人说明合同的内容。对保险合同中免除保险人责任的条款,保险人在订立合同时应当在投保单、保险单或者其他保险凭证上作出足以引起投保人注意的提示,并对该条款的内容以书面或者口头形式向投保人作出明确说明;未作提示或者明确说明的,该条款不产生效力。

在实践中,说明义务的履行大致有三种做法:(1) 采用书面形式,即在保险单背面印就保险合同的主要条款,并附加免责条款及其有关专门术语概念的书面说明,投保人在保险单上签字即是对保险人已履行说明义务的肯认。(2) 在投保人办理投保手续时,保险人以口头方式告知投保人有关免责条款的内容及其含义。(3) 在投保人请求订立保险合同时,保险人将已印就的有关免责条款的书面说明交由投保人阅读,投保人有疑问的,保险人及时向其作出说明,并就此阅读及说明行为作有效记载。在第一种方式中,投保人能否以此明确保险合同内容,不无疑问。因为保险合同中的有关术语或概念,即使达到一定教育程度的人亦不见得能明确其含义,例如,"暴雨"作为保险合同中的专门术语,其内涵外延与人们日常生活所指称的"暴雨"大不相同。通常,只要雨下得很大、很急,人们就会认为是"暴雨"。在保险合同中,暴雨不是泛指"下得非常大的雨",而是有明确的衡量标准的,即"降雨量每小时在 16 毫米以上,或 24 小时降雨量大于 50 毫米"。这样,仅凭其阅读,投保人亦未必了解其真意。如此处理未必有利于对投保人利益的保护。第二种方法没有用凭证形式作成,在发生纠纷时会造成举证的困难,第三种将两者结合,有利于对投保人的保护与当事人举证。

(六) 违反说明义务的法律后果

根据《保险法》第 17 条第 2 款规定,保险人未对保险合同中的免责条款明确说明的,该免责条款的内容无效,但不影响合同其他内容的效力。《保险法》仅规定保险人对免责条款未明确说明的法律后果,而对除免责条款以外的合同内容未明确说明的法律后果未予明文规定。我们认为,保险人未为说明或说明不实的,应当对投保人承担相应的法律后果。第17条的规定存在法律漏洞,应在未来修订保险法时予以补正。受保险人委托进行保险代理业务的保险代理人,就保险合同的条款向投保人所作的说明,保险人亦应当对该说明负责。

第三节 保险合同的生效

保险合同成立后,才有所谓合同生效与合同不生效的问题。若危险转移的意思表示不一致,保险合同本质上最低限度的要求尚不具备,合同根本无法构成,不发生拘束力。台湾学者称合同成立后生效前的拘束力为形式拘束力[1],或称契约之拘束力[2],系指当事人不得随意反悔解除合同或撤销合同;而生效后的拘束力为实质拘束力[3]或契约之效力[4],系指基于合同而生的权利义务。合同成立即对当事人产生拘束力,而不待合同发生效力,合同即发生形式拘束力。合同成立但不生效,依不生效力的强弱,可分为无效、效力待定、意思表示、合同因撤销而无效、停止条件未成就、始期未届至而不生效等几种情形,而无效仅为不生效的一种,是不生效中最严重的情形,因此,保险合同无效与不生效在概念上应有所不同。[5]

一、保险合同的法律效力

(一)保险合同法律效力的含义

保险合同的法律效力,系指法律赋予依法成立的保险合同具有拘束当事人及第三人的强制力,包括对保险合同当事人的效力与对第三人的效力。保险合同的效力原则上局限在合同当事人之间,由

---

[1] 陈自强:《民法讲义Ⅰ:契约之成立与生效》,法律出版社2002年版,第102页。
[2] 王泽鉴:《债法原理》(第1册),中国政法大学出版社2001年版,第193页。
[3] 陈自强:《民法讲义Ⅰ:契约之成立与生效》,法律出版社2002年版,第103页。
[4] 王泽鉴:《债法原理》(第1册),中国政法大学出版社2001年版,第193页。
[5] 陈自强:《民法讲义Ⅰ:契约之成立与生效》,法律出版社2002年版,第279页。

当事人之间合意的实质所决定的。

保险合同对当事人各方的拘束力包括:(1)当事人负有适当履行保险合同的义务;(2)违约方依法承担违约责任;(3)当事人不得擅自变更、解除保险合同,不得擅自转让保险合同权利义务;(4)当事人享有请求给付的权利、保有给付的权利、自力实现债权的权利、处分债权的权利、保全债权的代位权和撤销权、担保权等;(5)法律规定的附随义务也成为保险合同效力的内容。

保险合同除了对当事人具有约束力外,对第三人也有约束力。保险合同在很多情况下是为第三人的利益而订立,即投保人以他人为被保险人订立保险合同,依双方当事人的约定,保险人将向第三人(被保险人或受益人)承担一定的保险给付义务。保险合同对第三人的效力,还表现为任何第三人不得侵害保险合同债权,在合同债权人行使撤销权或代位权时涉及第三人。

保险合同中的第三人从广义上来说,不仅指称一般民事合同中合同当事人以外意义上的人,还有保险合同中特定指称的被保险人和受益人,也称为保险合同的关系人。一般合同对第三人的约束力仅体现为第三人不得妨害合同当事人履行合同义务,即在第三人不法侵害合同债权时当事人享有请求赔偿损失的权利。而保险合同对第三人的约束力则是第三人直接对保险合同享有权利和承担义务。投保人可以为自己利益订立保险合同,亦可为他人利益订立保险合同。当投保人以他人为被保险人订立保险合同时,就出现了第三人——被保险人,若是人身保险合同,还有受益人。投保人与保险人在保险合同中约定的内容可使被保险人或受益人产生一定权利,最主要的是使其因此具有向保险人请求给付保险金的权利。同时,其亦承担了与保险金给付请求权相关的合同义务。被保险人或受益人不履行保险合同义务的,可以构成保险人解除合同的法定事由或不承担保险给付义务的抗辩事由。

(二)保险合同法律效力的根据

保险合同的当事人应受合同拘束的依据在于意思自治原则及其派生的合同自由原则。保险合同的效力,是当事人基于意思自主,自我决定并自我拘束的逻辑结果。由于对个人意思自主的尊重,于是在意思自治原则的限度内,肯认当事人约定内容,在其间发生与实证法相同的效力,是谓"合同为当事人之间的法律"的法谚之精义所在。

保险合同的效力,从实证法根源上说,是保险合同法赋予保险合同的,是由国家强制力保障实现的。在债务人违约时,法律依守约方的请求强制违约方履行或承担其他后果。保险合同的效力,是法律评价当事人各方合意的结果,而法律评价中体现的是国家意志。当事人为了使其合意达到自身需要,亦需寻求法律的依据与支持,将自己的意思合意上升为法律的国家意志。《民法通则》第85条与《合同法》第8条都规定,依法成立的合同,受法律保护。

法律评价保险合同的效力时,有如下几种类型的效果:当保险合同法对保险合意予以肯定时,保险合同会发生当事人预期的法律效果,当事人依其约定,享有保险合同权利,负担保险合同义务;当法律对其保险合意予以彻底否定时,会发生合同无效的法律效果;若法律对各方的保险合意予以相对否定的评价,会发生保险合同可撤销或效力待定的效果。此时,法律把决定权交给权利人在一定条件下行使,以使保险合同的效力确定。

二、保险合同的生效要件

法律为评价当事人各方的合意,规定保险合同的有效要件,作为保险合同效力的评价标准。对符合有效要件的保险合同,按当事人的合意赋予法律效果,对不符合有效要件的保险合同,则区分情况,分别按无效、可撤销或效力待定处理。

合同的有效要件是法律评价当事人合意的标准。保险合同的生效要件规则包括一般民法上关于合同的生效要件的法律规则,其规定了保险合同的一般生效要件。此外,我国《保险法》上关于保险合同生效的特别法律规则,构成保险合同的特别生效要件。按《民法通则》第55条规定,合同的有效要件应包括行为人具有相应的民事行为能力、意思表示真实、不违反法律或社会公共利益。此外,《保险法》上还有关于保险合同效力要件的特殊规定,保险利益也是合同的效力要件。

(一) 保险合同的一般生效要件

1. 缔约人具有相应的民事行为能力

主体合格是指订立保险合同的当事人(保险人和投保人)须具有订立保险合同的资格。在保险人,法律要求其必须经国家允许经营保险业务,且必须在其营业执照核准范围内为保险业务。例如,依法经核准登记经营人寿保险业务的保险人,就没有资格经营财产保险业务,不得订立财产保险合同,否则即为主体不合格,其订立的保险合同无效。投保人既可以是自然人,也可以是法人或其他组织。自然人作为投保人订立保险合同,必须具有相应的民事行为能力。如果以他人的人身作为保险标的,必须是与被保险人具有保险利益。

自然人订立合同,应具有完全民事行为能力,限制行为能力人和无民事行为能力人不得独立订立保险合同,应由其法定代理人代为订立。

2. 意思表示真实

意思表示真实,系指保险合同缔约人的表示行为应真实地反映其内心的效果意思,即效果意思与表示行为相一致。

双方订立保险合同的意思表示须真实。在订立保险合同时,任何一方当事人都不得欺骗对方。投保人在订立合同时须履行如实告知义务,向保险人如实告知有关保险标的的重要情况。否则,不仅影响保险合同的效力,而且即使保险合同订立后发生保险事故,保险人也不承担保险给付义务。就保险人而言,要求其在订立保险合同时履行说明义务,向投保人说明保险合同条款的内容,不得诱骗投保人订立保险合同。

保险合同订立须基于双方当事人的自愿。除法律规定的强制保险以外,一方不得将自己的意志强加给对方,强迫对方订立或者接受保险合同。

3. 内容合法

保险合同作为一种法律行为,其内容须合法,即不违反法律的强行性规则。当事人须将自己的意志符合于体现国家意志的法律。只有内容合法的保险合同,才受法律保护,才能达到保险合同当事人的预期目的。保险合同的内容合法包括如下涵义:(1) 保险合同的内容不得与我国现行的保险法及其他法律、法规的强行性规则相抵触。例如,约定投保人免交保险费的保险合同无效。约定交付保险费是保险法上的强行性规则,当事人不能以约定的方式排除。在此领域,法律限制当事人的意思自由。(2)保险标的须是法律允许保险的财产及其利益或人的身体、生命。(3)保险合同的内容不得违反社会公共利益,不得损害他人的利益。(4)保险合同所承保的危险须不属于不存在的危险。

(二)保险合同的特别生效要件

保险合同的特别生效要件包括附条件和附期限情况下的特别生效要件与《保险法》规定的特别生效要件。根据保险合同的效力是否由当事人的意思表示决定,保险合同的特别生效要件分为意定生效要件与法定生效要件。

1. 意定生效要件

意定生效要件包括附条件或附期限两种情形。

(1)所谓条件,指法律行为效力的发生或消灭,系于将来客观上不确定事实。附条件的保险合同,是指当事人在保险合同中约定一定的条件(不确定的将来事实),把条件的成就(发生或出现)与否作为合同效力发生或终止的依据。合同中所附的条件可以是事件,也可以是行为,但是能够作为条件的事实,须是由当事人任意选择的、合法的、尚未发生的客观不确定的事实。

以条件成就的法律效力不同,可将所附条件分为延缓条件和解除条件。所谓延缓条件,也称生效条件,是指合同效力的发生取决于所附条件的成就。延缓条件是限制合同效力发生的条件,将决定保险合同生效依赖于所附条件成就,即条件成就时保险合同生效,条件不成就时,保险合同不生效力。《合同法》第45条规定:"当事人对合同的效力可以约定附条件。附生效条件的合同,自条件成就时生效……"也就是说,在延缓条件成就前,即使保险合同已经成立,但其效力因受条件的限制而处于停止状态,只有等到所附条件成就后才开始生效。在这种情况下,保险合同不立即生效不是基于法律的原因,而是当事人自由约定的结果。例如,保险合同当事人约定以投保人交纳保险费作为合同生效的条件,那么,投保人交纳保险费的时间就是保险合同生效的时间。而在投保人交纳保险费之前,由于生效条件未成就,所以保险合同不发生约束双方当事人的效力。解除条件是限制保险合同效力消灭的条件。在此条件下,保险合同于条件不成就时保持其效力,于条件成就时,保险合同失其效力。

(2)期限。所谓期限,指法律行为效力的发生或消灭,系于将来确定发生的事实。[①] 条件与期限都以将来的事实为内容,主要区别在于条件系针对客观上不确定事实,而期限为确定发生的事实。附期限的保险合同,系指保险合同当事人约定以一定期限(确定的将来事实)的到来作为合同效力发生或终止的依据。期限的特点在于将来事实肯定会发生,尽管发生的时点可能不确定。根据所附期限对保险合同效力限制的方式不同,可分为始期与终期。始期是决定合同效力开始的时间,而终期则是决定合同效力结束的时间。所谓始期,也称生效期限,是指所附时点到来之时,保险合同始发生效力的期限。《合同法》第46条规定:"当事人对合同的效力可以约定附期限,附生效期限的合同,自期限届至时生效……"也就是说,当所附生效期限届至前,保险合同效力处于停止状态,只有始期届至时,效力才发生。基于生效的保险合同,当事人也才开始受保险合同约定的权利义务内容的约束。在保险实务中,以始期限制保险合同效力比较常见,在保险业务实践中普遍推行的零时起保制就是将保险合同生效的时间约定在合同成立日的次日零时或约定的未来某一日的零时。

保险合同所附的条件或期限常通过保险合同的附款来表现。附生效条件的合同,于条件成就时生效;附生效期限的合同,于期限届至时生效。在此之前发生的保险事故,即使保险人收取保险费、签发保险单或其他凭证,均不承担保险给付义务。生效条件成就,始期届至后,保险事故发生,保险人不论是否收取保险费、签发保险单或其他保险凭证,均负保险给付义务。

2. 法定生效要件

首先,全部无效的情形:(1)根据《保险法》第31条第3款规定,

[①] 王泽鉴:《民法总则》,中国政法大学出版社2000年版,第420页。

人身保险合同的投保人对被保险人无保险利益的,保险合同无效。而根据《保险法》第 48 条规定,在保险事故发生时,财产保险合同的被保险人对保险标的无保险利益的,不得向保险人请求给付保险金。(2) 以被保险人死亡为给付保险金条件的合同,未经被保险人书面同意并认可保险金额的,合同无效。① (3) 投保人不得为无民事行为能力人投保以死亡为给付保险金条件的人身保险,保险人也不得承保。当投保人以无行为能力人为被保险人订立以死亡为保险事故的保险合同的,合同无效。但父母为其未成年子女投保人身保险的除外。②

其次,部分无效的情形:(1) 保险人在订立保险合同时,应向投保人合理提示和明确说明合同中免除保险人义务的条款,未合理提示或明确说明的,该条款不生效力。③ (2) 在财产保险合同中,保险金额不得超过保险价值;超过保险价值的,超过的部分无效。④ (3) 父母以其未成年子女为被保险人订立人身保险合同,以死亡为给付保险金条件,其死亡给付保险金额总和不得超过保险监督管理机构规定的限额,超过部分无效。⑤ 1999 年保监会在《关于父母为其未成年子女投保死亡人身保险限额的通知》中规定:"父母为其未成年子女投保的人身保险,死亡保险金额不得超过 5 万元。"保监会 1999 年在发布的《关于对〈父母为其未成年子女投保死亡人身保险限额的通知〉中有关问题的请示的答复》中指出,死亡保险金额不超过 5 万元是指累计死亡保险金额的限额。在保监会 2002 年 3 月 22 日发布的《关于在北京等试点城市放宽未成年人死亡保险金额通知》(保监发[2002]34 号)中规定:"1. 自本通知发布之日起,在北京市、上海市、广州市和深圳市投保的未成年人人身保险的死亡给付保险金额的上限由 5 万元提高到 10 万元。2. 其他地区的保险公司及分支机构办理未成年人人身保险业务,其死亡给付保险金额仍应严格按照保监发[1999]43 号文件执行……"据此,自 2002 年 3 月 22

---

① 《保险法》第 34 条第 1 款。
② 《保险法》第 33 条。
③ 《保险法》第 17 条第 2 款。
④ 《保险法》第 55 条第 3 款;《海商法》第 220 条。
⑤ 《保险法》第 33 条第 2 款。

日以后,在我国北京市、上海市、广州市和深圳市,将未成年人作为被保险人,以死亡为保险事故的人身保险合同的保险金最高限额为人民币10万元,其他地区该类合同的最高保险金限额为人民币5万元。自该通知发布之日起签发的保险单均应按其执行;已签发的保险单继续履行其保险给付义务,直到保险合同终止。

三、保险合同的生效时间与保险期间

(一) 生效时间

保险合同生效的时间,即保险合同效力开始产生的时间。在一般情形下,保险合同成立即生效,此为合同生效的原则。保险合同以所附条件成就、所附期限到来始生效力为例外。保险合同的成立时间与生效时间通常是一致的。保险合同依法成立,即生效,当事人便开始依约享有保险合同权利并承担相应的保险合同义务。当保险合同附条件或附期限时,则满足其条件或期限要求时,合同始生效力。

附条件保险合同生效的时间,以条件成就的时间来决定。例如,投保人甲和保险人乙于2003年1月1日订立财产保险合同。双方在合同中约定,投保人交付保险费时,合同始生效力。若甲于1月10日交付保险费,而该保险财产在1月10日以前发生了保险事故,因甲交纳保险费的条件尚未成就,保险合同的效力尚未发生,故乙不承担保险给付义务。

附期限保险合同生效的时间,在保险实务中,常见的是以始期限制保险合同效力。例如,普遍采用的零时起保制即将保险合同的生效时间约定为合同成立的翌日零时或未来某日的零时。中国人寿保险公司的《国寿团体传染性非典型肺炎疾病保险条款》(保监会备案号:012003008) 第5条约定:"本合同的保险期间为1年,自本公司同意承保、收取保险费并签发保险单的次日零时起至期满日24时止。"

(二) 保险期间

保险期间是保险人承担保险给付义务的时间段限。生效时间是保险合同生效的始点。两者的意义实质上并非完全相同。保险合同

成立并生效后,投保人即于当日依约履行交付保险费的义务,而保险人则通常于翌日的零时开始承担保险给付义务,此时,不能谓保险合同尚未生效,亦不能认为仅对投保人单方面生效。当事人通常采用以日历时间或指出判断时间标准的方式在合同中约定保险期间。约定日历时间指在保险合同中明确约定保险期间开始和终止的日历时间。例如,在保险合同中约定:"保险期间自 2002 年 1 月 1 日零时起至 2002 年 12 月 31 日 24 时止。"有的合同通过指出保险期间的识别标准的方式来约定保险期间,例如,海上货物运输保险的"仓至仓"条款通常约定"保险责任从货物运离发货人在起运地的最后一个仓库或储存处所时开始,至货物到达收货日在目的地的第一个仓库或储存处所时止"。

四、保险合同的无效

(一)保险合同无效的概念

保险合同的无效是指保险合同虽然成立,但因法律规定或合同约定的原因,自始不发生效力。保险合同无效不同于保险合同失效,无效是指合同成立时即不具有法律拘束力,不存在失效的问题。失效是指保险合同有效成立后,因一定原因而使其中途失去效力,不存在复效的问题。人身保险合同效力中止后在一定期限内还可恢复效力。至于在规定期限届满后投保人未申请复效或不符合复效条件,保险人可行使解除权消灭合同。

依保险合同无效的范围不同,可将其分为全部无效或部分无效。全部无效是指保险合同的内容全部自始不发生效力。部分无效是指保险合同的内容仅有一部分无效,其他部分仍然有效。对于合同的有效部分,双方当事人应按其约定继续履行。

(二)保险合同无效的原因

保险合同无效的原因可由当事人约定,除约定无效原因外,保险立法也会规定无效原因,这些规定一般属于强行性规则,当事人不得以合意变更。一般说来,保险立法上规定的保险合同无效事由主要有:

1. 承保危险不存在。在保险合同订立时,由于危险已经发生或根本不存在,则保险合同无效。保险的职能在于填补因危险事故所造成的损失,无危险即无保险,保险以危险为其存在条件。如果在保险合同订立时不存在承保危险,保险即失去存在的意义。即使保险合同已经成立,亦不生效力。

2. 权利人对保险标的不具有保险利益。保险利益是保险合同的效力要件。保险利益使保险与赌博区别开来,并抑制道德危险的发生,同时也为确定保险人履行义务的范围提供了依据。权利人对保险标的不具有保险利益的,保险合同无效。根据《保险法》第31条、第48条规定,人身保险的投保人在保险合同订立时对被保险人没有保险利益的,合同无效;财产保险合同的被保险人在保险事故发生时对保险标的没有保险利益的,不得请求给付保险金。

3. 在人身保险中,为保护被保险人的利益,立法一般对以他人生命为标的而订立的死亡保险合同加以限制。其主要表现为:首先,订立合同时必须经被保险人同意,否则合同无效;其次,父母以外的人以无行为能力人为被保险人订立以死亡为给付保险金条件的合同时,合同无效。

(三) 保险合同无效的确认及法律后果

保险合同一经被确认无效后,当事人之间的权利义务关系即告消灭,可视为合同未成立。保险合同尚未履行的不再履行,已经履行的应恢复原状。换言之,保险人如果已给付保险金,投保人应予返还;保险人对已交付的保险费亦应返还给投保人。有的保险立法规定,因一方当事人故意欺诈致使保险合同无效,另一方当事人不负返还财产的义务。另外,当事人中任何一方因过错造成他方损失的,有过错的一方应承担损害赔偿责任;双方都有过错的,也应按过错程度承担各自的赔偿责任。

第四节　保险合同的形式与内容

一、保险合同的形式

保险合同的形式是保险当事人双方合意的载体,是保险合同内容的外部表现。从合同法的历史发展来看,在合同的形式上经历了从重形式到重意思的变化。这是法律在信用不断提高的情况下对经济关系追求交易便捷价值的反映。当然,重意思不等于完全否定形式。因为法律难以评价纯粹的内心意思,而只能评价以一定形式表现出来,并能被人们把握和认定的意思,所以合同的形式不可或缺。《合同法》第10条规定:"当事人订立合同,有书面形式、口头形式和其他形式。法律、行政法规规定采用书面形式的,应当采用书面形式。当事人约定采用书面形式的,应当采用书面形式。"该规定将合同形式分为法定形式与约定形式,除法定形式外,其他合同形式采方式自由原则,法律不予干预。《保险法》第13条规定,投保人提出保险要求,经保险人同意承保,保险合同成立。保险人应当及时向投保人签发保险单或者其他保险凭证。保险单或者其他保险凭证应当载明当事人双方约定的合同内容。当事人也可以约定采用其他书面形式载明合同内容。保险合同并没有被规定为要式合同,而是双方当事人意思表示一致,合同即成立,并未要求以特定书面为合同的成立要件。在保险合同成立并生效后,书面凭证的交付为合同义务的履行。

保险合同的书面凭证大体分为两类:一是保险单证,这是保险实务和惯例中采用最多的保险合同形式;二是保险单证以外的其他书面形式。

(一)投保单

投保单亦称投保申请书,是指投保人为订立保险合同向保险人发出的书面要约。投保单经保险人签章承诺后,即成为保险合同的一部分。实践中,投保单由保险人事先印就,并提供给投保人,投保人按投保单所列条款逐一填写后交给保险人,经保险人盖章作出承诺后,保险合同即成立。

投保单的法律意义在于:(1)投保单所载内容是投保人发出的书面保险要约,对投保人具有约束力;(2)投保单上所载内容经保险人承诺后,即成为保险合同的一部分,其真实与否直接影响保险合同效力。

(二) 暂保单

暂保单亦称临时保险单,是指在签发正式保险单之前,保险人出具的临时保险凭证。暂保单的内容较为简单,一般只包括被保险人姓名、保险标的、保险金额、保险费率、保险责任范围等保险合同的主要内容。暂保单与正式保单的法律效力相同,待正式保单签发后,自动失效。

暂保单不是保险合同的必要凭证,也不是订立保险合同的必经程序,只是在正式保险单签发前出具的临时保险凭证,一般在如下情形中使用:(1) 保险代理人在争取到保险业务而尚未向保险人办妥正式保险单时,向投保人出具暂保单;(2) 保险公司的分支机构接受某些须由其总公司批准的保险业务后,在总公司尚未批准前向投保人出具暂保单;(3) 投保人与保险人已就保险合同的主要条款达成协议,但还有其他具体问题尚待协商,保险人可以出具暂保单;(4) 出口贸易结汇时,保险人可以出具暂保单作为结汇凭证之一,证明出口货物已保险。

暂保单的法律意义在于:在正式保险单签发前,系为被保险人提供保险保障的书面凭证。在暂保单出具后,若保险事故发生,保险人应当据此承担保险给付义务。

(三) 保险单

保险单,简称"保单",有人称"保险证券"[1]。系指保险合同成立后,保险人向投保人签发的正式书面凭证,以载明当事人双方的保险合同权利、义务。保险单由保险人制作,经签单后交付给投保人。在英文中,保险单表述为"policy"一词,自中古时代拉丁文"polizia"转变而来,原意为折叠之文书。一般来说,保险单应在保险合同成立时签发,并载明保险合同权利义务。在保险实务中,保险单与保险合同,常互相通用。但严格来说,保险单并非合同,而是缔结合同的正式书面凭证。

保险单的法律意义表现在如下方面:

(1) 证明保险合同的成立。依《保险法》第 13 条规定,保险合

---

[1] 覃有土主编:《保险法概论》,北京大学出版社 2001 年版,第 169 页。

同成立在前,保险单证签发在后。在理论而言,保险人签发保险单的行为,必须以一个已经存在的保险合同为前提。保险单证是保险人依据已成立的保险合同签发的,证明保险合同存在的书面凭证。

(2) 证明保险合同内容。依《保险法》第 13 条的规定,保险合同无论采取何种形式,保险人都应及时签发保险单并载明保险合同内容。保险单所载明事项即为保险合同内容。保险合同发生纠纷时,书面保险单成为仲裁机构和人民法院裁处案件的基本依据。

(3) 明确当事人合同义务。当事人双方应以保险单所载内容为履行保险合同的依据,双方据此享有权利承担义务。保险合同成立后,保险人向对方出具保险单证,是保险人的义务。《保险法》第 13 条规定,保险合同成立后,保险人应及时签发保险单或者其他保险凭证。该法第 17 条第 1 款规定,采用保险人提供的格式条款订立的保险合同,保险人应在保险单上附格式条款。被保险人的这种保险单持有权利在可转让或质押的人身保险合同中尤为重要。保险单证的交付,是保险人的义务,而非保险合同成立要件。相应的,请求交付保险单证是投保人的合同权利。

保险单并不是有价证券,其效力与"银行存折"类似,在损失补偿性保险,保险单上权利拥有人仍旧是在保险事故发生时保险利益的享有人。若认为指示式或无记名式保险单为有价证券,可能发生保险单持有人并不是保险利益享有人(即不是真正受害人),却成为保险单上权利拥有人的矛盾现象。例如,在国际买卖惯例上,卖方基于 CIF 价格向保险人投保海上运输保险,保单采取无记名式,保险人在订约之后即签发无记名保险单于卖方。卖方在收到之后连同提单一起寄给买方。不幸,该货物在工厂码头时因保险单内所承保的危险事故发生而毁损。这时保险单的持有人为买方,但危险负担因该货物尚未上船仍由卖方负担,即如果该毁损不是由卖方的故意、过失所致,卖方虽依民法的规定可免除给付,但同时买方也免除对待给付。因此,如果此保险单视为有价证券,则依有价证券的性质,文件持有人即为文件内权利拥有人,买方仍然可以持单向保险人请求保险给付,保险人不得拒绝。反之,卖方虽然是真正受损害的人,仍无法受保险合同保护。

在财产保险中,保险的目的在于补偿具体的损害。所以不论保险单为记名、无记名或依背书转让,保险给付请求权应归属于保险事故发生时保险利益所附载之人,而所谓指示式或无记名式保险单,仅具有类似提示证券的作用,即行使权利须提示保险单,且保险人在对持单人给付后对真正权利人的债务即消灭。保险单上权利人可以在持单人未受领保险给付前向持单人请求交付保险单,若其已经受领保险给付,则系不当得利,应予返还。保险单并不具有完全有价证券的特性,充其量不过是具有有价证券的类似特征。保险单的移转交付,并不是保险合同利益的移转。保险合同利益移转的时间须以保险利益,而不是以保险单移转交付的时间为准。

（四）保险凭证

保险凭证亦称小保单,是保险人向投保人签发的证明保险合同已经成立的书面凭证,是一种简化了的保险单。其法律效力与保险单相同,只是内容较为简单。在实践中,保险凭证没有列明的内容,以同一险种的正式保险单为准;保险凭证与正式保险单内容相抵触的,以保险凭证的特约条款为准。我国通常在下述保险业务中使用保险凭证:(1) 为简化单证手续而使用保险凭证,即以保险凭证代替保险单。(2) 在保险单以外签发保险凭证。例如,在团体保险主保险单之外,对参加团体保险的个人再分别签发保险凭证。

保险凭证的意义在于,其既具有保险单的法律效力,又简化了保险单证的手续。

（五）其他形式

其他形式的保险合同,是指除保险单和其他保险凭证以外的以书面形式表现的保险合同。依我国《保险法》第13条第2款的规定,保险合同的书面形式不限于保险单等正式保险合同形式,经投保人与保险人双方根据实际需要协商,保险合同亦可采用保险单或其他保险凭证以外的其他书面形式。

二、保险合同的内容

保险合同的内容,系指保险合同中双方当事人约定的权利义务,其表现为保险合同的基本条款以及特约条款。基本条款固定了当事人各方的权利义务,成为法律关系意义上的合同内容。

(一) 基本条款

1. 基本条款的含义与内容

保险合同的条款,可分为基本条款与特约条款。通常所谓"基本条款",是指保险合同必须具备的条款,否则影响合同成立。基本条款决定合同类型,确定当事人各方权利义务的质和量。一般认为,保险法所规定的必备事项即为基本条款。保险人根据法律的规定及不同险种的要求,在保险单中预先拟定的关于当事人权利义务的基本事项主要包括:当事人的姓名及住所、保险标的、保险金额、保险费、保险责任、保险期限等。此即为保险合同的主要内容,缺此则保险合同不成立。《保险法》第18条规定,保险合同应包括下列事项:合同当事人、关系人的姓名或名称及住所;保险标的;保险责任和责任免除;保险期间和保险责任开始时间;保险金额;保险费及其支付方法;保险金赔偿或者给付办法;违约责任和争议处理;订立合同的年、月、日。

(1) 保险合同当事人、关系人的姓名或名称及住所。保险合同当事人和关系人包括保险人、投保人、被保险人及受益人。他们是合同约定的权利享有者与义务承担者。在我国,若为企业法人,其名称应使用工商行政管理机关核准登记的名称;若为机关事业单位,应当使用机关事业法人登记的名称;若为个人,应使用身份证或户口本上所记载的姓名。关于住所,法人应当使用登记的住所;个人应当使用保险期间能与之联系的住所。

当事人的名称、住所与合同的履行休戚相关。明确保险合同当事人和关系人的住所对当事人正确、及时地通知、催告、履行保险给付义务、确定争议的管辖等具有重要意义。

(2) 保险标的。保险标的指保险合同欲保障的对象。依我国《保险法》,保险标的是指作为保险对象的财产及其有关利益或人的生命和身体。在财产保险中,保险标的是被保险的财产及其有关利益;在人身保险中,则是被保险人的生命和身体。在订立保险合同时,保险标的必须通过明确记载于保险合同加以固定。保险标的包括标的的名称、数量、坐落地点及投保时标的的状况等事项。保险标的固定化的意义在于：一是借此认定保险利益是否存在，即决定投保人是否具有保险利益；二是借此确认保险利益的范围，明确保险人在何种范围内承担给付义务，即决定保险金额及保险价值的多少；三是借此确定保险人对哪些对象承担保险给付义务，从而评价其附载的风险。不同的标的面临的危险性质、危险因素多少和危险程度高低各异，所适用的保险费率也有差异。保险标的是保险合同不可缺少的条款。

（3）保险责任和责任免除。[①] 保险责任是指保险合同所约定的危险事故发生造成被保险财产损失或人的伤残、疾病以及生死，保险人因此所应承担的保险给付义务。保险合同种类不同，保险人所承担的保险给付义务亦不相同。投保人一般根据保险标的的性质及危险事故在保险标的上发生的可能性选择保险种类，约定保险人的保险给付义务范围。在保险合同中，当事人通过保险责任条款（也称危险条款）来明确保险人承担的危险范围。保险合同种类的不同，保险给付义务（保险责任）也不同。保险责任条款通常包括两个方面的内容：一是保险人承担的主要危险（基本险）发生所需承担的保险给付义务，明确哪些危险为保险人所接受作为保险危险；二是保险人的特约危险发生所需承担的保险给付义务，明确某些危险必须经投保人与保险人特别约定才为保险人所承保，一般称为附加险或特保危险。在此情况下，投保人需增加相应的保险费。

责任免除又称除外责任，是指保险人不承担保险给付义务的范围。广义而言，保险合同所未明确列举的危险事故都属于保险人不承担义务的范围；狭义言之，一般是对保险合同所列危险事故的限制。一般情况下，除外责任应当在保险合同中载明。在保险实务中，除外责任因投保不同种类的保险而不同，但下列危险一般为各类保险所不予承保：被保险人的故意行为所致的损失；物品的自然损耗；因战争或罢工造成的损失（投保战争险或罢工险的除外）；核辐射所造成的损失；其他道德危险所造成的损失。

[①] "责任"实质上是指保险人的合同给付义务，但在各保险公司的合同条款中均称为"保险责任"。

(4) 保险期间。保险期间是保险人承担保险给付义务的起讫期限,亦即从这一时刻起,保险人应当依合同负保险给付义务,在保险事故发生前,表现为危险承担;保险事故发生后,表现为保险金给付义务的履行。保险金给付义务的履行时间与合同生效的时间并不一致,例如,养老保险中养老金给付的时间与养老保险生效的时间即是如此。保险期间是保险合同不可缺少的内容。保险期间不同于一般民事合同约定的主体各方实际履行合同义务的期限,亦不是保险人履行保险金给付义务的期限。在保险合同中,保险人实际履行保险金给付义务的时间可能不在保险期限内,有时是在保险期间届满之后才能履行。保险期间开始之时,即为保险人开始负担保险合同义务之际。通常情形下,保险责任开始之日,与保险合同成立之日相同。当事人可将保险人责任期间的开始溯及到合同成立以前,形成追溯保险。当事人也可以约定保险人的保险给付义务开始于保险合同成立后。保险期间与保险合同的有效期限并非同义,保险合同的有效期限系保险合同从生效到终止的时间段限。

保险期间既是计算保险费的依据,亦为保险人承担保险给付义务的时间范围要件。保险期限依当事人约定可长可短。它既可以日历上的某一段时间为依据来确定;亦可以一个事件的始末来确定,例如,以一个航程为期,以从启运地启运至目的地到达为期限等。

(5) 保险金及其给付方法。保险金是指保险合同约定的保险事故发生后,保险人应当依约给付权利人的一定数额的金钱。保险金额指投保人和保险人在保险合同中约定,投保人对于保险标的实际投保的金额或保险人承担给付保险金义务的最高限额。保险金额在财产保险中以保险标的的实际价值来确定,约定的财产保险的保险金额不得超出保险标的的保险价额或者保险标的的实际价值。保险金额超过保险标的的实际价值,则构成超额保险,其超过保险标的实际价值的部分无效。在人身保险中,投保人和保险人一般依据被保险人或者受益人的实际需要和投保人交付保险费的能力等因素来确定保险金额。保险金额是计算保险费的基础,又是保险人承担保险给付的最高限额,所以保险合同对其须明确约定。

保险人在保险事故发生后,能否按保险合同中约定的数额、时间、方式等及时履行给付保险金的义务,关涉保险合同的履行及双方当事人的权利和义务的实现,所以保险合同必须确定保险金的计算及支付方式等事项。财产保险实行损失补偿原则,一旦保险标的发生保险事故,保险人按照保险标的实际所受损失给付保险金。人身保险实行定额给付原则。一旦被保险人发生伤残或死亡的保险事故,保险人负责按照合同约定的数额给付保险金。

(6) 保险费及其给付方法。保险费简称保费,是投保人为获得保险人承担的保险保障,依约向保险人给付的对价。保险合同是有偿合同,投保人转移危险,获得保险保障,须付出相应的代价,即投保人应支付的保险费。保险费是保险基金的来源,交付保险费是投保人的基本义务。保险费的多少,由保险金额、危险程度和保险期限等因素决定。保险费率的高低取决于保险给付范围的大小以及该范围内危险造成的标的损失率和经营成本。一般情况下,保险人事先以损失率为科学根据,通过计算来确定一定的保险费率。投保人交付的保险费为保险金额与保险费率之乘积。一般保险金额愈高,承担危险愈大,承保时间愈长,则投保人交付的保险费就愈多;反之,则愈少。

保险费的交付方法指采用现金支付还是转账付款,使用人民币还是外币,一次性付清还是分期支付以及具体支付的时间等问题。投保人交付保险费可采趸交方式(一次性交纳全部保险费),亦可采分期交付的方式,约定每次交付的时间与数额。若合同没有约定保险费交付的时间和方式,则投保人应在保险合同成立时一次性交付。

(7) 违约责任和争议处理。违约责任是指保险合同当事人违反合同约定的义务所应承担的法律后果。当事人不履行或不完全履行保险合同时,即须承担法律责任,这是合同效力的必然要求。违反合同义务,对投保人而言,表现为其逾期支付或不支付保险费,不履行危险增加通知义务等;对保险人而言,表现为逾期支付或不支付保险金等。一般情况下,保险合同一经成立即生法律效力,构成违约即须承担合同责任,这是合同法律效力的逻辑结果。所以,违约责任是保险合同不可缺少的条款。

争议处理,是指保险合同当事人发生纠纷以何种方式解决。当事人在订立、履行合同的过程中,对合同的有效无效、变更和解除等问题难免发生争议。而争议如何解决,以及解决的时间、成本等对双方利益而言殊为重要。因此,当事人一般都在保险合同中约定争议处理的方法,包括约定解决争议的机构或处理方法。处理方法有两种:一是通过诉讼解决;二是采用仲裁方式,以何种方式解决由当事人选择。

(8) 关于订立合同的年、月、日。保险合同订明时间,对于确定保险利益是否存在、保险危险是否发生具有重要意义。对于成立即生效的保险合同来说还关系到保险期限的计算。在特定的情况下,当保险合同成立的时间或生效时间不明确的时候,保险合同订立的时间对于确定保险合同的成立或生效时间具有重要意义。

2. 基本条款的效力

(1) 解决基本条款效力的原则

《保险法》第18条所规定的保险合同必须具备的事项,属于保险合同的基本条款,经投保人与保险人约定后,对投保人、保险人及被保险人,发生约束力。如果漏列或欠缺法定事项损害该保险合同的实质,影响保险合同的实际存在,保险合同不生效力。如无害于保险合同的实质存在,保险合同不因此而受有效力上的影响。在一般情况下,当事人的姓名、保险的标的、事故的种类、保险金额、保险费、订约的日期都不可漏列。如有欠缺,即属合同内容的不完备,往往可认为合同在实质上并未成立。若漏列保险责任开始的时日及保险期间,则以保险合同订立之日视为保险给付义务开始的时日,以保险费可算定的期间为保险期间。

(2) 漏列或欠缺法定事项,事后补充的效力

《保险法》第18条所列的法定事项,当事人理应在订约时议定。保险人交付保险单时,应将其记载在保险单上。如果保险单上漏列或欠缺某事项,并无碍于合同的成立与效力,投保人可以要求保险人添列,或以投保单或其他文件加以补充。但是,当事人在订立保险合同后,对于法定事项在事后用补充条款予以补充,则涉及该补充条款的效力问题。所谓补充条款,是指保险合同订立后,对合同的内容的增删变更,作为内容的补充,又称追加条款。我们认为这是保险合同

内容的变更,须事先经当事人双方同意。例如,财产保险合同订立时,当事人无"承保房屋不得出租,如出租时,合同失效"的约定,若保险人在保险单签发后,以书面通知被保险人声明"承保房屋不得出租,如出租时,合同失效",被保险人如果不反对,此补充条款是否有效？通说认为正式保险单一经制作签发,应认为当事人先前议定的条件或文件,已全部纳入保险单之中,成为保险合同的组成部分,当事人一方不得另行提出补充。但如果在保险单内订明"其他文件仍作为保险合同的部分"的,则不在此限。而且,当事人对于保险单的内容,除基本条款所规定事项外,在保险单发出后,只要当事人双方合意,尚可增删变动,这属于合同内容的变更。按"承保房屋不得出租,如出租时,合同失效"的补充内容,是约定保险合同失效的原因,属于基本条款所规定的事项,不得在保险单发出后,以"补充条款"方式加以增删或变更,即使被保险人对该补充条款不表示反对,该变更亦不生效力。

(二) 特约条款

1. 特约条款的含义

特约条款是指保险人与投保人双方在已经拟定的基本条款的基础上,为满足各自的特殊需要而约定的合同内容。特约条款的事项,任由当事人自行约定。如有关被保险人在保险有效期间为保证标的安全而应遵守的规定,或者为适应被保险人的特殊保险需要而应由保险人承担的特别保险义务等内容。特约条款是对保险合同基本条款的补充或更改。

2. 特约条款、除外条款与不包括条款

特约条款是保险人控制危险的方法。无论何种事项,无论其本质上是否重要,一经特约,即成为保险合同的一部分,产生相应效力。该特约不得违反保险法的强制性规则。法院无须审查特约内容是否重要,可直接作出有利于被保险人的判决。

特约条款与除外条款及不包括条款不同。特约条款与除外条款及不包括条款,虽均为保险人控制并确定其所承担的危险而设,但有如下的不同：

(1) 含义不同。特约条款,是指当事人在保险合同的基本条款外,约定特定权利义务的条款。除外条款,是指将原包括保险合同之内的危险,明文加以排除的条款。这种条款,是缩小承保的危险范围的方法。不包括条款,是指原不是保险合同包括在内的危险,因条款明文约定将其包括在内。例如,人寿保险,被保险人故意自杀或因犯罪处死、拒捕或越狱致死的,属不包括危险。除外条款的意义与不包括条款正好相反:前者本来属于保险合同包括的危险,因其条款约定而将其排除;后者本来属于保险合同当然不包括的危险,因其条款约定而将其包括在内。

(2) 效力不同。若违反特约条款,保险人可以解除合同。除外条款,在于缩小危险的范围,其成就时,仅能免除保险人在该除外危险下的保险给付义务,不可将其作为解除合同的理由。不包括条款,在于扩大危险的范围,因其规定而加重保险人的义务。

(3) 内容不同。违背特约条款,因保险人弃权而不得再行主张;至于除外条款所约定的危险,不在合同范围内,即使经事后承认或抛弃,也不发生责任。不包括条款,属于保险合同义务范围内,事故发生时,保险人应负保险给付义务。

3. 特约条款的形式

特约条款的常见形式,大约有下列4种:

(1) 附加条款,又称为追加条款、补充条款。附加条款是指保险合同当事人在合同基本条款的基础上约定的补充条款,是为增加或限制基本条款所作的补充。保险合同的当事人,在保险合同订立时或订立后,为适应特殊的需要,经当事人双方同意,对于原有基本条款的规定可以补充或变更。

追加条款可事先由投保人或被保险人填写变更申请书,并经保险人认可。由于基本条款通常是事先印在保险单上的,所以追加条款通常加注于保险单的空白处,或以印就的条文加贴在保险单上,成为保险合同的一部分,称为批注(endorsement),例如,以附加条款增加被承保的危险、被保险财产等。若附加条款的内容影响保险的危险范围,则保险费亦须随之调整。附加条款是对基本条款的修改或变更,其效力高于基本条款;在前附加条款的效力受在后附加条款的拘束。

(2) 共保条款。共保条款(coinsurance clause),是指保险人与投保人约定就保险标的的一部分,由投保人自行负担因合同承保危险所致的损失。该条款一般仅适用于财产保险,人身保险则无此适用。其宗旨在于促使投保人或被保险人对于保险标的的安全善尽注意义务,防范保险事故因未尽注意而发生,有利于保险人控制危险。一般保险标的大多为投保人或被保险人持有或控制,投保人或被保险人赖有保险,对保险标的的安全可能疏于注意,易诱发保险事故。若使投保人与保险人就保险事故造成的损失共同分担,则投保人会更加谨慎地防范危险发生。若有此约定,投保人不得将未经保险的部分,另外向其他保险人订立保险合同。违反的,保险人可以解除合同。保险人如果在事前或事后予以同意,即无异于抛弃共保条款,基于合同自由原则,保险合同的效力不受影响。

(3) 协会条款。协会条款是指同业组织之间经协商一致而制定的保险合同条款,主要指伦敦保险人协会制定的有关船舶和货物运输的海上保险合同条款。协会条款的作用有时比原保单更为重要,是对原保单的修改、补充、限制、变更等。

(4) 保证条款。保证条款是指投保人确保为或不为某种行为或确保某事实存在或不存在的条款,例如,人身保险合同的投保人保证其申报的被保险人年龄真实。保证条款一般由法律规定或同业协会制定,是投保人或被保险人必须遵守的条款,如有违反,保险人有权解除合同或拒绝给付。

保险合同双方当事人自由协商的约定条款,不得违反法律、法规的强行性规则,不得违背社会公共利益。

第六章 保险合同的效力变动

第一节 保险合同的变更

民法上,合同变更分有广狭两义。广义的合同变更指合同的内容和主体的变化,而主体的变化实际上是合同权利义务的转让。狭义的合同变更仅指合同内容的变化,不包括合同主体的变化。我国民法上所谓合同的变更,与德国民法所称债的变更颇为相似,而与法国、日本民法中所称债的更改、更新不同。变更后的债应与原债具有同一性,若无同一性,则成立债的更改,而非债的变更。[①] 债的更改,发生旧债关系消灭和新债关系产生的效果。债的变更,系原有债的关系依然存在,仅其内容发生变更而已。债的更改为债消灭原因,而债的变更并不导致债的消灭。我国《合同法》上的合同变更,系指合同内容的变更。因此,保险合同的变更亦指保险合同内容的变更。

一、保险合同变更的含义

保险合同内容变更系指当事人间享有的权利、承担的义务发生变化,而合同当事人并未改变,表现为保险合同条款的变化,例如,保险标的、保险价值、危险程度、保险期限、保险费、保险金额等约定事项的变更。一般是由当事人一方提出要求,经与另一方协商达成一致后,由保险人在保险合同中加以变更批注,在法律上对双方均有拘束力。保险合同内容的变更可分为两种情况:一是法定变更,即因危险标的的危险情况发生变化,投保人依法律通知保险人而作出变更;二是约定变更,即保险人或投保人根据自身需要提出的变更,例如,变更保险条款,增减保险金额等。保险合同成立后,双方当事人均应受其拘束。但是其合同的内容,如果经双方当事人的同意,自然能予

[①] 史尚宽:《债法总论》,荣泰印书馆股份有限公司1954年版,第667页。

以变更。例如,保险标的物价值增加,因而增加保险金额。变更保险合同,保险人接到通知后,应在保险单证上批注。

二、保险合同变更的要件

(一) 原已存在着保险合同关系

保险合同的变更是改变原合同关系,无原合同关系,则无变更的对象。所以当事人之间已存在的保险合同关系是其前提和变更的基础。无效的保险合同,自始即无合同关系;合同被撤销,合同自始失去效力,亦无合同关系;效力待定合同权利人拒绝追认,无合同关系。上述情形,当事人无变更余地。若不存在原合同,可能构成合同的订立,而不是合同的变更。

(二) 保险合同内容发生变化

保险合同内容变更采狭义说,不包括主体的变更,仅指合同内容变更,则保险合同内容发生变化是合同变更不可或缺的条件。合同内容的变化如在合同的有效期限内,保险标的的用途、范围、存放地点、危险程度等发生变化,当事人根据具体情况对保险责任、保险费、保险期限以及保险金额等条款中的任何一个条款内容修改或补充,均可引起保险合同部分内容的变更。

《合同法》未确立合同更改,不强调变更后的合同与原合同的同一性,因而我国合同法上的合同变更既包括合同要素变更,亦包括非要素变更。鉴于此,保险合同内容变更应包括:

(1) 危险的变更。[①] 危险变更包括危险增加和危险减少。危险增加是指缔约时保险人未曾预料或未予评价的保险标的所载危险发生的可能性的增加。危险增加涉及保险合同的对价平衡,对合同效力产生的影响表现在保险人可选择另定保险费或解除合同。根据《保险法》第51条第3款和第52条第2款规定,投保人、被保险人未按照约定履行其对保险标的的安全应尽的责任的,或者在合同有效期内保险标的的危险程度增加的,保险人有权要求增加保险费。危险减少,系指据以确定保险费率的有关情况发生变化,保险标的的危

---

① 《保险法》第51—53条。

险程度明显减少。除合同另有约定外,保险人应减少保险费并按日计算向投保人退还相应的保险费。依《保险法》第 53 条规定,保险标的危险程度明显减少或保险价值明显减少,必然会引起保险费条款的变更。此种情形的变更,应属强行性规则,目的在于保护保险人的合同相对人,保险人不得以约定方式排除。

(2) 复保险情形下的变更。根据我国《保险法》第 56 条第 2 款的规定,重复保险的保险金额总和超过保险价值的,各保险人给付保险金的总和不得超过保险价值。除合同另有约定外,各保险人按照其保险金额与保险金额总和的比例承担保险给付义务。如果构成复保险,既存保险合同的效力因复保险的成立依法发生合同内容变更。

(3) 超额保险情形下的变更。根据我国《保险法》第 55 条第 3 款的规定,保险金额不得超过保险价值;超过保险价值的,超过的部分无效。即在超额保险情况下,依法发生保险合同内容的变更。

(4) 不足额保险情形下的变更。根据我国《保险法》第 55 条第 4 款的规定,保险金额低于保险价值的,除合同另有约定外,保险人按照保险金额与保险价值的比例承担赔偿责任。

在绝大多数情况下,保险合同的变更主要是通过双方当事人的约定来进行的。其变更的内容有合同履行条件的变更,包括履行期限、履行地点、履行方式、保险金与保险费的变更及结算方式的改变;合同所附条件或期限的变更,例如,所附条件的除去或所附期限的延长或提前;其他内容的变更,例如,选择裁判机构的变更,等等。

(三) 保险合同的变更须经过双方当事人协议或依法直接规定或法院裁决,有时依形成权人的意思表示

当事人依据法律规定或合同约定变更保险合同,不论先由哪一方提起,都必须经过双方的同意,只有在双方达成一致协议的情况下,才会产生变更合同的效果。与保险合同的订立一样,当事人通过协商变更保险合同内容的,也必须遵守平等、自愿的原则,不允许采取欺诈、胁迫等方式强制对方接受变更要求,否则保险合同被变更的部分不能成立,当事人仍须按原合同履行。

基于法律的直接规定而变更合同,法律效果可直接发生,不以经法院的裁决或当事人协议为必经程序。如因保险合同债务人违约使

履行债务变为损害赔偿债务,法律效果当然发生,但可由当事人协商损害数额,亦可诉请法院裁判。

合同的变更须经法院裁决程序的,在我国法上,一是意思表示真实的合同,如因重大误解而成立的合同,不论是撤销还是解除须经过法院裁决;二是适用情事变更原则,无论是解除合同还是履行合同,均须法院裁决。

大部分保险合同变更,是由当事人各方协商一致而完成的,达不成协议或者约定不明确便不发生合同变更的法律效力。[①] 这里的协商一致,实际上是订立一个新合同,仍需经过要约、承诺程序。其要约是变更原合同的要约,须包含变更原合同内容这一要点,若含有责任的有无及责任的分担意思则更佳。这里的承诺,是对该要约的同意。

保险合同的变更可基于形成权人单方意思表示,例如,选择权人行使选择权,使合同变更。不论如何变更,当事人对合同变更内容的约定必须明确。不明确的,推定为未变更。[②] 变更后的合同内容不得具有违法性,不得规避法律的规定或者损害国家、集体或个人利益,不得有违公序良俗,否则合同的变更无效。

(四) 保险合同变更须遵守法律要求的方式

对合同的变更法律要求采取一定方式的,须依该方式为之。基于情事变更原则变更合同,变更意思表示不真实的合同,须经法院裁决。当事人协议变更合同,有时需要采用书面形式,有时则无此要求。《合同法》第77条第2款规定,法律、行政法规规定变更合同应当办理批准、登记等手续的,依其规定。债务人违约而变更合同一般不强求特定方式。《保险法》第20条第2款规定:"变更保险合同的,应当由保险人在原保险单或者其他保险凭证上批注或者附贴批单,或者由投保人和保险人订立变更的书面协议",即保险合同的变更必须采用书面形式。批单是保险合同变更时最常用的书面凭证。在批单中,需要列明变更条款的内容,一般将其附贴在原保险单或保

---

① 《合同法》第77条、第78条。
② 《合同法》第78条。

险凭证上。如果不采用批单,投保人和保险人也必须订立变更保险合同的书面协议。

三、保险合同变更的效力

保险合同变更,主要是在保持原保险合同的基础上,使保险合同内容发生变化,以变更后的合同取代原合同。合同变更的实质是以变更后的合同代替了原合同。所以,保险合同变更生效后,当事人应当按照变更后的保险合同内容履行各自的义务,任何一方违反变更后的合同内容都构成违约。合同变更原则上仅向将来发生效力,对已经按原合同所作的履行无溯及力,已经履行的债务不因合同的变更而失去法律依据。

保险合同的变更并不会引起保险合同效力的中止或中断。在当事人就合同的变更未达成一致之前,原保险合同继续有效,当事人承担的合同义务当然也需要继续履行,例如,因保险标的的危险程度降低,投保人要求保险人减少保险费,在保险人与投保人就保险费是否可以降低的问题达成一致前,投保人不能拒绝按照原保险合同的约定交纳保费。另外,由国家法律确定的保险合同双方应享有的权利、应尽的义务,以及由保险监督管理机构制定的基本条款的内容,是不能通过协议加以变更的。

第二节 保险合同的转让

一、保险合同转让的概念

所谓保险合同的转让,是指保险合同当事人一方依法将其合同的权利和义务全部或部分地转让给第三人的行为。根据《合同法》规定,合同的转让主要包括以下三种形态:合同权利的转让、合同义务的转让和合同权利义务的概括转让。

保险合同的转让不同于保险合同的变更:(1)保险合同的转让是合同当事人的改变,而并不改变保险合同的内容;而合同变更是改变合同内容,当事人并不发生变化。(2)保险合同的转让,可产生两个法律关系,涉及三方当事人。两个法律关系系原保险合同当事人之间的关系和转让人与受让人之间的关系。这两个法律关系既相互独立,又有联系。涉及三方当事人系指转让虽主要是在转让人和受让人之间发生,但当保险合同的转让发生时,转让人与原保险合同的权利义务关系即告结束,退出原来的合同关系,由受让人取代转让人的地位,而成为原保险合同的一方当事人。

保险合同的转让因财产保险合同和人身保险合同而有不同。财产保险合同的转让一般因保险标的的转让引起。[①] 保险标的的转让可以引起合同权利的转让,也可以导致合同权利、义务的概括转让。人身保险合同的转让一般因保险人被强制解散或破产引起。[②]

二、保险合同转让的类型

依《保险法》规定,保险合同转让分为以下两种情形:

(一) 财产保险合同的转让

财产保险合同的转让分为法定转让与约定转让。法定转让是指通过立法对保险标的所有权变动时,保险合同权利义务当然为受让人承继;投保人或被保险人死亡或破产时,保险合同利益仍为继承人或债权人承继予以规范。《保险法》对保险标的所有权变动引起的保险合同权利义务当然为受让人承继设有规定,对投保人或被保险人死亡或破产时,保险合同利益是否仍为继承人或债权人承继,却未予规范。约定转让是指合同订立后投保人或被保险人因为保险标的或危险转移等事实发生,通过合意将合同的权利、义务转移给第三人,由第三人继续享受合同权利并承担合同义务。通常可采两种方式使保险标的上危险为保险人承保:一种是投保人、被保险人向保险人提出请求,解除合同,保险人退还部分保险费后,保险合同终止,同时由受让人与保险人订立新的保险合同。另一种是在保险标的的转让或危险转移的同时,投保人、被保险人将保险合同经过原保险人同意批改,转让给受让人,由受让人作为新的投保人或被保险人继续享有

---

① 《保险法》第49条。
② 《保险法》第92条。

保险合同的权利并承担保险合同的义务。显然采用保险合同转让的办法,不仅手续简便,节省时间、费用,而且可以使权利人不间断地获得保险保障。财产保险合同的订立,一般是以保险标的存在为基础和前提的,但保险合同并不随保险标的或危险的转移而自动转让。因为关于保险标的权属转让或危险承担者转移的合同与附着于保险标的上的保险合同是各自独立的法律关系。

《保险法》第49条对保险标的所有权变动时引起的保险合同权利义务当然为受让人承继予以规范。据此,在保险标的所有权变动时,附着于保险标的之上的保险合同权利义务当然为受让人承继。此时可能发生保险合同的法定转让。当保险标的转让时,保险标的的受让人承继原来的合同中的被保险人的地位,享有保险合同中的权利,也承担相应的义务,保险利益的主体也转变为受让人。当投保人与被保险人为同一人时,受让人成为新的投保人和被保险人,属于保险合同的转让。但是,当投保人与被保险人非为同一人时,投保人是否也相应地由受让人承继,该款却未予明示。因合同主体变换才属于合同转让,如果合同主体没有变换,仅受让人承继被保险人的权利义务,则保险合同转让与保险利益的转移未必完全一致,也就是说,保险标的转让,保险利益发生转移,可是保险合同未必转让,属于保险合同内容发生变化,但作为合同当事人的投保人却保持不变。作为该条第1款规定,解释上应属于调整保险标的转让时保险利益是否同时转移的一般性规定,体现了当然移转主义的思想。该条该款属于强行性规范,不能为行为人约定排除。

(二)人身保险合同的转让

人身保险合同的转让,主要指因保险人资格的消灭而引起人寿保险合同权利义务的概括转让。人寿保险合同一般期限长并具有储蓄性,而保险人可能因竞争而优胜劣汰。为了不因保险人的变化而使被保险人或受益人的利益受到损害,《保险法》第92条规定:"经营有人寿保险业务的保险公司被依法撤销或者被依法宣告破产的,其持有的人寿保险合同及责任准备金,必须转让给其他经营有人寿保险业务的保险公司;不能同其他保险公司达成转让协议的,由国务院保险监督管理机构指定经营有人寿保险业务的保险公司接受转让。转让或者由国务院保险监督管理机构指定接受转让前款规定的人寿保险合同及责任准备金的,应当维护被保险人、受益人的合法权益。"据此,因保险人的原因导致的人寿保险合同转让包括如下涵义:

(1) 保险公司被依法撤销或者被依法宣告破产,是引起人寿保险合同转让的法定原因。

(2) 转让的双方当事人包括被依法撤销或被依法宣告破产的经营人寿保险业务的保险公司(简称终止保险公司,即转让人)和接受转让的经营人寿保险业务的保险公司(受让人)。转让人不得将人寿保险合同及准备金转让给没有经营人寿保险业务的保险公司。

(3) 转让的对象包括人寿保险合同及根据该合同而提取的准备金。

(4) 受让人的接受包括自愿接受和强制接受。

第三节 保险合同的中止

一、保险合同中止的含义

所谓保险合同的中止,是指在保险合同有效期限内,因某种事由出现而使合同的效力处于暂时停止的状态。从保险合同中止到效力恢复时为止,保险合同的效力处于待定状态。而保险合同亦从一个已生效的合同变成一个效力待定的合同,其效力可能恢复,亦可能不再恢复。在投保人一方而言,其未交付当期保险费,而保险人对该期间发生的保险事故亦不承担保险给付义务。但是,合同并非无效,亦非失效。就中止期间届满后的合同效力而言,合同效力处于不确定的状态。根据《保险法》第36条规定,合同中止仅适用于人身保险合同。

二、保险合同效力中止的立法目的

首先,针对长期保险合同,难免投保人会因疏忽或经济一时变化而出现不能按时交付保险费的情况。为了不轻易使合同失其效力,就投保人而言,保险合同效力中止的适用能够尽力使其获得更为稳定的保险保障,这是其基本价值所在。

其次,这也避免一时的合同义务不履行而导致所有合同义务的适当履行化为乌有,完全失去效力,产生对受保险合同保障的人有失公允的结果。表面上看,因投保人不交付保险费便使合同无效对投保人来说没什么不公平,但实质上对当事人产生不公平的效果。

最后,可以使保险人继续保有合同业务,巩固其已有营业。最基本的价值在于前两者,继续保有合同业务不是其主要的价值,只是附带价值。

三、保险合同中止的构成要件

《保险法》第 36 条规定:"合同约定分期支付保险费,投保人支付首期保险费后,除合同另有约定外,投保人自保险人催告之日起超过 30 日未支付当期保险费,或者超过约定的期限 60 日未支付当期保险费的,合同效力中止,或者由保险人按照合同约定的条件减少保险金额。被保险人在前款规定期限内发生保险事故的,保险人应当按照合同约定给付保险金,但可以扣减欠交的保险费。"据此,在具备如下条件时,保险合同效力暂时停止。

(1) 保险合同的效力中止仅适用于人身保险合同,而不适用于财产保险合同。

(2) 保险合同的投保人没有选择一次性清偿保险费债务的交付方式履行合同债务,而是采取分期交付方式履行交付保险费义务。

(3) 投保人在保险合同成立时已经交付了第一期保险费。

(4) 义务人超过宽限期仍没有交付后续当期保险费。对于第二期以后的保险费交付期限届满,如果义务人没有交付,保险人可以催告。在保险人催告的情况下,自保险人催告之日起超过 30 日未支付当期保险费;在保险人未催告的情况下,义务人超过约定交付期限 60 日未履行交付保险费义务,该 30 日、60 日称为宽限期。所谓宽限期,是指人身保险合同中约定的,投保人支付首次保险费后未按时交付后续当期保险费的,在一定期间内保险合同效力继续,保险人对该期间内发生的保险事故仍应承担保险金给付义务,但是可以扣除义务人欠交的保险费。宽限期是对保险人的相对人——危险团体成员的一种保护期间。其起止具体时点对合同当事人的意义至关重要,涉关危险承担义务有无,在解释上必须明确其起算日。由于期间的起算在《保险法》上没有特别规定,所以适用一般民法关于期间的规定,根据《民法通则》第 154 条规定:"民法所称的期间按照公历年、月、日、小时计算。规定按照小时计算期间的,从规定时开始计算。规定按照日、月、年计算期间的,开始的当天不算入,从下一天开始计算。期间的最后一天是星期日或者其他法定休假日的,以休假日的次日为期间的最后一天。期间的最后一天的截止时间为 24 点。有业务时间的,到停止业务活动的时间截止。"根据《最高人民法院关于贯彻执行〈中华人民共和国民法通则〉若干问题的意见(试行)》(以下简称《〈民法通则〉若干问题意见》)第 198 条规定:"当事人约定的期间不是以月、年第一天起算的,一个月为 30 日,一年为 365 日。期间的最后一天是星期日或者其他法定休假日,而星期日或者其他法定休假日有变通的,以实际休假日的次日为期间的最后一天。"第 199 条规定:"按照日、月、年计算期间,当事人对起算时间有约定的,按约定办。"据此,如果当事人没有特别约定,宽限期开始之日为在保险人催告时,自催告到达之日的次日起算,催告到达当日不计入,而在未催告的情况下,自约定当期履行日的次日起算;宽限期的结束之日为第 30 日或第 60 日保险人停止业务活动的时间,如果宽限期的结束之日为星期日等法定休假日,则以休假日的次日或变通后的实际休假日的次日为宽限期的最后一日。

宽限期可由行为人另行约定,但是保险人不能通过格式条款约定短于 30 日或 60 日的法定期限,该法定宽限期的规定属于半强行性规范,旨在保护被保险人利益,是为保险人一方履行义务所设置的最低限度,并不妨碍保险人在合同履行中给予被保险人所代表的危险团体成员更多的优惠,约定可长于上述时间段限的期限,但不能低于上述期间。[①]

---

① 参见高宇:《理念·功能·技术:意思自治原则的伸展与评鉴》,吉林大学 2007 年博士学位论文,第 102—104 页。

(5) 保险合同没有约定其他处理办法。保险合同对于如何处理投保人未交保险费的情形,没有规定中止合同效力以外的其他解决办法,诸如减少保险金额、保险费自动垫交等。

四、保险合同中止的法律效果

保险合同中止并非合同终止,终止是使合同的效力完全结束,当事人之间的权利义务关系亦须了结,之后即不再存在;而中止是合同效力的暂时停止。在保险人一方,保险事故发生,保险人不依合同约定承担保险给付义务;在投保人一方,不交付当期保险费。只要具备一定的条件,中止合同的效力即可恢复,当事人之间的权利义务无须了结。

第四节 保险合同的复效

一、保险合同复效的概念

保险合同的复效,是指导致保险合同中止的法定事由消除后,具备相应的条件,其效力即行恢复如未中止前的状态。恢复效力的合同是效力中止之前的保险合同的继续。保险合同的复效,只能适用于效力中止的人寿保险合同。复效的意义在于,人身保险合同的效力因为投保人逾期未交保险费而中止效力后,经投保人请求并和保险人达成协议,保险人继续承担保险给付义务,视为保险合同的效力从未中止。但是,依我国《保险法》第 37 条的规定,保险合同自其效力中止之日起 2 年内,投保人和保险人未能达成复效协议时,保险人有权解除合同。虽有投保人的申请,在此情形下,亦难使合同效力再行恢复。

二、保险合同的复效条件

根据我国《保险法》,人寿保险合同的复效应具备如下要件:
1. 投保人向保险人提出复效请求

在保险合同的效力中止后,投保人若希望恢复保险合同的效力,应当提出复效申请,由保险人决定是否同意保险合同的复效。若投保人不提出复效申请,保险合同的效力不能自行恢复。在保险合同中止效力后 2 年内,投保人请求复效的,保险人应当和投保人协商复效的各项条件。

2. 投保人须在法律规定的期限内提出复效申请

投保人提出复效申请的保留期间,为恢复合同效力的前提条件。投保人提出复效申请,不得超过复效申请的法定期间。依《保险法》第 37 条规定,保险合同中止效力后 2 年内,投保人可以申请复效。在此期间,除非保险合同另有约定,保险人不得解除保险合同。这就是说,如果保险合同中止效力后经过 2 年,投保人没有申请复效的,保险人有权解除保险合同。显然,保险合同中止效力后 2 年期间,为投保人提出复效申请的保留期间。在这个期间内,投保人可以随时提出复效申请。但是,复效申请的保留期间并不是投保人提出复效申请的先决条件。超过该期间,投保人仍可提出复效申请,它仅构成保险人解除保险合同的理由之一。如果保险人在复效申请保留期间经过后解除保险合同,投保人丧失提出复效申请的基础,自不待言。但是,如已超过复效申请的保留期间,保险人不解除保险合同,投保人仍可提出复效申请,保险人仍可接受投保人提出的复效申请。所以,投保人向保险人提出复效申请,可以在保险合同中止效力后任何期间提出,除非保险合同另有约定或者保险人已经依法解除中止效力的保险合同。

3. 投保人补交保险费

在保险合同效力中止前未交的保险费以及中止期间应当交纳的保险费及其利息,投保人应当一次交清。

4. 被保险人请求复效时须符合投保条件

在保险合同效力中止期间,被保险人的各种情况可能发生变化,而使其有可能不符合保险人规定的承保条件。根据《保险法》第 37 条的规定,被保险人不符合保险人规定的承保条件的,保险人可以拒绝承保。所以,被保险人在保险合同效力中止期间内,只有仍然符合投保条件,保险合同才能够复效。

5. 保险人和投保人就复效条件达成协议

根据《保险法》第 37 条规定，投保人若请求保险人恢复保险合同效力，只有经过保险人同意接受投保人的复效请求的，保险合同才能恢复效力。若保险人和投保人关于保险合同的复效不能达成协议，保险合同不能复效。将达成协议作为复效要件，主要是防止当事人的危险逆选择，以及使保险人能够重新评价危险。

恢复效力，只是延续原先保险合同的效力。复效的合同对于中止的合同而言，在性质上没有什么变化，并不是一个新合同，而只是一个中止后又复效的合同，应与一个效力未曾中止而持续进行的保险合同在法律上具有相同的评价。有人主张，只要投保人交付了保险费，中止的保险合同即应恢复效力，完全不必经过投保人和保险人双方的协议。若将是否能够复效委诸于当事人的协议，表面看来，似乎颇为公平合理，究其实际，并不符合保险合同复效的立法宗旨。

第五节　保险合同的解除

一、保险合同解除的含义

保险合同的解除是指保险合同有效期间内，有解除权的一方当事人向他方通过解除合同的意思表示，使保险合同关系归于消灭。《保险法》第 15 条规定，除本法另有规定或者保险合同另有约定外，保险合同成立后，投保人可以解除合同，保险人不得解除合同。据此，投保人可以任意解除保险合同，基本上不受限制，保险人解除保险合同却受到相应限制。

投保人的任意解除权并非毫无限制，其行使亦须遵循相应约束；保险人的解除权虽受严格限制，但并非没有解除权，在符合法定解除条件或与投保人有约定时，仍可解除合同。由于投保人解除合同几乎不受限制，所以保险合同解除的相关规范主要关于保险人解除合同。

二、投保人解除合同的条件

投保人解除合同的条件是任意解除条件,以下情况除外:《保险法》第 50 条规定的货物运输保险合同和运输工具航程保险合同在保险责任开始后的法定不得解除、保险合同特别约定投保人不得解除合同的,以及《保险法》第 58 条规定保险标的部分损失时,投保人在保险人履行保险金给付后 30 日内未行使解除权的,投保人不可以任意解除合同。

三、保险人法定解除合同的条件及适用情形

保险人解除合同的条件可分为法定解除条件和约定解除条件。《保险法》在第 16 条、第 27 条、第 52 条、第 39 条、第 32 条、第 37 条和第 58 条规定了保险人的法定解除条件。法定解除条件是指法律规定的保险人可以解除合同的事由,包括:(1)投保人违反告知义务;(2)投保人、被保险人或受益人谎称发生保险事故或故意制造保险事故;(3)投保人或被保险人未按约定维护保险标的安全;(4)保险标的的危险程度显著增加;(5)投保人申报的被保险人年龄不真实;(6)合同效力中止后,经过 2 年未达成复效协议;(7)保险标的部分损失。在具备上述情形时,保险人可以行使法定解除权。

(一)保险人法定解除合同的适用情形

1. 投保人违反如实告知义务

根据《保险法》第 16 条规定,订立保险合同时,义务人未如实陈述的,保险人可以行使解除权,但受除斥期间的限制。根据其主观状态的不同,可分两种情况:

(1)义务人故意不如实陈述。当保险人询问有关保险标的的重要事实时,义务人故意不如实陈述时,保险人可以解除合同。该合同因解除而自始无效。如果保险人在知道有解除事由之日起超过 30 日或自合同成立之日起超过 2 年不行使解除权,解除权消灭,不能再解除合同。

(2)义务人因重大过失没有如实陈述。重大过失,是指义务人不但没有尽到法律要求的较高的注意义务,甚至没达到人们应尽到

的注意义务的一般标准。在义务人因重大过失而没有如实告知时，保险人可以行使上述解除权，并为上述除斥期间所限制。但是，如果在合同成立时，保险人已经知悉义务人未如实告知的，无论故意不实告知，还是重大过失而不实告知，都视为保险人同意承保并放弃和合同解除权，保险人不得再解除合同。

投保人故意或过失未履行如实告知义务，符合违反诚实信用原则的主观标准。由于保险人决定是否同意承保及确定保险费率有赖于投保人的告知，义务人的不实告知将影响保险人对保险标的危险状况的判断，破坏了对价平衡，因此，保险人可以解除合同。

2. 谎称发生保险事故或故意制造保险事故

《保险法》第27条第1款规定，未发生保险事故，被保险人或者受益人谎称发生了保险事故，向保险人请求给付保险金的，保险人有权解除合同，并不退还保险费。

《保险法》第27条第2款规定，投保人、被保险人或者受益人故意制造保险事故的，保险人有权解除保险合同，不承担保险金给付义务。第43条规定，投保人故意造成被保险人死亡、伤残或疾病的，保险人不承担给付保险金的责任。投保人已交足2年以上保险费的，保险人应依约向其他权利人返还保险单现金价值。在此情况下，行为人主观恶意较深，明显违反诚信原则，同时，其故意造成保险事故发生，使保险人在订约时所承担的危险与所收保险费之间的对价平衡关系遭到破坏，保险人可通过解除合同获得救济。

3. 投保人、被保险人未尽维护保险标的安全的义务

《保险法》第51条第3款规定："投保人、被保险人未按照约定履行其对保险标的安全应尽责任的，保险人有权要求增加保险费或者解除合同。"投保人、被保险人未按约定履行应尽的安全维护义务，有违诚信原则；同时，由于其未尽注意致保险标的的危险程度较订约时有所增加，对价平衡关系被改变，保险人可行使解除权，以求救济。

4. 保险标的危险程度显著增加

《保险法》第52条规定，在合同有效期内，保险标的的危险程度显著增加的，被保险人应当按照合同约定及时通知保险人，保险人可

以按照合同约定增加保险费或者解除合同。

5. 投保人申报的被保险人年龄不真实

《保险法》第32条规定:"投保人申报的被保险人年龄不真实,并且其真实年龄不符合合同约定的年龄限制的,保险人可以解除合同……"这种情况应属于义务人违反告知义务时保险人解除合同在人身保险合同中的一种具体表现。被保险人的年龄是人身保险合同中保险人必须询问的事项,其足以影响是否承保和决定保险费率的高低。如果义务人未如实告知,且被保险人的真实年龄不符合合同约定的年龄限制,保险人如知悉该事实就不会承保,且投保人应知悉被保险人的年龄,其申报不真实只能是出于故意或重大过失。

6. 保险合同效力中止后,经过2年未达成复效协议

《保险法》第37条第1款后段规定:"自合同效力中止之日起满2年双方未达成协议的,保险人有权解除合同。"在分期支付保险费的人身保险合同,投保人由于一定原因可能没有及时交付后续当期保险费,义务人在法律规定的30日或60日的宽限期届满后仍未交付该保险费的,保险合同效力中止,并规定了2年的复效期,只有在复效期后双方仍未达成协议的,保险人才可解除合同。

7. 保险标的发生部分损失

依《保险法》第58条规定,保险标的发生部分损失的,自保险人履行给付保险金义务之日起30日内,投保人可以解除合同;除合同另有约定外,保险人也可以解除合同,但应当提前15日通知投保人。

(二) 保险合同解除权的行使

1. 保险合同解除权的性质

保险合同解除权属于形成权。解除行为是单方法律行为,即享有解除权的一方当事人只需将解除保险合同的意思表示于合同相对人,无须对方的认可,即可发生解除合同的效力。

2. 保险合同解除权的行使方式

保险合同解除的条件只是解除合同的前提。由于我国立法未采取"当然解除主义",即使解除条件具备,合同也不当然解除,解除合同还需要解除行为。解除行为即解除权人行使解除权的意思表示。保险合同解除权人是保险合同的一方当事人,而解除权行使的对象

是保险合同的另一方当事人。在投保人解除合同时，投保人应当向保险人行使解除权；在保险人解除合同时，保险人应当向投保人行使解除权。当投保人死亡时，除了具有人身专属性的保险合同，合同仍为继承人的利益而存在，保险人应向投保人的继承人行使解除权。保险合同解除权的行使应采用通知的形式，至于是口头通知还是书面通知，不影响其效果。一般来说，采用书面通知的形式在举证上较为有利。行为人也多采用该种做法，例如，投保人解除合同时，应填写解除合同申请书。解除合同的通知到达相对人时即发生合同解除的效力。

保险合同解除权，在某些情况下是保险法赋予解除权人的一种选择权。其可以行使解除权解除合同，也可以不行使解除权，使合同保持原有效力。

3. 保险合同解除权行使的时间

投保人的解除权是一种任意解除权，只要法律或合同没有特别规定，投保人可随时行使解除权。另外，投保人是否行使解除权主要是根据自身的情况而定，合同解除后，对保险人的利益并无多大影响。保险人的解除权包括法定解除权和约定解除权，当法定解除条件或约定解除条件成就时，保险人的解除权产生。其可以在保险合同成立时发生，也可以在保险合同成立后发生，而不论保险人的保险给付义务是否开始。由于保险人的解除权有确定的发生时间，如果解除权发生后，保险人不行使权利也不放弃权利，势必使合同的效力处于不稳定状态，从而对投保人或被保险人不利，所以，通常在保险立法上对保险人行使解除权的时间予以限制。保险合同解除权行使期间的性质是除斥期间。除斥期间是指法律规定的某种权利的存续期间。除斥期间届满后，权利即行消灭。

(1) 因违反如实告知义务而发生的解除权的行使期间。根据《保险法》第 16 条第 3 款规定，如果义务人违法告知义务，保险人的解除权自其知道有解除事由之日起，超过 30 日不行使而消灭。自合同成立之日起超过 2 年的，保险人不得解除合同；发生保险事故的，保险人应承担保险金给付义务。

(2) 投保人申报的被保险人年龄不实时解除权的行使时间。依

《保险法》第 32 条规定,投保人申报的被保险人年龄不实,并且其真实年龄不符合合同约定的年龄限制的,保险人可以解除合同,但自保险人知道有解除事由之日起,超过 30 日不行使而消灭。自合同成立之日起超过 2 年的,保险人不得解除合同。

(3) 因保险合同经过复效期而发生的解除权的行使期间。根据《保险法》第 37 条规定,经过 2 年未达成复效协议的,保险人可以解除合同,但对解除权的行使却未设时间限制。人身保险合同一般期限较长,投保人经过宽限期后仍未交付当期保险费,合同效力即中止。保险人的解除权的发生时间为合同效力中止之日在 2 年后的对应日,这一时间可以从投保人应交付而未交付当期保险费之日推算出来,不存在保险人解除权已发生但保险人不知道的情况。所以解除权的行使期间应从合同效力中止之日在 2 年后的对应日起算。由于合同效力中止可以发生在合同有效期内的任何时间,所以无法规定解除权行使的最长期间。因此,《保险法》应规定合同经过复效期而未达成复效协议时,保险人应在合同效力中止之日在 2 年后的对应日起 1 个月内行使解除权,否则,解除权即行消灭。

(4) 约定解除权的行使期间。约定解除权是依保险合同当事人的约定发生的。在订立约定解除条款时,除了约定解除条件外,还可以约定解除权的行使期间,超过该期间不行使,其解除权即行消灭;如果当事人未约定该期间,对方得确定相应期限,催告解除权人于期限内表示是否解除,如逾期不为解除行为,则解除权亦消灭。

(三) 保险合同解除权行使的阻却

若保险人知有解除条件,仍没有行使解除权,使投保人误信其有继续维持合同效力的意思,而在保险事故发生后,若仍允许保险人有解除合同的权利,对于投保人、被保险人有失公平。保险人行使解除权为弃权规则所限制。弃权,是指行为人在先有意识的放弃某项已知的权利,则其事后不能再主张该权利对抗相对人。依《保险法》第 16 条第 6 款规定,义务人因故意或重大过失未如实告知,保险人在合同订立时已经知道投保人未如实告知的情况的,保险人不得解除合同;发生保险事故的,保险人应当承担保险给付义务。依《保险法》第 32 条第 1 款规定,保人申报的被保险人年龄不真实,并且其真实年龄不符合合同约定的年龄限制的,保险人可以解除合同,并按照合同约定退还保险单的现金价值。但保险人在合同订立时已经知道投保人未如实告知被保险人的真实年龄的,保险人不得解除合同。

四、保险人约定解除合同的条件及适用情形

基于合同自由,在不违反强行性规则、社会公共利益的前提下,保险人也可以与投保人约定解除合同的条件。约定解除条件是指保险合同当事人事先在合同中约定的合同解除事由。这种约定通常在订立保险合同时就在合同条款中约定,当约定的条件成就时,保险合同当事人即可行使解除权。依约定解除条件而发生的约定解除与协议解除不同。协议解除是合同成立后,未履行或未完全履行前,当事人双方认为有必要时,通过协商达成协议而解除合同,使合同效力消灭的行为。协议解除的性质是一种双方法律行为,是以新合同达到消灭原合同的目的,这个新合同称为解除合同的合同——解除协议,不存在解除权约定。约定解除是一种单方法律行为,是当事人一方享有解除权,其行使解除权无须征得对方同意,只须将解除合同的意思表示于合同的相对人即发生解除合同的效力。

第六节 保险合同的终止

一、保险合同终止的含义

合同终止有广义与狭义之别。狭义的终止,是指当事人行使终止权,使继续的合同关系效力向将来发生消灭。其特点在于当事人须行使终止权,合同效力始向将来消灭。广义的终止,则除此狭义外,还包括非因行使终止权的终止。《合同法》第91条所称的终止即为广义的终止。在此,保险合同的终止也采广义,是指保险合同在其存续期间内,因一定事由的发生,使合同的效力不再存在而向将来归于消灭。

二、保险合同终止的原因

(一) 因保险合同约定的保险期间届满而终止

保险合同约定的保险期间是保险人为被保险人提供保险保障的时间段限。一旦超过约定的保险时间段限,保险人不再承担保险给付义务。保险合同即自然终止,这是保险合同终止的最普遍的原因。

(二) 保险合同因保险人终止而终止

保险人终止,是指保险人彻底停止保险业务而消灭其经营保险业务的法律地位。依法设立的保险公司,因为被撤销、被宣告破产或者解散而终止。合同因为自然人的死亡或者法人的终止而终止,保险合同也不例外。我国《保险法》没有明文规定保险合同因保险公司的终止而终止。但是,考虑到我国破产立法有关尚未履行完毕的合同的解除的规定,保险公司经营保险业务的地位因为保险公司的终止而消灭,不再具有享受权利和承担义务的能力,尚未履行完毕的保险合同应当终止。但是,保险合同因为保险人的终止而终止,并不具有绝对的意义。依《保险法》第92条规定,在保险公司被撤销或者被宣告破产时,尚未到期的人寿保险合同应当继续维持其效力,被撤销或者被宣告破产的保险公司,应当将其持有的人寿保险合同和准备金,转移给其他经营有人寿保险业务的保险公司;对于终止保险业务的保险公司持有的人寿保险合同及准备金,其他保险公司不予接受而无法转让的,由保监会指定经营有人寿保险业务的保险公司予以接受。所以,尚未到期的人寿保险合同,不因保险公司终止业务而必然终止,应当依法被转让给其他经营人寿保险业务的保险公司,被保险人或者受益人依该人寿保险合同所享有的利益不受影响。

(三) 保险事故发生后因保险人适当履行保险给付义务而终止

保险人最主要的义务就是承担给付保险金的义务。但该种义务不仅有期限的限制,也有数额的限制。只要保险人履行给付保险金义务达到保险合同约定的保险金额总数时,无论一次还是多次,均属于保险人已实际适当履行了其全部的保险给付义务,即保险人的保险合同义务已履行完结,保险合同终止。

(四)保险合同因保险标的物全部灭失而终止

财产保险的保险标的,非因保险合同所载的保险事故发生而导致全部灭失,保险合同终止。若其他原因导致保险标的发生全部损失,保险合同因其保险标的的不存在,效力当然终止。

(五)因合同主体行使解除权而终止

保险合同成立并生效后,投保人可以解除保险合同,解除后,保险合同关系终止。保险人可以与投保人协议终止保险合同。在具备法定解除条件时,保险人也可以行使解除权,保险合同因而终止。

(六)因法律规定的情况出现而终止

由于法律规定的情况出现,无须当事人行使权利,保险合同即终止。保险人不承担保险给付义务,而且在余下的保险期间也没有履行保险给付义务的可能或必要。《保险法》第43条第1款规定:"投保人故意造成被保险人死亡、伤残或者疾病的,保险人不承担给付保险金的责任。投保人已交足2年以上保险费的,保险人应当按照合同约定向其他权利人退还保险单的现金价值。"此类情况的发生虽未明确提出合同终止,但这一规定的法律后果,必然是合同终止。

三、保险合同终止的法律效果

(一)保险合同终止的效力

保险合同的终止,其效力自终止时起向将来消灭而不再继续,并不溯及既往,所以双方当事人均无恢复原状的义务。保险人在合同终止前,已收受的保险费不必返还。但在合同终止后保险费如已交付,投保人对于已交付的保险费,则有返还的请求权。例如,保险标的非因保险合同所载的保险事故所致完全灭失或部分损失而终止合同,终止后的保险费已交付的,就应返还。但保费非以时间为计算基础的(例如,以航程为计算基础),则不必归还。保险合同的终止,是自终止时起,其效力消灭。保险合同效力在终止后不能再恢复,所以亦不同于保险合同的中止。

(二)保险合同的终止与无效

保险合同的终止在性质上与保险合同的无效不同。保险合同的无效属自始无效,故与其有关的一切给付均无法律上的原因,其已受领的,原则上均可依不当得利请求返还。至于保险合同的终止只向将来发生消灭的效力,在终止前仍属有效。因此有关的已为给付,受领人无须返还。但法律另有规定的除外,例如,因故意违反如实告知义务而解除合同的,无须返还保险费,但投保人出于重大过失的,保险人应返还保险费。

第七章　保险合同的履行

第一节　投保人义务及履行

保险合同是双务合同，分析其一方义务即为对方权利的澄明，而无须另论其权利。在保险合同成立之前，投保人有如实告知义务，在保险合同成立时以及生效后，投保人负有交付保险费的义务、危险显著增加的通知义务、防险的义务、危险事故发生的通知义务、危险事故发生时的施救义务、提供资料或其他证据的义务。

一、交付保险费的义务

（一）保险费的法律性质

《保险法》第13条第1款前段规定："投保人提出保险要求，经保险人同意承保，保险合同成立。"据此，保险合同是诺成合同，而非要物合同，不以交付保险费为成立要件或生效要件。《保险法》第14条规定："保险合同成立后，投保人按照约定交付保险费；保险人按照约定的时间开始承担保险责任。"据此，保险费是投保人交付于保险人作为其负担危险对价的金钱，投保人交付保险费是保险合同义务，而非合同的效力要件，亦非成立要件。危险团体的成员通过保险人实现对危险的分散，当危险发生时，实际上是以各自交付的保险费集中对危险发生承受者的损失予以补偿，体现了团体互助性。当危险在自己身上不发生时，对危险发生承受的他人而言，其交付的保险费作为保险金，由保险人给付于该受有损失之人，未发生危险的人交付的保险费汇集成给付他人的保险金，表现为"我为人人"；而对危险发生的人而言，表现为"人人为我"。因此，保险人不能无偿地为他人承保危险。否则，必害及危险团体的利益，使得保险无法存续。所以，保险费的约定应当是保险合同的生效要件，即无此约定，保险合同不生效力。

保险合同应以保险费约定为生效要件，保险费的交付一般仅为保险合同生效后，投保人应履行的保险合同义务，当事人另有约定的除外。保险合同成立后，保险费为既得债权，保险人可以容许投保人迟延交付保险费。如到期不获交付，则保险人有权终止合同或请求投保人交付保险费。《保险法》第35条规定："投保人可以按照合同约定向保险人一次支付全部保险费或者分期支付保险费。"

（二）交付保险费通知与宽限期间

当债务人不按期履行债务时，债权人应给其适当的宽限期间，而不得即刻解除合同。基于此，若投保人怠于给付保险费，保险人也不得以付费迟延而随即主张解除保险合同。依《保险法》第36条规定，人身保险合同的投保人未按期交付后续当期保险费时，保险人可以催告，但没有规定催告的期限，催告也不是保险人的法定义务。《保险法》对于财产保险中付费迟延的催告及催告期间也未规定。依《保险法》第36条规定，若承保危险于宽限期间内发生，由于保险合同仍然有效，保险人仍须依约定承担保险给付义务。在宽限期间届满后，保险人若行使合同解除权，则对此后发生的保险事故不承担保险给付义务。至于在宽限期间届满后至合同解除之前，保险事故发生的，保险人享有拒绝承担给付义务的抗辩权。

在催告期间的规定之外，付费通知义务亦很重要。因为当投保人违反约定时，保险人不能坐视其违约，而应采取必要措施敦促违约方履行义务以避免损失，付费通知便表明了保险人的这种意图。且在现代社会中，保险人相对于投保人个体而言，无论在经济实力还是信息占有方面都有不可比拟的优势，要求保险人履行通知投保人付费的义务是可行的，有利于发挥保险的本旨。我国保险法对此没有规定。

（三）怠于给付保险费的法律后果

保险合同为强制性的有偿合同，投保人交付保险费是保险合同义务之一，也是保险人承担保险给付义务的前提，若怠于给付保险费，则属于保险合同义务的不履行。人身保险与财产保险相异，人身保险的保险费的法律性质亦具特殊性，因而怠于给付保险费产生的法律后果亦不同于财产保险。

1. 怠于给付财产保险合同保险费的法律后果

对于合同约定为一次交付保险费而投保人未交保险费或约定分期交付保险费而投保人未付保险费的,若保险合同有特别约定,应从其约定;若无特别约定,保险人可以请求投保人承担债务不履行的违约责任,即请求其交付保险费及利息,保险人也可以经定期催告后解除合同。在投保人怠于给付保险费之后至投保人交付保险费之前的期间内,保险人基于同时履行抗辩权对发生的保险事故不承担保险给付义务。若以保险费的交付为保险合同的生效要件,未交付保险费的结果仅使保险人于保险事故发生时无需负担保险给付义务,同时保险人亦不能向投保人请求交付保险费。保险人只能依缔约过失责任请求投保人偿付缔约费用,而不能请求投保人继续履行合同,以使合同效力持续。这样对保险人的利益保护欠周,亦不利于保险业的发展。所以,在投保人怠于交付保险费的情况下,将合同认定为有效而追究其违约责任,似更合理。当然,由于保险人应当给予投保人一个给付保险费的宽限期间,所以保险人同时履行抗辩权必须在该宽限期间届满之后行使。

在实务中,投保人有可能与保险人约定在合同成立后的某一时间或期间内交付保险费。如果其超出约定的时间仍未给付保险费,保险人自可依上述理由拒绝承担保险给付义务。但是如果在约定的期间内发生了合同约定的保险事故,保险人不得以投保人未交付保险费为由拒绝承担保险给付义务。因此种情况下,保险合同已生效,当事人应各自履行给付义务,故保险人应自合同生效时起承担保险合同义务,不得在投保人尚未违约时便自行中止合同的履行。

若保险费经约定分期交付,则陆续到期的保险费为既得确定之债务,投保人对之有履行的义务。投保人对于任何一期保险费到期而未交付的,应承担履行迟延的责任,保险人有权以诉讼方式请求其给付,亦可据此在经合理催告后解除合同。

2. 怠于给付人身保险合同保险费的法律后果

《保险法》第 35 条规定:"投保人可以按照合同约定向保险人一次支付全部保险费或者分期支付保险费。"据此,行为人可以选择一次性交付全部保险费,也可以按照约定分期交付保险费。采取分期交付保险费的,其首期保险费也不必一定要在合同成立时一并交付,不交付首期保险费的,合同也未必不能生效。但是,如果义务人不交付首期保险费,则不能适用该法第 36 条、第 37 条关于效力中止和复效的规定。也就是说,保险合同的成立、生效与保险费的交付之间不具有必然的相互依存关系。如果保险人同意投保人在合同成立后交付,也并不为法律所禁止。

合同约定分期支付保险费,投保人支付首期保险费后,除合同另有约定外,投保人自保险人催告之日起超过 30 日未支付当期保险费,或者超过约定的期限 60 日未支付当期保险费的,合同效力中止,或者由保险人按照合同约定的条件减少保险金额。被保险人在上述 30 日或 60 日的宽限期内发生保险事故的,保险人应当按照合同约定给付保险金,但可以扣减欠交的保险费。

合同效力中止的,经保险人与投保人协商并达成协议,在投保人补交保险费后,合同效力恢复。但是,自合同效力中止之日起满 2 年双方未达成协议的,保险人有权解除合同。保险人解除合同的,应当按照合同约定退还保险单的现金价值。

(四) 保险费的返还

《保险法》规定在某些情形下保险人应当返还保险费,某些情况下则无须返还。

1. 保险合同无效情形下保险费的返还

无效的保险合同主要包括以下几种情形:(1)《保险法》第 31 条规定,投保人对被保险人不具有保险利益的,保险合同无效。(2) 投保人恶意投保或保险人恶意承保的保险合同无效。(3) 财产保险的投保人超额保险的,超过保险价值的部分无效。(4) 保险合同订立时,保险标的危险已经发生或已经消灭的,该合同无效。(5) 保险合同违反法律、法规的强行性规则或损害社会公共利益的,保险合同无效。例如,投保人为无民事行为能力人投保以死亡为给付保险金条件的人身保险;未经被保险人书面同意并认可保险金额的以死亡为给付条件的人身保险合同。[1]

---

[1] 《保险法》第 33 条、第 34 条。

在上述无效情况下,已经交付的保险费是否应予返还取决于投保人是否可归责。如果投保人出于恶意则不应当返还保险费,如果出于善意,投保人本身并没有过失,则应请求保险人返还保险费。但在有些情形下,投保人是否可归责较难认定,例如,对于保险标的无保险利益而投保,或以他人死亡为给付条件订立保险合同而未经书面允许等。如果仅因投保人有可归责事由,即令保险人免负返还保险费的责任,对于投保人未免过于严苛。因此有学者认为,在此情形下,"应以要保人与保险人双方所处之地位客观衡量,除非要保人隐瞒事实,否则应认为保险人本即有调查之义务。换言之,除非保险人能够证明要保人有诈欺之意图,原则上皆认为保险人仍应负返还保费之责"①。

2. 保险合同解除情形下保险费的返还

保险合同解除后,保险人是否应当将已收取的保险费返还,应区分不同情况而定。

(1) 投保人违反如实告知义务,足以影响保险人决定是否同意承保或提高保险费率的,保险人有权解除保险合同。投保人故意不履行如实告知义务的,保险人不退还保险费;投保人因重大过失未履行如实告知义务的,保险人可以退还保险费。

(2) 行为人故意谎报、制造保险事故的,保险人有权解除合同,并不退还保险费。

(3) 投保人、被保险人未按照约定履行其对保险标的安全应尽的义务的,保险人有权要求增加保险费或者解除合同。因投保人或被保险人有过错,保险人不应返还全部已收取的保险费。保险期间开始后,保险人自开始之日即承担保障保险标的的危险损失的义务,到被解除之时,保险人已经履行危险承担义务,投保人应负担该期间内的保险费。

(4) 在危险程度显著增加时,义务人应通知保险人,应通知而怠于通知的,除不可抗力外,不论是否故意,保险人均可解除保险合

---

① 施文森:《保险法判决之研究》(上册),五南图书出版公司1983年版,第247页。

同。① 保险人解除合同的,应当将已收取的保险费,按照合同约定扣除自保险责任开始之日起至合同解除之日止应收的部分后,退还投保人。

(5) 人身保险合同因投保人怠于给付保险费而效力中止的,自合同效力中止之日起2年内双方未达成复效协议的,保险人有权解除合同。保险人解除合同的,应当按照合同约定退还保险单的现金价值。

(6) 保险标的发生部分损失的,保险人给付保险金之日起30日内,投保人可以解除合同。此时,该规定对投保人的任意解除权予以限制,超过30日的,投保人不能再行使解除合同的权利。而在保险标的发生部分损失时,除合同约定保险人不得解除的,保险人可以解除合同。但其解除的意思表示发生效力的时间受15日的时间限制,其向投保人发出解除合同的通知15日后才能发生效力。合同解除的,保险人应当将保险标的未受损失部分的保险费,按照合同约定扣除自保险责任开始之日起至合同解除之日止应收的部分后,退还投保人。据此,保险人应收取受损失部分的保险费;对未受损失部分的保险费,保险人应先计算出整个保险期间内保险标的未受损失部分的总保险费,再计算出自危险承担义务开始之日至合同解除之日止之间的应收保险费,以总保险费减去应收保险费,剩余保险费还给投保人。

(7) 投保人解除保险合同时,保险费的返还分人身保险和财产保险而有不同。在人身保险合同,根据《保险法》第47条规定,保险人应当自收到解除合同通知之日起30日内,按照合同约定退还保险单的现金价值。在财产保险合同,根据《保险法》第54条规定,保险责任开始前,投保人要求解除合同的,应当按照合同约定向保险人支付手续费,保险人应当退还保险费。保险责任开始后,投保人要求解除合同的,保险人应当将已收取的保险费,按照合同约定扣除自保险责任开始之日起至合同解除之日止应收的部分后,退还投保人。

---

① 《保险法》第52条。

3. 保险合同终止情形下保险费的返还

保险合同终止时,其效力自终止之时起消灭。保险人对于已收取的保险费中属于终止前的已承担危险的对价,无须返还。至于属于终止后的保险费是否应予返还,则应视具体情形而定。

(1) 保险标的非因保险事故完全灭失致保险合同终止时,或保险人因危险增加而要求增加保险费,投保人不同意而终止的,保险人应返还保险合同终止后的保险费。

(2) 保险合同因投保人破产或保险人破产而终止,终止后的保险费应予返还。此时保险人与投保人已经失去了继续履行义务的能力,合同自无存在的必要。但依《保险法》第92条"经营有人寿保险业务的保险公司被依法撤销或者被依法宣告破产的,其持有的人寿保险合同及责任准备金,必须转让给其他经营有人寿保险业务的保险公司;不能同其他保险公司达成转让协议的,由国务院保险监督管理机构指定经营有人寿保险业务的保险公司接受转让。转让或者由国务院保险监督管理机构指定接受转让前款规定的人寿保险合同及责任准备金的,应当维护被保险人、受益人的合法权益"的规定,人寿保险合同不适用上述情形。

4. 其他情形下保险费的返还

(1) 据以确定保险费率的有关情况发生变化,保险标的危险程度明显减少的,除合同另有约定外保险人应当降低保险费,并按日计算退还相应的保险费。《保险法》第53条第1项规定:"有下列情形之一的,除合同另有约定外,保险人应当降低保险费,并按日计算退还相应的保险费:① 据以确定保险费率的有关情况发生变化,保险标的危险程度明显减少……"

(2) 保险标的的保险价值明显减少的,除合同另有约定外,保险人应当降低保险费,并按日计算退还相应的保险费。《保险法》第53条第2项规定:"有下列情形之一的,除合同另有约定外,保险人应当降低保险费,并按日计算退还相应的保险费……② 保险标的的保险价值明显减少。"

(3) 依《保险法》第32条规定,人身保险合同的投保人申报的被保险人年龄不真实,并且其真实年龄不符合合同约定的年龄限制的,保险人可以解除合同,并按照合同约定退还保险单的现金价值。

(4) 以被保险人死亡为给付保险金条件的合同,自合同成立或者合同效力恢复之日起2年内,被保险人自杀的,保险人不承担给付保险金的义务,但被保险人自杀时为无民事行为能力人的除外。保险人不承担给付保险金义务的,应当按照合同约定退还保险单的现金价值。①

(5) 被保险人故意犯罪导致其自身伤残或者死亡的,保险人不承担给付保险金的义务。投保人已交足2年以上保险费的,保险人应当按照保险合同约定退还其现金价值。②

二、危险显著增加的通知义务

(一) 危险显著增加通知义务的设置目的

保险合同在于投保人以给付保险费为代价换得保险人承担约定的危险,从而在投保人与保险人之间实现危险转移,而在危险团体成员之间则形成危险分散。因此,保险合同在保险精算的科学基础上,要求保险人承担的危险与投保人所交付的保险费具有对价关系,遵循对价平衡原则。由于保险人承担的保险标的的危险处于不确定状态,不能转移占有,因此,"保险人无论于缔约时或定约后关于危险的掌握及控制于事实上几乎立于无能之地位"③。但保险标的的危险处于不断变化之中,保险合同缔结之初其承担的危险与合同履行中的危险可能会出现较大的差异。保险合同属于继续性合同,若危险严重超出缔约时保险合同所承保的程度,势必会提高保险事故发生的几率,加重保险人的义务,破坏对价平衡。为此,当保险标的情况的变化严重增加了保险合同缔结之初所承保的危险,相对人负有危险显著增加的通知义务,以使保险人对危险显著增加的事实作出正确估量,决定是否继续承保或以何种条件继续承保,采取相应的措施控制危险。

---

① 见《保险法》第44条。
② 见《保险法》第45条。
③ 江朝国:《保险法论文集》(一),瑞兴图书股份有限公司1997年版,第140页。

(二) 危险显著增加通知义务的构成要件

1. 积极要件

危险增加通知义务首先须具备危险显著增加的客观事实,此为积极要件。在保险合同履行过程中,保险标的的危险状况受多种无法控制因素的影响而致危险增加时,则义务人要对保险人履行通知义务。但在现实中,危险增加有轻重久暂之别,若令义务人不分具体情形皆须通知保险人,必然耗费义务人的时间与财力而增加交易成本,对于保险人来说并非皆为必要,反而有违危险增加通知义务的本旨。因此,只有危险显著增加,即达到足以影响保险费率及保险人是否承保的程度,才应通知保险人。构成危险显著增加应具备如下要件:

(1) 程度要件。危险构成显著增加,即达到严重超过缔约初的程度,使保险人不增加保险费不足以承保或以何种条件都不能承保。并非所有危险增加皆须通知保险人,若所有无关痛痒的危险增加皆须通知,对义务人而言不仅扩大交易成本,费时费力,对保险人而言亦无实益。危险增加须至一定程度,对保险人的危险负担构成实质性影响,义务人才负通知义务。因危险增加通知义务的本旨在于保险合同履行过程中,保险人承保的保险标的的危险为无体状态,与普通合同标的相比显具特殊性,保险人不能具体控制保险标的,亦无从控制其无体的危险状态,只有实际控制标的物的人对其所处的危险状态才最为关切最为挂怀,保险标的面临的危险变化只有投保人或被保险人最为明了。危险增加的客观事实若使保险人承保的危险几率增大,以至于达到必须增加保险费或即使增加保险费亦不能承保,则构成危险增加的程度要件。例如,在财产保险,甲为其所有的房屋投保火灾保险,其邻居原为民居现已改为制造爆竹的工厂。在人身保险,甲投保意外险,其原为武术教师现为海关缉私侦察员。

(2) 时间要件。时间上的要求,一指危险增加发生于合同订立之后,二指危险增加事实本身在时间上应具持续性。危险增加除程度须达致一定标准外,还须满足时间上的要求。首先,危险增加的事实须发生在保险合同成立之后[1]，而不是投保人发出要约之后，保险人承诺以前。其次，相对于原合同缔结之初的危险状况而言，其具备程度条件的危险增加的事实本身应不间断地持续一定时间。此时，需要考虑两种情况：一是该重要危险增加一出现即刻引起危险事故，二是该重要危险增加发生过，后又消失。例如，在汽车责任保险中，该汽车制动器失灵马上引起撞车事故，此为保险事故的促成，非为危险增加。而若该汽车制动器失灵的情况发生后，该司机在1周时间内仍继续使用该车则构成危险增加。但在制动器失灵后，马上被司机修理好，则不属于危险增加。在第二种情况下，涉及时间上持续性的认定问题。若持续8小时、1天、3天、10天、1个月……则何样的时间期限才算具有持续性，单纯从时间上判断殊难定论。因此，是否具有持续性，只有留待法官根据各种不同性质的保险合同的不同要求来进行具体判断。这样，在非典型案件的边界便给予法官以自由裁量的余地。

（3）主观要件。在危险评价上，其尚须具备未被评价性，即在双方缔约时，未把该危险严重增加的情况计算在保险合同约定承担的危险里，并核定相应的保险费。例如，汽车责任保险中保险人可能会认识到该汽车的使用会导致制动器老化而达危险增加，但其已包括于承保危险中。然而，若该司机在制动器失灵后仍不为修理继续使用该汽车竟致半个月的时间，则属危险增加。因为该保险人在评估汽车责任危险时，是以该汽车制动器功能正常为前提的，而制动器功能失灵的存在事实则远超出保险人对汽车使用危险的正常估价。

2. 消极要件

危险显著增加除上述积极要件外，还应符合消极要件的要求，即无下列条件之一的，义务人才负通知义务：

（1）为履行道德义务而致危险显著增加。从积极要件上来说，因履行道德义务而致危险增加当然满足危险增加的事实条件，使对价平衡遭到破坏，但因履行道德义务本身是发挥人类间互助互济的行为，乃人类善良天性的张扬，如果法律对人们发挥善良天性的行为

---

[1] 徐卫东：《保险法论》，吉林大学出版社2000年版，第364页。

还横加归责,显然有违人之为人的本旨,反而使人不成其为人。因此,因履行道德义务而发生的危险增加由保险人承担,一方面有助于鼓励人类道德的发挥,另一方面亦凸现出保险制度除了计较保险给付和保险费之间的对价平衡外,还具有"道德性之本质"。①

(2) 为减轻或避免损害的必要行为。因避免或减轻保险事故所致损失的行为,从保险人与投保人间看,有利于保险人,而从保险团体的立场看来,则是出于主观上为减少或避免危险发生的善意。法律上免去危险增加的通知义务在于鼓励人们善意地行为以减免损害发生,从而有利于减少保险事故造成的社会财富的无谓损失,从而增进社会财富的积累。

(3) 保险人所知悉。通知义务的本旨在于使保险人对于危险显著增加由不知转为知悉,据此重估危险,回复对价平衡。因此,为保险人所知的危险显著增加不必再行通知。若仍令义务人通知,有违道德性,亦显苛刻,反而给保险人以未尽通知推卸责任提供理由。

(4) 依通常注意义务,危险增加为保险人应知或无法推诿为不知的情形。既然保险人应知而未知,说明保险人欠缺其注意义务,主观上具有过失。此种情形免除义务人的通知义务符合法律不应鼓励过错的精神,同时亦是诚信原则对保险人的要求。

(5) 经声明不必通知。在此场合既已明示不必通知,则表明保险人对危险增加无须再由义务人通知而重估危险与回复对价平衡。不通知当然不违反保险人的意志,符合合同自由原则,法律无干涉之必要,再予以保险人特别的保护。

构成危险显著增加通知义务的前提条件是危险显著增加的事实发生,此为积极要件。同时,法律还对特定条件下的危险显著增加的通知义务予以排除,此为消极要件。

(三) 危险显著增加通知义务的履行

《保险法》第52条第1款规定,在危险显著增加时,义务人应及时通知,而保险人有要求增加保险费或解除保险合同的权利。在该条第2款明定,危险显著增加怠为通知的,对因危险显著增加而发生

---

① 江朝国:《保险法论文集》(二),瑞兴图书股份有限公司1997年版,第199页。

的保险事故,保险人不承担给付义务。据此可分为两种情形:一是义务人及时通知,保险人有增加保险费和解除合同的权利。二是怠于通知,依当然解释,保险人当然可以要求增加保险费或解除合同,并且无论是要求增加保险费还是解除合同,保险人对因危险显著增加而致保险事故发生皆不负保险给付义务。从立法技术上来说,前款规定了危险增加通知义务人履行义务后对保险人的法律后果,后款则是对怠于通知的法律后果的规定。

1. 义务人应通知

危险显著增加使保险人在缔约之初对危险的估计与现实不符,其收取保险费亦与其承担的危险处于不平衡状态,需要重新评估危险与计算保险费,以及决定继续承保与否。而这一切又以保险人知悉为条件。因此,经通知义务的履行,使保险人利益得以维护,间接利于危险团体。同时亦赋予保险人增加保险费或解除合同的权利,以对保险人承担了高于合同约定危险的事实予以救济,排除其因此所受的不利益,使合同关系回复于平衡状态。

(1) 通知义务的主体。《保险法》将危险显著增加通知义务规定于财产保险合同部分,据此,只有财产保险中的被保险人负通知义务。被保险人在财产保险中往往是财产的所有人或利害关系人,直接管领控制该财产,与保险标的间的关系密切,对其了解最为直接全面,没有人比自己更能注意自己的利益。在人身保险,被保险人的生命或身体即是保险标的,对其情况自然是自己最为明了。因此,法律令其负通知义务理所当然。至于投保人是否应是通知义务人,从其他国家或地区的既有立法来看,都把投保人列为通知义务人。其依据在于投保人是向保险人发出要约,交付保险费并与保险人订立合同的当事人,有关保险合同义务的履行自应由投保人为之。《保险法》第52条将危险显著增加的通知义务规定于财产保险部分,使通知义务不能适用于人身保险[1],而人身保险中危险增加的情况是客观存在的,例如,投保意外伤害险情形下,被保险人职业由教师改为警察,或由办公室工作人员改为某化学品生产车间工人等。

---

[1] 参见徐卫东:《保险法论》,吉林大学出版社2000年版,第364页。

(2) 通知的时间。危险显著增加通知义务旨在回复对价平衡,对保险人承担比缔约时更大的危险的不利益进行救济,最终控制危险,在危险团体成员间合理分担危险,获得保险保障。因此,在投保人或被保险人知悉后应立即通知保险人。

(3) 通知方式。《保险法》未明确通知义务采何种方式履行。由于保险法为民法特别法,亦应遵循合同自由原则,只要不违反法律强制性规定与社会公共利益皆可。

2. 保险人可以增加保险费或解除合同

(1) 保险费的增加权和选择权。危险显著增加破坏了投保人与保险人间的对价平衡。对价平衡被破坏的结果表面上仅不利于保险人,实质上亦有害于危险团体。在危险显著增加情况下,保险人若于通知后经重新估价危险,认为可以继续承保,则理应根据对价平衡原则对增加的部分加收保险费,以回复对价平衡。增加保险费的权利旨在救济保险人承担危险增加所受不利益。只是根据该条规定,此时保险人享有选择权,而如何选择法律上并未明示。因此,从字面意思来说,保险人既可选择加收保险费以维持合同,亦可解除合同。理论上存在着一经危险增加的通知,保险人即解除合同的可能,解除合同亦不失实证法上的根据。若作此理解,该条显然对保险人利益保护至周,而忽视了保险合同对危险团体的危险保障功能。危险增加概因客观情事的变化破坏了保险合同的对价平衡,而该危险增加的状况又属于承保危险性质允许的范围。保险人不能在缔约之初对其评价,因此,通知义务旨在使保险人对于变更了的危险重新评估,决定以何种条件继续承保或不再承保。若在加收保险费即可继续承保回复对价平衡的情形下,应首先选择增加保险费。只有在加收保险费亦不能符合承保条件,危险增加致事故发生几率超出保险危险性质所允许的程度,保险人才能选择他种权利进行救济,因此,应限制其选择权的行使。①

(2) 保险人的解除权。在构成危险显著增加时,保险人享有解

---

① 徐卫东、高宇:《论我国保险法上危险增加的类型化与危险增加的通知义务》,载《吉林大学社会科学学报》2002年第2期,第73页。

除权。根据《保险法》第52条第1款后段规定,保险人解除合同的,应当将已收取的保险费,按照合同约定扣除自保险责任开始之日起至合同解除之日止应收的部分后,退还投保人。

《保险法》第52条没有明确规定以何种方式为解除的意思表示。实务中常由保险人以书面通知方式作出。但该通知除双方约定之外,既然保险法未为明定,则为非要式行为。保险人未为书面通知,只是承担举证上的不利后果。未为书面通知不能产生未通知的效果。①

3. 义务人怠于履行通知义务的法律后果

《保险法》第52条第2款规定,在义务人怠于通知时,保险人对因该危险显著增加而致的保险事故不负保险给付义务。依当然解释,在义务人未及时通知时,保险人自得增加保险费或解除合同,这对保险人较为有利。在危险增加怠于通知时,由于危险增加使合同双方的对价平衡状态破坏,而应通知而未通知,也破坏了诚信原则。因此,法律自可规定义务人承担比适当履行通知义务时为重的后果。

三、防险的义务

(一) 防险义务的含义

防险的义务,即保险合同义务人为维护保险标的安全,避免危险发生或减少危险发生可能性而为或不为一定行为。保险只是危险发生后的一种救济措施,其本身并不能保证危险的不发生或保险标的的不受损。但"今日一般保险业者,已自事后补救,转向于事前预防之努力,正与疾病之预防胜于治病,同一理由"②。据此,《保险法》第51条为义务人设置防险减损,维护保险标的安全的义务。一般认为,防险义务为法定义务,并不依赖于当事人的约定才负担该义务,当事人也不能以特约排除。

(二) 防险义务的履行

依《保险法》第51条规定,防险义务的履行主体是被保险人。

---

① 徐卫东、高宇:《论我国保险法上危险增加的类型化与危险增加的通知义务》,载《吉林大学社会科学学报》2002年第2期,第73页。

② 袁宗蔚:《保险学》,首都经济贸易大学出版社2000年版,第158页。

被保险人应该遵守国家有关消防、安全、生产操作、劳动保护等方面的规定，维护保险标的的安全。在实务中，各保险条款又根据不同险种所针对的不同标的，对其安全的维护作出不同的规定，例如，《机动车辆保险条款》要求被保险人及其驾驶员应当做好保险车辆的维护、保养工作，保险车辆的装载必须符合规定，使其保持能够安全行驶的技术状态。保险人根据合同约定有权对保险标的的安全状况进行检查。保险人通过对投保人或被保险人履行义务的协助，体现了在保险期间保险人与投保人的共同防险，不仅是为了保险人的利益，更是为了保护危险团体的利益。通过安全检查，可能有两种结果：(1) 采取安全预防措施。如果保险人认为有必要，并且征得被保险人的同意，可以对保险标的直接采取安全预防措施。例如，对投保火灾保险的财产增设防火设备等。(2) 向投保人、被保险人提出消除不安全因素和隐患的书面建议。如果保险人向投保人或被保险人提出消除不安全因素和隐患的书面建议，投保人、被保险人须接受。为了维护保险标的安全，义务人应依保险人的建议为或不为一定行为。

(三) 违反防险义务的后果

投保人或被保险人未按照约定履行其对保险标的的安全应尽的义务，保险人有权要求增加保险费或者解除合同。保险人享有选择权，即在增加保险费或解除合同二者中选择其一，可以增加保险费予以承保的，保险人不得解除合同。

四、保险事故发生的通知义务

为使保险人自己制止危险，防止或减少损害，一般都分阶段分别设定投保人或保险人须尽特定义务。在合同成立前有如实告知义务、合同成立后保险事故发生前有危险增加通知、或变更合同内容通知义务等；至于保险事故发生后则有保险事故发生通知、有关资料的告知及证明、防止及减少损害等义务。其主要目的在于使保险人能及时采取必要的措施，防止损失扩大，保全标的的残余部分，以减轻其损失，并调查事实、搜集证据，保护其权益。《保险法》第21条前段规定："投保人、被保险人或者受益人知道保险事故发生后，应当及时通知保险人。"《海商法》第236条规定："一旦保险事故发生，被保险人应当立即通知保险人……"保险事故,系指保险合同约定的保险保障范围内的危险。保险事故发生时的通知义务,也称出险的通知义务,是指在保险期间内,合同约定的承保危险发生后,投保人、被保险人或受益人应当将此事实及时通知保险人。

(一) 保险事故发生通知义务的主体

依《保险法》第21条规定,出险通知义务人是投保人、被保险人及受益人,其中一人通知,通知义务即为履行,无需三者皆为通知。

(二) 保险事故发生通知义务的履行时间

保险事故发生通知义务的宗旨在于使保险人能及时采取必要的措施,防止损失扩大,保全标的的残余部分,以减轻其损失,并调查事实、搜集证据。若通知义务人没有及时履行通知义务,则保险事故发生时的现场客观状况很可能发生变化,从而影响保险给付义务的确定,甚或引起双方当事人的纠纷,保险人不能及时履行保险金给付义务,被保险人或受益人亦不能及时受领给付。通知时间应以不影响保险人查明事故发生真实情况和评定损失为设定标准。《保险法》规定投保人、被保险人或受益人"及时"通知保险人。"及时"应指除因不可抗力而不能履行通知义务外,在保险事故发生后能够通知的"最短时间内",将发生保险事故的事实通知保险人。在实务上,许多保险合同条款对此都有明确的规定,例如,2000年保监会制定的《机动车辆保险条款》第28条第1款规定:"保险车辆发生保险事故后,被保险人应当采取合理的保护、施救措施,并立即向事故发生地交通管理部门报案,同时在48小时内通知保险人。"

(三) 保险事故发生通知义务的履行方式

关于保险事故发生通知的方式,《保险法》并无特别规定,义务人可以口头方式通知保险人,也可采用书面形式。若当事人在合同中约定通知方式的,以其约定不得不利于投保人或被保险人为准;无约定的,可以任何方式通知保险人。

(四) 保险事故发生通知的内容

保险事故发生后,义务人应将事故发生的事实通知保险人。其只以通知发生保险事故的事实为已足,无须将损失数额等一并通知保险人,即出险的通知并不包括保险给付义务的详细内容。

（五）违反保险事故发生通知义务的后果

《保险法》第21条后段规定，行为人故意或者因重大过失未及时通知，致使保险事故的性质、原因、损失程度等难以确定的，保险人对无法确定的部分，不承担赔偿或者给付保险金的责任，但保险人通过其他途径已经及时知道或者应当及时知道保险事故发生的除外。

五、保险事故发生时的施救义务

（一）保险事故发生时的施救义务及其立法目的

保险事故发生时的施救义务，是指保险合同约定的危险事故发生时，投保人、被保险人除及时通知保险人外，亦应采取积极合理的措施抢救出险的保险对象，以避免或减少损失。

保险事故发生时，投保人或被保险人应依法通知保险人，使其采取必要措施防止损失进一步扩大，这是保险事故发生通知义务的目的所在。但是，在投保人一方而言，面对危险发生，善意投保人或被保险人亦不能袖手旁观，静待保险人处理，法律亦应通过相应规则鼓励当事人设法防险减少损失。这表面上直接利于保险人，实则惠及整个危险团体的危险分散。若人人在危险发生时袖手旁观，必致损失扩大，长此以往，必害及危险团体。若没有保险，人们自会救助载有自己利益之物，现在赖有保险，人们反而不为救助，而听任损失的发生，或者由于懈怠而未及时实施抢救，使本不应发生的损失发生甚至进一步扩大，有违保险的本意。同时，保险事故发生后，保险人固然可依赖通知而采取必要措施防止损失扩大，但保险标的为被保险人所控制，在危险发生时与标的最近的人的防止损失行为可能最为及时、有效。立法上皆规定防止损失扩大所致的损失先由施救人支付，最终由保险人负担，并且独立于保险金给付义务之外。

（二）施救费用补偿范围

义务人的施救费用以不超过保险人的保险金给付义务的范围为限，保险人所承担的费用数额在保险标的损失赔偿金额以外另行计算，最高不超过保险金额的数额。当其低于保险金额时能全部获得补偿，而当高于保险金额时，则为不足额补偿。

(三) 义务人履行施救义务的法律后果

若义务人履行施救义务,则产生保险人须承担补偿其施救费用的后果。保险人承担施救费用义务的构成要件包括:时间上须在保险事故发生之后;主观上须义务人以防止或减少损失为目的对保险标的采取一定行为进行救助;义务人因为该行为而受有损失,即该损失与行为之间具有因果关系;且损失限于合理的、必要的范围。

(四) 违反施救义务的法律后果

被保险人履行施救义务,必须以知道或应当知道保险事故的发生为条件。一般来说,被保险人未履行施救义务的构成要件应考虑如下方面:主观上已经知道保险事故发生;客观上没有施救的行为;若义务人违反此义务致损失扩大,则保险人对扩大的损失不承担保险给付义务。此时,须考虑扩大的损失与投保人或被保险人违反该义务之间是否具有因果关系。在主观要件上,只能要求投保人或被保险人有重大过失或故意,而不包括具体轻过失或抽象轻过失。其救助行为适当与否依一般人的标准来要求,即以危险团体成员在其相应情形下可期待的行为判断,而不应以善良管理人的注意义务要求其履行该义务。

六、提供资料或其他证据的义务

保险事故发生后,通知义务人须在法定或约定期限内将事故的发生通知保险人,保险人在接到通知后应履行保险给付义务。为便于保险人确定保险事故的发生、发生原因及给付范围或保全其代位权等所需的资料,应由被保险人或投保人协助提供。保险事故发生后投保人或被保险人的资料提供义务系法定义务,当事人不得以约定排除。

《保险法》第22条第1款规定,保险事故发生后,按照保险合同请求保险人赔偿或者给付保险金时,投保人、被保险人或者受益人应当向保险人提供其所能提供的与确认保险事故的性质、原因、损失程度等有关的证明和资料。该法也规定了对其他涉及保险事故发生资料的进一步提供义务。该条第2款规定:"保险人按照合同的约定,认为有关的证明和资料不完整的,应当及时一次性通知投保人、被保险人或者受益人补充提供。"

保险事故发生后资料提供或通知义务存在的理由在于,使保险人正确估计损害范围及确定事故发生原因,或掌握时间保护其法益。其性质在保险法上的评价应与保险事故发生通知义务相同。所以保险人在投保人和被保险人未依约定期限提供或告知有关资料时,不得解除合同或主张不负保险给付义务,而只能请求因此产生的损害赔偿。

第二节 保险人义务及履行

保险合同属于双方当事人互负对待给付的双务合同,在此分析其义务即为对对方权利的澄明,而无须另论其权利。保险人在订立保险合同时有对保险合同内容的说明义务,此为先合同义务。在合同成立以及生效后,有保险事故发生之前的危险承担义务、各种通知义务;当保险标的的危险减少时,有减少保险费的义务。当保险事故发生后,危险承担义务具体化为给付保险金的义务以及其他给付义务,此外,还有保密义务。

一、保险事故发生之前的保险给付义务——危险承担义务

保险合同是双务合同,保险人有权取得保险费。投保人交付保险费是合同的主给付义务,与此相对应,保险人有危险承担的义务,该危险承担的主给付义务分为两个阶段,一在危险发生之前;一在危险发生之后,潜在的危险承担义务显现为保险金给付义务。从各国保险合同法的发展过程来看,其附随义务有逐渐扩大的趋势。

保险人的主给付义务是危险承担义务,即保险人依合同所负担的提供保险保障的义务。该危险承担义务在保险事故发生时,表现为保险人的保险金给付义务。在保险事故未发生时,使被保险人免于经济上或精神上的忧虑。保险人承担的危险范围如下:

1. 基本危险

危险,系因不可抗力或不可预料之事故所致的损失。"危险"一词有多种含义,可指不可抗力或意外事故的本体,例如,车祸、洪水

等；亦可指因不可抗力或意外事故所致的损失，例如，因车祸而导致身体伤残，房屋因洪水而损毁；亦可指不可抗力或意外事故（灾害）发生的可能性。而保险法上的危险，除因不可抗力或不可预料的事故所致，还须将其包括在保险合同范围内。保险人不可能承保所有危险，只有某些特定化的危险，才能依大数法则计算其合理的保费，以为对价，使保险得以运行。基于保险合同属于承保范围内的危险，称为保险危险。保险危险具有如下特征：保险危险具有限定性；保险危险非仅指保险灾害本体，而是指灾害引起的损失；该损失危险已属于保险合同范围之内；该损失是对于被保险人而言造成的不利后果。若灾害为保险灾害，造成损失亦应在承保范围内，只是该损失与被保险人无任何关系，则保险人无承担危险义务。任何保险合同都须将保险危险予以确定并力求明确。一般而言，灾害——不可抗力或意外事故，即"事故"本体，是损失的可能性。因灾害种类繁多，不可能尽数，因此合同上常用抽象名词概括，再针对具体情况将何种条件下的损失包括或排除于其承保危险范围之外。

保险人常在合同中用不包括或除外条款来控制危险。保险技术上，保险人在合同中一边尽可能从正面确定保险灾害的样态，一边从反面通过不包括条款或除外条款来限制其范围。因客观上灾害种类决定不予承保的危险为客观上的除外危险。保险危险须为偶然意外发生的损失，若损失出于当事人故意或计划，或损失发生受意思所影响，保险人对此灾害所致损失不应当负保险给付义务。该危险因被保险人本身行为所致，称为主观上的除外危险。若保险人对主观危险亦予承保，会诱发危险则有违保险本旨。因此，主观上危险及其引起的法律后果皆直接在法律上规定，当事人不能以约定排除。保险合同常通过《保险法》第33条、第34条、第43条、第44条、第45条的规定限制保险人承保的危险范围。此外，《保险法》上的危险范围还包括因履行道德义务所致的损失、因防损防险所致损失。

2. 特约危险

除了以上基本的保险义务以外，保险人与投保人可以在基本险基础上根据其需要特别约定扩大危险承担范围，称为特约的危险范围。特约责任，又称附加责任，是指投保人与保险人约定扩大基本危险承担范围而承保的危险。当事人在合同中就扩大的危险范围有明确约定的,依合同的约定。当事人据此另算保险费。

二、保险人的通知义务

为控制危险和使诚信原则具体化,保险法将诚信原则的相当抽象的理念通过各种法定义务具体化。传统保险法将该义务只设置于保险人的相对人一方,而在保险人一方却没有相应的设置。现代保险法上的诚信原则由单方面约束投保人或被保险人转而扩及保险人方面,以求公允。

因保险事故发生致保险标的部分损失时,保险人在保险金额范围内承担保险给付义务,合同效力仍可继续。但在保险标的发生部分损失,保险人应权利人请求履行保险给付义务的过程中,双方彼此的信赖发生动摇,不想再维持合同效力时,法律赋予当事人解除合同的权利。在保险人行使该解除权时,须尽通知义务。《保险法》第58条规定,保险标的发生部分损失的,自保险人给付保险金之日起30日内,投保人可以解除合同;除合同另有约定外,保险人也可以解除合同,但应当提前15日通知投保人。据此,保险事故发生致部分损失时,保险人可以解除合同,但其解除的意思表示须受15日期限的限制,即保险人为解除合同的意思表示应在通知到达后经过15日的发生效力。

通知方式可采口头或书面方式。关于其是否须采要式方式为通知,应考虑采取该方式是否有利于保护保险人的相对人的利益,以及亦不应使通知义务人付出更大的交易成本为标准来衡量。

三、危险减少时减收保险费的义务

《保险法》第53条规定:"有下列情形之一的,除合同另有约定外,保险人应当降低保险费,并按日计算退还相应的保险费:(1)据以确定保险费率的有关情况发生变化,保险标的危险程度明显减少;(2)保险标的的保险价值明显减少。"危险高低,是计算保险费的重要基础。危险增加时,固然存在义务人的通知义务,保险人则有解除合同或增加保险费的权利。而当危险减少时,投保人或被保险人虽无通知保险人的义务,但可以请求保险人重新评估危险,确定其保险费给付义务的范围,减轻其义务负担,以求公平。若保险人不同意,投保人可以依《保险法》第 15 条的规定解除保险合同。

四、保险事故发生后的保险给付义务——保险金给付义务(危险承担的具体化)

当保险合同约定的给付保险金的条件成就时,保险人承担的保险给付义务即由应然存在转化为实际履行。该给付的履行条件即约定的危险事故在保险期间内发生约定的损失,且保险事故与损失之间具有因果关系。

(一) 危险事故与损失之间应具有因果关系

在保险合同履行中,保险事故发生时的给付保险金是保险人的主要义务。在危险发生后,首先,须确定该危险是否属于承保危险范围之内、因危险发生所致不利益是否为被保险利益,以及受有损失的程度与范围。其中最重要的是确定保险事故与损失之间的因果关系,即损失是否因保险事故(承保危险)所致。若承保危险与损失之间具有因果关系,保险人则须负保险金给付义务。否则,保险人无保险金给付义务。

在民法上,因果关系的功能在于确定损害赔偿责任是否成立,以及限制其责任范围。在保险法上,其因果关系发挥的功能与一般民法上并非完全相同。当事人对保险合同承保的危险发生所致损失负担的给付义务范围有明确的约定,一般不会出现限制其给付范围的问题。因此,保险法上因果关系的重要功能在于确定保险给付义务是否成立,而不是限制保险给付义务范围。民法上一般并不规定赔偿责任的最高限额,只要构成损害赔偿责任,无论额度多少,赔偿责任人皆须负担。在保险法上,因有保险金额限制保险人给付义务的范围,因此,不同性质的损失及其给付范围几乎由保险法明确规定或保险合同明确约定。因此因果关系所解决的问题一般是判断某一保险危险是否与损失结果之间具有法律上的因果关系,从而确定保险人是否承担保险金给付义务。至于因此损失再延伸的损失范围是否仍由保险人负给付义务则由法律规定或合同约定。

(二) 保险金给付范围

保险金给付义务是保险人依保险合同而生的危险承担义务的具体化。在定额保险中,保险事故发生后,保险人皆以金钱给付为保险给付义务的履行。定额保险并非与人身保险同义,人身保险中的健康或意外伤害保险中的医疗费用保险即属于损失保险。保险人应给付的范围只限于实际产生的损失。在损失保险,保险人履行义务以金钱给付为原则,例外情况以其他方式给付,例如,恢复原状。保险人可在合同中约定,若损毁可恢复的,以修复至损毁发生前与原状相似的状况为给付。

给付的范围一般限于保险合同双方当事人所约定的保险金额,损失保险不得超过被保险人所受的损失范围。在损失范围确定后,还须考虑保险金额和保险价值之间的关系,是否有不足额保险与超额保险的情形存在。若有,则须按比例给付。保险人在保险事故发生之后所负的给付义务最高不能超过保险金额。国外立法上有例外,例如,救助费用的偿还义务不受此限。

保险法上的救助费用,指投保人或被保险人在保险事故发生时为防止或减少损失为必要行为所支出的费用损失。此种费用由保险人承担。保险事故发生时,为抢救保险标的或防止灾害蔓延,在采取必要而合理的措施时对保险标的所致的损失,仍由保险人承担。例如,在发生火灾时,保险标的在抢救过程中遭受碰撞所致的损失。关于承担费用的范围,有不超过保险金额说与实际支出说。前者主张救助费用由保险人在不超过保险金额范围内负担;后者主张该救助费用由保险人承担,并不以保险金额为限,即使其救助费用超出保险金额亦应由保险人承担。保险人除了就损失需承担给付义务外,评估损失费用亦应承担。

(三) 给付保险金的期限

保险人给付保险金的数额一经确定,并与权利人达成协议,即应分下列情形履行给付义务:(1) 保险合同中明确约定保险金给付期限的,保险人应当在合同约定的期限内给付。(2) 保险合同中没有约定保险金给付期限的,保险人应依法律规定的期限给付。《保险法》第 23 条规定,在保险人与被保险人或受益人达成有关给付保险金额的协议后 10 日内,履行给付保险金义务。

一般情况下,保险人在接到投保人、被保险人或受益人的出险通知及给付请求后,应立即对事故进行调查,确定是否属于给付义务的范围。对属于保险给付义务范围的,应及时作出给付决定;对不属于保险给付义务范围的,应当自作出核定之日起 3 日内向被保险人或者受益人发出拒绝给付保险金通知书,并说明理由。情形复杂的,应当在 30 日内作出核定,但合同另有约定的除外。保险人应当将核定结果通知被保险人或者受益人。如何确定给付的性质及其归属,涉及近因原则的适用,也就是说,被保险人因危险事故发生而遭受经济损失或人身伤害的,能否从保险人处得到补偿,取决于危险事故的发生与损失结果形成之间是否存在直接的因果关系。通过近因原则的适用,只要明确确定危险事故的发生与损失结果之间存在直接因果关系,保险人就应当承担保险给付义务。

(四) 给付保险金的数额

通过对事故发生原因的调查,保险人认定属于保险危险范围而应为保险金给付的,应依约及时确定给付保险金的具体数额,财产保险合同是补偿性合同,保险金给付须贯彻损失填补原则,即补偿的结果不得使被保险人额外获利。保险人给付保险金额的确定,应当以合同约定的保险金额以及被保险人实际遭受的损失(即保险标的的损失程度)为依据。人身保险合同中除具有补偿性的险种外,基本上属于给付性合同(定额保险),其保险金数额的确定应当依约定。由于保险金数额的确定关系到被保险人或受益人的切身利益,亦关系到保险人义务能否顺利履行,一般情况下,保险人须就此问题在依合同约定前提下,与合同权利人进行协商解决。

(五) 未及时履行保险金给付义务的法律后果

保险人未及时履行保险金给付义务的,除支付保险金外,应当赔偿被保险人或者受益人因此受到的损失。

(六) 保险金的先予给付

1. 保险金先予给付的含义

保险金的先予给付,又称"预付赔款"[①],是指保险人对给付请求权人提供的证明、资料进行认定后,认为事故属于保险给付义务范围,在最终确定给付金额之前,预先给付其可以确定的最低数额的金钱。保险事故发生后,被保险人或受益人向保险人提供有关证明、资料请求给付。保险人对有关证明、资料进行审核后,如果给付金额可在短时间内确定,保险人可以在核定后一次性支付全部金额。但在某些情况下,给付金额在短期内无法确定,例如,海上保险中发生共同海损事故,往往需要1年或更长时间才能理算完毕。在保险人与被保险人或受益人对给付金额发生争议情况下,经协商、仲裁或诉讼等程序解决,亦须一定时间。例如,汽车车身损失保险或第三者责任保险中,若其发生保险事故致车身受损,亦产生对第三人的赔偿责任。即使保险人与被保险人对车身损失给付金额达成协议,对第三人责任的给付金额仍有可能存在争议。保险事故发生时,被保险人往往需要资金恢复生产或生活。若保险人须经过较长时间才能最终确定给付金额,被保险人若为企业,有可能停产、停业;若为自然人,可能生活已陷入困境。为此,保险人应依可确定的最低给付金额预付,待全部给付金额最终确定后,再补足差额。

2. 保险金的先予给付的立法目的

因保险事故发生而给被保险人造成损失的,被保险人正常的生产或生活必然招致影响。若被保险人能从保险人处得到及时给付,其正常的生产或生活就有机会尽快恢复。据此,《保险法》规定了保险金先予给付。

3. 保险金先予给付的要件

保险金先予给付的适用条件包括:

(1) 须已经认定事故属于保险给付范围内。若事故是否属于保险范围尚不能确定,须先认定事故是否属于保险范围,否则不能适用

---

① "赔款"、"预付赔款"是保险公司业务中的习惯称呼,实际上为保险合同的先予给付义务。

预先给付。

(2) 须在收到给付请求或有关证明、资料60日不能最终确定给付金额。保险金先予支付有其特定的适用条件,即必须是在法定期限内对给付的数额不能确定。这一法定期限就是自收到给付保险金的请求和有关证明、资料之日起60日。不具备法律规定的条件,就不存在先予支付。保险人收到权利人请求给付时提供有关证明、资料后,若认为不完整,可以要求补充提供。在证明、资料完整后,保险人应及时进行调查、核定。若在60日内已经认定事故属于保险范围,只是不能确定最终给付金额,就应适用预先给付,或者自被保险人提供的给付请求的证明、资料完整齐全之日起60日内,若保险人不能提供相反证明,即应预先给付。

(3) 预付金额是可以确定的给付的最低数额。由于预付金额一旦履行,若将来确定的最终给付金额低于预付金额,则势必增加保险人追回多付的预付给付的成本,甚至不能追回。所以预付金额一般不超过可以确定的最低给付金额。

(4) 预付金额须从最终给付金额中抵消。最终给付金额系指保险人最终确定应对保险事故给付的保险金总额。最终给付金额确定后,保险人应完全履行给付义务。由于此前已先行给付部分数额,所以保险人应从最终给付金额中扣除已预付的金额,只向权利人给付最终确定的保险金额与预付金额间的差额。预先给付是保险业的惯例。《保险法》对预先给付迟延履行的责任予以规定。保险人未依合同约定或者法律规定的期限给付保险金的属于违约,应承担违约责任。根据我国《保险法》第23条第2款规定,保险人未及时履行给付保险金义务所应承担的违约责任,包括承担给付保险金义务以及赔偿被保险人或者受益人因此受到的损失。

五、给付必要合理费用的义务

保险人承担给付保险金的义务是基于保险合同产生的基本义务。而在财产保险合同中,保险人除了承担基本义务以外,在某些情况下还要承担支付必要合理费用的义务。

(一) 施救费用

1. 施救费的含义

施救费是在保险标的出险时,被保险人为防止损失或减少损失而支付的抢救、保护、整理保险标的的必要的、合理的费用。施救费应由保险人承担。

2. 施救费用给付义务的要件

保险合同义务人履行施救义务的法律后果是产生保险人的救助费用承担义务。投保人、被保险人在保险事故发生时履行施救义务的费用支出,须由保险人承担。若义务人履行施救义务,则保险人须承担补偿其施救费用。

保险人承担施救费用义务的构成要件包括:(1) 时间上须在保险事故发生之后。(2) 主观上须义务人以防止或减少损失为目的对保险标的采取一定行为进行抢救。(3) 义务人因为该行为而受有损失,且限于合理的、必要的损失。若其支出的额度明显超出合理的标准,则其超出部分属于不合理的施救费用。只要施救费用的支出是必要的、合理的,即使未能避免损失的发生,保险人也应承担义务。被保险人为避免或减少损害而采取施救措施直接给保险标的造成的损失,例如,为防止火灾的蔓延而将未被火烧到的保险房屋的一部分拆掉等,保险人对该部分损失也要承担给付义务。(4) 该损失与行为之间具有因果关系。

3. 承担施救费用的限额

关于施救费用的数额,在保险金额以外另行计算。尽管保险金额与施救费合计可能超过保险金额,保险人仍应承担。施救费的计算是否受保险价值、保险金额相等与否的影响,《保险法》没有明确规定,而《海商法》第240条规定,当保险价值与保险金额相等时,施救费的最高限额以保险金额为准;当保险价值与保险金额不相等时,即投保人未足额投保,保险金额低于保险价值,施救费应当按照保险金额与保险价值的比例计算。中国人民银行1996年印发的《财产保险基本险条款》第14条规定:"发生保险事故时,被保险人所支付的必要、合理的施救费用的赔偿金额在保险标的损失以外另行计算,最高不超过保险金额的数额。若受损保险标的按比例赔偿时,则该项费用也按与财产损失赔款相同的比例赔偿。"例如,投保人投保的金额相当于保险标的价值的50%,那么,由保险人承担的施救费也以50%的比例计算。若被保险人支出的施救费用共1000元,保险人承担的部分是:1000(元)×50% = 500(元)。

(二) 为查明和确定保险事故的性质、原因和保险标的损失程度所支付的必要的、合理的费用

查明和确定保险事故的性质、原因和保险标的损失程度是保险人履行合同义务的一个必经程序。勘查和确定的结果关系到保险人是否承担保险给付义务以及义务的额度,这亦影响到被保险人的利益。确定保险事故的性质、原因和保险标的损失程度一般由保险人与被保险人协商进行。若协商不成,当事人可能会请有关的技术专家或公估机构的技术人员进行专业调查和评估。《保险法》第64条规定,不论是应保险人的请求还是应被保险人的请求而为的专业调查和评估,为此而支出的必要、合理的费用,均应由保险人承担。

(三) 仲裁或者诉讼费用

依《保险法》第66条规定,在责任保险合同中,因被保险人给第三人造成损害的保险事故发生而被提起仲裁或者诉讼的,除合同另有约定外,由被保险人支付的仲裁或者诉讼费用以及其他必要的、合理的费用,亦由保险人承担。

六、保密义务

保险人与投保人缔结保险合同和再保险合同时,要向投保人询问保险标的或被保险人的有关情况,投保人亦须履行如实告知义务。这会使保险人对投保人、被保险人或受益人的业务情况(当其为法人或其他组织时)、财产情况或被保险人个人的身体状况有所了解。只要投保人、被保险人不愿将这些情况对外公开或传播,保险人和再保险人均依法负保密义务。

第三节 保险合同的解释

一、保险合同解释的含义及其必要性

保险合同的解释,系对保险合同内容(表现为格式条款或其批

注)的理解和说明。

　　合同解释的必要性在于合同的条款内容具有抽象性。抽象性的条款内容反复适用于不同的保险标的、被保险人、投保人,而当危险发生时,针对每个具体合同的个别情况,必将导致抽象的合同条款对个别事实的具体运用。这一过程是通过合同解释来完成的。保险合同解释的必要性还在于保险合同内容的专业性特点。专业的合同用语使得未受过专门保险知识训练的合同相对人无法准确了解合同的具体含义。同时,合同用语是通过自然语言来表述的,而自然语言本身具有多义性,同一自然语言在不同场景下会有不同的意义。自然语言的多义性导致个别案件中可能出现不同的人对同一自然语言理解上的差别,当其意义理解涉及权利义务的时候,即须对其进行解释。这是合同解释存在的根本原因。

　　合同解释在其发展理念上曾历经意思主义到表示主义的转变。意思主义解释原则认为,在合同中当事人的行为目的是使其意思表现于外,故其行为仅在正确表达意思的范围内方有价值。若其表示行为不合于其内心真意,即其意思与表示不一致,则应尊重其意思。否则,其表示行为非其本意,而以强力加诸其身,迫使其受非真意的表示行为拘束,有违当事人意思自由的实现。据此,合同解释应探求行为人的内心真意。而在探求其真意过程中,应从当事人缔约时的主观方面认定,而不应从缔约时或缔约后的客观情况去推定。表示主义则认为,合同乃当事人间的合意,基于其合意而受约束,但其合意并不是一种心理状态,而是行为。其内心的意思是从行为中推断出来的。要判断当事人的内心意思,"不是看他心里想什么,而是要看他说过什么、写过什么、做过什么"[①]。我国学者对合同解释力主采客观主义与主观主义相结合的原则。针对保险合同的解释而言,一般认为,基于保险合同的格式性,一方面,保险合同条款在一定时间里反复适用于不同的人、不同的保险标的,从而具有一定客观性,亦限制了过分考虑个别主观标准;另一方面,保险合同的内容有的需经保险监管机构批准,有的需经备案,以保证合同内容不得侵害公共

[①] 王家福:《合同法》,中国社会科学出版社1986年版,第65页。

利益,而强调个体利益的主观标准与此相悖。所以,在解释上应注重客观标准。

保险合同解释一般情况下须遵循一般合同的解释原则,但基于保险合同的特殊性,亦有自己的特殊解释原则。

二、保险合同的解释方法

(一) 文义解释

文义解释,系指在保险合同内容中,若其用语与合同目的无明显的冲突或违背,一般应按该用语的最常用、最普遍的含义进行理解的一种解释方法。当保险合同内容发生争议而条款文字表述又很明确时,首先应按照该用语的文义进行理解。在同一合同中若数次出现同一用语,其理解应保持一致。文义解释方法构成解释保险合同条款的基本方法。

保险条款的文字含义不清或文字的多义性是解释的通常原因。此外,保险合同条款之间亦会发生冲突,需要解释来确定合同内容。按照保险惯例,可以按照下述规则进行解释:

1. 保险合同的书面约定与口头约定不一致的,以书面约定为准。

2. 投保单与保险单或其他保险凭证不一致的,以保险单或其他保险凭证所载明的内容为准。

3. 当保险合同的特约条款与格式条款不一致的,以保险合同的特约条款为准。

4. 保险合同的条款内容因记载方式不一致的,按照批单优于正文、后批注优于前批注、加贴批注优于正文批注、手写条款优于打印条款的规则解释。

5. 若保险合同由数份文件构成而发生冲突,保险合同的条款内容因记载时间不一致的,时间上在后的文件优于时间上在前的文件。

(二) 专业解释

但在保险合同的用语中,有些日常用语由于保险技术性已经成为该领域的专业用语,其含义应按该行业通用的含义来进行解释,而与一般生活用语不同。例如,《机动车辆保险条款解释》(保监发

[2001]102号)关于"自燃"的定义是:"没有外界火源,保险车辆也没有发生碰撞、倾覆的情况下,由于保险车辆本身漏油或电器、线路、供油系统、载运的货物等自身发生问题引起的火灾。"又如"暴风",在保险危险中的意义并非指通常含义的"非常大的风",而是指17.2公尺/秒以上的风力(相当于风力表8级或8级以上);若小于该标准,则不是保险危险中的"暴风"。而按照气象部门制定的风力等级表的规定,暴风系指风速在28.3米/秒以上,即风力等级表中的11级风。

(三) 目的解释

目的解释,即当合同中的用语含混不清而按其文意解释会背离合同目的时,应根据合同内容与合同订立时的背景材料进行逻辑分析,来推断缔约时当事人的真意,由此说明和理解合同内容。目的解释只适用于合同的条款用语混乱、模糊而导致当事人对同一条款所表述的实际意思理解有分歧的情形。若文字表达清楚,须依字面意思进行解释。目的解释体现了对当事人意思的尊重。

(四) 疑义不利解释

疑义不利解释,即在保险合同当事人对合同条款内容发生争议,运用文意解释、目的解释等不能合理解决时,对保险合同的用语应作出不利于保险人的解释。疑义不利解释来自古罗马的谚语:"有疑义应为表意人不利益之解释",又称"疑义利益解释"。从非起草人的角度而言,对含混的合同用语作有利于非起草人的解释。对非起草人有利,即对起草人不利,因此,从起草人方面来说,为不利解释。[①] 我国《保险法》第30条规定:"采用保险人提供的格式条款订立的保险合同,保险人与投保人、被保险人或者受益人对合同条款有争议的,应当按照通常理解予以解释。对合同条款有两种以上解释的,人民法院或者仲裁机构应当作出有利于被保险人和受益人的解释。"不利解释在于因保险合同格式化客观上造成投保人在缔约时,只有接受与不接受的自由,合同自由受到实际上的限制。同时,缔约中合同内容是保险人所拟定,其对合同内容相对来说会有更充分的

---

① 参见徐卫东主编:《商法基本问题研究》,法律出版社2002年版,第354页。

理解,亦可能因此使用更有利于自己的方式表达其内容。为危险团体提供安全保障又涉及危险团体成员生活的安定,使保险合同的私人性有社会化的特点,应对其缔约过程中的不利地位进行救济。因此,不利解释在实际上是其不利的缔约地位在司法过程中的救济手段,以此控制着合同内容。

在实务中,不利解释并非指只要投保人与保险人发生争议,就作出对保险人不利的解释,而是有其适用的具体条件。

(1)只有采用保险人提供的格式条款订立的保险合同,保险人与投保人、被保险人或者受益人对合同条款有争议的,才可以适用不利解释。

(2)当格式条款内容的用语本身有歧义,按照文义解释存在两种以上相互冲突的最通常、最普遍的含义,合同当事人的目的通过该用语难以表明时,才可以适用不利解释。若用语明确,无歧义,无须适用。若该用语含混不清,经当事人解释清楚而被排除亦无须适用不利解释;若当事人用文义解释、目的解释等方法可以澄明该用语,亦不必适用不利解释。即合同双方对用语的理解都是合理的情况下作出解释。[1]

(2)就某些特定情形,在适用不利解释上须对与保险人相对的一方当事人进行限制。若保险人的相对方不是缔约上的弱者时,不利解释便失去基础,在此情形下,保险合同不能适用不利解释。[2] 例如,对方不是一个自然人,而是由一个类似大公司的组织聘请的专门律师为其缔约时,不能适用不利解释。在美国法院判决中有对其解释是否采不利解释的支持说与抗辩说,例如,对再保险合同的投保人(原保险的保险人)不适用不利解释。

---

[1] 参见徐卫东主编:《商法基本问题研究》,法律出版社 2002 年版,第 365 页。
[2] 同上书,第 367 页。

第三编　保险法各论

第八章　财产保险合同概述

第一节　财产保险合同的概念和特征

一、财产保险合同的概念

在我国保险法立法上，财产保险合同与人身保险合同是保险合同的法定分类。财产保险合同是指以财产或财产性利益为保险标的的保险合同。财产保险合同以填补损失为原则。在保险产生和发展早期，财产保险合同以有形财产的损失填补为主，还没有扩展到现今的范围。现今的财产保险合同，除有形财产保险合同外，又将无形财产或财产性利益作为财产保险合同的标的。据此，在学理上，一般将财产保险合同分为有形财产损失保险合同、期待利益损失保险合同和责任保险合同。

二、财产保险合同的特征

除具有保险合同的共同特征外，财产保险合同又存在如下不同于人身保险合同的特性：

1. 所涉法益、法益所负载的载体不同

财产保险合同所涉法益、法益所负载的载体与人身保险合同相异。财产保险合同所涉及的法益是财产性利益，其损失数额可以用金钱来评价，其载体表现为财产或人的行为，而人身保险合同所涉及的法益是人身利益，其损失数额的高低不能用金钱来衡量，其载体为人的生命或身体。正是因所涉法益及其载体性质的差异，两种合同才派生出其他不同特征,通过不同的法律规则进行调整。

2. 保险利益的意义及适用不同

保险利益的概念及规则在财产保险合同中的适用与人身保险合同相异。无论在学理上,还是在立法例上,对于保险利益概念是否统一适用于财产保险合同与人身保险合同的问题都存在着不同的处理或主张。有人主张保险利益概念只能适用于财产保险合同,而在人身保险合同中无存在的必要,有立法例与此主张相符合。有人亦主张保险利益概念应统一适用于财产保险合同与人身保险合同,从实际情况来看,亦有立法例采此种见解。就保险利益概念产生过程与功能来看,保险利益概念可以适用于财产保险合同与人身保险合同。在防止道德危险、避免赌博的意义上,保险利益对于两者发挥着统一的作用。但因所涉法益性质的差异,保险利益在两种合同中的内涵及确定准则却无法作出一致的解释。在财产保险合同中,保险利益的货币评价性无法适用于人身保险合同,财产保险利益中的确定损失范围、防止不当得利、确定谁真正受有损失而应受获得补偿等功能在人身保险中没有发挥的余地。

在财产保险合同中,保险利益一般包括财产或财产性利益,可具体分为现有利益、期待利益和责任利益三类。现有利益是指权利人对保险标的所具有的现存利益,包括但不限于所有权利益、占有利益、用益物权利益以及担保物权利益。期待利益是指在合同缔结时尚未现实存在,但基于其现有权利而在将来可获得的利益。其因现有利益而生,例如,企业基于经营可获得的营业收入。在美国保险实务中,有"事实上的期待利益",即该期待利益并不以法律权利或责任为基础,而是因为事实原因而生的利益,例如,将来的营业利润所得因营业中断,在无他人对此负责的情形下可能发生的"损失"。该期待利益构成业务中断保险中的保险利益。责任利益是指行为人对因其所应承担的侵权责任、违约责任以及依法应承担的其他责任而受有的不利益。责任利益,一般以民事责任为限,通常因侵权行为、违约行为或法律规定而发生。

3. 损失填补的适用不同

损失填补原则在财产保险合同与人身保险合同中的适用不同。

损失填补原则在人身保险合同上无法贯彻。而在财产保险合同,保险事故发生后,权利人仅能以实际损失为限请求保险人给付,保险人履行给付义务须以填补权利人的财产性损失为目的,不能使请求权人获得超过其损失的补偿。无损失、无保险的理念彻底贯彻于财产保险合同。

4. 保险价值的适用不同

在保险价值的概念是否适用上,财产保险合同与人身保险合同相异。保险价值的概念只有在财产保险中才有存在的可能。据此,在财产保险合同中,足额保险、不足额保险和超额保险的概念及相应法律规则才有适用的余地。财产保险中保险人的给付义务以保险金额为限,而当事人约定的保险金额以保险价值为限,权利人的损失即使超出保险价值,保险人亦不承担给付义务。保险金额低于保险价值的,为不足额保险,保险人按比例分担保险给付。保险金额高于保险价值,为超额保险,依我国《保险法》第55条的规定,超过保险价值的,超过的部分无效。

5. 保险代位权的适用不同

保险代位权只有在财产保险合同中才能得以贯彻。当第三人对被保险人的损失负有损害赔偿责任时,若被保险人请求保险给付后已经获得足额补偿,仍向该第三人请求损害赔偿,将获得超过其损失的利益,与填补损失原则不符。根据我国《保险法》第60条的规定,在履行保险给付义务的范围内,保险人对该应负损害赔偿责任的第三人享有代位求偿权,以免被保险人因一个损失获双重利益。

第二节 财产保险合同的种类

依《保险法》第95条规定,以保险标的及保险人承担的危险性质、范围为标准,财产保险合同可分为财产损失保险合同、责任保险合同、信用保险合同、保证保险合同等,上述分类为财产保险合同的法定分类。

一、财产损失保险合同

财产损失保险合同是以有形财产为保险标的保险合同。财产损失保险的保险标的可以是生产资料、生活资料等一切有形的动产或不动产。

二、责任保险合同

责任保险合同是以被保险人依法应对第三人承担的损害赔偿责任为保险标的保险合同。在学理上,以侵权损害赔偿责任为责任保险合同的保险标的无疑义,有争议的是违约责任是否为责任保险合同的保险标的。在违约责任是否能成为责任保险合同保险标的的问题上存在如下见解:一是违反合同义务的违约责任可以成为责任保险合同的保险标的[1];二是责任保险合同的保险标的以侵权责任为原则,在保险合同中存在约定的情况下,亦可以违约损害赔偿责任为保险标的[2];三是责任保险合同的保险标的限于侵权责任,对于违约责任的承保,属于保证保险的范围。[3] 在实务上,国外法院的多数判例亦将违约责任排除在责任保险承保的范围以外,认为责任保险只应承保因侵权行为所致的人身或财产损害赔偿责任。《保险法》第65条第4款规定:"责任保险是指以被保险人对第三者依法应负的赔偿责任为保险标的的保险。"据此,责任保险合同的保险标的为被保险人对第三人依法应负的损害赔偿责任,在法律解释上应包括侵权责任、违约责任以及其他依法应承担的责任。在实务上,责任保险的承保危险范围一般只包括侵权责任,对于违约责任通过信用保险、保证保险来予以分散。

三、信用保险合同

信用保险合同是指被保险人(债权人)为保证其债权届期获清

---

[1] 刘宗荣:《保险法》,三民书局股份有限公司1995年版,第325页。
[2] 桂裕:《保险法论》,三民书局股份有限公司1981年版,第289页。
[3] 王卫耻:《实用保险法》,文笙书局1981年版,第319页。

偿,而使债权届期不获清偿的危险由保险人承担,在债务人期满不履行债务时,由保险人在保险金范围内履行给付义务的保险合同。信用保险合同以债务人对债权人(被保险人)的清偿能力或信用为保险标的。

四、保证保险合同

保证保险(guarantee insurance①)合同,简称"保证保险",是指由作为保证人的保险人为被保证人向权利人提供担保,当被担保义务人因作为或不作为而不履行义务,致使权利人遭受经济损失时,由保险人向作为被保险人的权利人承担保险给付义务。

第三节 保险代位

保险代位派生于损失填补原则,系指保险标的发生保险事故致推定全损或保险标的因第三人责任致损,保险人依约为保险给付后,依法获得对保险标的的所有权或对取得对加害第三人的代位追偿权。其主要包括权利代位与物上代位。

一、权利代位

(一)权利代位的含义

保险代位是指追偿权的代位,又称"保险代位权"或"代位求偿权",系被保险人因保险人依约负有保险给付义务的损失发生而对第三人享有损害赔偿请求权,保险人于履行保险给付义务后,代被保险人之位行使被保险人对于该第三人的损害赔偿请求权的权利。例如,A以其汽车投保车损险,与B订立保险合同。A驾驶该车行使途中被C驾驶的汽车撞毁。保险人B履行给付义务后,得于给付义务范围内代位向C行使A对其的损害赔偿请求权。

---

① See E. R. Hardy Ivamy, *General Principles of Insurance Law* (Fourth Edition), London Butterworths, 1979, p. 157; Malcolm A. clarke, *The Law of Insurance Contracts* (Third Edition), LLP London Hongkong. ,1997, p. 11.

(二) 代位求偿权的行使要件

第一,被保险人因某种原因事实(保险事故)发生而对第三人有损害赔偿请求权。代位权实质上是保险人行使的被保险人对第三人享有的损害赔偿请求权,包括债务不履行的损害赔偿请求权与侵权行为损害赔偿请求权。被保险人对第三人的损害赔偿请求权的存在是保险人代位权的前提。

第二,被保险人发生损害赔偿请求权的原因事实属于保险事故的范围。保险人负保险给付义务的原因事实与第三人对被保险人负损害赔偿责任的原因事实相同。例如,A 以其房屋向 B 投保火灾险,后邻人失火殃及其屋,致焚毁。保险人承保的危险是火灾,而第三人对 A 应负责任的事实亦是"失火",包含于保险事故范围内。

第三,保险人已对被保险人履行了保险给付义务。保险代位权意在防止被保险人获双重补偿,以及促使侵权人对其侵权或违约行为负责,以求公平。若保险人未为给付,被保险人虽保有对第三人的请求权,但不会发生双重补偿。同时,若保险人尚未对被保险人为保险给付,即向第三人行使代位求偿权,则可能导致保险人尚未为保险给付,却已从第三人处获得赔偿,无损失而获得利益,有失公允。

第四,保险人代位权,系以保险人自己名义对第三人行使。

第五,能够代位行使的权利,以该权利性质上不具有人身专属性为限。

第六,代位权应向对被保险人负损害赔偿责任的人行使。只要保险人承担保险给付义务的损失发生是第三人应负责任的行为所致,即保险人对被保险人应负给付义务的原因事实与第三人应对被保险人损失负赔偿责任的事实相同。保险人在向被保险人给付后,取得代位权。至于被保险人向第三人行使的损害赔偿请求权是基于侵权行为、债务不履行、占有物返还、不当得利返还请求权等则在所不问。

保险代位权的设置意在防止第三人因损害赔偿责任赖有保险而不被追究,进而轻慢放纵自己的行为。其行使不能使被保险人因保险给付而获得的补偿受有损害。当被请求的第三人与被保险人有经济上或生计上的利害关系时,应禁止保险人对其行使代位权。《保险法》第62条规定:"除被保险人的家庭成员或者其组成人员故意造成本法第60条第1款规定的保险事故外,保险人不得对被保险人的家庭成员或者其组成人员行使代位请求赔偿的权利。"

若被保险人因其家庭成员的行为发生保险范围内的损失,保险人对其给付后,再向其家庭成员行使代位权,由于其相互间具有抚养、赡养、扶养的利害关系存在,实际上还是由该家庭承担了危险所致损失,无异于向其左手给付后,向其右手请求返还。保险人不能向与被保险人于经济上或生计上有利害与共关系的家庭成员或组织人员行使代位权。但为防止道德危险,若损失由被保险人的家庭成员或其组成人员故意造成,则不影响保险人的代位权。

第七,保险人行使代位权利,其数额以不超过保险人对被保险人的给付金额为限。我国《保险法》第60条第1款规定:"因第三者对保险标的的损害而造成保险事故的,保险人自向被保险人赔偿保险金之日起,在赔偿金额范围内代位行使被保险人对第三者请求赔偿的权利。"被保险人因保险危险发生时,对第三人有损害赔偿请求权,若保险人给付保险金额于被保险人,则被保险人在受领保险给付的范围内的损害已获补偿。保险人因向被保险人给付而取得的向第三人行使的代位权的范围,应与其向被保险人给付的范围相等。当被保险人所受损失大于保险给付范围时,其对第三人的损害赔偿请求权在给付金额范围内移转于保险人,其差额部分,仍可由被保险人向第三人行使。我国《保险法》第60条第3款规定:"保险人依照本条第1款规定行使代位请求赔偿的权利,不影响被保险人就未取得赔偿的部分向第三者请求赔偿的权利。"例如,被保险人因事故发生所受损失对第三人有100万元损害赔偿请求权,若保险人基于保险合同向被保险人给付70万元,则被保险人对第三人的请求权于70万元内应转移于保险人,由保险人对第三人行使,至于其余30万元应由被保险人对第三人行使。

(三) 代位权的功能

1. 避免被保险人获得双重补偿

被保险人因受领保险给付后,其对第三人损害赔偿请求权即转移于保险人,以免被保险人获得保险给付后又向第三人请求损害赔偿而于补偿损失外获不当得利。

2. 避免轻慢与放纵第三人责任

保险人给付后,被保险人因不得于补偿损失外获不当得利,其在给付范围内的损失亦不能再向第三人行使。但其损害赔偿请求权仍存在,此时若不将其转移给保险人,则会形成被保险人有权却不能行使,保险人欲行使而无权利的状况。客观上第三人应负损害赔偿责任却产生不必负责的情况,因此,通过代位权可避免加害人逃脱责任。

3. 通过减轻保险人的给付义务而降低保险团体的保费

保险人给付后,通过对有清偿能力的加害人行使代位权可获得一定的给付金额,两者相抵消,从个别合同而言,减少了保险人给付的实际支出,从保险团体而言,降低了保险人收取的保费总额,进而降低保险费率。

(四) 保险代位权的本质

保险代位权系债权的法定移转。被保险人对第三人的损害赔偿请求权应在保险人向被保险人给付时自动转移于保险人,无须被保险人另为债权让与的表示,即法定移转于保险人。在保险给付前,被保险人与第三人达成和解、抛弃权利的行为在被保险人与第三人间有效,但若害及保险人,则产生免除保险人保险给付义务的效果。若被保险人在受领给付后,其就已受领的部分金额又与第三人达成和解或抛弃请求权的合意,该合意无效。因其受领保险给付的范围内,对第三人的债权已经法定转移于保险人,被保险人对第三人的此部分债权已丧失,不再享有处分该债权的权利。

(五) 代位权的行使内容与限制

就被保险人对第三人的赔偿请求权而言,保险代位权具有从属性,表现在其内容相同,其范围受给付金额的限制。这使得第三人义务范围不致因保险人行使代位权而改变。保险代位权实质上源自被保险人对第三人损害赔偿请求权的债权的法定移转。基于代位权而行使的权利应以非专有权利为限,即被保险人对第三人的损失赔偿请求权是财产权,才发生代位权的适用问题。

代位权的行使对象是被保险人以外的第三人。为避免道德危险以及不违背保险的宗旨,在与被保险人具有一定利害关系的人因过失行为导致保险事故时,保险人不得对与被保险人有利害关系的人行使代位权。

一般认为,代位权规则只适用于财产保险,人身保险中的生存保险、死亡保险以及两合保险无代位权规则的适用。

(六) 保险人代位权的维护

在保险人已经给付或未给付情形下,保险法皆设有相应规则以维护保险人的代位权。

1. 保险人已给付情形下的代位权的维护

保险人已给付于被保险人后,被保险人对加害第三人的债权在该给付范围内法定移转为保险人,则被保险人对于该部分债权而言已经失去处分权。被保险人若在受领保险给付后,对该债权放弃或移转,不生效力,不影响保险人已经取得的对加害第三人的债权。若在给付范围内,第三人仍向被保险人给付,其给付为非债清偿,但为保护善意第三人,以加害第三人清偿时善意为限,其给付有效。此时,被保险人的受领构成不当得利,应负返还义务。

2. 保险人尚未给付情况下的代位权的维护

若保险人尚未给付,其未经保险人同意,将对第三人的损害赔偿权放弃,依我国《保险法》第61条第1款和第3款的规定,保险人在被保险人放弃对第三人的损害赔偿请求权致其代位权不能行使的影响范围内,将不负保险给付义务。若被保险人只是部分放弃对第三人的损害赔偿请求权,保险人不能以此拒绝承担保险给付义务,适用我国《保险法》第61条第3款"被保险人故意或者因重大过失致使保险人不能行使代位请求赔偿的权利的,保险人可以扣减或者要求返还相应的保险金"的规定。

被保险人不仅不得放弃对第三人的请求权或因过错侵害保险人代位权[①],同时,还负有协助保险人向第三人追偿的义务,包括提供必要的文件和其所知道的情况的义务。

---

① "不得"在此对当事人而言仅为"若为,无效"的意思。

（七）保险代位权的诉讼时效

保险代位权源于被保险人对第三人享有的损害赔偿请求权，属于债权请求权，债权请求权受诉讼时效的支配。《保险法》与《海商法》对保险给付请求权时效均作了规定。人寿保险以外的其他保险，在发生保险事故后，被保险人或受益人向保险人请求给付的权利，适用2年的时效期间；人寿保险，适用5年的时效期间。时效期间以被保险人或受益人知道发生保险事故之日起开始计算。在海上保险中，被保险人享有的给付请求权适用《海商法》的2年的诉讼时效期间，其自保险事故发生之日起计算。[①] 但保险代位权不同于保险给付请求权，上述规定，不适用于保险人的代位权。保险代位权的时效应适用《民法通则》以及其他有关法律的规定。保险代位权的时效类别、期间及其起算，应依被保险人对第三人的请求权基础或性质加以判断，保险人的代位权的时效因被保险人对第三人的请求权的时效完成而完成。据此，保险事故发生因加害第三人的行为所致，除其他法律对被保险人向该第三人的赔偿请求权的时效期间另有规定外，应适用《民法通则》规定的诉讼时效。保险人代位权应依照被保险人应当使用的诉讼时效确定其适用的时效。其他法律有特别规定的，应适用该特别规定。保险人的代位权应依被保险人的赔偿请求权应当适用的特别法规定的时效确定。依《海商法》规定，被保险人对于第三人因海上货物运输、海上旅客运输、船舶碰撞、船舶发生油污损害而享有的赔偿请求权，适用《海商法》规定的时效；保险人对第三人的代位权亦应依《海商法》规定的时效来确定。

二、物上代位

物上代位是指保险标的遭受保险给付义务范围内的损失，保险人依保险金额完全给付后，依法取得该标的的所有权。

（一）物上代位的立法宗旨

物上代位源于对保险标的的推定全损。所谓推定全损系指保险标的因保险事故发生尚未达到完全损坏或完全灭失的状态，但实际

[①] 《保险法》第27条；《海商法》第264条。

全损已不可避免或修复、施救费用将超过其价值，或失踪达一定时间，保险人按全损处理的一种推定性损失。由于推定全损是保险标的并未完全损坏或灭失，即还有残值，而失踪可能是被他人非法占有，并非物质上的灭失，日后或许能够得到返还，所以，保险人在按全损给付后，现实取得保险标的的所有权，防止被保险人获得额外利益。

（二）物上代位权的取得

《保险法》第 59 条规定："保险事故发生后，保险人已支付了全部保险金额，并且保险金额等于保险价值的，受损保险标的全部权利归于保险人；保险金额低于保险价值的，保险人按照保险金额与保险价值的比例取得受损标的的部分权利。"

海上保险中，保险人物上代位权的取得通过委付来实现。委付指保险标的发生推定全损时，投保人或被保险人将保险标的的一切权益转移给保险人而请求保险人按保险金额全数给付。委付是一种被保险人放弃物权的法律行为。

（三）保险人在物上代位中的权益范围

因保险标的的保障程度不同，保险人在物上代位中所享有的权益范围亦不相同。依《保险法》第 59 条规定，在足额保险中，保险人按保险金额全部给付后，即取得对保险标的的全部所有权。在此情形下，由于保险标的的所有权已经转移于保险人，保险人在处理标的物时所获利益即使超过其给付的金额，超过的部分亦归保险人所有。此外，若存在对第三人损害赔偿请求权，其索赔金额即使超过其支付的保险金额，亦归保险人所有，这与保险代位权有所不同。而在不足额保险中，保险人只能按保险金额与保险价值的比例取得受损标的的部分权利。由于保险标的的不可分性，保险人在依法取得受损保险标的的部分权利后，通常将该部分权利作价出让给被保险人，并在保险赔偿金中作相应的扣除。

第四节　保险金额与保险价额

一、保险金额的意义

保险金额为保险人在保险期间所负保险给付义务的最高限额。

保险人应在承保前查明保险标的的市价,避免超额承保。

保险金额的功能在于,在财产保险,保险金额系判断保险是否为超额保险、等值保险或部分保险的标准。在财产保险、健康保险或伤害保险的医疗费用保险中,保险金额是保险人就同一保险合同约定所负的保险给付的最高限额;在人寿保险,保险金额是保险人在保险事故发生时,约定给付的数额。

二、保险价额的意义与种类

保险价额,又称保险价值,是指保险标的在保险事故发生时的实际价值。保险价额的法律意义在于,保险事故发生时,以保险价额作为保险人履行保险给付义务数额的判断标准。此时,即使保险金额大于保险价额,保险人给付保险金义务的数额亦不能超过保险价额。

以当事人缔约时,是否已经在保险合同中对保险标的在保险事故发生时的实际价值预先约定为标准,保险合同可以分为定值保险与不定值保险。定值保险,是指在保险合同订立时,当事人预先在合同中约定一定价值作为保险事故发生时的保险标的的实际价值的保险。不定值保险,是指在保险合同订立时,保险标的的实际价值未在保险合同中预先约定,而以保险事故发生时该保险标的的市场价格为保险价值的保险。

三、足额保险、不足额保险与超额保险

财产保险合同,以保险金额与保险价值是否一致而分为足额保险、不足额保险与超额保险。当保险金额符合保险价值时,称其为足额保险,依该保险价值计算得出的损失数额即为保险人应负的保险给付数额。当保险金额高于保险价值时,称其为超额保险。当保险金额低于保险价值时,称其为不足额保险,亦即部分保险。在理论上,消极保险以责任利益或必要费用利益为保险标的,其价值亦以金钱估算,所以,原则上关于足额保险、不足额保险与超额保险的规则亦可适用,但与积极保险不同的是,消极保险的保险价值只能在保险事故发生后才能确定,而保险金额则须在缔约时即应约定,无法如积极保险那样完全相同的予以适用。

(一) 足额保险

足额保险,系保险金额与保险价值在数额上相等的保险。这是保险中最为理想的情况。在此情形,被保险人的保险标的所遭受的实际损失可以由保险人全部予以补偿,符合填补损失的初衷。同时,计算保险费标准的保险金额未超过保险价值,投保人亦未多付不必要的保险费,贯彻了对价平衡原则。在不定值保险,保险金额以缔约当时的保险标的的市场价格为参照,而其保险价值以保险事故发生时的保险标的的市价(实际价格)确定,以此作为计算损失的标准,而不是以缔约时的价格作为保险价值。因此,可能发生价格因素的变化而导致保险金额高于保险价值或低于保险价值的情况。

在定值保险情形下,合同当事人不仅以保险标的在缔约时的市场价格作为参考来决定保险金额,而且明确约定一定数额作为保险事故发生时保险标的的价值,以此作为计算损失的标准。正常情况下,一般都以该约定的数额为保险金额而全部投保。已经约定保险标的的价值,同时再行约定高于该保险价值的保险金额。这对被保险人而言,全无益处;保险人一般对此也无法推诿为不知而予以承保。所以理论上虽属可能,但实务上殊难一见。若发生保险金额高于保险价值的情形,一般是在超额定值保险的情形,但并不是超额保险。因为约定的价值即使与实际价值相差悬殊,只要保险金额符合约定的保险价值,即属于全额保险,不产生超过保险价值的问题。该种情形下的不当得利,实质上是因超额定值而引起。

定额保险,例如,人寿保险,发生保险事故时保险人直接以保险金额给付于权利人,无须考虑保险价值与保险金额的关系,一般不会发生不当得利。然而,在损失保险,尤其在积极保险的场合,当事人虽在缔约时亦须估计保险标的的价值,并以此决定保险金额的多少,但在保险事故发生时,并不是以缔约时所估计的保险金额来计算损失的范围,而是以损失发生时的价格计算,以此来实现保险填补被保险人实际损失的功能。例如,一电视机,投保时市价为2万元,保险价值在缔约时为2万元,合同亦约定保险金额为2万元,为全部保险。10个月后,保险事故发生时,该电视机的价格降为1万元,若为全损,则保险人须给付1万元;若部分损失,如受损部分为30%,则保险人只须给付3000元,而非6000元。为了避免保险事故发生时确定保险价值的困扰,应允许当事人在缔约时约定保险价值,以其作为保险事故发生时计算损失的标准,即定值保险的意义所在。

定额保险系指保险人在发生保险事故时依约给付一定保险金的保险。定额保险与定值保险非同一概念,前者与损失保险相对,在发生保险事故时保险人直接依约给付,不涉及保险价值,无适用超额保险、不足额保险或复保险的必要。而定值保险系为解决保险事故发生时确定保险价值的问题,而由当事人约定一定金额为保险事故发生时计算保险给付的标准,以此计算损失或给付数额,保险人亦不是以此保险价值直接给付。保险价值概念的存在,系为避免不当得利,贯彻损失填补的原则而设。与定值保险相对的概念为不定值保险,系保险合同未约定保险价值而在保险事故发生时才确定保险价值,以此作为计算损失的标准。不论定值与否,保险人所为给付皆不得超过实际损失。定值保险由于以合同订立时约定的保险价值代替保险事故发生时保险标的的实际价格,以此作为计算损失的标准,进而简化保险事故发生时保险给付的程序,符合经济原则。但是,其亦可能引起当事人利用定值保险图谋不当得利的弊端。例如,将保险标的的价格提高,并以此为保险金额。该种情形仅从外观而言与法并无不合。若经定值,则保险人在保险事故发生时不能再行主张以保险标的的实际市场价格为保险价值(计算标准),否则定值保险的存在即失去意义。

定值保险的意义在于以容忍某种程度的不当得利,换得保险事故发生时计算保险价值的不经济与不公平。为避免与损失填补原则发生冲突,《德国保险契约法》第57条规定:"……定值明显超过实际价值的不在此限……"即合同约定的保险价值远远超过保险标的在保险事故发生时的实际价值的,仍不得以该约定价值为保险价值。保险法允许当事人约定一定金额为保险价值,以此价值作为保险事故发生时保险标的的实际价值,将其作为计算损失的标准,以避免事故发生时定价的困扰。若约定数额与实际价值相差无几,虽存在不当得利,但仍可以为法所容忍。若约定的数额与实际价值之间相差悬殊,则应使该约定无效,合同视为不定值保险。此时,保险法舍弃确定保险价值的经济原则,以维护禁止不当得利原则。保险法上计算损失,作为最后履行给付数额的基础的是保险价值,而不是保险金额。保险金额是保险人在保险期间内所负给付义务的最高限度。此外,在复保险、超额保险或不足额保险情形下,具有计算标准的意义。

(二) 不足额保险

不足额保险系保险金额低于保险价值的保险。保险金额低于保险价值,表明被保险人对其标的的价值只为一部分的危险保障,故可称为"一部保险"。不足额保险既可能于保险合同订立时发生,亦可于缔约后发生。

在不定值保险情形下,当事人可以为节省保险费进行部分投保或保险人为控制主观危险而约定由被保险人自己承担部分危险,这样就会发生有意的不足额保险。保险金额在订约时即已经约定并载明于合同,保险金额的确定虽亦以查明的当时的市场价格为依据,且以其为保险金额,但缔约后,由于市场的因素会发生保险标的的价格升高或降低,此时,亦可发生不足额保险。在定值保险情形下,保险标的的价值虽已经约定,并以此为计算保险事故发生时损失的标准,但是,当事人仍可以约定比该保险价值为低的保险金额,这就构成了不足额保险。不足额保险适用比例分担原则,其计算公式为:

$$损失额 \times 保险金额/保险价值 = 给付额$$

例如,保险事故发生时,保险价值为 100 万元,保险金额为 80 万元。在全损时,保险价值即损失额,保险人保险给付义务的履行数额为:100 万元 $\times 80/100 = 80$ 万元。若部分损失为 80 万元,则给付数额为:80 万元 $\times 80/100 = 64$ 万元。该比例分担不仅适用于给付数额的计算,还适用于保险人应负担的投保人为避免或减轻损失为必要行为所产生的费用,以及证明和评估损失而支出的费用的计算。

(三) 超额保险

超额保险,系指保险金额大于保险价值的保险合同。在不定值保险中易发生超额保险。定值保险中,易发生超额定值。《保险法》第 55 条第 3 款规定:"保险金额不得超过保险价值。超过保险价值的,超过部分无效,保险人应当退还相应的保险费。"

第五节 重复保险

一、重复保险的概念与立法目的

重复保险,又称复保险,相对于单保险而言,是指就同一保险标的、同一利益、同一保险事故,在同一保险期间,分别与两个以上保险人订立数个保险合同,且保险金额总和超过保险价值的保险。为落实损失填补原则(Priciple of Indemnity)和公平合理地界定保险合同当事人的权利义务,对复保险予以规范。《保险法》第56条第4款规定:"重复保险是指投保人对同一保险标的、同一保险利益、同一保险事故分别与两个以上保险人订立保险合同,且保险金额总和超过保险价值的保险。"《海商法》第225条规定:"被保险人对同一保险标的就同一保险事故向几个保险人重复订立合同,而使该保险标的的保险金额总和超过保险标的的价值的,除合同另有约定外,被保险人可以向任何保险人提出赔偿请求。被保险人获得的赔偿金额总和不得超过保险标的的受损价值。各保险人按照其承保的保险金额同保险金额总和的比例承担赔偿责任。任何一个保险人支付的赔偿金额超过其应当承担的赔偿责任的,有权向未按照其应当承担的赔偿责任支付赔偿金额的保险人追偿。"

法律设置规则调整复保险的目的在于:

1. 防止超额保险

损失填补是损失保险的原则,损失保险正是通过填补被保险人所遭受的损失,达到消化危险、分担损失、安定社会的目的。超额保险与保险制度"无损失无保险"的理念格格不入。保险实务中,一些投保人为规避法律对恶意超额保险效力的否定性评价[1],放弃向同一保险人超额投保而变相地采用化整为零的方法向两个以上的保险人投保,从而达到超额保险的真实目的。

---

[1] 对于恶意超额保险的效力,立法例上有三种处理方式,即全部无效、超过部分无效及得解除合同。

2. 避免不当得利

保险的目的在于消化危险于无形、分摊损失于大众，其基本理念应为填补损失而非使人获利。投保人就同一危险分别与数个保险人订立数个保险合同，当保险事故发生时，倘若投保人或被保险人从数个保险人处皆能得到补偿，那么保险不仅填补了实际损失本身，还将使其获得额外的利益。如此，无异于鼓励故意重复投保，使保险金额总和超过保险价值，以期获取非法利益。

3. 控制道德危险

保险所承保之危险(risk)不能基于故意行为(因履行道德义务除外)而引发。保险旨在分散危险而非使危险增多。若放任投保人利用复保险恣意妄为，会发生投保人或被保险人为获取不正当利益，"铤而走险"的情形蔓延，社会秩序因之紊乱。为控制道德危险，确保保险制度的存在价值，理应调整复保险关系。

4. 增强安全保障

重复保险尚具有保护投保人或被保险人利益的功能——增强安全保障。据此，立法上对复保险的评价并非绝对否定，而是区别对待，使其发挥积极作用。在构成复保险情况下，投保人可能是善意，可能系纯粹出于多一份安全保障的考虑，而非意图谋利，故区分善意复保险与恶意复保险而为不同的处分，必要且可行。此外，若出现保险人破产或偿付能力下降之情事，合理设置复保险的效力，被保险人则可以减少或避免因保险人资力变化所承担的危险，达到填补损失的目的，使其利益不至于落空，从而增强保险对投保人或被保险人的安全保障。

二、重复保险的适用范围

《保险法》以保险标的的性质为标准将保险合同分为财产保险合同和人身保险合同。重复保险被规定于财产保险合同部分而非总则中，其只适用于财产保险合同，对于保险金额的多少无法用货币予以衡量的人身保险合同，复保险的规则无须适用。就复保险的本旨而言，仅对可用金钱估价的保险标的，才有价值高低存在的余地，因此才产生复保险的不当得利问题；人身保险合同中的保险利益是人身利益,其法益具有不可估价性,填补损失的准则难以贯彻。

三、重复保险的构成要件

(一) 基于同一保险利益订立合同

投保人以同一保险利益订立保险合同。同一投保人对于同一保险标的有相同的保险利益。例如,A 就其所有的房屋基于所有权与数个保险人订立保险合同。须是同一保险标的上的同一保险利益,若投保人就不同的保险标的与数个保险人订立数个保险合同,非为复保险。同一保险标的,常载有不同保险利益,故虽为同一保险标的,却可以不同保险利益订立数个保险合同。若 A 就其房屋所有权保险利益投保,B 就该屋的抵押权保险利益投保,因保险利益不同,依然是单保险而非复保险。

(二) 保险事故相同

投保的保险事故相同才能构成复保险,即针对同一保险事故。例如,A 就其所有房屋向 X、Y 投保火灾保险,事故同为"火灾"。投保人就同一保险利益向数个保险人投保,须所投保的保险事故相同才能构成复保险。如果,A 就其房屋分别向 B 保险人投保火险,向 C 保险人投保水险,向 D 保险人投保地震险,则非复保险。

(二) 订立两个以上保险合同

行为人与数个保险人订立数个保险合同。重复保险须保险人是复数,保险合同亦必须是复数。如投保人与一个保险人订立一个保险合同或数个保险合同,皆是单保险而不是复保险。如与数个保险人订立一个保险合同,此为保险人联合负给付义务,属共同保险,而非复保险。

(四) 保险期间具有重叠性

保险合同在保险期间上具有重叠性。复保险的构成以时间有重叠性为要件。时间上的重叠包括全部重叠和部分重叠两种。全部重叠,指投保人就同一保险标的、同一保险事故和保险利益向不同保险人订立的数个保险合同,其保险的起讫时间均相同,亦称"同时复保险",《日本商法典》第 632 条即为其例。部分重叠,指投保人就同一保险标的、同一保险利益、同一保险事故同数个保险人订立的数个保险合同,其起讫时间虽非完全相同,但仍有部分相同,亦称"异时复保险"。时间上的重叠指数个保险合同之"生效期间"的重叠,并非指"成立期间"的重叠。

至于复保险是否要求"投保人同一"为其构成要件,一般认为,同一保险利益,含有同一被保险人的意思,而是否为同一投保人则非所问;若被保险人为不同之主体,则无复保险的发生余地。

(五) 保险金额总和超过保险价值

数个保险合同中约定的保险金总和超过保险价值,才构成复保险。如果数个保险合同中约定的保险金总和不超过保险价值的,行为人无法获得不当得利,不构成复保险。

四、重复保险合同投保人的通知义务

(一) 通知

《保险法》第56条第1款规定,投保人应将复保险的有关情况通知保险人。所谓有关情况,是指与其订立保险合同的保险人的名称和住所、保险标的、保险价值、保险费、保险金额、保险责任范围、保险期间和保险金给付等情况。《保险法》对通知内容未采列举方式规定。投保人的通知义务应以投保人已知或应知的事实为限。但在下述情况下,投保人不必通知:(1) 保险人已知的事实;(2) 在通常情况下,保险人应知的事实;(3) 保险人或其代理人已经声明不需告知的事实。

(二) 立法目的

关于重复保险的法律规则的设计无非是避免投保人利用复保险合同,使其保险金额的总和超过保险价值而从中渔利。重复保险投保人的通知义务的意义在于杜绝投保人恶意利用重复保险图谋不当得利。

(三) 不通知的法律效果

关于投保人违反通知义务的法律后果,《保险法》未有明文规定。立法上应如何设置违反复保险通知义务的法律后果,我们认为,在投保人图谋超额保险金利益为复保险而故意不为通知的,保险合同无效;投保人善意为复保险而未通知各保险人的,除法律另有规定或合同另有约定外,保险人不得解除或终止保险合同,并以不超过保险价值为限,比例分担给付义务。

五、重复保险保险人的保险给付义务分担

依《保险法》第 56 条第 2 款前段规定,在构成重复保险时,根据损失填补原则,被保险人不能获得超过保险价值的给付,为了防止请求人获不当得利,《保险法》第 56 条第 2 款后段确定了复保险的比例分担的法律效果,即复保险的保险金额总和超过保险价值的,各保险人的给付金额的总和不得超过保险价值。除合同另有约定外,各保险人按照其保险金额与保险金额总和的比例承担给付义务。

第九章 财产损失保险合同

第一节 财产损失保险合同的概念和种类

一、财产损失保险合同的概念

财产损失保险合同,是指以有形财产为保险标的,补偿其直接损失的财产保险合同,也称为狭义的财产保险合同。依《保险法》第12条第4款规定,财产保险合同是以财产及其有关利益为保险标的的保险合同,包括了以有形成财产为保险标的的财产损失保险合同,是广义的财产保险合同。

财产损失保险合同的保险标的以有形物为限,并能以货币来确定或衡量。其所承保的财产损失指一定有形财产因承保危险发生所致损毁、灭失的经济利益的减少或丧失,包括直接经济损失以及对保险标的施救等引起的必要的、合理的费用。财产损失保险主要包括企业财产保险、家庭财产保险、运输工具保险、货物运输保险和农业保险。

财产损失保险起源于海上保险,随着社会进步,生活水平的改进,各类财产保险适应分散危险,消化损失的实际需求而产生和发展,是最典型的保险合同,在保险营业中占有重要地位。

二、财产损失保险合同的损失及其确定

（一）财产损失保险合同的损失

财产损失保险合同承担被保险人因其有形财产发生保险事故所致损毁灭失的不利益,其损失范围的确定对被保险人利益维护及保险人合同义务的履行至关重要。保险人应承担的损失一般包括:

1. 保险标的遭受的实际损失

财产损失保险合同在于填补被保险人因保险事故发生所遭受的有形财产减少或全部损失,以补偿有形财产实际发生的不利益。保险人承担的给付义务以保险金额范围内的实际损失为限,并不得超过保险价值。

2. 施救费用

对被保险人为了减少保险标的因保险事故发生所致的实际损失而进行施救所支出的必要的、合理的费用,也应由保险人承担。该施救费用主要包括防止保险事故进一步扩大所支出的费用、抢救有形财产、整理或保管有形财产所支出的费用。

3. 查定保险事故及其所致损失的费用

查明和确定保险事故的性质、原因和保险标的的损失程度所支付的必要的、合理的费用。

其中,施救费用、查定保险事故及其所致损失的费用应在保险标的所遭受的实际损失之外另行计算,最高不超过财产损失保险合同约定的保险金额。

(二) 财产损失保险合同的损失确定

财产损失保险合同采取定值保险合同方式订立的,其损失以约定的保险价值计算。采取不定值保险合同方式订立的,根据保险事故发生当时当地的保险标的的市场价格计算确定,即其保险价值以出险时有形财产的重置成本价值减去折旧费后的余额。其保险标的的价值是保险事故发生时的价值,不是投保时的价值。在保险事故发生时,保险标的全损的,其保险价值即为实际损失的数额;部分损失的,保险价值减去未损失部分的价值,其差额即为事故后的损失额。为避免被保险人和保险人按照有利于自己的方式计算保险标的的损失,可由保险公估人居于中立地位鉴定、评价保险标的的实际损失。

(三) 财产损失保险合同的主要种类

根据保险标的的具体形态不同,财产损失保险合同可分为火灾保险合同(在我国主要体现为企事业财产保险合同与家庭财产保险合同)、货物运输保险合同、运输工具保险合同和农业保险合同。

1. 火灾保险合同

火灾保险合同是指以为权利人所有或管理的动产或不动产上发生火灾等不可抗力或意外事故为承保危险的财产损失保险合同。

2. 货物运输保险合同

货物运输保险合同,是指以运输中的货物为保险标的,保险人对运输中发生不可抗力或意外事故所致货物损失予以补偿的财产损失保险合同。

3. 运输工具保险合同

运输工具保险合同,是以机动车、船舶或飞机等运输工具为保险标的的财产损失保险合同。

4. 农业保险合同

农业保险合同,是指以农作物种植、禽畜养殖为保险标的,对种植物、养殖物因不可抗力或意外事故所致损失予以补偿的财产损失保险合同。依《保险法》第186条第1款规定,国家支持保险人开展为农业生产服务的保险,但农业保险由法律、行政法规另行规定。

第二节 火灾保险合同

一、火灾保险合同的概念

火灾保险合同是指以火灾、爆炸等不可抗力或意外事故为承保危险的财产损失保险合同。火灾最初是海上保险所承保的一种危险,后来由于经济发展,火灾保险开始在陆上适用,并成为独立险种。其承保对象完成了从不动产向动产的扩张,其责任范围从火灾的单一危险扩展到爆炸、雷击、暴风、暴雨、洪水、台风、龙卷风、雪灾、雹灾、冰凌、泥石流等自然灾害和意外事故的综合危险。目前我国保险营业中的火灾保险合同主要包括企事业财产保险合同、家庭财产保险合同等。

企事业财产保险合同,是指以组织坐落或存放于固定地点的企业或事业被保险人所有或与他人共有而由被保险人负责的财产、由被保险人经营管理或替他人保管的财产、其他具有法律上承认的与被保险人有经济利害关系的财产因火灾以及其他灾害事故发生所致损失为保险标的的财产保险。家庭财产保险合同是指以坐落于确定地点内的为权利人所有的家庭财产为保险标的,对其发生不可抗力或意外事故所致损失予以补偿的财产保险合同。两者都源于以火灾为主要承保危险的火灾保险合同。

二、火灾保险合同承保的财产范围

火灾保险合同承保的财产范围广泛,包括动产和不动产,只要被保险人所有或与他人共有而由被保险人负责的、由被保险人经营管理或替他人保管的、其他具有法律上承认的与被保险人有经济利害关系的财产,都可纳入承保范围。根据企事业财产保险合同、家庭财产保险合同对不同用途财产上的危险控制的不同要求,也可将一定种类的财产不予承保。下列财产通常不在保险标的范围以内:(1)金银、珠宝、钻石及制品、玉器、首饰、古币、古玩、字画、邮票、艺术品、稀有金属等珍贵财物;(2)货币、票证、有价证券、文件、账册、图表、技术资料、电脑资料、枪支弹药以及无法鉴定价值的财产;(3)违章建筑、危险建筑、非法占用的财产;(4)在运输过程中的物资;(5)领取执照并正常运行的机动车;(6)牲畜、禽类和其他饲养动物。但当事人之间可以经过特约将上述财产纳入承保范围。

三、火灾保险合同承保的危险范围

保险人的承保危险范围一般经在合同中约定基本危险、特约危险和危险免除事项予以确定。

(一)基本危险

1. 火灾

火灾,是指在一定时间或空间失去控制的、危害人身财产安全的非常态燃烧。火是指发光、发热的迅速的氧化反应。燃烧往往导致火灾,但燃烧未必一定导致火灾。火灾保险合同上的火灾需具备如下要件:第一,有发光、发热的燃烧现象;第二,意外的、偶然的火;第三,失去控制,并危及人身财产利益。火灾所致损失包括为火烧毁的有形财产损失及因施救而毁坏的其他财产损失。

2. 其他自然灾害

自然灾害是指不能预见、不能避免，也不能克服的客观情况，一般包括爆炸、雷击、台风、龙卷风、暴风、暴雨、洪水、雪灾、雹灾、冰凌、泥石流、崖崩、突发性滑坡、地面突然下陷等。

因上述自然灾害所致的财产损失，保险人应依约承担赔偿义务。

3. 意外事故

意外事故是指非处于行为人故意或过失，而是不能预见或不能抗拒的原因导致的有形财产的损失。其主要包括：爆炸、飞行物体及其他空中运行物体坠落所致的保险标的的损失；被保险人拥有财产所有权的自用的供电、供水、供气设备因保险事故遭受损坏，引起停电、停水、停气以致造成保险标的直接损失。

（二）特约危险

在以火灾等不可抗力或意外事故为承保危险基础上，行为人也可以根据其生活关系中分散危险的需要，以增加保险费为代价，与保险人特约，由其承保附加危险。

（三）除外危险

由于下列原因造成保险标的的损失，保险人不负责赔偿：

（1）战争、敌对行为、军事行动、武装冲突、罢工、暴动；

（2）被保险人及其代表的故意行为或纵容所致；

（3）核反应、核子辐射和放射性污染；

（4）堆放在露天或罩棚下的财产及罩棚本身因暴风、暴雨所致损失；

（5）保险标的遭受保险事故引起的各种间接损失；

（6）保险标的的本身缺陷、保管不善导致的损毁，保险标的的变质、霉烂、受潮、虫咬、自然磨损、自然损耗、自燃、烘焙所造成的损失；

（7）由于行政行为或执法行为所致的损失；

（8）其他不属于保险责任范围内的损失和费用。

四、火灾保险合同的损失确定

保险人应根据义务人提供的损失清单或各种单证，对保险合同约定的各项财产损失金额和费用支出核实计算给付保险金的数额。通常,火灾保险合同对各种损失的计算方法都有约定。例如,火灾保险合同中的企事业财产保险合同中的保险金额和保险价值包括固定资产和流动资产。固定资产的保险金额由被保险人按照账面原值或原值加成数确定,也可按照当时重置价值或其他方式确定。固定资产的保险价值是出险时重置价值。流动资产(存货)的保险金额由被保险人按最近12个月任意月份的账面余额确定或由被保险人自行确定。流动资产的保险价值是出险时账面余额。账外财产和代保管财产可以由被保险人自行估价或按重置价值确定。账外财产和代保管财产的保险价值是出险时重置价值或账面余额。保险人在保险事故发生后,应根据火灾保险合同的履行情况,可以封存、核查被保险人的财务账册、各种会计凭证等,并依不同类型的财产分项估算。

保险人对在发生保险事故时,为抢救保险标的或防止灾害蔓延,采取合理的必要的措施而造成保险标的的损失,以及保险事故发生后,被保险人为防止或者减少保险标的损失所支付的必要的合理的费用也应予以补偿,并与保险财产损失分别计算。

第三节　国内货物运输保险合同

一、货物运输保险合同的概念

货物运输保险合同,是指以运输中的货物为保险标的,保险人对运输中发生不可抗力或意外事故所致货物损失予以补偿的财产损失保险合同。由于货物、运输方式的多样性,不同的货物在不同运输方式下的危险是不同的。据此,货物运输保险合同的种类较多,根据运输的地域不同,可分为国内货物运输保险和涉外货物运输保险,两者又可根据运输方式不同,分为水路货物运输保险、陆路货物运输保险、航空运输保险和货物联运保险等。保险人常根据货物在运输中的易损程度,在货物运输保险合同中约定不同的保险费率。

二、货物运输保险合同的特点

（一）货物运输保险合同的保险标的常处于运输中，而不是位于固定地点。

（二）保险标的脱离所有人或经营人直接管领控制，而由承运人直接管理。货物上负载的危险程度，除由运输方式及运输条件所决定外，深受承运人的影响。

（三）保险期间的起讫时间一般以一次运程计算，采取仓至仓的方法予以确定。

（四）货物运输保险合同常以定值保险方式订立合同。

三、货物运输保险合同承保危险范围

综合水路、陆路和航空货物运输保险合同的内容，货物运输保险合同所承保的危险范围包括基本危险、特约危险和除外危险。

（一）基本危险

合同所承保的基本危险一般包括：

第一，运输中的货物因火灾、爆炸、雷电、冰雹、洪水、暴风、地震、地陷、泥石流等不可抗力或意外事故发生所致的损失。

第二，运输中的货物因运输工具发生火灾、碰撞等侵害而导致货物损失。

第三，货物在装卸或转载时，发生意外事故导致的损失。

第四，以船舶运输货物的，因船舶搁浅、触礁或遇到码头坍塌等所致的货物损失，以及共同海损和救助费用损失。

第五，飞机因碰撞、坠落、失踪3个月以上、在危难中抛弃货物所致的损失。

第六，保险事故发生后，救助货物时导致的货物损失。

第七，保险事故发生后，救助、保护、整理受损货物支出的合理、必要费用。但该费用在货物损失以外另行计算。

（二）特约危险

被保险人可以根据货物的性质和运输工具的特点，和保险人约定基本险以外的其他危险为承保危险，常通过订立附加险的形式进行。有的附加险只能附加投保,有的附加险可以单独承保,也可附加投保。这些附加险中的承保危险通常包括偷窃、提货不着;淡水雨淋;短量;渗漏;沾污;串味;受潮受热;钩损;包装破裂;锈损等。

(三)除外危险

不为货物运输保险合同所承保的危险一般包括:被保险人的故意行为导致的货物损失;发货人没有按照标准包装等造成的货物损失;保险货物的自然损耗、市价上涨、本身的缺陷所致损失;因战争、军事行动、罢工、核事故等导致的损失。

第四节 国内运输工具保险合同

一、运输工具保险合同的概念

运输工具保险合同,是以机动车、船舶或飞机等运输工具为保险标的的财产损失保险合同。通过运输工具运载旅客或货物,因交通条件各异,易发生危险事故导致财产损失。运输工具保险已广为行为人所采用。运输工具保险合同因作为保险标的的运输工具性能不同,其危险性质也不同,据此,可分为机动车保险合同、飞机保险合同、船舶保险合同等。

二、运输工具保险合同的特征

除具有一般财产保险合同的特点外,运输工具保险合同还具有如下特点:

1. 保险标的的特定性

运输工具保险合同的保险标的在各种有形财产中限定为具备一定营运条件的运输工具。

2. 被保险人的开放性

因运输工具可能致损的所有权人、使用人和驾驶人都可以通过运输工具保险合同分散危险,消化损失。

3. 保险给付义务履行的并举性

货物运输工具保险的保险人可以采取实物填补和金钱填补并举

的方式履行保险给付义务。运输工具保险合同在许多情况下以实物填补方式履行保险给付义务,对承保的运输工具进行修理、更换,使其恢复功能。更换零部件时,常会发生更换的零部件较原零部件增值的后果。

三、机动车损失保险的承保危险范围

在运输工具保险中,机动车保险合同最为普遍,是以机动车辆的车身及其零部件、设备等为保险标的,补偿被保险人因不可抗力或意外事故导致机动车损失的财产损失保险合同。在通常意义上,机动车保险一般包括车身损失险、第三者责任险和盗抢险等,车辆损失保险与第三者责任保险构成主要部分,另有其他附加为危险团体成员分散危险、消化损失。但在精确意义上,仅指在财产损失保险上的车体损失险。

机动车损失保险的承保危险包括碰撞损失与非碰撞损失,其中碰撞是指被保险车辆与外界物体的意外接触,如车辆与车辆、车辆与建筑物、车辆与电线杆或树木、车辆与行人、车辆与动物等碰撞,均属于碰撞责任范围之列;非碰撞责任,可分为以下几类:自然灾害,如洪水、暴风、雷击、泥石流等;各种意外事故,如火灾、爆炸、空中运行物体的坠落等;其他意外事故,如倾覆、冰陷、载运被保险车辆的渡船发生意外等。

除外危险一般包括:战争、军事行动或暴乱等导致的损失;被保险人故意行为或违法行为导致的损失;被保险人车辆自身缺陷导致的损失;以及未履行相应的义务(如增加挂车而未事先征得保险人的同意等)的情形下出现的损失。机动车保险的承保危险范围由保险合同约定,并非一成不变,例如,就我国的汽车损失保险合同来说,以往均将失窃列为基本危险,后来却将其列为附加危险,即被保险人若不附加投保便不可能得到该项危险的保障。

机动车辆损失保险的保险金额,采用不定值保险方式,既可以按重置价值(即按照投保时同类机动车辆的市场价格)确定,也可以由双方协商确定,或者可以按照投保车辆的使用年限通过计算确定。

机动车辆的附加险是机动车辆保险的重要组成部分,主要有附加盗窃险、附加自燃损失险、附加新增加设备损失险、附加不计免赔特约险、附加驾驶员意外伤害险、附加乘客意外责任保险等,被保险人可根据自己的需要选择附加险。

第五节 农业保险合同

一、农业保险合同的概念

农业保险合同,是指以农作物种植、禽畜养殖为保险标的,对种植物、养殖物因不可抗力或意外事故所致损失予以补偿的财产损失保险合同。根据其标的是属于种植物和养殖物的不同,基本可分为种植物保险合同和养殖物保险合同。种植物保险合同是指以植物生产为保险标的,以生产过程中可能遭遇的自然灾害或意外事故为承保危险的财产损失保险合同。养殖物保险是指以各种处于养殖过程中的动物为保险标的、以养殖过程中可能遭遇的自然灾害或意外事故为承保危险的财产损失保险。依《保险法》第186条第1款规定,国家支持保险人开展为农业生产服务的保险,但农业保险由法律、行政法规另行规定。

作为保险标的的种植物、养殖物因其自身情况复杂,发生承保危险的实际损失具有难于确定的特点。道德危险的防控至为重要,营业风险较大。

二、农业保险合同的特点

1. 保险标的具有生命力

以具有生命力的种植物、养殖物为承保对象,是农业保险的基本条件。在保险期间内,其保险标的应依自然规律正常生长。

2. 保险价值的变动性

保险标的的保险价值在保险期间内随着自然生长规律而发生相应变化。

3. 以低额承保方式经营

农业保险合同的保险标的深受生长规律及自然条件的影响，受到自然灾害和意外事故侵害的危险高。具有生命力的个体在遭到侵害后，可能还具有一定的再生能力或调节能力，可以恢复一定的产量或价值，被保险人的经管对其生长过程具有重要作用，道德危险难以控制。因此，保险人在经营上一般采取按照保险标的部分价值确定保险金给付义务的方式履行合同。

第十章 责任保险合同

第一节 责任保险合同的概念、特征及分类

一、责任保险合同的概念

责任保险,是被保险人对第三者负损害赔偿责任时,由保险人承担其赔偿责任的保险。责任保险的保险利益为消极的期待利益,是基于现有利益而期待某种责任不发生的利益,属于财产上的保险利益。订立责任保险合同的目的是由保险人担负被保险人对第三者的损害赔偿责任。责任保险的标的是被保险人在法律上应当承担的损害赔偿责任,区别于以某种物质形态财产为标的的其他财产保险合同。依《保险法》第65条第4款的规定,责任保险是指以被保险人对第三者依法应负的赔偿责任为保险标的的保险。《保险法》将责任保险合同的内容设置于第二章保险合同的第三节财产保险合同部分,除责任保险合同的特别规定外,应当适用财产保险合同的有关规定。从法律性质上讲,我国《保险法》将责任保险合同界定为一种财产保险合同。

国务院于2006年5月21日发布了《机动车交通事故责任强制保险条例》,对被保险机动车发生交通事故造成他人的人身及财产损失,由保险公司承担责任,健全了我国机动车辆民事赔偿责任的强制保险制度。

国家安全生产监督管理总局和保监会于2006年9月27日发布了《关于大力推进安全生产领域责任保险健全安全生产保障体系的意见》体现了我国政府对安全生产的高度重视,也是对《国务院关于保险业改革发展的若干意见》的具体落实。

卫生部、国家中医药管理局和保险监督管理委员会于2007年6月21日发布了《关于推动医疗责任保险有关问题的通知》,对医疗

责任保险的重要性以及推动医疗责任保险工作提出了指导和倡议。

国家环境保护总局和保监会于2007年12月4日发布了《关于开展环境污染责任保险工作的意见》，体现了对《国务院关于落实科学发展观加强环境保护的决定》以及《国务院关于印发节能减排综合性工作法案的通知》精神的贯彻和落实。

二、责任保险合同的特征

责任保险合同与其他财产保险比较，其共同点是保险费的厘定均以大数法则为数理基础，保险金的给付以损害填补原则为依据，是对被保险人经济利益的损失进行补偿。另外，责任保险与其他财产保险具有同样的经营原则与经营方式。① 责任保险产生与发展的基础不仅是各种民事法律风险的客观存在和社会生产力达到了一定的阶段，而且是由于人类社会的进步带来了法律制度的不断完善，其中法制的健全与完善是责任保险产生与发展的最为直接的基础。与其他财产保险比较，责任保险具有如下的特征。

1. 责任保险补偿对象是保险合同主体以外的第三人

尽管责任保险中承保人的赔款是支付给被保险人的，但这种赔款实质上是对被保险人之外的受害方即第三者的补偿，从而是直接保障被保险人利益、间接保障受害人利益的一种双重保障机制。

2. 责任保险承保标的是民事赔偿责任

责任保险承保的是各种民事法律风险，并非实体的、物质形态的标的。保险人在承保责任保险时，通常对每一种责任保险业务要规定若干等级的赔偿限额，由被保险人自己选择，被保险人选定的赔偿限额便是保险人承担赔偿责任的最高限额，超过限额的经济赔偿责任只能由被保险人自行承担。作为责任保险标的的赔偿责任通常须具备以下要件：

（1）是被保险人对第三人应负的赔偿责任。这种保险主要排除给被保险人自身造成的损失，机动车第三者责任险就是责任保险中的一种。

---

① 郭颂平主编：《责任保险》，南开大学出版社2006年版，第4页。

(2) 是依法应负的赔偿责任。损害赔偿之债的发生原因包括侵权责任之债和违约行为之债。在无特别约定的情况下，责任保险一般不承担违约损害赔偿责任。

(3) 是依法应负的民事赔偿责任。作为责任保险标的的赔偿责任，属于民事责任。行政责任和刑事责任不能成为责任保险的标的。否则无异于鼓励犯罪，与保险的目的相违背。被保险人因为保险事故的发生受到刑事处罚而遭受金钱上的损失，保险人不予以承担。被保险人受到行政处罚时支付的罚款也不是责任保险的标的。

(4) 是过失行为产生的责任。被保险人的故意行为不属于责任保险的责任范围，责任保险的保险人只赔偿被保险人或其代理人或雇佣人因过失行为对他人造成的损害。如果出于故意行为造成的损害，相应的民事赔偿责任由被保险人自己承担。

(5) 被保险人受到赔偿请求。责任保险事故的发生是当被保险人受到赔偿请求以后。保监会在1999年颁布的《关于索赔期限有关问题的批复》中指出："对于责任保险而言，其保险事故就是第三人请求被保险人承担法律责任。保险事故发生之日，应指第三人请求被保险人承担法律责任之日。"如果受害人没有提出或放弃请求权，则保险人无给付保险金的义务。

(6) 损害的发生与被保险人的行为有因果关系。被保险人对第三人的加害行为与该第三人遭受的损害必须有因果关系，否则不构成被保险人的损害赔偿责任。

3. 责任保险承保方式多样

责任保险的承保方式具有多样化的特征：在独立承保方式下，保险人签发专门的责任保险单，它与特定的物没有保险意义上的直接联系，而是完全独立操作的保险业务。

在附加承保方式下，保险人签发责任保险单的前提是被保险人必须参加了一般的财产保险，即一般财产保险是主险，责任保险则是没有独立地位的附加险。

在组合承保方式下，责任保险的内容既不必签订单独的责任保险合同，也无需签发附加或特约条款，只需要参加该财产保险便使相应的责任风险得到了保险保障。

三、责任保险合同的分类

根据业务内容的不同,责保险可以分为公众责任保险、产品责任保险、雇主责任保险、职业责任保险和第三者责任保险五类业务,其中每一类业务又由若干具体的险种构成。

(一) 公众责任保险

公众责任保险是对机关、企事业单位及个人在经济活动过程中因疏忽或意外事故造成他人人身伤亡或财产损失进行承保的一种责任保险。公众责任保险的形式很多,主要包括普通责任险、综合责任险、场所责任险、电梯责任险、承包人责任险等。机关、企事业单位及个人的办公楼、饭店、工厂、商场、影剧院、旅店、医院、展览馆等各种公共活动场所都可以通过投保公众责任保险来转嫁这方面风险。

(二) 产品责任保险

产品责任保险是指因产品本身的缺陷造成他人(一般是指消费者)人身或财产的损失为承保责任。产品责任险保障的是产品给他人造成的人身伤害或财产损失承担赔偿责任。主要承保制造、销售或修理商因制造、销售或修理的产品有瑕疵,致使用户或消费者遭到人身伤害或财产损失,依法应由制造、销售或修理商承担的赔偿责任。产品责任保险的投保人可以是产品的制造商、出口商、进口商、批发商、零售商、修理商等主体中的一个单独投保或者全体联合投保。产品责任保险的被保险人除包括投保人以外,还包括投保人指定的经保险人认可的其他主体。

(三) 雇主责任保险

雇主责任保险是指被保险人所雇用的员工在受雇过程中,从事与被保险人经营业务有关的工作而遭受意外或患有与业务有关的国家规定的职业性疾病,所致伤、残或死亡,被保险人根据国家劳动法及劳动合同应承担的医药费用及经济赔偿责任,由保险人在规定的赔偿限额内负责赔偿的一种保险。雇主责任保险主要承保雇主对其雇用人员,在从事与职业有关的工作时,由于遭受人身伤亡而依法或根据雇用合同而应由雇主承担的赔偿责任。在我国,三资企业、私人企业、国内股份制公司,国有企业、事业单位、集体企业以及集体或个人承包的各类企业都可为其所聘用的员工投保雇主责任险。

（四）职业责任保险

职业责任保险，也称职业赔偿保险，是以各种专业技术人员（医生、药剂师、律师、会计师、建筑师、设计师等）在其从事专业技术性工作时，因工作上的疏忽或过失，造成第三人人身损害或财产损失，依法需要由其承担的经济赔偿责任为保险标的的保险。

（五）第三者责任保险

第三者责任保险是以被保险人的各种运输工具、建筑安装工程等意外事故造成第三者财产人身损害的赔偿责任为保险标的的责任保险。第三者责任保险从效力上可以区分为强制第三者责任险和商业第三者责任险。主要险种包括机动车第三者责任险、飞机第三者责任险和建筑安装工程第三者责任险。

第二节　责任保险合同的第三人

一、责任保险合同的第三人的法律含义

责任保险合同的第三人是指合同约定的当事人和关系人以外，对被保险人享有保险金赔偿请求权的人。责任保险合同是以被保险人对第三人所负的民事损害赔偿责任为保险标的的，如果没有第三人的存在，被保险人的赔偿责任就不存在，责任保险也就失去了存在的必要。一般而言，加害人对造成受害人的人身财产损害负有赔偿的民事责任，在投保了责任保险之后，该民事赔偿责任转由保险人承担，第三人的损害赔偿请求权转化成了责任保险的保险金请求权。责任保险的目的在于填补被保险人在法律上对第三人履行损害赔偿责任的损失，而不是填补保险事故导致的被保险人自己财务上的损失。保险人在进行责任保险赔付时，保护第三人利益显得尤为重要。

二、责任保险合同中第三人的范围

责任保险合同中的第三人因责任保险合同的种类不同而有不同的范围。在雇主责任保险中，第三人限于为雇主所雇用，其民事损害

赔偿责任由雇主承担的雇员。在公众责任保险中，第三人为被保险人应向其承担损害赔偿责任的人，但不包括雇主（被保险人）雇用的员工和为雇主提供服务的人。责任保险合同第三人的范围还因承保的责任类型的不同而不同，如果责任保险承保的是违约责任，第三人以对违约的被保险人有损害赔偿请求权的人为限；如果责任保险承保的是侵权责任，则第三人是因被保险人的侵权责任而享有损害赔偿请求权的人。另外，责任保险合同第三人的范围因合同约定或法律规定而受到限制，比如机动车强制责任保险合同中，第三人为因被保险机动车发生事故而遭受侵害的人，但合同中约定被保险人的家庭成员、被保险机动车上的人员和被保险机动车上的旅客不在第三人的范围之列。

三、责任保险第三人的保险给付请求权和损害赔偿请求权

第三人因责任保险合同的被保险人行为遭受损害，一般只能向该被保险人请求损害赔偿，根据债的相对性，第三人无权向保险人请求保险金给付。但是，为了保护受害第三人的利益，通常赋予其向保险人直接请求保险金的权利。《保险法》规定了责任保险第三人有条件的保险金直接请求权。依《保险法》第 65 条第 2 款规定，责任保险的被保险人对第三者应负的赔偿责任确定的，根据被保险人的请求，保险人应当直接向该第三者赔偿保险金。被保险人怠于请求的，第三者有权就其应获赔偿的部分直接向保险人请求赔偿保险金。

第三节　责任保险合同的履行和基本条款

一、责任保险合同的履行

（一）责任保险金给付的条件

责任保险金的给付条件包括以下三个方面：

1. 被保险人给第三者造成损害

责任保险的标的为被保险人应当承担的赔偿责任，该赔偿责任为被保险人对第三人依照法律规定或者合同约定应负的民事赔偿责

任。保险人给付保险金的前提是被保险人实施了一定的过失行为，造成了第三者的损害，被保险人应当给予民事赔偿。

2. 第三者向被保险人提出损害赔偿的请求

责任保险合同中保险事故的发生时间点在于第三者向被保险人提出损害赔偿的请求，因为只有第三人行使赔偿请求权，才能界定赔偿的数额和衡量损害发生的时间是否属于保险期间。

3. 被保险人已经向该第三者实行了赔偿

依《保险法》第65条第3款的规定：责任保险的被保险人给第三者造成损害，被保险人未向该第三者赔偿的，保险人不得向被保险人赔偿保险金。如果保险人违反该规定向未履行支付赔偿金义务的被保险人直接支付保险金，而使第三人不能获得被保险人赔偿的，第三人可以保险人违反法定注意义务为由，对保险人行使损害赔偿请求权。

（二）责任保险金给付的对象

在其他财产保险中，保险金支付给被保险人，因为他同时又是合同的受益人。在责任保险中，保险金实际上最终归为第三人所有。《保险法》第65条第2款规定，被保险人对第三者应负的赔偿责任确定的，根据被保险人的请求，保险人应当直接向该第三者赔偿保险金。被保险人怠于请求的，第三者有权就其应获赔偿的部分直接向保险人请求赔偿保险金。可见，我国《保险法》规定了第三人对保险人的直接请求权，只是这种直接请求权附加"被保险人请求"或者"被保险人怠于请求"的条件。

（三）责任保险其他费用的承担

依据《保险法》第66条规定，责任保险的被保险人因给第三者造成损害的保险事故而被提起仲裁或者诉讼的，被保险人支付的仲裁或者诉讼费用以及其他必要的、合理的费用，除合同另有约定外，由保险人承担。被保险人给第三人造成损害后，如果双方不能达成赔偿协议，需要经过仲裁或者诉讼程序，由仲裁机构或者人民法院作出裁决或判决以确定赔偿金额。期间，仲裁或者诉讼费用是查明事故性质、原因及第三者受损失程度必须支出的费用，这项费用法律要求应当由保险人承担。如果被保险人已经支付这些费用，可以向保险人请求给付,如果仍未支付,保险人应当代为支付。另外,其他必要的、合理的费用包括因赔偿纠纷引起的,为分清责任、确定赔偿金额所必须支付的律师费以及保险人同意支付的其他费用等。

二、责任保险合同的基本条款

责任保险合同条款因具体险种的不同而存在差异,一般包括保险责任、责任免除、责任限额、保险期间、保险人义务、投保人及被保险人义务、赔偿处理、保险费调整、合同的变更和终止、争议处理等条款。

(一)保险责任

该条款规定责任保险合同的承保范围,通常包括以下几个方面:第一,被保险人对第三人造成的人身财产损害而应依法承担的经济赔偿责任。第二,被保险人应当承担的违约赔偿责任。第三,被保险人雇用的人或者其所有物导致的损害赔偿责任。例如,《中国财产保险股份有限公司机动车第三者责任保险条款》中将保险责任表述为:保险期间内,被保险人或其允许的合法驾驶人在使用被保险机动车过程中发生意外事故,致使第三者遭受人身伤亡或财产直接损毁,依法应当由被保险人承担的损害赔偿责任,保险人依照本保险合同的约定,对于超过机动车交通事故责任强制保险各分项赔偿限额以上的部分负责赔偿。第四,被保险人因给第三者造成损害的保险事故而被提起仲裁或者诉讼的,被保险人支付的仲裁或者诉讼费用以及其他必要的、合理的费用,除合同另有约定外,由保险人承担。

不同类型的责任保险的保险责任不同。公众责任保险合同的保险责任包括:

1. 保险人在保险金额限度内对被保险人损害赔偿责任依照保险合同的约定支付保险金。

2. 支付被保险人因损害赔偿支付的仲裁费、诉讼费和其他必要合理的费用。

产品责任保险合同的保险责任包括:

1. 在保险期限内,保险人依照约定给付产品质量问题造成的人身财产损害赔偿金。

2. 保险人承担被保险人为解决产品质量事故而支付的仲裁费、诉讼费及其他必要合理的费用。

雇主责任保险合同的保险责任包括：

1. 被保险人所雇用的员工在保险合同列明的地点和合同有效期内，从事与其职业有关的工作时遭受意外伤残死亡等事故，被保险人依法应当承担的赔偿责任。

2. 雇员因患有与职业有关的职业病而导致的伤残、死亡，被保险人承担的赔偿责任。

3. 被保险人为解决赔偿事宜支出的诉讼费、仲裁费及其他必要合理费用。

职业责任保险合同的保险责任包括：

1. 被保险人及其前任、被保险人的雇员及其前任因职业事故应承担的赔偿责任。

2. 被保险人因职业事故引起的诉讼、仲裁费用及其他保险人认可的费用。

(二) 责任免除

除保险合同有不同规定，保险人对下列原因造成的损失不承担保险责任：

1. 地震及其次生灾害；

2. 战争、军事冲突、恐怖活动、暴乱、扣押、收缴、没收、政府征用；

3. 被保险人的故意行为；

4. 被保险人及其家属遭受的人身财产损害；

5. 被保险人的违法行为，如利用被保险机动车从事违法活动；驾驶人饮酒、吸食或注射毒品、被药物麻醉后使用被保险机动车；事故发生后，被保险人或其允许的驾驶人在未依法采取措施的情况下驾驶被保险机动车或者遗弃被保险机动车逃离事故现场，或故意破坏、伪造现场、毁灭证据等。

不同类型的责任保险的责任免除情形也不相同。公众责任保险合同的责任免除情形包括：

1. 被保险人故意行为引起的损害事故。

2. 战争、骚乱、暴动、罢工或封闭工程引起的损害。

3. 地震、洪水、海啸、台风、龙卷风、火山喷发等自然灾害引起的损害。

4. 任何与被保险人一起居住的亲属引起的损害。

5. 有缺陷的卫生装置以及其他任何不洁或有害物所致的损害。

6. 由于地震、移动或减弱支撑引起的任何土地、财产和房屋的损失。

产品责任保险合同的责任免除情形包括：

1. 根据合同约定应当由被保险人承担的责任。

2. 对被保险人所有、照管或控制的财产造成的损害。

3. 产品或商品仍在制造或销售场所，所有权尚未转移到用户或消费者手中造成的损害。

4. 被保险人违法生产、出售的产品或商品造成的人身财产损害。

5. 被保险人产品或商品本身的损失及被保险人为收回有缺陷的产品而造成的损失。

雇主责任保险合同的责任免除情形包括：

1. 战争、核风险等引发的雇员的伤害。

2. 被保险人故意行为或重大过失行为造成的雇员的伤害。

3. 被保险人雇员自身的故意行为或违法行为造成的伤残死亡。

4. 被保险人的雇员由于疾病、分娩、流产以及由此而实施的内、外科手术而导致的伤残死亡。

5. 被保险人对其承包商雇用的员工不承担雇主责任。

职业责任保险合同的责任免除情形包括：

1. 与被保险人职业无关的被保险人其他民事赔偿责任。

2. 因被保险人隐瞒、欺诈行为而引起的赔偿责任。

3. 被保险人故意行为引起的民事赔偿责任。

4. 被保险人因诽谤或恶意中伤他人而引起的民事赔偿责任。

5. 被保险人在保险期间内不如实告知危险增加而引起的民事赔偿责任。

(三) 责任限额

责任保险合同中均包括对保险公司承担责任的限额规定,即保险人承担给付保险金义务的最高额度。责任限额由投保人根据自身情况自由选定,保险人给付保险金的总额不超过被保险人应负的赔偿数额。责任限额一般包括两种:一种是每次事故的赔偿限额;一种是保险期间内累计的赔偿限额。另外,责任保险还有免赔额的规定,即规定由被保险人承担部分的赔偿责任,目的是防止被保险人因投保责任保险而轻纵保险事故的发生。通常规定为具体的数额,也有规定为赔偿金额的一定比例的。

(四) 保险人的义务

保险人应承担如下义务。

1. 保险人在订立保险合同时,应向投保人说明投保险种的保险责任、责任免除、保险期间、保险费及支付办法、投保人和被保险人义务等内容。

2. 保险人应及时受理被保险人的事故报案,并尽快进行查勘。

3. 保险人收到被保险人的索赔请求后,应当及时作出核定。

(1) 保险人应根据事故性质、损失情况,及时向被保险人提供索赔须知。审核索赔材料后认为有关的证明和资料不完整的,应当及时一次性通知被保险人补充提供有关的证明和资料。

(2) 在被保险人提供了各种必要单证后,保险人应当迅速审查核定,并将核定结果及时通知被保险人。情形复杂的,保险人应当在30日内作出核定;保险人未能在30日内作出核定的,应与被保险人商定合理期间,并在商定期间内作出核定,同时将核定结果及时通知被保险人。

(3) 对属于保险责任的,保险人应在与被保险人达成赔偿协议后10日内支付赔款。

(4) 对不属于保险责任的,保险人应自作出核定之日起3日内向被保险人发出拒绝赔偿通知书,并说明理由。

(5) 保险人自收到索赔请求和有关证明、资料之日起60日内,对其赔偿金额不能确定的,应当根据已有证明和资料可以确定的数额先予支付;保险人最终确定赔偿金额后,应当支付相应的差额。

4. 保险人对在办理保险业务中知道的投保人、被保险人的业务和财产情况及个人隐私,负有保密的义务。

(五) 投保人及被保险人的义务

1. 投保人应如实填写投保单并回答保险人提出的询问,履行如实告知义务;

2. 除另有约定外,投保人应当在保险合同成立时交清保险费;

3. 发生保险事故时,被保险人应当及时采取合理的、必要的施救和保护措施,防止或者减少损失的扩大;

4. 被保险人应当在保险事故发生后及时通知保险人。

(六) 赔偿处理

被保险人向保险人提出索赔申请后,保险人审查被保险人提供的保险单、缴费证明、保险事故的性质、原因等证明材料,对保险事故及赔偿数额进行核定;同时,对被保险人的保险利益、保险合同的效力等进行审查,而后依据合同规定的责任限额进行赔付。

第四节 机动车交通事故强制保险

一、机动车交通事故强制保险的概念

机动车交通事故强制保险,是指由保险公司对被保险机动车发生道路交通事故造成受害人(不包括本车人员和被保险人)的人身伤亡、财产损失,在责任限额内予以赔偿的强制性责任保险。机动车交通事故强制保险是 1980 年恢复保险业务后我国首个由国家法律规定实行的强制保险制度,2004 年 5 月 1 日,《道路交通法》开始施行,所有机动车辆被强制投保第三者责任保险。2006 年 3 月 21 日,国务院公布了《机动车交通事故责任强制保险条例》,自 2006 年 7 月 1 日起施行。

机动车交通事故强制保险是运输工具第三者责任保险的一种,运输工具第三者责任保险肇端于 1875 年英国伦敦地方铁路客车公司开办的马车第三者责任保险,承保马车意外事故致使他人财产受损或人身受到伤害的经济赔偿责任。1896 年,英国颁布《公路机动

车辆法令》,保险人开始参与机动车辆第三者责任保险;1901年,美国出现了对他人财产损害赔偿提供保险的汽车第三者责任保险。目前,世界上多数国家采取强制手段承保汽车责任保险。

二、机动车交通事故强制保险与机动车商业第三者责任险的区别

（一）赔偿原则不同

根据《道路交通安全法》的规定,对机动车发生交通事故造成人身伤亡、财产损失的,由保险公司在机动车交通事故强制保险责任限额范围内予以赔偿。而商业第三者责任险中,保险公司是根据投保人或被保险人在交通事故中应负的责任来确定赔偿责任的。

（二）保障范围不同

除了《机动车交通事故责任强制保险条例》规定的个别事项外,机动车交通事故强制保险的赔偿范围几乎涵盖了所有道路交通责任风险。而商业第三者责任险中,保险公司不同程度地规定有免赔额、免赔率或责任免除事项。

（三）强制性不同

根据《机动车交通事故责任强制保险条例》规定,机动车的所有人或管理人都应当投保机动车交通事故强制保险。同时,保险公司不能拒绝承保、不得拖延承保和不得随意解除合同。与此不同,商业第三者责任险由当事人自愿投保。

（四）保险条款和基础费率不同

根据《机动车交通事故责任强制保险条例》规定,机动车交通事故强制保险实行全国统一的保险条款和基础费率,保监会按照交强险业务总体上"不盈利不亏损"的原则审批费率。一般商业第三者责任险的费率采用备案制,保险公司制定出具体的费率,向保险监督管理机构备案即可。

（五）责任限额不同

机动车交通事故责任强制保险实行分项责任限额。根据损害的不同,分为死亡伤残的赔偿、医疗费用的赔偿和财产损害的赔偿三种不同类型,每种类型分别适用不同的责任限额。

（六）法律依据不同

商业性机动车第三者责任保险是依据《保险法》，而机动车交通事故责任强制保险是依据《道路交通安全法》第 17 条"国家实行机动车第三者责任强制保险制度，设立道理交通事故社会救助基金。具体办法由国务院规定"。2006 年 7 月 1 日起实施的国务院《机动车交通事故责任强制保险条例》第 45 条规定"机动车所有人、管理人自本条例施行之日起 3 个月内投保机动车交通事故责任强制保险；本条例施行前已经投保商业性机动车第三者责任保险的，保险期满，应该投保机动车交通事故责任强制保险"。很明显，在此之前的商业性三者险不是强制责任保险。

（七）归责原则不同

机动车交通事故责任强制保险在归责原则上，无论被保险的机动车在法律上对第三者是否应承担赔偿责任，保险公司都必须在保险责任限额范围内承担赔偿责任（即无过错责任），即使受损害的第三者在交通事故中负有全部责任，这一点《道路交通安全法》第 76 条第 1 款作了明确的规定。而通过现行的机动车第三者责任保险来看，保险公司承担的是《保险法》所规定的"机动车方对第三人依法应负的赔偿责任"，赔付标准是双方在缔结保险合同时所约定的标准。

三、机动车交通事故强制保险合同的基本条款

（一）机动车交通事故责任强制保险责任限额

机动车交通事故责任强制保险责任限额表（2008 年 2 月 1 日后）

机动车在道路交通事故中 有责任的赔偿限额	机动车在道路交通事故中 无责任的赔偿限额
死亡伤残赔偿限额：110000 元人民币 医疗费用赔偿限额：10000 元人民币 财产损失赔偿限额：2000 元人民币	死亡伤残赔偿限额：11000 元人民币 医疗费用赔偿限额：1000 元人民币 财产损失赔偿限额：100 元人民币

1. 死亡伤残赔偿限额

死亡伤残赔偿限额是指，被保险机动车发生交通事故，保险人对每次保险事故所有受害人的死亡伤残费用所承担的最高赔偿金额。

死亡伤残费用包括丧葬费、死亡补偿费、受害人亲属办理丧葬事宜支出的交通费用、残疾赔偿金、残疾辅助器具费、护理费、康复费、交通费、被抚养人生活费、住宿费、误工费,被保险人依照法院判决或者调解承担的精神损害抚慰金。

2. 医疗费用赔偿限额

医疗费用赔偿限额是指,被保险机动车发生交通事故,保险人对每次保险事故所有受害人的医疗费用所承担的最高赔偿金额。医疗费用包括医药费、诊疗费、住院费、住院伙食补助费,必要的、合理的后续治疗费、整容费、营养费。

3. 财产损失赔偿限额

财产损失赔偿限额是指,被保险机动车发生交通事故,保险人对每次保险事故所有受害人的财产损失承担的最高赔偿金额。

(二) 机动车交通事故责任强制保险费率

机动车交通事故责任强制保险费率实行与被保险机动车道路交通安全违法行为、交通事故记录相联系的浮动机制。签订交强险合同时,投保人应当一次支付全部保险费。保险费按照中国保险监督管理委员会批准的费率执行。

(三) 机动车交通事故责任强制保险当事人

机动车交通事故责任强制保险合同中的被保险人是指投保人及其允许的合法驾驶人。投保人是指与保险人订立交强险合同,并按照合同负有支付保险费义务的机动车的所有人、管理人。受害人是指因被保险机动车发生交通事故遭受人身伤亡或者财产损失的人,但不包括被保险机动车本车车上人员和被保险人。

(四) 垫付条款

被保险机动车发生交通事故,造成受害人受伤需要抢救的,保险人在接到公安机关交通管理部门的书面通知和医疗机构出具的抢救费用清单后,按照国务院卫生主管部门组织制定的交通事故人员创伤临床诊疗指南和国家基本医疗保险标准进行核实。对于符合规定的抢救费用,保险人在医疗费用赔偿限额内垫付。被保险人在交通事故中无责任的,保险人在无责任医疗费用赔偿限额内垫付。对于其他损失和费用,保险人不负责垫付和赔偿,主要包括下列情形。

（1）驾驶人未取得驾驶资格的；

（2）驾驶人醉酒的；

（3）被保险机动车被盗抢期间肇事的；

（4）被保险人故意制造交通事故的。

对于垫付的抢救费用，保险人有权向致害人追偿。

（五）责任免除

保险人对下列损失和费用不负责赔偿和垫付：

（1）因受害人故意造成的交通事故的损失；

（2）被保险人所有的财产及被保险机动车上的财产遭受的损失；

（3）被保险机动车发生交通事故，致使受害人停业、停驶、停电、停水、停气、停产、通讯或者网络中断、数据丢失、电压变化等造成的损失以及受害人财产因市场价格变动造成的贬值、修理后因价值降低造成的损失等其他各种间接损失；

（4）因交通事故产生的仲裁或者诉讼费用以及其他相关费用。

（六）赔偿处理

保险事故发生后，保险人按照国家有关法律、法规规定的赔偿范围、项目和标准以及机动车交通事故强制保险合同的约定，并根据国务院卫生主管部门组织制定的交通事故人员创伤临床诊疗指南和国家基本医疗保险标准，在交强险的责任限额内核定人身伤亡的赔偿金额。因保险事故造成受害人人身伤亡的，未经保险人书面同意，被保险人自行承诺或支付的赔偿金额，保险人在交强险责任限额内有权重新核定。因保险事故损坏的受害人财产需要修理的，被保险人应当在修理前会同保险人检验，协商确定修理或者更换项目、方式和费用，否则，保险人在机动车交通事故强制保险责任限额内有权重新核定。被保险机动车发生涉及受害人受伤的交通事故，因抢救受害人需要保险人支付抢救费用的，保险人在接到公安机关交通管理部门的书面通知和医疗机构出具的抢救费用清单后，按照国务院卫生主管部门组织制定的交通事故人员创伤临床诊疗指南和国家基本医疗保险标准进行核实。对于符合规定的抢救费用，保险人在医疗费用赔偿限额内支付。被保险人在交通事故中无责任的，保险人在无责任医疗费用赔偿限额内支付。

(七) 合同变更与终止

在机动车交通事故强制保险合同有效期内,被保险机动车所有权发生转移的,投保人应当及时通知保险人,并办理交强险合同变更手续。在下列三种情况下,投保人可以要求解除交强险合同:

(1) 被保险机动车被依法注销登记的;

(2) 被保险机动车办理停驶的;

(3) 被保险机动车经公安机关证实丢失的。

机动车交通事故强制保险合同解除后,投保人应当及时将保险单、保险标志交还保险人;无法交回保险标志的,应当向保险人说明情况,征得保险人同意。

第十一章 保证保险合同与信用保险合同

第一节 保证保险合同

一、保证保险合同的概念和特征

保证保险是指保险公司向履行保证保险的受益人承诺，如果被保险人不按照合同约定或法律规定履行义务的，则由保险公司承担赔偿责任的一种保险形式。

保证保险最早出现于约18世纪末19世纪初，它是随商业信用的发展而产生的。最初的保证保险类型是诚实保证保险，由个人商行或银行办理。到1852—1853年，英国几家保险公司试图开办合同担保业务，但因缺乏足够的资本而没有成功。1901年，美国马里兰州的诚实存款公司首次在英国提供合同担保，英国几家公司相继开办此项业务，并逐渐推向了欧洲市场。保证保险是随着商业道德危机的频繁发生而发展起来的。保证保险新险种的出现，是保险业功能由传统的补救功能、储蓄功能，向现代的资金融通功能的扩展，对促进消费和经济增长产生了积极的作用。随着我国经济的快速发展，人们消费观念的改变，消费信贷体系日益健全、扩张，分期付款购房、分期付款购车等消费形式日益普及。保证保险的出现正是迎合了银行减少信贷经营风险，保险公司拓展业务范围，扩大保险市场的需求。目前，我国开办的保证保险险种主要有分期付款买卖保证保险、产品质量保证保险、住房消费贷款保证保险、汽车消费贷款保证保险等。

《保险法》中并未对保证保险合同的概念加以规定，保监会1999年发布的《中国保险监督管理委员会关于保证保险合同纠纷案的复函》中对保证保险的定义为："保证保险是财产保险的一种，是指由作为保证人的保险人为作为被保证人的被保险人向权利人提供担保的一种形式,如果由于被保险人的作为或不作为不履行合同义务,致使权利人遭受经济损失,保险人向被保险人或受益人承担赔偿责任。"最高人民法院在2000年8月28日发布的《中国工商银行郴州市苏仙区支行与中保财产保险有限公司湖南省郴州市苏仙区支公司保证保险合同纠纷一案的请示报告的复函》中给保证保险下的定义为:"保证保险是由保险人为投保人向被保险人(即债权人)提供担保的保险,当投保人不能履行与被保险人签订合同所规定的义务,给被保险人造成经济损失时,由保险人按照其对投保人的承诺向被保险人承担代为补偿的责任。"

保证保险合同具有如下特征:

1. 保证保险合同除投保人与保险人之外,还涉及第三方关系人,即作为主债务人的被保证人。

2. 保险人通常要求被保证人提供反担保。如果被保证人不能按照合同履行义务,保险人代替被保证人向权利人补偿损失,保险人补偿损失后,取得向被保证人追偿的权利,为了保险人的追偿权能够实现,被保证人通常于投保的时候被要求提供反担保。

3. 保证保险合同的变更和终止涉及合同双方当事人和第三人。

二、保证保险合同与保证合同的区别

保证合同是保证人为担保债务人履行债务而与债权人订立的协议,其当事人是主合同的债权人和保证人,被保证人不是保证合同的当事人。保证保险合同的当事人是债务人(被保证人)和保险人(保证人),债权人一般不是保证保险合同的当事人,但可以作为合同的第三人(受益人)。保证保险合同与保证合同的区别主要体现为以下方面:

1. 保证保险合同与保证合同主体资格不同

保险人为特殊主体,保险人是经过保险监管机关批准享有保证保险经营权的商业保险公司。保证人为一般主体,除了《担保法》规定禁止作保证人以外的一切自然人、法人或其他组织均可作为保证人。

2. 保证保险合同与保证合同的目的不同

保证保险合同作为一种保险手段,虽具有保障债权实现的功能,但其是以降低违约风险和分散风险为主要目的。而保证合同是以担保债权的实现为目的。

3. 保证保险合同与保证合同的内容不同

保证保险合同是双务性的有偿合同,其内容主要是由投保人交纳保费的义务和保险人承担保险责任构成。而保证合同通常是单务无偿合同,其内容由债权人的担保权利和保证人的保证义务构成。

4. 保证保险合同与保证合同的责任性质不同

在保证保险合同中,保险责任是保险人的主要责任,只要发生了合同约定的保险事由,保险人即应承担保险责任,这种责任在合同有效期内未发生保险事由而消灭。在保证合同中,保证人承担的是保证责任,保证人履行了保证责任标志着合同目的的实现,若债务人履行债务,则保证责任消灭。

5. 保证保险合同与保证合同的债产生原因不同

保证保险合同为依据的保险之债,不是原来已存在的债的一部分,而是独立于原债的一个新债。而以保证合同而形成的保证之债是原债的一部分,是作为主债的从债。

6. 保证保险合同与保证合同的抗辩权不同

保证保险合同作为财产保险合同的一种,既适用保险法的一般规定,也适用财产保险合同的有关规定,保险人拥有广泛的抗辩权。而除一般保证的保证人享有先诉抗辩权外,连带保证的保证人的抗辩权受到很大的限制。

7. 保证保险合同与保证合同的运行方式不同

保证合同以担保主债为目的,其内容体现的是依附被担保的主债,而不追求任何经济利益为目的。保证保险合同是一种财产保险合同,是当事人之间的一种商品交换关系,保险人通过开展保险业务化解和分散商业风险,获取商业利润。

8. 保证保险合同与保证合同的对价不同

保证保险以投保人支付相当的保险费为条件,保险费率的确定由保险人根据社会公众购买保证保险的需求情况和降低自身经营风险的需要以及保证保险的成本来确定,体现了商品交换中的经济法则。保证一般是无偿的,即使有对价存在,也是由保证人确定一个具体的数额,不存在成本问题,而且保证人并不以追求经济利益为目的。

9. 保证保险合同与保证合同的责任承担前提不同

一般保证人承担责任的前提是债权人经判决或仲裁并就债务人的财产依法强制执行仍不能获得清偿,其本质是一种补充赔偿责任;保险责任则以保险事故的发生为充分必要条件,只要双方约定的保险事故已确定发生,保险公司就应当承担保险责任。

10. 保证保险合同与保证合同的独立性不同

保险合同是独立存在的合同,它不是依附其他合同的从合同;而保证合同是主合同的从合同,不能脱离主合同而独立存在。

11. 保证保险合同与保证合同承担责任的财产来源不同

保险人承担责任的财产是投保人的保费所形成的保险基金而不是保险人自己的财产,保险人只是保险基金的管理者,保险人不用自己的财产承担保险责任;而保证人承担保险责任的财产是自己所有的财产。

三、保证保险合同的类型

(一) 忠实保证保险合同

忠实保证保险合同,又称雇主忠诚保证保险合同,是指保险人以被保证人的诚实与否向雇主提供保证,当被保证人(雇员)因不诚实给被保险人(雇主)造成损失时,由保险人负责赔偿的保险合同。雇员的不诚实行为,如盗窃、侵占、贪污、欺诈等给雇主造成的损失均由保险人承担给付保险金义务。

(二) 合同保证保险合同

合同保证保险合同是指合同承保被保证人不履行各种合同义务造成权利人经济损失的,由保险人承担赔偿责任的保险合同。合同保证保险存在多种具体形态,我国最常见的是建筑工程承包合同的保证保险,包括四种类型:(1) 工程履约保证保险,由保险人承保工程所有人因为工程承包人不能按建筑工程承包合同约定的时间、数量、质量交付工程而导致的损失。(2) 工程投标保证保险,由保险人承保工程发包人因中标人不签订工程承包合同而导致的损失。(3) 工程预付款保证保险,由保险人承保工程所有人因工程承包人不能履行工程承包合同而导致的损失。(4) 工程维修保证保险,由保险人承保工程所有人因工程承包人不履行工程承包合同约定的维修义务而导致的损失。

忠实保证保险与合同保证保险的区别表现为三个方面:第一,忠实保证涉及的是雇主与雇员之间的关系,而合同保证并不涉及这种关系;第二,忠实保证的承保危险是雇员的不诚实或欺诈,而合同保证承保的危险主要是被保证人的违约行为;第三,忠实保证可由被保证人购买,也可由雇主购买,而合同保证保险必须由被保证人购买。

(三) 产品保证保险

产品保证保险是指保险人以保证人身份承担被保证人制造或销售的产品存在质量缺陷而产生的对产品本身损失的赔偿责任的保险。产品保证保险往往与产品责任保险一起为保险人综合承保。该险种的投保人有义务严格执行产品检验制度,保证产品质量。对保险期满后未发生赔偿或赔款未达到保险金额一定比例的,投保人续保时可享受无赔款安全奖励,奖励金额一般为上年已交保费的一定比例。

(四) 司法保证保险

司法保证保险是指保险人以保证人的地位确保被保证人在司法活动中忠实实施相应行为的保险,分为诉讼保证保险与信托保证保险。诉讼保证保险适用于诉讼当事人在请求司法机关采取诉讼保全措施时所提供的担保;信托保证保险适用于依法行使财产管理职责的人在管理财产时为避免其不当行为导致的损失而投保。

(五) 执照、许可证保证保险

执照、许可证保证保险是指投保人因从事特定行为而根据法律、法规或行政规章而与保险人订立保险合同,由保险人以保证人地位对被保证人在从事特定行为时违反义务造成他人损失为保险金给付的保险合同。

四、典型保证保险合同的主要条款

（一）忠实保证保险合同的主要条款

1. 责任范围

保险人对被保险人因保单所载员工在保险期限内的欺诈行为、不诚实行为所致经济损失，负经济赔偿责任。

2. 除外责任

对下述原因所致被保险人的损失，保险人不负赔偿责任：(1) 被保险员工工作错误、疏忽、过失或经营无方；(2) 被保险员工向被保险人借贷；(3) 与被保险员工无关的外界盗窃；(4) 与被保险员工的欺诈、不诚实行为无关的盘点、结算、兑账不符；(5) 被保险人或其代表和行使审核权力人的疏忽、故意行为以及重大过失行为；(6) 被保险员工与其职务无关的行为。

（二）产品质量保证保险合同的主要条款

1. 责任范围

在保险期限内，被保证人对其当年生产销售的产品，依照《中华人民共和国产品质量法》，对由下列原因产生的，应由其承担的修理、更换、退货责任，保险人在保险金额范围内承担赔偿责任：(1) 不具备产品应当具备的使用性能而事先未作说明的；(2) 不符合在产品或者包装上注明采用的产品标准的；(3) 不符合以产品说明、或实物样品等方式表明的质量状况的。

2. 除外责任

保险人对下列各项不负赔偿责任：

(1) 出厂时未经检验的产品或虽经检验属于不合格产品（包括次品、处理品、废品等）以及无法确定出厂日期或销售日期的产品。

(2) 用户和消费者（下称权利人）不按照产品使用说明书要求安装、使用或经权利人自行拆装、修理过的产品。

(3) 出口到境外（包括港、澳、台地区）的产品。

(4) 产品造成使用者或其他人的人身伤害和财产损失。

(5) 产品的自然磨损、运输、仓储过程中产品的损失，超过保质期所致的损失。

(6) 违法生产或销售的产品。
(7) 被保证人不符合产品实际情况的产品宣传引起的损失。
(8) 被保证人因经营不善所致停业整顿或法院宣布破产以后销售的产品。

第二节 信用保险合同

一、信用保险合同的概念

信用保险合同是指,权利人要求保险人对他方信用提供担保的保险合同。如,出卖人为防止买受人不能清偿到期债务而向保险人投保,保险人保证上述情况发生导致出卖人遭受损失时,由保险人予以填补。信用保险是促进商业信用销售的重要措施。当前,对落实中央关于扩大内需战略方针、保持经济长期平稳较快发展具有重要意义。我国的信用保险的发展始于20世纪80年代初期。1983年初,中国人民保险公司上海分公司与中国银行上海分行达成协议,对一笔出口船舶的买方信贷提供中、长期信用保险;1986年中国人民保险公司开始试办短期出口信用保险;1988年,国务院正式决定由中国人民保险公司试办出口信用保险业务,并在该公司设立了信用保险部。1994年以后,中国进出口银行也经办各种出口信用保险业务。2001年12月,在原中国人民保险公司信用保险部和中国进出口银行信用保险部的基础上,组建产生了我国第一家专门经营信用保险的国有独资的中国出口信用保险公司。

二、信用保险合同与保证保险合同的关系

(一) 信用保险合同与保证保险合同的联系

信用保险合同与保证保险合同均属于财产保险合同,二者联系体现在以下方面:

1. 保险标的均为无形的信用利益。二者承保的信用危险不同于其他财产保险承保的物质形态的标的。两种保险类型虽然无法改变实际的信用环境,也不能保障债务人的信用程度,但通过保险合同的订立保障债权人对期待的合同利益不落空。

2. 保险人履行保险合同约定的给付义务以被保证人不能履行应承担的义务为前提。如果被保证人能够履行损害赔偿义务,保险人不能代为履行,即当保险合同约定的保证或信用事故发生导致权利人遭受损失的,只有在被保证人不能赔偿损失时,才由保险人代为给付。

3. 保险合同从属于主合同,保险合同的成立、变更、效力均受主合同的影响。

4. 保险人履行给付保险金义务后,被保证人对保险人支付的费用负有返还义务。保险人享有代位求偿权,即取得主合同债权人对债务人的求偿权。

(二) 信用保险合同与保证保险合同的区别

1. 投保人不同

保证保险合同的投保人是主合同债务人,该债务人根据债权人的要求,保证履行自身债务而向保险人投保。信用保险合同的投保人是主合同的债权人,该债权人为了实现自己的债权,向保险人投保,债务人不履行债务时由保险人承担给付保险金义务。

2. 投保人与实际受益人不一致

保证保险合同的投保人是主合同债务人,而实际受益人是主合同的债权人。信用保险合同的投保人是主合同的债权人,实际受益人也是该债权人,二者同一。

3. 主体范围不同

信用保险的被保险人(也是投保人)是保险合同的权利人,承保的是被保证人(义务人)的信用风险,除保险人外,保险合同中只涉及权利人和义务人两方;保证保险是义务人应权利人的要求投保自己的信用风险,义务人是被保证人,由保险公司出立保证书担保,保险公司实际上是保证人,保险公司为了减少风险往往要求义务人提供反担保(即由其他人或单位向保险公司保证义务人履行义务),这样,除保险公司外,保证保险合同中还涉及义务人、反担保人和权利人三方。

4. 承担的风险不同

在信用保险中,被保险人交纳保费是为了把可能因义务人不履行义务而使自己受到损失的风险转嫁给保险人,保险人承担着实实在在的风险,必须把保费的大部分或全部用于赔款(甚至亏损),保险人赔偿后虽然可以向责任方追偿,但成功率很低,就是说信用保险的承保风险比较大。大部分开办出口信用保险的国家都把它列为政策性保险,往往由政府设立专门的政策性保险公司经营,或由政府资助商业保险公司经营。在保证保险中,义务人交纳的保费是为了获得向权利人保证履行义务的凭证。保险人出立的保证书,履约的全部义务还是由义务人自己承担,并没有发生风险转移,保险人收取的保费只是凭其信用资格而得到的一种担保费,风险仍由义务人承担,在义务人没有能力承担的情况下才由保险人代为履行义务,事后再通过反担保措施要回代为承担的赔偿款。因此,经营保证保险对保险人来说,风险相对比较小。

三、信用保险合同的类型

(一) 出口信用保险合同

出口信用保险合同是指以出口商在经营出口业务过程中因进口商的商业风险或进口商的政治风险而遭受的损失为保险事故的信用保险。包括短期出口信用保险和中长期出口信用保险以及商业风险的出口信用保险、政治风险的出口信用保险和综合风险的出口信用保险。与其他的商业保险相比,出口信用保险的承保标的、承保风险、经营目的等具有自身的特点,被称为一种"经营风险巨大且难以控制的险种"。[①]

出口信用保险是各国政府为提高本国产品的国际竞争力,推动本国的出口贸易,保障出口商的收汇安全和银行的信贷安全,促进经济发展,以国家财政为后盾,为企业在出口贸易、对外投资和对外工程承包等经济活动中提供风险保障的一项政策性支持措施,属于非营利性的保险业务,是政府对市场经济的一种间接调控手段和补充。

---

① 钟明主编:《保险学》,上海财经大学出版社 2006 年版,第 164 页。

同时,也是世界贸易组织(WTO)补贴和反补贴协议原则上允许的支持出口的政策手段。目前,全球贸易额的12%—15%是在出口信用保险的支持下实现的,有的国家的出口信用保险机构提供的各种出口信用保险保额甚至超过其本国当年出口总额的1/3。目前,我国出口信用保险是一种政策性保险,是以国家财政为后盾,支持中国企业出口商品、开展服务贸易、海外投资和对外承包工程等经济活动的一项政策措施。[1]

(二) 国内贸易信用保险合同

国内贸易信用保险合同是指国内的商品出卖人因买受人信用危险,致使货款无法收回时,由保险人依照合同约定给予赔偿的财产保险合同。包括贷款信用保险合同、赊销信用保险合同和预付信用保险合同三种类型。

目前,国内贸易信用保险的发展受到多方面因素的制约。第一,信用销售发展不足。根据国家商务部的统计,目前美国信用销售的比例高达90%以上,信用消费占总消费额的2/3左右,而我国信用销售比例不到20%。信用销售相对滞后的大环境制约了国内信用保险的发展。第二,信用体系和制度不健全。一是信用销售风险分担机制不完善。我国信用调查评估、商账追收等服务相对滞后,保险公司承保风险大,追偿成本高,不敢轻易开展国内信用保险业务。二是信用信息渠道不畅。目前国内企业信息分散、封闭,散布在交易伙伴及政府管理部门间的信用信息不能有效公开共享,而第三方征信机构提供的买家资信报告数据通常是上一年度的,在当今经济态势较不稳定、企业状况变化迅速的环境下,保险公司难以准确评价买方近期的变化情况。三是信用监督和惩罚机制存在漏洞。目前我国还没有关于信用保险的专门立法,一旦发生经营风险,很难约束和惩罚失信的投保人。第三,社会对信用保险认知度有限。企业对信用销售的风险防范意识较高,但通过商业保险转嫁风险的意识却非常薄弱。传统的保险标的主要是具体实物,对信用这种没有具体形态的保险,社会大众基本没有了解。第四,政府支持力度不足。根据调

---

[1] 唐若昕主编:《出口信用保险实务》,中国商务出版社2004年版,第15页。

研,各级政府一般都给予出口信用保险财政支持,保费补贴低的有15%,高的达80%,云南的农产品出口甚至达到了100%,而对国内信用保险则没有明显的政策支持。虽然有关部门虽已出台有关中小商贸企业融资担保和信用保险的补贴政策,但其效果如何仍需时间考证。第五,保险公司发展国内信用保险动力不足。

2009年,财政部、商务部、保监会等有关部委先后发布《关于推动信用销售健康发展的意见》、《关于落实2009年中小商贸企业融资担保和信用保险补贴政策有关工作的通知》、《关于做好中小商贸企业国内贸易信用保险保费补助工作的通知》,强调要充分借助信用保险促进信用销售,并为我国信用保险发展提供强有力的政策支持,信用保险迎来新的发展契机。

(三)投资信用保险合同

投资信用保险合同,又称政治风险合同,是指投保人(海外投资商)向保险人所在国投资经营,因政治原因造成经济损失,保险人承担赔偿责任的一种财产保险合同。开展投资保险的主要目的是为了鼓励资本输出。作为一种新型的保险业务,投资保险于20世纪60年代在欧美国家出现以来,现已成为海外投资者进行投资活动的前提条件。

四、出口信用保险合同的主要内容

(一)短期出口信用保险合同的主要内容

信用期在180天以内的短期出口信用保险,承保的出口货物通常是一般性商品,包括消费性制成品、初级产品和工业用原材料,以及汽车、农用机械、机床工具等。短期出口信用保险承保出口商在发运货物后由于商业风险和政治风险引起的货款损失。商业风险包括买方破产或资不抵债、拒绝履行合同或拖欠货款。政治风险包括买方政府限制汇兑、禁止货物进口、吊销进口许可证、颁布延期付款令、买方所在国发生战争或大范围的灾害事故致使买方无法履约。

(二)中长期出口信用保险的主要内容

信用期在2年以上的中长期出口信用保险,承保的出口货物多是大型资本性或半资本性货物,比如飞机、电站或矿山的成套设备以及海外工程承包等项目。中长期出口信用保险承保的风险是由于买方的商业风险和买方所在国的政治风险造成出口商不能收汇的损失,包括如下两个方面:

1. 买方、借款人或其还款担保人倒闭、破产、被接管或清盘或丧失偿付能力或不履行还款义务或单方面停止执行贸易合同。

2. 买方所在国颁布法令限制汇兑,与出口商所在国或与任何第三国政府发生战争、发生不可抗拒的特别事件造成买方不能履行还款义务。

(三) 出口信用保险合同的赔偿等待期

出口信用保险合同等待期的规定是被保险人提出索赔后,保险人要等到保险单规定的一段时间结束以后才能定损核赔。造成被保险人收汇损失的原因不同,赔偿等待期时间的规定也不同。

1. 损失原因为买方破产的,无赔偿等待期的规定。

2. 损失原因是买方拖欠货款的,赔偿等待期为 4 个月。

3. 损失原因为买方拒收货物或拒付货款的,赔偿等待期为该批货物重新发售或处理完毕后 1 个月。

4. 损失原因为政治风险的,赔偿等待期为政治风险事件发生后 4 个月。

五、投资信用保险合同的主要内容

(一) 保险责任

投资信用保险合同的保险责任包括以下三种风险给被保险人造成的投资损失。

1. 战争风险,又称战争、革命、暴乱风险。

2. 征用风险,又称国有化风险。

3. 外汇风险,又称汇兑风险。

(二) 除外责任

1. 投资项目受损后造成被保险人的一切商业损失。

2. 违背或不履行投资合同或故意违法行为导致的东道国有关部门的征用或没收造成的损失。

3. 没有按东道国政府有关部门规定的期限汇出外汇款造成的

损失。

4. 在投资合同范围以外的任何其他财产被征用、没收造成的损失。

5. 由于原子弹、氢弹等核武器造成的损失。

（三）保险金额

投资信用保险合同的保险金额以被保险人在东道国的投资金额为确定依据。一年期投资信用保险合同的保险金额为被保险人在该年投资金额的一定比例,多为90%。长期投资信用保险合同的保险金额在确定一个总的最高保险金额基础上确定每年的保险金额。

（四）赔偿期限

造成投资损失的政治风险不同,赔偿期限也不相同。

1. 战争风险造成的损失,保险人在投资项目终止6个月以后赔偿。

2. 征用风险造成的损失,保险人在投资项目被征用或没收发生满6个月以后赔偿。

3. 外汇风险造成的损失,保险人在被保险人提出申请汇款3个月以后赔偿。

第十二章 海上保险合同

第一节 海上保险合同的概念和种类

一、海上保险合同的概念

海上保险合同,是指以海上财产,如船舶、货物以及与之有关的利益,如运费、租金等作为保险标的的保险。海上保险是财产保险中最古老的一种,对在海上发生的财产风险承保即为海上保险。海上保险是财产保险的重要组成部分,其范围仅限于海上财产保险,不包括人身保险。海上旅客意外伤害、船员意外伤害不在海上保险之列。[①] 由于海上保险合同内容涉及国际贸易惯例,我国采用特别立法的形式。1992年11月7日发布的《中华人民共和国海商法》第十二章专门规定了海上保险合同。2009年2月28日修订发布的《保险法》第184条规定,"海上保险适用《中华人民共和国海商法》的有关规定;《中华人民共和国海商法》未规定的,适用本法的有关规定。"依据我国《海商法》第216条的规定,海上保险合同是指保险人按照约定,对被保险人遭受保险事故造成保险标的损失和产生的责任负责赔偿,而由被保险人支付保险费的合同。前款所称保险事故,是指保险人与被保险人约定的任何海上事故,包括与海上航线有关的发生于内河或者陆上的事故。我国《海商法》第十二章对海上保险合同进行了规定,海上保险是对自然灾害或其他意外事故造成海上运输损失的一种补偿方法。保险方与被保险方订立保险合同,根据合同约定被保险方应付一定费用给承保方,发生损失后则可得到承保方的补偿。随着贸易和运输业的发展,特别是海上资源开发的发展,作为古老的海上保险,其内容和形式有了以下几种明显的变

---

① 邢海宝:《海商法教程》,中国人民大学出版社2008年版,第456页。

化:第一,海上保险的种类已由传统的承保船舶、货物、运输三种逐步扩展到承保建造船舶、海上作业和海上资源开发以及与之有关的财产、责任、利益等。第二,海上保险所承保的危险不仅限于原先的海上固有的危险,还包括与航海贸易有关的内河、陆上以及航空运输的危险和各种联运工具引起的责任。第三,海上保险承保的标的已由物质的财产,逐步扩展到与之有关的非物质的利益、责任等。

二、海上保险合同的种类

我国《海商法》第218条规定可以作为海上保险标的的包括:船舶;货物;船舶营运收入,包括运费、租金、旅客票款;货物预期利润;船员工资和其他报酬;对第三人的责任;由于发生保险事故可能受到损失的其他财产和产生的责任、费用。

结合上述规定和海上保险的实务可以概括海上保险合同主要有以下五种类型:

(一)船舶保险合同

船舶保险合同是指以各种类型船舶为保险标的,船舶在海上航行或者在港内停泊时,遭到的因自然灾害和意外事故所造成的全部或部分损失及可能引起的责任由保险人进行赔偿的保险合同。包括船舶定期保险、航程保险、费用保险、修船保险、造船保险、停航保险等。船舶保险采用定期保险单或航程保险单,其特点是保险责任仅以水上为限,这与货物运输保险可将责任扩展至内陆的某一仓库不同。

(二)运费保险合同

运费保险合同是指以运费为保险标的,海损后船舶所有人无法收回的运费由保险人补偿的保险合同。

(三)保障赔偿责任保险合同

保障赔偿责任保险合同是船舶所有人之间相互保障的一种保险合同形式。主要承保保险单不予承保的责任险,对船舶所有人在营运过程中因各种事故引起的损失、费用、罚款等予以保险。

(四)海上运输货物保险合同

海上运输货物保险合同以海运货物为保险标的,保险人承担整个运输过程,包括内河、内陆运输保险标的遭受自然灾害和意外事故的损失。主要有平安险(负责赔偿因自然灾害发生意外事故造成保险货物的全部损失)、水渍险(除负责平安险的全部责任外,还负责因自然灾害发生意外事故所造成的部分损失)、一切险(负责保险条件中规定的除外责任以外的一切外来原因所造成的意外损失)。目前国际贸易中,买卖双方以投保海上货物运输保险作为交易的必要条件,通过海上货物运输保险获得经济上的保障、避免国际贸易的损失已经成为国际惯例。

(五) 石油开发保险合同

石油开发保险合同是以承保海上石油开发全过程各类财产、利益、责任和费用等风险为保险标的的保险合同。属于专业性的综合保险,主要包括海上移动性钻井设备的保险、平台钻井机的保险、控制井喷费用的保险、油田建设工程保险、溢油污染及费用保险、第三者责任保险、各种工作船保险、租金保险、重钻费用保险、战争与政治风险保险、平台保险以及油管保险等。此种保险的保险期限由于石油开发周期的原因一般比较长,有的可达十余年。

第二节 海上保险合同的内容及保险标的的损失

一、海上保险合同的内容

(一) 海上保险合同的主要条款

根据我国《海商法》第 217 条的规定,海上保险合同的内容主要包括下列各项:

1. 保险人名称;
2. 被保险人名称;
3. 保险标的;
4. 保险价值;
5. 保险金额;
6. 保险责任和除外责任;
7. 保险期间;

8. 保险费。

(二) 海上保险合同的保险标的

依据《海商法》第218条第1款的规定,下列各项可以作为海上保险合同的保险标的:

1. 船舶;
2. 货物;
3. 船舶营运收入,包括运费、租金、旅客票款;
4. 货物预期利润;
5. 船员工资和其他报酬;
6. 对第三人的责任;
7. 由于发生保险事故可能受到损失的其他财产和产生的责任、费用。

(三) 海上保险合同的保险价值

海上保险合同保险标的的保险价值由保险人与被保险人约定。保险人与被保险人未约定保险价值的,保险价值依照下列规定计算:

1. 船舶的保险价值,是保险责任开始时船舶的价值,包括船壳、机器、设备的价值,以及船上燃料、物料、索具、给养、淡水的价值和保险费的总和;

2. 货物的保险价值,是保险责任开始时货物在起运地的发票价格或者非贸易商品在起运地的实际价值以及运费和保险费的总和;

3. 运费的保险价值,是保险责任开始时承运人应收运费总额和保险费的总和;

4. 其他保险标的的保险价值,是保险责任开始时保险标的的实际价值和报名费的总和。保险金额由保险人与被保险人约定。保险金额不得超过保险价值;超过保险价值的,超过部分无效。

二、海上保险合同保险标的的损失

海上保险合同中按照标的遭受的损失程度的不同,可以分为保险标的的全损和保险标的的部分损失。

(一) 保险标的的全损

保险标的的全损一般包括实际全损和推定全损。

1. 实际全损

实际全损是指保险财产在物质形态或经济价值上全部消失,即保险标的发生保险事故后灭失,或者受到严重损坏完全失去原有形体、效用,或者不能再归被保险人所拥有。船舶在合理时间内未从被获知最后消息的地点抵达目的地,除合同另有约定外,满两个月没有消息的,为船舶失踪,船舶失踪视为实际全损。

2. 推定全损

推定全损是指保险标的因实际全损不可避免,或出现为免遭实际全损而付出超过保险标的价值的费用时而推定保险标的价值全部灭失。保险标的发生推定全损,被保险人要求保险人按照全部损失赔偿的,应当向保险人委付保险标的。保险人可以接受委付,也可以不接受委付,但是应当在合理的时间内将接受委付或者不接受委付的决定通知被保险人。委付不得附带任何条件,委付一经保险人接受,不得撤回。保险人接受委付的,被保险人对委付财产的全部权利和义务转移给保险人。

(二) 保险标的的部分损失

除保险标的全损以外的损失即为部分损失,部分损失又包括单独海损和共同海损。

1. 单独海损

单独海损是指保险标的因承保危险引起的非共同海损的部分损失。即由属于保险范围的风险引起的,在不可预料的情况下发生的,某一标的单独遭受的损失。

2. 共同海损

共同海损是指为了使船舶和船上货物避免共同危险,有意且合理的作出特殊牺牲或者支付特殊费用而发生的损失。构成共同海损一般需要满足以下条件:

(1) 存在危及船舶货物安全的危险。在实施共同海损行为时,危及船舶货物的危险是客观存在的,而不是主观臆断的。

(2) 牺牲和费用是特殊性质的,不是根据运输合同应当由船东承担的。

(3) 牺牲和费用是人为的、有意识的和故意作出的,而不是海上危险造成的意外损失。

（4）牺牲和费用是合理的、符合当时实际情况和需要的。

（5）损失是共同海损行为造成的直接后果，而不是间接损失。

（6）牺牲和费用的支出是为了保全处于共同危险的财产，或者使一部分财产获救。

第三节　海上货物运输保险合同

一、海上货物运输保险合同的承保险别及责任范围

海上货物运输保险合同包括基本险和附加险。

（一）海上货物运输保险合同基本险

海上货物运输保险合同基本险别包括平安险、水渍险和一切险三种。平安险的英文意思为"单独海损不赔"，主要特点是对自然灾害造成的部分损失不赔。水渍险，除平安险的各项责任外，还负责被保险货物由于恶劣气候、雷电、海啸、地震、洪水等自然灾害所造成的部分损失。一切险，除水渍险的各项责任外，还负责赔偿被保险货物在运输途中由于外来原因所致的全部或部分损失。一切险是最高险，责任范围最广。包括保险标的在运输途中由于外来原因所造成的全部或部分损失。所谓外来原因系指一般附加险所承保的责任。所以，一切险实际上是水渍险和一般附加险的总和。

1. 平安险的责任范围

（1）被保货物在运输过程中，由于自然灾害造成整批货物的全部损失或推定全损。被保货物用驳船运往或远离海港的，每一拨船所装货物可视为一整批。

（2）由于运输工具遭受意外事故造成货物全部或部分损失。

（3）在运输工具已经发生意外事故的情况下，货物在此前后又在海上遭受自然灾害落海造成的全部或部分损失。

（4）在装卸或转运时，由于一件或数件货物落海造成的全部或部分损失。

（5）被保险人对遭受承保范围内的货物采取抢救、防止或减少

货损的措施而支付的合理费用,但以不超过该批被救货物的保险金额为限。

(6) 运输工具遭难后,在避难港由于卸货所引起的损失以及在中途港、避难港由于卸货、存仓以及运送货物所产生的特别费用。

(7) 共同海损的牺牲、分摊和救助费用。

(8) 运输合同订有"船舶互撞责任条款",根据该条款规定应由货方偿还船方的损失。

2. 水渍险的责任范围

除平安险的各项责任外,还负责被保货物由于自然灾害造成的部分损失。

3. 一切险的责任范围

除平安险和水渍险的各项责任的,还负责被保货物在运输途中由于一般外来原因所造成的全部或部分损失。

(二) 海上货物运输保险合同附加险

海上货物运输保险合同附加险是基本险别责任的扩大和补充,它不能单独投保,附加险有一般附加险和特别加险。

1. 一般附加险

一般附加险包括:偷窃险、提货不着险、淡水雨淋险、短量险、渗漏险、混杂沾污险、碰损险、破碎险、受潮受热险、钩损险、包装破裂险、锈损险。

2. 特别附加险

特别附加险包括:交货不到险、进口关税险、舱面险、拒收险、黄曲霉素险、卖方利益险、罢工险、海运战争险等。

二、海上货物运输保险合同保险责任期限

按照国际保险业的习惯,海上货物运输保险合同基本险采用的是"仓至仓条款",即保险责任自被保险货物离开保险单所载明的起运地发货人仓库或储存处所开始生效,包括正常运输过程中的海上、陆上、内河和驳船运输在内,直至该项货物到达保险单所载明目的地收货人的仓库为止,但最长不超过被保险货物卸离海轮后60天。一般附加险均已包括在一切险的责任范围内,凡已投保海运保险一切

险的就无须加保任何一般附加险,但应当说明海运保险一切险并非一切风险造成的损失均予负责。特殊附加险的海运战争险的承保责任范围,包括由于战争、类似战争行为和敌对行为、武装冲突或海盗行为,以及由此引起的捕获、拘留、扣留、禁制、扣押所造成的损失;或者各种常规武器(包括水雷、鱼雷、炸弹)所造成的损失;以及由于上述原因引起的共同海损牺牲、分摊和救助费用。但对原子弹、氢弹等热核武器所造成的损失不负赔偿责任。战争险的保险责任期限以水面危险为限,即自货物在起运港装上海轮或驳船时开始,直到卸离海轮或驳船为止;如不卸离海轮或驳船,则从海轮到达目的港的当天午夜起算满15天,保险责任自行终止。保险条款还规定,在投保战争险前提下,加保罢工险不另收费。

三、海上货物运输保险合同除外责任

除外责任指保险不予负责的损失或费用,一般都有属于非意外的、非偶然性的或须特约承保的风险。依据《海商法》第243条的规定:除合同另有约定外,因下列原因之一造成货物损失的,保险人不负赔偿责任:(1)航行迟延、交货迟延或者行市变化;(2)货物的自然损耗、本身的缺陷和自然特性;(3)包装不当。实践中,为了明确保险人承保海运保险的责任范围,《海洋运输货物保险条款》中对海运基本险别的除外责任一般有下列五项:

1. 被保险人的故意行为或过失所造成的损失。
2. 发货人责任所引起的损失。
3. 在保险责任开始前,被保险货物已存在的品质不良或数量短差所造成的损失。
4. 被保险货物的自然损耗、本质缺陷、特性以及市场跌落、运输延迟所引起的损失和费用。
5. 战争险和罢工险条款规定的责任及其险外责任。空运、陆运、邮运保险的除外责任与基本险别的除外责任基本相同。

四、海上货物运输保险合同索赔期限

根据我国《海商法》第257条第1款规定的情形,结合审判实

践,托运人、收货人就沿海、内河货物运输合同向承运人要求赔偿的请求权,或者承运人就沿海、内河货物运输向托运人、收货人要求赔偿的请求权,时效为1年,自承运人交付或者应当交付货物之日起计算。

五、海上货物运输保险合同的转让

海上货物运输保险合同可以由被保险人背书或者以其他方式转让,合同的权利、义务随之转移。合同转让时尚未支付保险费的,被保险人和合同受让人负连带支付责任。

第四节 海上船舶保险合同

一、海上船舶保险合同的特征

海上船舶保险合同是现代保险的起源,它具有以下特征:

1. 船舶保险主要以承保船舶水上风险为限,为船舶在航行或停泊期间因意外事故或水上灾难造成船舶的损失提供保障。正常风浪引起船舶的自然耗损不在船舶保险责任范围之内。

2. 船舶保险所承担的风险相对集中,损失金额大。由于船舶自动化能力增强,高科技含量大幅度提高等特征,船舶所面临的风险也就越来越集中。一旦发生海难事故,损失巨大,少者数十万元,多者几百万或上千万元。

3. 船舶保险事故的发生频率高。

4. 船舶保险承保范围广泛,包括船舶责任保险和损失保险等。

5. 船舶保险属于定值保险,保险标的的价值均预先在保险合同中确定,作为确定保险金额的依据,载明于保险单上。

6. 船舶保险的保险单不能随船舶的转让而转让。

7. 船舶保险涉及的法律广泛、政策性强,船舶保险的争议往往涉及海商法、保险法、担保法等法律、法规,有些还适用国际公约和国际惯例。

二、海上船舶保险合同条款

船舶保险的保险标的是船舶,包括其船壳、救生艇、机器、设备、仪器、索具、燃料和物料。可以分为全损险和一切险。

(一) 海上船舶保险合同责任范围

1. 全损险的责任范围

船舶全损险承担由于下列原因所造成被保险船舶的全损:

(1) 地震、火山爆发、闪电或其他自然灾害。

(2) 搁浅、碰撞、触碰任何固定或浮动物体或其他物体或其他海上灾害。

(3) 火灾或爆炸。

(4) 来自船外的暴力盗窃或海盗行为。

(5) 抛弃货物。

(6) 核装置或核反应堆发生的故障或意外事故。

(7) 该保险还承保由于下列原因所造成的被保险船舶的全损。

a. 装卸或移动货物或燃料时发生的意外事故。

b. 船舶机件或船壳的潜在缺陷。

c. 船长、船员恶意损害保险人利益的行为。

d. 船长、船员和引水员、修船人员及租船人的疏忽行为。

e. 任何政府当局,为防止或减轻因承保风险造成被保险船舶损坏引起的污染,所采取的行动。但此种损失原因应不是由于被保险人、船东或管理人未恪尽职责所致的。

2. 船舶一切险的责任范围:

船舶一切险承保上述原因所造成被保险船舶的全损和部分损失支出及下列责任和费用:

(1) 碰撞责任

a. 船舶一切险负责因被保险船舶与其他船舶碰撞或触碰任何固定的、浮动的物体或其他物体而引起被保险人应负的法律赔偿责任。

但本条款对下列责任概不负责:

(a) 人身伤亡疾病;

(b) 被保险船舶所载的货物或财物或其所承诺的责任；

(c) 清除障碍物、残骸、货物或任何其他物品；

(d) 任何财产或物体的污染沾污(包括预防措施或清除的费用)，但与被保险船舶发生碰撞的他船或其所载财产的污染或沾污不在此限。

(e) 任何固定的、浮动的物体以及其他物体的延迟或丧失使用的间接费用。

b. 当被保险船舶与其他船舶碰撞双方均有过失时，除一方或双方船东责任受法律限制外，本条项下的赔偿应按交叉责任的原则计算。当被保险船舶碰撞物体时，亦适用此原则。

(2) 共同海损和救助

a. 该保险负责赔偿被保险船舶的共同海损、救助、救助费用的分摊部分。被保险船舶若发生共同海损牺牲，被保险人可获得对这种损失的全部赔偿，而无须先行使向其他各方索取分摊额的权利。

b. 共同海损的理算应按有关合同规定或适用的法律或惯例理算。

(3) 施救

a. 由于承保风险造成船舶损失或船舶处于危险之中，被保险人为防止或减少根据保险合同可以得到赔偿的损失而付出的合理费用，保险人应予以赔付。该费用不适用于共同海损、救助或救助费用，也不适用于保险合同中另有规定的开支。

b. 保险人的赔偿责任是在保险合同其他条款规定的赔偿责任以外，但不得超过船舶的保险金额。

(二) 海上船舶保险合同除外责任

海上船舶保险合同不负责下列原因所致的损失、责任或费用：

1. 船舶开航时不适航，包括人员配备不当、装备或装载不妥，但以被保险人在船舶开航时知道或应该知道此种不适航为限。

2. 被保险人及其代表的疏忽或故意行为。

3. 被保险人恪尽职责应予发现的正常磨损、锈蚀、腐烂或保养不周，或材料缺陷包括不良状态部件的更换或修理。

4. 战争和罢工险条款承保和除外的责任范围。

(三) 海上船舶保险合同免赔额

1. 承保风险所致的部分损失赔偿,每次事故要扣除保险单规定的免赔赔偿额(不包括碰撞责任、救助、共损、施救的索赔)。

2. 恶劣气候造成两个连接港口之间单独航程的损失索赔应视为一次意外事故。该损失不适用于船舶的全损索赔以及船舶搁浅后专为检验船底引起的合理费用。

(四) 海上船舶保险合同保险期限

1. 定期保险:期限最长 1 年,起止时间以保险单上注明的日期为准。保险到期时,如被保险船舶尚在航行中或处于危险中或在港或中途港停靠,经被保险人事先通知保险人并按日比例加付保险费后,保险公司继续负责到船舶抵达目的港为止。保险船舶在此时间内发生全损,需加交 6 个月保险费。

2. 航次保险:按保单订明的航次为准。起止时间按下列规定办理:不载货船舶,自起运港解缆或起锚时开始至目的港抛锚或系缆完毕时终止。载货船舶,自起运港装货时开始至目的港卸货完毕时终止。但自船舶抵达目的港当日午夜零点起最多不超过 30 天。

(五) 海上船舶保险合同终止

1. 一旦被保险船舶按全损赔付后,该保险应自动终止。

2. 当船舶的船级社变更、或船舶等级变动、注销或撤回、或船舶所有权或船旗改变、或转让给新的管理部门、或光船出租或被征购或被征用,除非事先书面征得保险人同意,保险应自动终止,但船舶有货载或正在海上时,经要求,可延迟到船舶抵达下一个港口或最后卸货港或目的港。

3. 当货物、航程、航行区域、拖带、救助工作或开航日期方面有违背保险单条款规定时,被保险人在接到消息后,应立即通知保险人并同意接受修改后的承保条件及所需加付的保险费,保险仍继续有效,否则,保险应自动终止。

(六) 海上船舶保险合同保险费和退费

1. 定期保险

保险费应在承保时付清。如保险人同意,保费也可分期交付,但被保险船舶承保期限内发生全损时,未交付的保费要立即付清。

该保险在下列情况下可以办理退费:被保险船舶退保或保险终止时,保险费应自保险终止日起,可按净保费的日比例计算退还给被保险人。被保险船舶无论是否在船厂修理或装卸货物,在保险人同意的港口或区域内停泊超过 30 天时,停泊期间的保费按净保费的日比例的 50% 计算,但本款不适用船舶发生全损。如果本款超过 30 天的停泊期分属两张同一保险人的连续保单,停泊退费应按两张保单所承保的天数分别计算。

2. 航次保险

自保险责任开始一律不办理退保和退费。

(七) 海上船舶保险合同被保险人义务

1. 被保险人一经获悉被保险船舶发生事故或遭受损失,应在 48 小时内通知保险人。如船在国外,还应立即通知距离最近的保险代理人,并采取一切合理措施避免或减少保险承保的损失。

2. 被保险人或保险人为避免或减少保险承保的损失而采取措施,不应视为对委付的放弃或接受,或对双方任何其他权利的损害。

3. 被保险人与有关方面确定被保险船舶应负的责任和费用时,应事先征得保险公司的同意。

4. 被保险人要求赔偿损失时,如涉及第三者责任或费用,被保险人应将必要的证件移交给保险人,并协助保险人向第三方追偿。

(八) 海上船舶保险合同中的招标

1. 当被保险船舶受损并要进行修理时,被保险人要像一个精打细算未投保的船东,对受损船的修理进行招标以接受最有利的报价。

2. 保险人也可对船舶的修理进行招标或要求再次招标,此类投标经保险人同意而被接受时,保险人补偿被保险人按保险人要求而发出招标通知日起至接受投标时止所支付的燃料、物料及船长、船员的工资和给养。但此种赔偿不得超过船舶当年保险价值的 30%。

3. 被保险人可以决定受损船舶的修理地点,如被保险人未像一个精打细算未投保的船东那样行事,保险人有权对船东决定的修理地点或修理厂商行使否决权或从赔款中扣除由此而增加的任何费用。

（九）海上船舶保险合同索赔和赔偿

1. 被保险事故或损失发生后，被保险人在两年内未向保险人提供有关索赔单证时，不予赔偿。

2. 船舶全损，被保险船舶发生完全毁损或者严重损坏不能恢复原状，或者被保险人不可避免地丧失该船舶，作为实际全损，按保险金额赔偿。被保险船舶在预计到达目的港日期，超过两个月尚未得到它的行踪消息视为实际全损，按保险金额赔偿。当被保险船舶实际全损似已不能避免，或者恢复、修理救助的费用或者这些费用的总和超过保险价值时，在向保险人发出委付通知后，可视为推定全损，不论保险人是否接受委付，按保险金额赔偿。如保险人接受了委付，保险标的属保险人所有。

3. 部分损失、承保海损的索赔、以新换旧均不扣减。保险人对船底的除锈、或喷漆的索赔不予负责，除非与海损修理直接有关。船东为使船舶适航做必要的修理或通常进入于船坞时，被保险船舶也需就所承保的损坏进坞修理，进出船坞的使用时间费用应平均分摊。

如船舶仅为保险合同所承保的损坏必须进坞修理时，被保险人于船舶在坞期间进行检验或其他修理工作，只要被保险人的修理工作不曾延长被保险船舶在坞时间或增加任何其他船坞的使用费用，保险人不得扣减其应支付的船坞使用费用。

4. 被保险人为获取和提供资料和文件所花费的时间和劳务，以及被保险人委派或以其名义行事的任何经理、代理人、管理或代理公司等的佣金和费用，保险合同均不给予补偿，除非经保险人同意。

5. 凡保险金额低于约定价值或低于共同海损或救助费用的分摊金额时，保险人对本保险承保损失和费用的赔偿，按保险金额在约定价值或分摊金额所占的比例计算。

6. 被保险船舶与同一船东所有，或由同一管理机构经营的船舶之间发生碰撞或接受救助，应视为第三方船舶一样，保险合同予以负责。

（十）海上船舶保险合同争议的处理

被保险人与保险人之间所发生的一切争议，经仲裁或者诉讼方式解决。

第十三章 人身保险合同导论

第一节 人身保险合同的概念、特征和种类

一、人身保险合同的概念

人身保险合同是指投保人根据合同约定向保险人支付保险费，保险人在被保险人死亡、伤残、疾病或者达到合同约定的年龄、期限等条件时承担给付保险金义务的保险合同。《保险法》第二章保险合同的第二节专门规定了人身保险合同的内容，需要注意的是，《保险法》所称的人身保险合同仅指商业人身保险，不包括国家立法的形式强制实施的、不以营利为目的的社会保险（企业职工基本养老保险、职工基本医疗保险、工伤保险、失业保险、社会生育保险等）。目前我国开展的人身险业务主要是简易险、人寿险、学生平安险、子女婚嫁险、养老年金险、意外伤害险及其他寿险。其中养老年金险中包括合资中方人员险、合同制工人险、集体职工险、个体险、农民险及其他险。人身保险在现代社会发挥越来越大的功能，除了经济保障之外，还包括聚积保险基金、分散人身风险、调节收入以及金融融资等。[1] 使得人身保险成为人们生活不可或缺的制度。

二、人身保险合同的特征

与财产保险相比，人身保险合同具有如下特征：
（一）保险标的人格化

人身保险合同以被保险人的寿命和身体为保险标的，并以其存在形式为保险利益，此种利益实际上属于人身或人格利益，不能用货币计价。即人身保险合同的保险标的有价值没有价格，而财产保险

---

[1] 张洪涛、庄作瑾主编：《人身保险（第二版）》，中国人民大学出版社2004年版，第30页。

合同的保险标的绝大多数既有价值又有价格。

（二）保险金定额给付

保险标的的人格化特征决定了人身保险合同的标的价值难以确定，保险金额缺乏确立的客观参照标准，只能采取在合同中由投保人与保险人约定一定数额的方式。可见，人身保险合同中约定的保险金额不是人身保险合同的保险标的的价值。除非保险人限定或者法律规定人身保险合同的最高保险金额，投保人可以投保任何金额的人身保险，而不会发生财产保险中的超额保险的问题。但特定种类的人身保险合同，如健康保险中也存在依据实际医疗费用给付保险金的情况。

（三）人寿保险保险费的非诉性

人寿保险的时间长、保费数额较大，如果任由保险人通过诉讼方式强制投保人支付，在投保人经济困难时将会给投保人带来灾难性的后果；况且人寿保险带有储蓄性质，只是投保人的一种投资选择，不宜强制投保人缴纳保险费。《保险法》第38条对这种保费的非诉性做了规定。但人身保险中的健康保险和意外伤害保险时间较短、保费不高，也没有浓厚的储蓄色彩，实践中可以允许保险人以诉讼方式请求投保人缴纳保险费。

（四）以生命表或伤残表作为技术基础

人身保险合同的标的是人的生命和身体，被保险人的死亡和伤残是保险人承保的危险。保险人确定人寿保险中的保险费率的基础是生命表或伤残表，即对从属于某一范围的人群在一定时间内的生命现象和伤残情况综合考察，作出的反映死亡率或伤残率变动情况的表格。

（五）保险人无代位求偿权

财产保险的标的发生保险事故导致损失如果依法应由第三人承担赔偿责任，法律规定，保险人给付保险金后取得保险金限额内的代位求偿权。人身保险合同中不适用代位求偿权的规定，保险人不享有代位投保人或受益人因保险事故的发生而产生的对第三人的赔偿请求权。

(六) 人身保险的保险事故涉及人的生死和健康

人身保险合同的保险事故可以为任何导致保险人对被保险人或者受益人承担给付保险金责任的各种法律事实,包括被保险人生存到保险期限、被保险人在保险期限内发生死亡、伤残、疾病及分娩等事项。

三、人身保险合同的种类

人身保险合同包括人寿保险合同、健康保险合同和意外伤害保险合同三种基本类型。

(一) 人寿保险合同

人寿保险合同是指投保人和保险人约定,被保险人在合同规定的年限内死亡,或者在合同规定的年限届满时仍然生存,由保险人按照约定向被保险人或者受益人给付保险金的合同。人身保险合同是以人的生存或死亡为保险事故的保险合同。包括生存保险、死亡保险和生死两合保险。生存保险是指,以约定的保险期限界满时被保险人仍然生存为请求保险金的条件,由保险人给付保险金的保险。如商业年金保险。死亡保险是指以保险期限内被保险人死亡为保险事故,由保险人给付保险金的保险。死亡保险依照保险合同的期限包括终身保险和定期保险。终身保险是指以被保险人的终身为保险期限,不论被保险人何时死亡,保险人均给付保险金。定期保险是指投保人和保险人约定一定期限为保险期间,被保险人在保险期限内死亡时,保险人给付保险金的保险。生死两全保险是指以保险期限内被保险人死亡和保险期满时被保险人仍然生存为共同保险条件,由保险人给付保险金的保险。这种保险或者以生存保险为基础而对保险金的给付附加死亡条件;或者以死亡保险为基础而对保险金的给付附加生存条件。如我国的儿童保险就是一种生死两全保险。此外,人寿保险合同还包括简易人身保险和年金保险两种。

(二) 健康保险合同

健康保险合同,又称疾病保险,是指投保人和保险人约定,投保人向保险人交纳保险费;于被保险人疾病、分娩及分娩所致残疾或死亡时,保险人承担给付保险金义务的人身保险合同。

(三) 意外伤害保险合同

意外伤害保险合同,简称伤害保险合同,是指投保人和保险人约定,在被保险人遭受意外伤害及意外伤害所致残疾或死亡时,保险人依照约定向被保险人或者受益人承担给付保险金义务的人身保险合同。意外伤害保险是对因意外事故而受到伤害的人或者其家庭成员给予经济补偿的一种保险,但意外伤害保险合同并不是一种填补损害的合同,依照意外伤害保险的基本条款,被保险人受到意外伤害或者因意外事故死亡,保险人应当支付确定金额的保险金。意外伤害保险合同包括普通意外伤害保险、团体意外伤害保险、旅行意外伤害保险、交通事故意外伤害保险、职业意外伤害保险等。

第二节 人身保险合同的当事人及关系人

一、人身保险合同的保险人及其权利

人身保险合同的保险人是指根据人身保险合同的约定,向投保人收取保险费,当被保险人死亡、伤残、疾病,或达到合同约定的年龄、期限时,承担给付保险金义务的人。根据《保险法》第95条第2款的规定,保险人不得兼营人身保险业务和财产保险业务。但是,经营财产保险业务的保险公司经国务院保险监督管理机构批准,可以经营短期健康保险业务和意外伤害保险业务。人身保险合同的保险人除享有一般保险合同保险人的权利外,仍享有以下权利:

(一) 投保人申报的被保险人年龄不真实,并且真实年龄不符合合同约定的年龄限制的,保险人享有合同解除权。投保人申报的被保险人年龄不真实,致使投保人支付的保险费少于应付保险费的,保险人有权更正并要求投保人补交保险费。保险人的合同解除权受到《保险法》第16条规定的限制,即如果保险人知道投保人未如实告知的情况,不得解除合同,发生保险事故的,保险人应当承担给付保险金责任。并且,如果保险人自知道有解除事由之日起,超过30日不行使的,解除权消灭;自合同成立之日起超过2年的,保险人不得解除合同;发生保险事故的,保险人应当给付保险金。

（二）人身保险合同效力中止满两年，保险人未与投保人达成协议的，保险人有权解除合同。保险人解除合同的，应当按照合同约定退还保险单的现金价值。

（三）投保人、受益人故意造成被保险人死亡、伤残或者疾病，保险人不承担给付保险金的责任。如果投保人已交足了 2 年以上保险费，保险人应当按照合同约定向其他享有权利的受益人退还保险单的现金价值。如果投保人没有交足两年以上保险费，可以依照保险合同的约定解决，保险合同没有约定的，投保人不能要求退还保险费。

（四）以被保险人死亡为给付保险金条件的合同，自合同成立或者合同效力恢复之日起 2 年内，被保险人自杀的，保险人不承担给付保险金的责任，保险人应当按照合同约定退还保险单的现金价值。被保险人自杀时应为限制民事行为能力人或完全民事行为能力人。如果被保险人为无民事行为能力人，保险人仍应承担给付保险金义务。

（五）因被保险人故意犯罪或者抗拒依法采取的刑事强制措施导致其伤残或者死亡的，保险人不承担给付保险金的责任。投保人已交足 2 年以上保险费的，保险人应当按照合同约定退还保险单的现金价值。

（六）被保险人故意犯罪导致其自身伤残或者死亡的，保险人不承担给付保险金的责任。投保人已交足 2 年以上保险费的，保险人应当退还保险单所具有的现金价值。

二、人身保险合同的投保人及其权利

投保人是指与保险人订立保险合同，根据保险合同约定缴纳保险费，对被保险人的寿命和身体具有保险利益的人。投保人是人身保险合同的当事人，是向保险人提出订立保险合同要约，并负有缴纳保险费义务的人。

根据《保险法》的规定，人身保险合同的投保人除享有一般保险合同投保人的权利外，仍享有一些特殊的权利，主要包括：

(一) 投保权

投保权利是以投保人对被保险人具有保险利益作为合法存在的基础。根据人身保险合同的特殊性质,为了防止投保人任意投保而侵害被保险人的生命或者身体,《保险法》对人身保险合同的投保权利规定了以下限制:

1. 投保人为他人投保人身保险必须具有保险利益。投保人必须对被保险人具有保险利益,依据我国《保险法》第31条的规定,投保人对下列人员具有保险利益:(1) 本人;(2) 配偶、子女、父母;(3) 前项以外与投保人有抚养、赡养或者扶养关系的家庭其他成员、近亲属;(4) 与投保人有劳动关系的劳动者。除前款规定外,被保险人同意投保人为其订立合同的,视为投保人对被保险人具有保险利益。订立合同时,投保人对被保险人不具有保险利益的,合同无效。

人身保险合同具有一定的特殊性,人的价值是无法确定的,只能要求投保人与被保险人具有利害关系,包括财产上和人身上的利害关系。人身保险利益是基于亲属关系、扶养关系、债务关系、财产或利益上的管理关系或者经济上的利益关系而产生的对特定人身体或生命的关切。投保人对自己的身体或生命有无限的价值,可以任由支配。根据《婚姻法》的规定:夫妻有互相扶养的义务,父母对子女有抚养义务,子女对父母有赡养扶助的义务。彼此可以相互投保,一般不会引发道德危险。此外,与投保人同居一家、共同生活、相互之间有抚养、扶养或者赡养关系的其他家庭成员彼此之间利害关系甚巨,可以相互投保。除此之外,考虑到雇主为员工投保人身保险的便利,将具有劳动关系的劳动者列为具有保险利益的主体。最后,经过被保险人同意的视为具有保险利益,即如果被保险人同意投保人为其订立人身保险合同,法律视为投保人对被保险人具有保险利益。

2. 投保人不得为无民事行为能力人投保以死亡为给付保险金条件的人身保险,并且保险人也不得承保。父母具有为未成年子女投保人身保险的权利,但是死亡给付的保险金额总和不得超过金融监督管理部门规定的限额。

无民事行为能力人是指完全不能独立为民事法律行为的自然人,我国《民法通则》规定的无民事行为能力人包括不满10周岁的未成年人和不能辨认自己行为的精神病人。对投保人投保以被保险人死亡为给付保险金条件的人身保险作出的这项限制性规定,主要是出于保护幼弱和防范道德危险。由于父母与未成年子女之间有血亲关系,故此允许父母为其未成年子女投保以死亡为给付保险金条件的人身保险。但出于防范道德危险的目的,保监会发布文件将累计最高给付保险金额限制在 5 万元。2002 年 3 月 22 日,保监会下发了《关于在北京等试点城市放宽未成年人死亡保险金额通知》,规定北京、上海、深圳、广州投保的未成年人人身保险的死亡给付保险金额上限由 5 万元提高到了 10 万元。

(二) 复效请求权

复效请求权是根据复效条款而产生的合同效力恢复请求权。根据《保险法》第 36 条的规定,合同约定分期支付保险费,投保人支付首期保险费后,除合同另有约定外,投保人自保险人催告之日起超过 30 日未支付当期保险费,或者超过约定期限 60 日未支付当期保险费的,合同效力中止。自合同效力中止之日起两年内,在投保人与保险人协商一致并补交保险费后,投保人有权提出恢复合同效力的请求。

(三) 指定与变更受益人权

根据《保险法》第 39 条、第 41 条的规定,在人身保险合同中,投保人有权对人身保险合同的受益人进行指定与变更。但是投保人指定或变更受益人须经被保险人同意方有效。原因在于,投保人虽然是保险合同的当事人,但是保险合同的标的是被保险人的生命和身体,对受益人的指定以及变更实质是被保险人处分自己生命权和身体权的行为。故此,被保险人同意可以对抗投保人对受益人的指定与变更。

投保人为与其有劳动关系的劳动者投保人身保险,不得指定被保险人及其近亲属以外的人为受益人。被保险人是无民事行为能力人或者限制民事行为能力人,可以由监护人指定受益人。在指定受益人时,投保人可以指定一个或数个为受益人。在受益人为数个人的情况下,投保人可以指定受益顺序或者受益份额;如果没有确定受益份额,根据《保险法》第 40 条第 2 款的规定,受益人按照相等份额享有受益权。

三、人身保险合同的被保险人及其权利

被保险人是指其生命和身体受保险合同保障,保险事故发生后,享有保险金请求权的人。人身保险合同被保险人的主要权利包括:

(一)决定合同效力及保险单的转让或质押

根据《保险法》第 34 条的规定,以死亡为给付保险金条件的合同,未经被保险人同意并认可保险金额的,合同无效。父母为其未成年子女投保人身保险除外。按照以死亡为给付保险金条件的合同所签发的保险单,未经被保险人书面同意,不得转让或者质押。

以死亡为给付保险金条件的人身保险合同,不仅需要经过被保险人的同意,而且还需经过被保险人认可保险金额,保险合同方为有效。被保险人同意的方式可以是书面的,也可以是口头的,《保险法》并未加以限制。对于转让或者质押人身保险合同的,必须经过被保险人的第二次同意,被保险人仅同意签订保险合同的,不能代替对保险单转让和质押的"同意"。并且,第二次同意必须采取书面形式,不能仅以口头或其他形式为之。

(二)指定与变更受益人

根据《保险法》第 39 条、第 41 条的规定,被保险人有权指定或变更人身保险的受益人。被保险人为无民事行为能力人或者限制民事行为能力人的,可以由其监护人指定受益人。被保险人可以指定任何人为受益人,法律并无限制,指定受益人的人数可以为一人,也可以是数人。被保险人变更受益人的,应书面通知保险人,保险人收到变更受益人的书面通知后,应当在保险单或者其他保险凭证上批注或者附贴批单。

(三)保险金受益权的归复

人身保险合同中,如果指定了受益人,则保险金受益权由受益人享有。如果没有指定受益人,或者受益人指定不明无法确定;受益人先于被保险人死亡,没有其他受益人;受益人依法丧失受益权或者放弃受益权,没有其他受益人时,保险金归入被保险人的遗产,由其继承人继承。

四、人身保险合同的受益人及其权利

受益人是指根据人身保险合同约定,由被保险人或投保人指定,享有保险金请求权的人。投保人、被保险人可以作为受益人。《保险法》未对受益人的资格加以限制性规定,自然人、法人均可作为受益人。受益人在人身保险合同中只享有权利不负担义务,受益人享有的权利即为受益权。

(一) 受益权的产生

依据投保人或者被保险人的指定,在发生约定的被保险人死亡情况时,受益人有权获得保险金。当受益人是多个人时,则按照受益的顺序和份额获得保险金。

(二) 受益权的丧失

根据《保险法》规定,受益人故意造成被保险人死亡、伤残、疾病的,或者受益人故意杀害被保险人未遂的,则丧失受益权。受益人的受益权也可以经受益人的放弃而丧失。如果受益人放弃受益权,并且没有其他受益人的,发生被保险人死亡的保险事故时,保险金作为被保险人的遗产,由保险人依照《继承法》的规定履行给付保险金的义务。

第三节 人身保险合同的主要内容

一、不可抗辩条款

不可抗辩条款,又称不可争议条款,是指如果保险人放弃了可以主张的权利,经过一定期间保险人无权再以此进行抗辩的人身保险合同条款。该条款规定,保单生效一定时期(通常为 2 年)后,就成为不可争议的文件,保险人不能以投保人在投保时违反诚实信用原则,没有履行告知义务等为由,否定保单的有效性。保险人的可抗辩期一般为 2 年,保险人只能在 2 年内以投保人误告、漏告、隐瞒等为由解除合同或拒付保险金。该条款旨在保护被保险人和受益人的正当权益,同时约束保险人滥用诚实信用原则。我国《保险法》第 16 条

规定了不可抗辩条款的内容,依据该条规定,保险人自合同成立之日起超过2年不得因投保人违反如实告知义务而解除合同;发生保险事故的,保险人应当承担赔偿或者给付保险金的责任。另外,我国《保险法》第32条对于投保人申报年龄不实的,也作出保险人行使解除权的不可抗辩条款的限制。

二、年龄误告条款

年龄误告条款即是规定投保人在投保时误报被保险人年龄情况下的处理方法的条款。一般分为两种情况:一是年龄不实影响合同效力的情况。被保险人的真实年龄不符合合同约定的年龄限制的,保险合同无效,保险人可以解除保险合同,并按照合同约定退还保险单的现金价值。保险人行使解除权受到不可抗辩条款的限制。二是年龄不实影响保费及保险金额的情况。投保人申报的被保险人年龄不真实,致使投保人支付的保费少于应付保费的,保险人有权更正并要求投保人补交保险费,或者在给付保险金时按照实际支付保险费与应付保险费的比例支付;投保人申报的被保险人年龄不真实,致使投保人支付的保险费多于应付保险费的,保险人应当将多收的保险费退还投保人。

三、宽限期条款

宽限期条款是规定分期缴费的寿险合同中关于在宽限期内保险合同不因投保人延迟缴费而失效的条款。其基本内容通常是对到期没缴费的投保人给予一定的宽限期,投保人只要在宽限期内缴纳保费,保单继续有效。在宽限期内,保险合同有效,如发生保险事故,保险人仍给付保险金,但要从保险金中扣回所欠的保费及利息。

《保险法》第36条规定的宽限期为投保人自保险人催告之日起的30日或者约定期限的60日。依据该条规定,应当从如下角度理解宽限期:第一,首期保险费必须已经支付。宽限期只适用于第二期及其后各期的付费,与首期缴费无关。即是说,首期保险费的支付没有所谓宽限期的规定。第二,宽限期的长短。宽限期的长短有两种计算方法:(1)主观起算,即投保人过期未缴纳保险费时,如果保险人催告了,则从保险人催告之日起 30 日内为宽限期;(2) 客观起算,即投保人过期未缴纳保险费时,如果保险人没有催告,则从约定的期限届满之日起 60 日内为宽限期。第三,宽限期内保险合同仍然有效。如果发生保险事故,保险人应当承担给付保险金的义务,但是有权扣减投保人欠缴的保险费。第四,超过宽限期的保险合同效力中止。如果超过宽限期投保人没有补交所欠保险费,其结果有二:(1) 保险合同效力中止。如果保险合同对超过宽限期未支付保险费的情形没有作出约定的,则该保险合同效力中止,在效力中止期间发生的保险事故,保险人不承担保险责任。(2) 按照合同约定赔付。如果合同对此作出约定的,则按照合同约定由保险人承担保险责任的赔付。

宽限期条款的设置是虑及人身保单的长期性,在一个比较长的时间内,可能会出现一些因素影响投保人如期缴费,例如,经济条件的变化、投保人的疏忽等。宽限期的规定可在一定程度上使被保险人得到方便,避免保单失效,从而失去保障,也避免了保单失效给保险人造成业务损失。

四、保费自动垫缴条款

保费自动垫缴条款规定,投保人未能在宽限期内缴付保费,而此时保单已具有现金价值,同时该现金价值足够缴付所欠缴的保费时,除非投保人有反对声明,保险人应自动垫缴其所欠的保费,使保单继续有效。如果第一次垫缴后,再次发生保费未在规定的期间缴付的情况,垫缴须继续进行,直到累计的垫缴款本息达到保单上的现金价值的数额为止。此后投保人如果再不缴费,则保单失效。在垫缴期间,如果发生保险事故,保险人应从保险金内扣除保费的本息后再给付。

保险人自动垫缴保费实际上是保险人对投保人的贷款,其目的是避免非故意的保单失效。为了防止投保人过度使用该规定,有些保险公司会限制其使用次数。

五、复效条款

复效条款是指人身保险合同因逾期缴费效力中止两年内,投保人向保险人申请恢复合同效力,经保险人审查同意,投保人补交失效期间的保险费及利息,保险合同效力恢复。人身保险合同的复效是对原合同效力的恢复,并不改变原合同的各项权利和义务。可申请复效的期间一般为 2 年,投保人在此期间内有权申请合同复效。复效的条件是:通常必须在规定的复效期限内填写复效申请书,提出复效申请;必须提供可保证明书,以说明被保险人的身体健康状况没有发生实质性的变化;付清欠缴的保费及利息;付清保单贷款的本金及利息。经保险人与投保人协商并达成协议,满足上述条件后,保险合同效力恢复。

复效可分为体检复效和简易复效两种。体检复效是针对失效时间较长的保单,在申请复效时,被保险人需要提供体检证明与可保证明,保险人据此考虑是否同意复效。简易复效是针对失效时间较短的保单,在申请复效时,保险人只要求被保险人填写健康声明书,说明身体健康在保险失效以后没有发生实质性的变化即可。由于大多数保单的失效是非故意的,所以保险人对更短时间内(如宽限期满后 31 天内)提出复效申请的被保险人采取宽容的态度,无须被保险人提出可保性证明。

人身保险合同的复效不同于人身保险合同的续效,人身保险合同的续效是指,人身保险合同期限届满后,双方当事人或一方当事人为了使原合同继续发生法律效力,经过双方协商达成新合同,继续履行原合同的部分或全部条款。

依据《保险法》第 37 条的规定,如果自合同效力中止之日起满 2 年双方未达成协议的,保险人有权解除合同。保险人解除合同的,应当按照合同约定退还保险单的现金价值。

六、不丧失价值任选条款

寿险保单除短期的定期险外,投保人缴满一定期间(一般为 2 年)的保费后,如果投保人满期前提出解约或终止的请求,保单所具有的现金价值不丧失,投保人或被保险人有权选择有利于自己的方式来处理保单所具有的现金价值。这部分现金虽然由保险人保管运用,但实际上同储蓄存款一样,应为保单的所有人所有。在保险合同生效一定时期后,投保人因某种原因不愿继续保险时,保单上的现金价值不因此丧失。为了方便投保人或被保险人了解保单现金价值的数额与计算方法,保险公司往往在保单上附上现金价值表。投保人可以选择以下方法处理保单的现金价值:第一,办理退保,投保人取得现金价值;第二,将保单改为缴清保险,即投保人将现金价值作为一次缴清的保险费,保险人根据此数额改变原保单的保险金额,原保单的保险期限与保险责任不变,投保人无需再缴纳保险费;第三,将保单改为展期保险,即将现金价值作为一次缴清的保险费,保险人据此数额改变原保单的保险期限,原保单的保险金额和保险责任不变,投保人无需继续缴纳保险费。

七、保单贷款条款

保单贷款条款规定,投保人缴付保费满若干年后,如有临时性的经济上的需要,可以将保单作为抵押向保险人申请贷款,一般来说,贷款金额不超过保单的现金价值。被保险人应在保险人发出还款通知后的 31 天内还清款项,否则保单失效。当被保险人或者受益人领取保险金时,如果保单上的贷款本息尚未还清,应在保险金内扣除贷款本息。保险单贷款实质为将保险单作为权利质押的标的向保险人进行贷款,《保险法》第 34 条规定了对保险单质押的限制。依其规定,按照以死亡为给付保险金条件的合同所签发的保险单,实施质押必须经过被保险人的书面同意。

八、保单转让条款

只要不侵犯受益人的权利,人寿保单可以转让。如果转让是出于不道德或非法的考虑,则法院将作出否认的裁决;如果指定的是不可变更的受益人,未经受益人同意,保单不能转让。通常保单的转让分为绝对转让和抵押转让两类。

绝对转让是把保单的所有权完全转让给一个新的所有人。绝对转让必须在被保险人生存时进行。在绝对转让的情况下,如果被保险人死亡,全部保险金将给付受让人。

抵押转让是将一份具有现金价值的保单作为被保险人的信用担保或贷款的抵押品,即受让人仅享受保单的部分权利。在抵押转让的情况下,如果被保险人死亡,受让人收到的是已转让权益的那一部分保险金,其余的仍归受益人所有。保单转让后,投保人或保单的持有人应书面通知保险人。依《保险法》第34条的规定,按照以死亡为给付保险金条件的合同所签发的保险单,未经被保险人书面同意,不得转让。

九、自杀条款

自杀条款规定,以被保险人死亡为给付保险金条件的合同,自合同成立或者合同效力恢复之日起2年内,被保险人自杀的,保险人不承担给付保险金的责任,但被保险人自杀时为无民事行为能力人的除外。保险人不承担给付保险金责任的,应当按照合同约定退还保险单的现金价值。依此条款,对于被保险人自杀及其法律后果应作如下解读:

(一)主体要件

被保险人自杀的主体是被保险人自己,投保人或者受益人故意造成被保险人死亡的,属于《保险法》第43条规定的情形。被保险人自杀时,必须有限制民事行为能力或者完全民事行为能力。

(二)主观要件

被保险人自杀必须是出于其自身的主观故意,如果出于被保险人的过失导致其自身死亡的,不能认定为自杀。

(三)时间要件

被保险人自杀,保险人的免责时间上有两种要求,满足任何一种均可:其一,在保险合同成立之日起两年内;其二,在保险合同复效之日起两年内。

(四)法律效果

满足自杀条款规定的条件被保险人自杀的,保险人不承担给付保险金的责任,但保险人需要依照合同约定向权利人支付保险单的现金价值。

十、战争条款

战争条款规定,在保险合同的有效期间,如果被保险人因战争和军事行动而死亡或残废,保险人不承担给付保险金的责任。

十一、意外死亡条款

意外死亡条款规定,被保险人在保单的有效期内因完全外来的、剧烈的意外事故发生后于若干日内(一般为90天)死亡,其受益人可得到几倍的保险金。给付的保险金一般为保险金额的2—3倍。该条款之所以规定一个90天的时限,是因为如果在发生意外伤害很长的一段时间后死亡,则死亡原因中难免包含疾病的因素。所以在发生事故之后超过90天的死亡,就不算意外死亡,不给付意外死亡保险金。

十二、受益人条款

受益人条款是在人身保险合同中关于受益人的指定、资格、顺序、变更及受益人的权利等内容的具体规定。受益人是人身保险合同中十分重要的关系人,很多国家的人身保险合同中都有受益人的专设条款。

人身保险中的受益人通常分为指定受益人和未指定受益人两类。指定受益人按其请求权的顺序分为原始受益人与后继受益人。许多国家在受益人条款中都规定,如果受益人在被保险人之前死亡,这个受益人的权利将转回给被保险人,被保险人可以再指定另外的受益人。这个再指定受益人就是后继受益人。当被保险人没有遗嘱指定受益人时,则被保险人的法定继承人就成为受益人,这时保险金归属于被保险人的遗产。

十三、红利任选条款

红利任选条款规定,被保险人如果投保分红保险,便可享受保险公司的红利分配权利,且对此权利有不同的选择方式。分红保单的红利来源主要是三差收益,即利差益、死差益和费差益。利差益是实际利率大于预定利率的差额;死差益是实际死亡率小于预定死亡率而产生的收益;费差益是实际费用率小于预定费用率的差额。但从性质上讲,红利来源于被保险人多缴的保费,因为与不分红保单相比,分红保单采取更保守的精算方式,即采取更高的预定死亡率、更低的预定利率和更高的预定费用率。红利任选条款提供红利的不同处分方式,包括领取现金、累积生息、抵交续期保费、自动增加保额、自动购买定期死亡寿险、并入准备金以提前满期等可供投保人选择。

十四、保险金给付的任选条款

人身保险的最基本目的是在被保险人死亡或达到约定的年龄时,提供给受益人一笔可靠的收入。为了达到这个目的,保单条款通常列有保险金给付的选择方式,供投保人自由选择。最为普遍使用的保险金给付方式有以下五种:

(一)一次支付现金方式

一次支付现金方式,即保险人将保险金一次性给付保单所有人的支付方法。这种方式有两种缺陷:在被保险人或受益人共同死亡的情况下,或受益人在被保险人之后不久死亡的情况下,不能起到充分保障作用;无法使受益人领取的保险金免除其债权人的追索。故此,保险人开始注意给付方式的选择,通常尊重投保人的意思,根据需要由其选择保险金的其他给付方式。

(二)利息收入方式

利息收入方式是受益人将保险金作为本金留存在保险公司,由保险公司以预定的保证利率定期支付给受益人。受益人死亡后可由他的继承人领取保险金的全部本息。保险金实质是作为一种投保人长期性的存款,由保险人加以运用生息,因此采用利息收入方式给付保险金的,通常给予一定的利息。

(三)定期收入方式

定期收入方式是将保险金保留在保险公司,由受益人选择一个特定期间领取本金及利息。在约定的年限内,保险公司以年金方式按期给付。运用这一方式时,保险金的本金及利息应当在约定的若干年内完成。如果保险公司的投资收益超过预定的利率，保险公司应将超过的部分支付给保险金的领取人。如果领取保险金的人在约定的领取年限内死亡，其继承人可以继续以此方式领取，也可以一次性领取完剩余的保险金本金和利息。

(四) 定额收入方式

定额收入方式是根据受益人的生活开支需要确定每次领取的保险金数额，领款人按期领取这个金额，直到保险金的本金全部领完。该方式的特点在于给付金额的固定性。

(五) 终身年金方式

终身年金方式是受益人用领取的保险金投保一份终身年金保险。以后受益人按期领取年金，直到死亡。该方式与前四种方式存在一个不同点，即受益人保险金的领取与死亡率有关。

十五、共同灾难条款

共同灾难条款规定，受益人与被保险人同死于一次事故中，如果不能证明谁先死，则推定受益人先死。该条款的产生使问题得以简化，避免了许多无谓的纠纷。

第十四章 人寿保险合同

第一节 人寿保险合同的概念和种类

一、人寿保险合同的概念

人寿保险合同是指投保人和保险人约定,被保险人在合同规定的年限内死亡,或者在合同规定的期限内仍然生存,由保险人按照约定向被保险人或者受益人给付保险金的合同。人寿保险合同的标的是被保险人的寿命,保险事故是被保险人的生存或者死亡,被保险人在约定的期限内死亡,或者生存到保险期限届满时,保险人依照约定承担给付保险赔偿金的责任。

最初的人寿保险是为了保障由于不可预测的死亡所可能造成的经济负担。后来,人寿保险中引进了储蓄的成分,对在保险期满时仍然生存的人,保险人给付约定的保险金。人寿保险提供了一种社会保障制度,以人的生命为保险对象的保险业务,保障死亡、年老、伤残、疾病等的危险。

二、人寿保险合同的种类

人寿保险可以被划分成风险保障型人寿保险和投资理财型人寿保险两种。

(一)风险保障型人寿保险

风险保障型人寿保险偏重于对抗人的生存或者死亡的风险。风险保障型人寿保险又可以分为死亡保险、生存保险、两全保险、年金保险和简易人身保险。

1. 死亡保险

死亡保险是指以被保险人在保险期限内死亡为保险事故的保险,死亡保险依期限可以分为定期死亡寿险和终身死亡寿险。

(1) 定期死亡寿险

定期死亡寿险,也称定期寿险,是指以被保险人在规定期限内发生死亡事故为前提而由保险人负责给付保险金的人寿保险。如果期限届满,被保险人仍生存,保险人不再承担保险责任也不退还保险费。定期死亡寿险提供特定期间死亡保障,保险期间经常为1年、5年、10年、20年或者保障被保险人到指定年龄时止。该保险不积累现金价值,所以定期死亡寿险一般被认为是无任何投资功能的保险。

(2) 终身死亡寿险

终身死亡寿险也称终生寿险,被保险人不论在保险期限内何时死亡,保险人都给付保险金。终身死亡寿险提供被保险人终身的死亡保障,保险期间一般到被保险人年满100周岁时止。无论被保险人在100周岁前何时死亡,受益人将获得一笔保险金给付。如果被保险人生存到100岁时,保险公司给付被保险人一笔保险金。由于被保险人何时死亡,保险人均要支付保险金,所以终身死亡寿险有储蓄性质,其价格在保险中是较高的。该保险有现金价值,保险公司的此类险种多提供保险单贷款服务。终身寿险保险费率较高,原因在于终身寿险的保险期限较长,保险人对被保险人终身负有义务。终身寿险的投保人一般以均衡保险费的形式缴纳保费。终身寿险的保险单具有现金价值,保单所有人可以中途退保领取退保金,也可以将终身寿险改为缴清保险或展期保险。

2. 生存保险

生存保险是指以被保险人在保险期限内的死亡、伤残、或者被保险人生存到保险期限届满为保险事故发生,保险人按照合同的约定给付保险金。如果被保险人在保险期限内死亡,保险合同效力终止,保险人不承担给付保险金的责任。

3. 生死两全保险

生死两全保险也称"生死合险"或"储蓄保险",无论被保险人在保险期间死亡,还是被保险人到保险期满时生存,保险公司均给付保险金。由于无论被保险人生存抑或死亡,保险人均给付保险金,该保险是人寿保险保险费最高的险种。两全保险的储蓄性特点使其具有与终身寿险保险单相同的现金价值,从而使被保险人能够在保单期满前享受各种储蓄利益,可以作为投资工具、半强迫性储蓄工具,或者可以作为个人借贷中的抵押品。同时,两全保险还可以提供老年退休基金以及可以为遗属提供生活费用。

4. 年金保险

年金保险简称年金,是在约定的期间或被保险人的生存期间,保险人按照一定周期给付一定数额的保险金。年金保险的主要目的是为了保证年金领取者的收入。纯粹的年金保险一般不保障被保险人的死亡风险,仅为被保险人因长寿所致收入损失提供保障。但年金保险并不以生存保险为限,可以加保死亡保险,实务中的年金保险通常为生死两全保险。

5. 简易人身保险

简易人身保险是一种简化了的人寿保险。依照简易人身保险合同,被保险人生存至保险期限或者被保险人在保险期限内因保险事故死亡或者伤残,保险人向被保险人或者受益人给付约定的保险金。

(二) 投资理财型人寿保险

投资理财型人寿保险侧重于投资收益,被保险人也可获取传统寿险所具有的功能。该类型保险主要可分为分红保险、投资连结保险和万能人寿保险。

1. 分红保险

分红保险保单持有人在获取保险保障之外,可以获取保险公司的分红,即与保险公司共享经营成果。该保险是抵御通货膨胀和利率变动的主力险种。

分红保险的红利主要来源于三差收益。[①]

2. 投资连结保险

投资连结保险保单持有人在获取保险保障之外,至少在一个投资账户拥有一定资产价值。投资连结保险的保险费在保险公司扣除死亡风险保险费后,剩余部分直接划转客户的投资账户,保险公司根据客户事先选择的投资方式和投资渠道进行投资,投资收益直接影响客户的养老金数额。

---

① 具体内容见本书第十三章第三节"红利任选条款"。

3. 万能人寿保险

万能人寿保险具有弹性强、成本透明、可投资的特征。保险期间,保险费可随着保单持有人的需求和经济状况变化,投保人甚至可以暂时缓交、停交保险费,从而改变保险金额。万能人寿保险将保险单现金价值与投资收益相联系,保险公司按照当期给付的数额、当期的费用、当时保险单现金价值等变量确定投资收益的分配,并且向所有保单持有人书面报告。

第二节 人寿保险合同的订立和内容

一、人寿保险合同的订立

(一) 投保人与被保险人资格

1. 投保人资格

根据《合同法》及《保险法》的规定,投保人应当满足以下条件:

(1) 具备完全民事行为能力的自然人或法人;于自然人场合,投保人必须是18周岁以上或者16周岁以上以自己的劳动收入为主要生活来源的精神健全的人。于法人场合,必须满足《民法通则》有关法人的规定。

(2) 对被保险人具有保险利益;依据《保险法》第31条第1款、第2款规定,投保人对下列人员具有保险利益:① 本人;② 配偶、子女、父母;③ 前项以外与投保人有抚养、赡养或者扶养关系的家庭其他成员、近亲属;④ 与投保人有劳动关系的劳动者。除前款规定外,被保险人同意投保人为其订立合同的,视为投保人对被保险人具有保险利益。

(3) 具备缴费能力,愿意承担支付保费义务。投保人是人寿保险合同的当事人,最主要的合同义务即是缴纳保险费,订立寿险合同应当满足这项义务的要求。

2. 被保险人资格

被保险人是受到寿险合同保障的人,并非合同当事人,并无行为能力等的限制。依据《保险法》和寿险合同的规定,被保险人资格的

限制主要体现在以下方面:

(1) 依据寿险合同的性质对被保险人年龄有限制的,被保险人应当满足保险人要求的年龄。被保险人的年龄关系到保险人承保危险的大小,法律不限制保险人自主决定被保险人的年龄段。

(2) 被保险人是无民事行为能力人的,投保人不得为其投保以死亡为给付保险金条件的人身保险,保险人也不得承保。父母为其未成年子女投保的除外,但是,被保险人死亡给付的保险金总和不得超过国务院保险监督管理机构规定的限额。未成年人的疾病风险,可通过投保健康保险来解决。

3. 常见拒绝承保的规定

为控制风险,保险人通常规定特定人不予承保。

(1) 凡从事下列职业者,保险人拒绝承保:现役军人特种兵种;爆破工人、火药爆竹制造工人、三酸制造工人;乡镇及私营煤矿井下矿工。

(2) 凡符合下列情况之一者,保险人拒绝承保:恶性肿瘤患者;弱智、痴呆、精神病患者;外国籍人;假释犯人;妇女在怀孕 6 个月后至产后 60 天期间。

(二) 人寿保险合同的要约与承诺

寿险合同由投保人提出要约,保险人进行承诺后成立。实践中有几个问题需要注意:

1. 保险人需要对被保险人进行体检的,保险合同在体检结果出来后保险人方为承诺,但在此之前保险人收取保险费的,保险合同在保险人收取保险费时视为已成立。

2. 保险合同的生效需经过等待期的,保险合同从保险人承诺时成立,但等待期内发生保险事故保险人不承担给付保险金义务。等待期的规定属于附期限的民事行为,寿险合同成立但未生效。

3. 保险单或其他保险凭证的交付不是寿险合同的生效要件。判断寿险合同是否成立生效,应当以保险人实施承诺的行为为标准,至于是否已经交付保险单或者其他保险凭证只具有证据的作用,而不能视为判断寿险合同成立生效的要件。

二、人寿保险合同的主要条款

人寿保险合同的主要条款一般包括：观望期条款、完整合同条款、不可抗辩条款、年龄误告条款、宽限期条款、所有权条款、复效条款、不丧失价值条款、保单贷款条款、部分退保条款、自动垫缴保费条款、红利任选条款、受益人条款、保险金给付任选条款、除外责任条款。其中，不可抗辩条款、年龄误告条款、宽限期条款、复效条款、不丧失价值条款、保单贷款条款、红利任选条款、受益人条款、保险金给付任选条款等已经在人身保险合同的主要条款中有所涉及，以下仅就前文未曾涉及的条款加以说明。

（一）观望期条款

人寿保险合同中通常包含观望期条款，又称"犹豫期条款"，是指保单所有人在收到保单后一定期限内（一般为10天）有权对是否投保和对保险合同的内容观望，犹豫期内投保人可以任意撤销保险合同而无需承担合同义务和违约责任。如果投保人撤销保险合同，保险人需退回投保人缴纳的首期保险费。保险人在观望期内承担保险责任，但投保人取消保单后保险合同失效。观望期条款实质是赋予投保人对合同的撤销权，对敦促投保人认真细致的了解合同内容、谨慎的考虑是否投保具有积极意义，从而更好地保障作为格式合同相对方的投保人的利益。

（二）所有权条款

所有权条款即是规定保险单的权利归属人及其具体权利的条款。一般而言，人寿保险单的所有人享有以下权利：转让保单的权利、质押保单贷款的权利、领取红利的权利、指定受益人的权利、退保的权利及领取保单现金价值的权利。

（三）保单提现条款

保单提现条款也称部分退保条款，依此条款允许寿险保单所有人从保单现金价值中提取总额不超过现金价值的现金。一般保险人不对保单提现计算利息，只将提现金额从保单现金价值中扣除。很多保单收取提现的手续费并限制提现的次数。该条款保障投保人在经济困难时运用保单的现金价值缓解困境，同时保障寿险合同的效力。

(四)自动垫付保费条款

自动垫付保费条款,即投保人缴费满一定期限后,未能在宽限期内交付保险费的,保险人将保单上的现金价值作为借款,自动贷给投保人抵交保费,以使保单继续有效。第一次垫缴之后,投保人仍未缴纳保费的,保险人继续垫缴,直到累计的贷款本息达到保单上的现金价值的数额为止。如果投保人仍不缴纳保费,保单失效。垫缴保费期间发生保险事故的,保险人在扣除垫缴的保费后给付保险金。

(五)除外责任条款

人寿保险合同有一些常见的除外责任,包括法定除外责任和约定除外责任,法定除外责任包括:

1. 投保人故意造成被保险人死亡、伤残或者疾病的,保险人不承担给付保险金的责任。但投保人已经交足2年以上保险费的,保险人应当按照合同约定向其他享有权利的人退还保险单的现金价值。

2. 受益人故意造成被保险人死亡、伤残或者疾病的,或者故意杀害被保险人未遂的,该受益人丧失受益权。

3. 被保险人自杀。以被保险人死亡为给付保险金条件的合同,自合同成立或者合同效力恢复之日起2年内,被保险人自杀的,保险人不承担给付保险金的责任,但被保险人自杀时为无民事行为能力人的除外。保险人应当按照合同约定退还保险单的现金价值。

4. 被保险人故意犯罪或者抗拒依法采取的刑事强制措施导致其伤残或者死亡的,保险人不承担给付保险金的责任。投保人已交足2年以上保险费的,保险人应当按照合同约定退还保险单的现金价值。

约定除外责任一般包括:

1. 被保险人服用、吸食或注射毒品;

2. 被保险人酒后驾驶、无照驾驶及驾驶无有效行驶证的机动交通工具;

3. 被保险人患艾滋病(AIDS)或感染艾滋病毒(HIV 呈阳性)期间;

4. 战争、军事行动、暴乱或武装叛乱；

5. 核爆炸、核辐射或核污染。

（六）完整合同条款

完整合同条款规定，一项完整的寿险合同由寿险合同、附在合同后的投保单以及其他附加条款组成。

第三节　年金保险合同的种类

年金保险是在约定的期间或被保险人的生存期间，保险人按照一定周期给付一定数额的保险金的人身保险。按照不同标准，年金保险可做不同分类。

一、按缴费方法分类，年金保险可分为一次缴清保险费年金保险与分期缴费年金保险

1. 一次缴清保险费年金

一次缴清保险费年金保险是指投保人一次缴清全部保险费，然后从约定的年金给付开始算起，受领人按期领取年金。

2. 分期缴费年金

分期缴费年金的投保人在保险金给付开始日之前分期缴纳保险费，在约定的年金给付开始日起按期由受领人领取年金。

二、按年金给付开始时间分类，年金保险可分为即期年金和延期年金

1. 即期年金

即期年金是指在投保人缴纳所有保费且保险合同成立生效后，保险人立即按期给付保险年金的年金保险。通常即期年金采用趸缴方式缴纳保费，因此，趸缴即期年金是即期年金的主要形式。

2. 延期年金

延期年金是指保险合同成立并生效且被保险人到达一定年龄或经过一定时期后，保险人在被保险人仍然生存的条件下开始给付年金的年金保险。

三、按被保险人分类,年金保险可分为个人年金、联合及生存者年金和联合年金

1. 个人年金

个人年金又称为单生年金,被保险人为独立的一人,以其生存为给付条件。

2. 联合及生存者年金

联合及生存者年金是指两个或两个以上的被保险人中,在约定的给付开始日,至少有一个人生存即给付保险年金,直至最后一个生存者死亡为止的年金。因此,该年金又称为联合及最后生存者年金。但通常此种年金的给付数额规定,若一人死亡则年金按约定比例减少。此种年金的投保人多为夫妻。

3. 联合年金

联合年金是指两个或两个以上的被保险人中,只要其中一个死亡则保险金给付终止的年金。它是以两个或两个以上的被保险人同时生存为给付条件。

四、按给付期限分类,年金保险可分为定期年金、终身年金和最低保证年金

1. 定期年金

定期年金是指保险人与被保险人有约定的保险年金给付期限的年金。定期年金有两种:一种是确定年金,即在约定的给付期限内,无论被保险人是否生存,保险人都得给付年金直至保险年金给付期限结束;另一种是生存年金,即在约定给付期限内,只要被保险人生存就给付年金,直至被保险人死亡为止。

2. 终身年金

终身年金是指保险人以被保险人死亡为终止给付保险年金的时间的年金。也就是说,只要被保险人生存,被保险人即可一直领取年金。但一旦被保险人死亡,给付即终止。对于长寿的被保险人,该险种最为有利。

3. 最低保证年金

最低保证年金是为了防止被保险人过早死亡而丧失领取年金的

权利而产生的年金形式。它具有两种给付方式:第一种是按给付年度数来保证被保险人及其受益人的利益,该种最低保证年金形式确定有给付的最少年数,若在规定期内被保险人死亡,被保险人指定的受益人可继续领取年金直到期限结束;第二种是按给付的金额来保证被保险人及其受益人的利益,该种最低保证年金形式确定有给付的最低金额,当被保险人领取的年金总额低于最低保证金额时,保险人以现金方式一次或分期退还其差额。第一种方式为确定给付年金,第二种方式为退还年金。

五、按保险年金给付额是否变动分类,年金保险可分为定额年金与变额年金

1. 定额年金

定额年金的保险年金给付额是固定的,不因为市场通货膨胀的存在而发生变动。因此,定额年金与银行储蓄性质类似。

2. 变额年金

变额年金属于创新型寿险产品,通常变额年金具有投资分离账户,变额年金的保险年金给付额随投资分立账户的资产收益变化而不同。通过投资,此类保险有效地解决了通货膨胀对年金领取者生活状况的不利影响的问题。变额年金因与投资收益相连接而具有投资性质。

六、团体年金的分类

年金可以采用团体购买,形成团体年金。团体年金的投保人以被保险人为年金受领人,保险费由投保人全部或部分承担。团体年金主要用于退休后的生活补助,具有福利性质,主要分为以下三种:

1. 团体延期缴清年金

团体延期缴清年金保险是由投保人为每一位在职员工投保,其员工在退休后才能开始领取年金的保险。投保人每年趸缴一次延期年金保险费。随员工工作年限的增加,退休后年金数额也增加。

2. 预存管理年金

预存管理年金保险也是由投保人为员工缴纳延期年金保险费的

团体保险，但其缴纳的保费并不记在每个员工的名下，而是作为投保人每年向保险人缴纳的基金本金，当某个员工达到退休年龄时，才从中划出部分作为趸缴保费，为该员工投保个人即期终身年金保险。保险人保证基金的生息，保险人在员工达到退休年龄时，没有必要提存责任准备金，因此，为投保人节省了保险费的支出。

3. 保证年金

保证年金保险是预存管理年金中演化出来的保险形式。具体形式是：投保人按员工退休后应领取的年金额为保险费，形成一笔基金，保险人要保证员工退休后按约定金额支付保险年金，基金的投资收益归入基金。一旦基金的数额低于员工约定年金额的趸缴保费时，立即将基金分解到员工个人名下，作为趸缴保费，为员工投保缴清延期终身年金保险。此类保险确保了员工的利益。

第十五章 意外伤害保险合同

第一节 意外伤害保险的概念、种类及特征

一、意外伤害保险的概念

人身意外伤害保险是人身保险的一种,简称意外伤害保险,是指投保人和保险人约定,在保险有效期间内,被保险人遭受意外伤害或者因意外伤害而导致残疾、死亡时,由保险人按照约定向被保险人或者受益人给付身故保险金或残疾保险金的人身保险。根据《保险法》的规定,人寿保险公司和财产保险公司都可以经营意外伤害保险。

二、意外伤害保险的种类

意外伤害保险主要包括:个人意外伤害保险、团体意外伤害保险、航空意外伤害保险、旅游意外伤害保险、住宿旅客意外伤害保险、出国人员意外伤害保险等险种。意外伤害保险也可以作为附加险附加于各种人身保险合同。按照不同标准,意外伤害保险可做不同分类。

(一) 按投保动因分类

个人意外伤害保险可分为自愿意外伤害保险和强制意外伤害保险,即根据投保人自愿订立的意外伤害险和根据法律强制规定而订立的意外伤害险。

(二) 按保险危险分类

个人意外伤害保险可分为普通意外伤害保险和特定意外伤害保险。

1. 普通意外伤害保险

普通意外伤害保险是指以被保险人因意外事故导致身体损伤为

保险事故的意外伤害保险。这种保险多采用短期保险的形式,期限通常为一年或不到一年。

2. 特种意外伤害保险

特种意外伤害保险是指以特种原因或特定地点造成的被保险人身体损伤为保险事故的意外伤害保险。包括航空意外伤害保险、旅游意外伤害保险、交通事故意外伤害保险、电梯乘客意外伤害保险、船员意外伤害保险、团体意外伤害保险、职业意外伤害保险等类型。

（三）按保险期限分类

个人意外伤害保险可分为极短期意外伤害保险、一年期意外伤害保险和多年期意外伤害保险。

（四）按险种结构分类

个人意外伤害保险可分为单纯意外伤害保险和附加意外伤害保险,即以一个险种单独投保的意外伤害保险和作为一个附加险和其他寿险一起投保的意外伤害险。

三、意外伤害保险的特征

意外伤害保险只承担意外伤害责任,不承担疾病等其他保险事故的保险金给付,与人寿保险比较而言,意外伤害保险具有以下特征。

（一）短期性

意外伤害保险是短期险,通常以一年期为多,也有几个月或更短的。如各种旅客意外伤害保险,保险期限为一次旅程;出差人员的平安保险,保险期限为一个周期;游泳者平安保险期限更短,其保险期限只有一个场次。

（二）灵活性

人身意外伤害保险中,很多是经当事人双方签订协议书,保险金额亦是经双方协商议定的,保险责任范围也相对灵活;投保手续也十分简便,投保人当场付费签名即生效,无需被保险人参加体检,只要有付费能力,一般的人均可参加。

（三）保费一般不具备储蓄功能

在保险合同终止后,即使没有发生保险事故,保险公司也不退还保险费。所以一般保费较低,出险时获得的保障水平较高。

(四) 保险费的厘定与被保险人年龄无关

意外伤害保险费的厘定无需考量被保险人的年龄、性别等因素,无需以生命表为依据。保险人根据以往各种意外伤害事故的发生概率确定保险费率。影响意外伤害保险费率的主要因素不是被保险人的年龄和性别,而是被保险人的职业。即使是人寿保险拒绝承保的高龄被保险人,也可以投保意外伤害保险。但是,对于患有某种疾病,如精神病、癫痫病等的患者,发生意外伤害的可能性较大,保险人一般不予承保。

第二节 意外伤害保险合同的主要内容

一、意外伤害保险的责任范围及责任认定

(一) 意外伤害保险的责任范围

被保险人在保险期限内遭受意外伤害并以此为直接原因或近因,自遭受意外伤害之日起的一定时期内造成死亡、残废、支出医疗费或暂时丧失劳动能力,保险人依约定给付被保险人或其受益人一定量的保险金。意外伤害保险的保障项目包括死亡给付和伤残给付。意外死亡给付和意外伤残给付是意外伤害保险的基本责任,其派生责任包括医疗给付、误工给付,丧葬费给付和遗属生活费给付等责任。

(二) 意外伤害保险责任的认定

意外伤害保险的责任是保险人因意外伤害所致的死亡和残废,不负责疾病所致的死亡。只要被保险人遭受意外伤害的事件发生在保险期内,而且自遭受意外伤害之日起的一定时期内(责任期限内,如90天、180天等)造成死亡残废的后果,保险人就要承担保险责任,给付保险金。认定是否属于意外伤害保险的保险责任需要满足以下条件:

1. 被保险人遭受了意外伤害

意外伤害保险中所称意外伤害是指,在被保险人没有预见到或

违背被保险人意愿的情况下，突然发生的外来致害物对被保险人的身体明显、剧烈地侵害的客观事实。意外伤害的构成包括意外和伤害两个必要条件。

(1) 意外

意外是就被保险人的主观状态而言，包含两层含义：

a. 被保险人事先没有预见到伤害的发生，可理解为伤害的发生是被保险人事先所不能预见或无法预见的。或者伤害的发生是被保险人事先能够预见到的，但由于被保险人的疏忽而没有预见到。

b. 伤害的发生违背被保险人的主观意愿。

(2) 伤害

伤害亦称损伤，是指被保险人的身体受到侵害的客观事实，由致害物、侵害对象、侵害事实三个要素构成。被保险人遭受意外伤害的客观事实必须发生在保险期限之内。

2. 被保险人死亡或残废

(1) 被保险人死亡或残废

死亡即机体生命活动和新陈代谢的终止。在法律上发生效力的死亡包括两种情况，一是生理死亡，即已被证实的死亡；二是宣告死亡，即按照法律程序推定的死亡。

残废包括两种情况，一是人体组织的永久性残缺（或称缺损）；二是人体器官正常机能的永久丧失。

(2) 被保险人的死亡或残废发生在责任期限之内

责任期限是意外伤害保险和健康保险中特有的概念，指自被保险人遭受意外伤害之日起的一定期限，90天、180天、1年等。责任期限对于意外伤害造成的残废实际上是确定残废程度的期限。

宣告死亡的情况下，可以在意外伤害保险条款中定有失踪条款或在保险单上签注关于失踪的特别约定，规定被保险人确因意外伤害事故下落不明超过一定期限（如3个月、6个月等）时，视同被保险人死亡，保险人给付死亡保险金。如果被保险人以后生还，受领保险金的人应把保险金返还给保险人。

3. 意外伤害是死亡或残废的直接原因或近因

(1) 意外伤害是死亡、残废的直接原因。

(2) 意外伤害是死亡或残废的近因。

(3) 意外伤害是死亡或残废的诱因。

当意外伤害是被保险人死亡、残废的诱因时，保险人不是按照保险金额和被保险人的最终后果给付保险金，而是比照身体健康遭受这种意外伤害会造成何种后果给付保险金。

二、意外伤害保险合同的除外责任

(一) 意外伤害保险合同的除外责任一般包括

1. 投保人、被保险人、受益人的故意行为。

2. 因被保险人故意犯罪或拒捕、自杀、自残、殴斗等所致意外伤害。

3. 被保险人在酒醉、吸食(或注射)毒品(如海洛因、鸦片、大麻、吗啡等麻醉剂、兴奋剂、致幻剂)后发生的意外伤害。

4. 因战争、核辐射等不可抗力所致意外伤害。

(二) 特约保意外伤害

在意外伤害的除外责任中存在特约保意外伤害，即从保险原理上讲虽非不能承保，但保险人考虑到保险责任不易区分或限于承保能力，一般不予承保，只有经过投保人与保险人特别约定，有时还要另外加收保险费后才予承保的意外伤害。特约保意外伤害包括：

1. 战争使被保险人遭受的意外伤害。

2. 被保险人在从事登山、跳伞、滑雪、赛车、拳击、江河漂流、摔跤等剧烈的体育活动或比赛中遭受意外伤害。

3. 核辐射造成的意外伤害。

4. 医疗事故造成的意外伤害(如医生误诊、药剂师发错药品、检查时造成的损伤、手术切错部位等)。

三、意外伤害保险金的给付

意外伤害保险属于定额给付性保险，当保险责任构成时，保险人按保险合同中约定的保险金额给付死亡保险金或残废保险金。死亡保险金的数额是保险合同中规定的，当被保险人死亡时如数支付。残废保险金的数额由保险金额和残废程度两个因素确定。残废程度

一般以百分率表示,残废保险金数额的计算公式是:残废保险金＝保险金额×残废程度百分率

在意外伤害保险中,保险金额同时也是保险人给付保险金的最高限额,即保险人给付每一被保险人死亡保险金、残废保险金累计以不超过该被保险人的保险金额为限。

四、意外伤害保险的保险费

意外伤害保险保险费的计算原理近似于非寿险,即在计算意外伤害保险费率时,应根据意外事故发生频率及其对被保险人造成的伤害程度,对被保险人的危险程度进行分类,根据对不同类别的被保险人的分类,对不同类别的被保险人分别制定不同的保险费率。

一年期意外伤害保险费的计算一般按被保险人的职业分类而确定,对被保险人按职业分类一般称为划分工种档次。

对不足一年的短期意外伤害保险费率计算,一般是按被保险人所从事活动的性质分类,分别确定保险费率。极短期意外伤害保险费的计收原则为:保险期不足1个月,按1个月计收;超过1个月不足2个月的,按2个月计收,以此类推。因为短期费率高于相应月份占全年12个月的比例,而对有一些保险期限在几星期、几天、几小时的极短期伤害保险来讲,保险费率往往更高。

五、意外伤害保险的责任准备金

在责任准备金的提存和核算方面,意外伤害保险往往采取非寿险责任准备金的计提原理。

由于意外伤害保险业务是跨年度连续经营的,一方面,每一年度末决算时,都必须从当年的保险费收入中提存一部分作为未到期责任准备金;另一方面,每年度末决算时,应转回上年度末提存的准备金,作为当年的收入。

在计提一年期伤害保险的未到期责任准备金时,我们通常假设伤害保险事故的发生是服从均匀分布规律的。按照这种假设,每份一年期业务保险合同项下的保险费收入都应该分为两部分,第一部分用于当年可能发生的保险事故,第二部分就是上年度末应提存的

责任准备金,也是下年度末应转回的责任准备金。

为使一年期和极短期伤害保险责任准备金计提方法统一,对一年期及一年以内的人身保险业务均按当年保险费收入的50%提存责任准备金。

六、意外伤害保险的保险金额

意外伤害保险以人的身体为保险标的,只能采用定值保险。由保险人结合生命经济价值、事故发生率、平均费用率以及当时总体工资收入水平,确定总保险金额,再由投保人加以认可。目前在我国实行的团体意外伤害保险中,保险金额最低为1000元,最高为50万元;在个人意外伤害保险中,保险金额最低为1000元,最高为100万元。保险金额一经确定,中途不得变更。在特种人身意外伤害保险中,保险金额一般由保险条款或者法院规定。有些财产险公司推出的团体意外伤害保险,还增加了被保险人可中途更换的条款。

影响意外伤害保险费率高低的因素有两个:一是被保险人从事工作的危险程度;二是保险期限的性质。危险程度高,保险费率高,危险程度低,则保险费率低。保险费率(以寿险公司的意外险为例),一般分为4个档:第一档主要是非生产部门的脑力劳动者,年费率为0.2%;第二档主要是轻工业工人和手工业劳动者,年费率为0.3%;第三档主要是重工业工人和重体力劳动者,年费率为7%;第四档主要是职业危险比较特殊的劳动者,年费率可达10%。

第三节 旅游意外伤害保险合同

旅游意外伤害保险是指以被保险人在旅游过程中发生的意外伤害为保障对象的意外伤害保险。其中的旅游是指,因旅游、洽谈公务、探亲等必须离开被保险人所在地的行为。

一、旅游意外伤害保险合同的保险责任

在合同保险责任有效期内,保险公司承担下列保险责任:

1. 意外身故保险金

被保险人在保险期间内在旅游过程中遭受意外伤害事故,并自事故发生之日起 180 日内因该事故身故,保险公司按其意外伤害保险金额给付"意外身故保险金",并且对该被保险人的保险责任终止。

2. 意外残疾保险金

被保险人在保险期间内在旅游过程中遭受意外伤害事故,并自事故发生之日起 180 日内因该事故造成本合同所附"残疾程度与给付比例表"所列残疾程度之一者,保险公司按该表所列比例乘以意外伤害保险金额给付"意外残疾保险金"。如治疗仍未结束的,按事故发生后第 180 日的身体情况进行残疾鉴定,并据此给付残疾保险金。

被保险人因同一意外伤害事故而导致一项以上身体残疾的,保险公司给付比例表内所对应残疾项目保险金之和。若不同残疾项目属于同一手或同一足,保险公司仅给付其中较高一项的意外伤害残疾保险金。

保险公司对同一被保险人所负的残疾保险金给付责任最高以本合同约定的保险金额为限,若保险公司累计给付的意外伤害残疾保险金达到保险金额时,保险公司对该被保险人的保险责任终止。

3. 意外医疗费用保险金

被保险人自意外发生之日起 90 日内在医院治疗所支付出的合理且必须的医疗费用,由保险人承担给付保险金义务。

二、旅游意外伤害保险合同的保险期间

1. 入境旅游的保险期间自被保险人入境后参加旅行社安排的旅游行程时开始,至该旅游行程结束时止。

2. 国内旅游的保险期间自被保险人在约定时间登上由旅行社安排的交通工具开始,至该次旅行结束离开旅行社安排的交通工具止。

3. 出境旅游的保险期间自被保险人通过中国海关出境始,至相邻下一次通过中国海关入境止,计为一次旅行。

4. 被保险人自行终止旅行社安排的旅游行程,其保险期间至其终止旅游行程的时间止。

三、旅游意外伤害保险合同的免责事由

因下列情形之一,造成被保险人身故、残疾或医疗费用支出的,除合同另有约定外,保险公司免责:

1. 投保人、受益人对被保险人故意杀害、伤害;
2. 被保险人故意犯罪或拒捕、自杀或故意自伤;
3. 被保险人殴斗、醉酒,服用、吸食或注射毒品(服用、吸食、注射毒品是指吸食或注射鸦片、吗啡、海洛因、大麻、可卡因以及国家规定管制的其他能够使人形成瘾癖的麻醉药品和精神药品);
4. 被保险人酒后驾驶、无照驾驶及驾驶无有效行驶证的机动交通工具;
5. 非法搭乘交通工具或搭乘未经当地相关政府部门登记许可的客运交通工具;
6. 被保险人流产、分娩,但因意外伤害所致的流产、分娩不在此限;
7. 被保险人因整容手术或其他内、外科手术导致医疗事故;
8. 被保险人未遵医嘱,私自服用、涂用、注射药物;
9. 被保险人从事潜水、跳伞、攀岩运动、探险活动、武术比赛、摔跤比赛、特技表演、赛马、赛车等高风险运动;
10. 被保险人患艾滋病(AIDS)或感染艾滋病病毒(HIV 呈阳性)期间(艾滋病是获得性免疫缺陷综合症(AIDS)的简称,按世界卫生组织制定的定义为准。若被保险人的血液样本中发现获得性人类免疫缺陷病毒或其抗体,则可认定此人已受到艾滋病病毒感染或患艾滋病。艾滋病病毒是获得性人类免疫缺陷病毒的简称);
11. 战争、军事行动、暴乱或武装叛乱;
12. 核爆炸、核辐射或核污染。

第十六章 健康保险合同

第一节 健康保险的概念、特征和分类

一、健康保险的概念

健康保险,又称为疾病保险,是指保险合同的双方当事人约定,投保人向保险人交纳保险费,当被保险人由于疾病、分娩以及由于疾病或者分娩致残或者失去劳动能力时,由保险人给付保险金的保险。健康保险实质是保险公司通过疾病保险、医疗保险、失能收入损失保险和护理保险等方式对因健康原因导致的损失给付保险金的营业行为。

健康保险不同于疾病保险,疾病保险是对被保险人因疾病造成的医疗花费和收入损失提供补偿的保险。健康保险的外延要宽于疾病保险,后者是前者的一个分支。

健康保险不同于医疗保险,医疗保险是对被保险人因伤病造成的医疗费用支出提供补偿的保险。健康保险包括医疗保险,前者除了给付医疗费用的支出还包括被保险人因伤残造成的损失。鉴于目前我国健康保险的保险商品只有医疗费用一类,许多人将健康保险和医疗保险混用。

健康保险不同于意外伤害保险,意外伤害保险是被保险人因意外伤害事故造成死亡或伤残时,保险人依照合同约定给付保险金的保险。健康保险中也包含对意外伤害造成的医疗费用和收入损失提供保障,但健康保险适用与财产保险相同的损害填补原则,只对实际发生的医疗费用支出和收入损失进行补偿,意外伤害保险则直接按照约定的给付伤残或死亡保险金进行给付,而无论实际的损失多少。

二、健康保险的特征

与其他人身保险合同比较而言,健康保险合同具有如下特征:

(一) 保险期限较短

健康保险合同多数为一年期的短期合同。健康保险合同的短期性能够保障保险人确定保险费率的科学性和合理性。

(二) 保险金给付的补偿性

健康保险以外的其他人身保险合同保险金的给付均不依据损害填补原则,而是在保险合同中约定采取定额给付的方式。人寿保险在被保险人因疾病死亡后的死亡保险金给付,意外伤害保险在被保险人因意外伤害导致死亡或者残疾的,死亡或伤残保险金给付均如此。健康保险合同保险金的给付主要适用补偿原则,对被保险人因伤病发生的实际医疗费用或收入的损失提供补偿。

(三) 合同条款呈现出复杂性

健康保险合同的一般条款与人寿保险合同的一般条款基本相同,但健康保险合同比人寿保险合同更为复杂。由于健康保险合同是补偿性合同,认定保险事故、索赔金额的大小等事项均比寿险合同复杂。

鉴于健康保险合同的复杂性和重要性,保监会于2006年颁行了《健康保险管理办法》,对健康保险的经营管理、产品管理、销售管理、精算要求、再保险管理和法律责任进行了专门规定。

三、健康保险的分类

(一) 健康保险按照保障对象可以分为疾病保险、医疗保险、失能收入损失保险和护理保险

1. 疾病保险

疾病保险是指以保险合同约定的疾病的发生为给付保险金条件的保险。

2. 医疗保险

医疗保险是指以保险合同约定的医疗行为的发生为给付保险金条件,目的是为被保险人接受诊疗期间的医疗费用支出提供保障的保险。

3. 失能收入损失保险

失能损失保险是指以因保险合同约定的疾病或者意外伤害导致工作能力丧失为给付保险金条件,为被保险人在一定时期内收入减少或者中断提供保障的保险。

4. 护理保险

护理保险是指以因保险合同约定的日常生活能力障碍引发护理需要为给付保险金条件,为被保险人的护理支出提供保障的保险。

(二)健康保险按照保险期限的不同,可分为长期健康保险和短期健康保险

1. 长期健康保险

长期健康保险是指保险期间超过一年或者保险期间虽不超过一年但含有保证续保条款的健康保险。

2. 短期健康保险

短期健康保险是指保险期间在一年及一年以下且不含有保证续保条款的健康保险。保证续保条款是指在前一保险期间届满后,投保人提出续保申请,保险公司必须按照约定费率和原条款继续承保的合同约定。

第二节 医疗费用保险

一、医疗费用保险的概念和分类

医疗费用保险,简称医疗保险,是指以保险合同约定的医疗行为的发生为给付保险金条件,向被保险人提供接受诊疗期间的医疗费用支出保障的保险。医疗保险是健康保险的主要分支之一。医疗费用是病人为了治病而发生的各种费用,它不仅包括医生的医疗费和手术费用,还包括住院、护理、医院设备等费用。

(一)医疗费用保险按照保险金的给付性质分为费用补偿型医疗保险和定额给付型医疗保险

1. 费用补偿型医疗保险

费用补偿型医疗保险是指根据被保险人实际发生的医疗费用支

出，按照约定的标准确定保险金数额的医疗保险。保险金的给付金额不得超过被保险人实际发生的医疗费用金额的医疗费用保险。

2. 定额给付型医疗保险

定额给付型医疗保险是指按照约定的数额给付保险金的医疗保险。

(二) 医疗费用保险按照医疗费用的性质可以分为普通医疗保险、补充医疗保险、特种医疗保险和综合医疗保险

1. 普通医疗保险

普通医疗保险又称基本医疗保险，主要补偿被保险人因疾病和意外伤害所导致的直接医疗费用。普通医疗保险一般采用费用补偿方式给付医疗保险金，只对住院期间产生的医疗费用进行补偿，但少数团体医疗保险合同也对门诊医疗费用进行补偿。目前，我国健康保险市场上大多数的个人或团体住院保险都属于医疗费用保险。

2. 补充医疗保险

补充医疗保险，是对特定的医疗费用提供保障的医疗保险，补偿的保险金包括：住院津贴保险，即根据住院天数给付住院津贴，或者根据手术等治疗项目的使用次数按次给付治疗津贴，我国目前市场上的健康保险很多都属于这种；补充型高额医疗费用保险，即对社会医疗保险或其他医疗保险支付限额以上的医疗费用提供保障；特殊疾病医疗保险，即提供特定疾病保障的医疗保险，最常见的是癌症保险和重大疾病保险。

3. 特种医疗保险

特种医疗保险主要包括以下种类。

(1) 牙医保险

牙医保险，又称牙科保险，是指为被保险人对牙齿进行的常规检查和治疗费用提供补偿的医疗费用保险。这类费用在一般的基本医疗保险和综合医疗保险均作为除外责任。

(2) 处方药保险

处方药保险是指为被保险人购买处方药的花费提供补偿的健康保险，一般以补充医疗保险的形式附加在团体健康保险中。

(3) 眼科检查和视力矫正保险

眼科检查和视力矫正保险，是指为定期的眼科检查和视力矫正

提供费用补偿的医疗保险。

（4）意外伤害医疗保险

意外伤害医疗保险，是指为被保险人因意外伤害导致的医疗费用提供补偿的医疗保险。

4. 综合医疗保险

综合医疗保险是目前国外常见的医疗费用保险。这种保险提供医疗费用补偿的范围和程度都超过基本医疗保险，对疾病和意外伤害导致的大多数医疗费进行补偿：包括住院床位费、检查检验费、手术费、诊疗费等。此外还包括对门诊医疗费用和某些康复治疗的费用的补偿，如人工关节、假肢、轮椅等。

二、医疗费用保险合同的常用条款

1. 免赔额条款

免赔额的计算一般有三种：一是单一赔款免赔额，针对每次赔款的数额；二是全年免赔额，按全年赔款总计，超过一定数额后才赔付；三是集体免赔额，针对团体投保而言。

2. 比例给付条款

又称共保比例条款。在大多数健康保险合同中，对于保险人医疗保险金的支出均有比例给付的规定，即对超过免赔额以上的医疗费用部分采用保险人和被保险人共同分摊的比例给付办法。比例给付，既可以按某一固定比例给付，也可按累进比例给付。

3. 给付限额条款

一般对保险人医疗保险金的最高给付均有限额规定，以控制总支出水平。

第三节 失能收入保障保险和护理保险

一、失能收入保障保险

失能收入保障保险是指以因保险合同约定的疾病或者意外伤害导致工作能力丧失为给付保险金条件，为被保险人在一定时期内收入减少或者中断提供保障的保险。收入保障保险一般可分为两种,一种是补偿因伤害而致残废的收入损失,另一种是补偿因疾病造成的残废而致的收入损失。

(一) 失能收入保障保险的给付方式

失能收入保障保险的给付一般是按月或按周进行补偿,每月或每周可提供金额相一致的收入补偿。残疾收入保险金应与被保险人伤残前的收入水平有一定的联系。在确定最高限额时,保险公司需要考虑投保人的下述收入:税前的正常劳动收入;非劳动收入;残疾期间的其他收入来源以及目前适用的所得税率。

收入保障保险除了在被保险人全残时给付保险金外,还可以提供其他利益,包括残余或部分伤残保险金给付、未来增加保额给付、生活费用调整给付、残疾免缴保费条款,以及移植手术保险给付、非失能性伤害给付、意外死亡给付。这些补充利益作为特殊条款通过缴纳附加保费的方式获得。

(二) 失能收入保障保险的给付期限

给付期限为收入保障保单支付保险金最长的时间,可以是短期或长期的,因此有短期失能及长期失能两种形态。短期补偿是为了补偿在身体恢复前不能工作的收入损失,而长期补偿则规定较长的给付期限,这种一般是补偿全部残废而不能恢复工作的被保险人的收入。

(三) 失能收入保障保险的免责期间

免责期间,又称等待期间或推迟期,是指在残疾失能开始后无保险金可领取的一段时间,即残废后的前一段时间,类似于医疗费用保险中的免责期或自负额,在这期间不给付任何补偿。

(四) 失能收入保障保险中残疾的含义

残疾指由于伤病等原因在人体上遗留的固定症状,并影响正常生活和工作能力。通常导致残疾的原因有先天性的残障、后天疾病遗留、意外伤害遗留。收入保障保险对先天性的残疾不给付保险金,并规定只有满足保单载明的全残定义时,才可以给付保险金。

1. 完全残废

完全残废一般指永久丧失全部劳动能力,不能参加工作(原来的工作或任何新工作)以获得工资收入。全部残废给付金额一般比残废前的收入少一些,经常是原收入的75%—80%。

2. 部分残废

部分残废是与全部残废的定义相对而言,是指部分丧失劳动能力。如果我们把全部残废认为是全部的收入损失,部分残废则意味着被保险人还能进行一些有收入的其他职业,保险人给付的将是全部残废给付的一部分。

部分残废给付 = 全部残废给付 × (残废前的收入 − 残废后收入)/残废前的收入

二、护理保险

护理保险,又称老年护理保险,是指以保险合同约定的日常生活能力障碍引发护理需要为给付保险金条件,目的是为被保险人的护理支出提供保障的保险。护理保险是为因年老、疾病或伤残而需要长期照顾的被保险人提供护理服务费用补偿的健康保险品种。长期护理保险的保险范围分为医护人员看护、中级看护、照顾式看护和家中看护四个等级。

典型看护保单要求被保险人不能完成下述五项活动之两项即可:(1) 吃;(2) 沐浴;(3) 穿衣;(4) 如厕;(5) 移动。除此之外,患有老年痴呆等认知能力障碍的人通常需要长期护理,但他们却能执行某些日常活动,为解决这一矛盾,目前所有长期护理保险已将老年痴呆和阿基米得病及其他精神疾患包括在内。

护理保险保险金的给付期限有一年、数年和终身等几种不同的选择,同时也规定有 20 天、30 天、60 天、90 天、100 天或者 180 天等多种免责期。免责期愈长,保费愈低。长期护理保险的保费通常为平准式,也有每年或每一期间固定上调保费者,其年缴保费因投保年龄、等待期间、保险金额和其他条件的不同而有很大区别。一般都有豁免保费保障,即保险人开始履行保险金给付责任的 60 天、90 天或 180 天起免缴保费。此外,所有护理保险保单都是保证续保的。最后,护理保险还有不没收价值条款规定。

第四节 疾病保险和重大疾病保险

一、疾病保险

疾病保险指以疾病为给付保险金条件的保险。通常这种保单的保险金额比较大,给付方式一般是在确诊为特种疾病后,立即一次性支付保险金额。疾病保险具有以下特征:

1. 个人可以任意选择投保疾病保险,作为一种独立的险种,它不必附加于其他某个险种之上。
2. 疾病保险条款一般都规定了一个等待期或观察期,观察期结束后保险单才正式生效。
3. 为被保险人提供切实的疾病保障,且程度较高。
4. 保险期限较长。
5. 保险费可以分期交付,也可以一次交清。

二、重大疾病保险

(一) 重大疾病保险合同的概念

重大疾病保险合同是指由保险公司经办的以特定重大疾病,如恶性肿瘤、心肌梗死、脑溢血等为保险对象,当被保险人患有上述疾病时,由保险公司对所花医疗费用给予适当补偿的商业保险行为。根据保费是否返还来划分,可分为消费型重大疾病保险和返还型重大疾病保险。

为保护保险消费者的权益、规范重大疾病保险市场,我国保险行业协会与医师协会合作完成并于2007年颁布了《重大疾病保险的疾病定义使用规范》,对各个保险公司推出的重大疾病保险产品进行统一规范。该使用规范有以下主要内容:第一,在重疾险中,保险期间包含成年人阶段的重疾险业务量最大,因此,该使用规范根据成年人重疾险的特点,对重疾险产品中最常见的25种疾病的表述进行了统一和规范。第二,明确要求保险行业使用统一的重疾定义后,保险期间主要为成年人阶段的保险产品,若以"重大疾病保险"命名,其保障范围必须包括 25 种疾病中发生率最高的 6 种疾病。从国际经验来看,重疾险所保障的多种疾病中,发生率和理赔率最高的疾病有 3—6 种,这些疾病对重疾险产品的价格影响最大,因此,《使用规范》要求重疾险须包括 6 种主要疾病:恶性肿瘤、急性心肌梗塞、脑中风后遗症、冠状动脉搭桥术(或称冠状动脉旁路移植术)、重大器官移植术或造血干细胞移植术、终末期肾病(或称慢性肾功能衰竭尿毒症期)。第三,对重疾险产品涉及的保险术语制定了行业标准。第四,对重疾险的相关除外责任进行了规范。第五,对重疾险条款和配套宣传材料中所列疾病的排列顺序提出规范性要求。第六,借鉴 2006 年 4 月由英国保险行业协会发布的最新版《重大疾病保险最佳操作指引》的经验,对重疾险宣传材料中的疾病名称进行规范。我国是继英国之后第二个对此进行规范的国家。

(二)重大疾病保险的分类

1. 重大疾病保险按保险期限划分,可以分为定期重大疾病保险和终身重大疾病保险。

(1)定期重大疾病保险

定期重大疾病保险为被保险人在固定的期间内提供保障,固定期间可以按被保险人的年龄(如保障 75 岁)确定或按年数(如 20 年)确定,定期重大疾病保险近年来发展较快,新的险种不断出现。例如,"两全"形态的重大疾病保险,即被保险人在保险期间内未患重大疾病且生存至保险期末也可获得保险金。另有扩大保障范围,增加高残和身故保险责任的重疾保险。

(2)终身重大疾病保险

终身重大疾病保险为被保险人提供终身的保障。终身保障有两种形式,一是为被保险人提供的重大疾病保障,直到被保险人身故;另一种是当被保险人生存至合同约定的极限年龄(如 100 周岁)时,保险人给付与重大疾病保险金额相等的保险金,保险合同终止。一般终身重大疾病保险产品都会含有身故保险责任,因风险较大,费率相对比较高。

2. 重大疾病保险按给付形态可划分为提前给付型、附加给付型、独立给付主险型、按比例给付型、回购式选择型五种。

(1) 提前给付型重大疾病保险

提前给付型重大疾病保险产品保险责任包含重大疾病死亡、高度残疾，保险总金额为死亡保额，其中包含重大疾病和死亡或高残保额两部分，如果被保险人患保单所列重大疾病，被保险人可以将一定死亡保额比例的重大疾病保险金提前领取，用于医疗或手术费用等开支，剩余部分在被保险人身故时由受益人领取。如果被保险人没有发生重大疾病，则全部作为身故保险金，由受益人领取。

(2) 附加给付型重大疾病保险

附加给付型重大疾病保险通常是以寿险为主险的附加险，保险责任也包含有重大疾病和高残两类。该型产品有确定的生存期间。生存期间是指被保险人身患合同约定范围内的重大疾病开始（正式确诊）至保险人确定的某一时刻止的一段时间，通常有30天、60天、90天、120天不等。如果被保险人患重大疾病且在生存期内死亡，保险人给付死亡保险金。如果被保险人患重大疾病且存活超过生存期间，保险人给付重大疾病保险金，被保险人身故时再给付死亡保险金。该产品的优势在于死亡保障不仅始终存在而且不因重大疾病保障给付而减少死亡保险金。

(3) 独立给付主险型重大疾病保险

独立给付主险型重大疾病保险包含死亡和重大疾病的保险责任，而且其责任是完全独立的，并且二者有独立的保额。如果被保险人身患重大疾病保险人给付重大疾病保险金，死亡保险金为零，保险合同终止，如果被保险人未患重大疾病，则给付死亡保险金。此型产品较易定价，只需考虑重大疾病的发生率和死亡率，但对重大疾病的描述要求严格。

(4) 按比例给付型重大疾病保险

按比例给付型重大疾病保险是针对重大疾病的种类而设计，主要是考虑某一种重大疾病的发生率、死亡率、治疗费用等因素，来确定在重大疾病保险总金额中的给付比例。当被保险人患有某一种重大疾病时按合同约定的比例给付，其死亡保障不变，该型保险也可以用于以上诸型产品之中。

(5) 回购式选择型重大疾病保险

回购式选择型重大疾病保险目前在我国尚属空白。该种类型的保险是针对提前给付型重疾保险存在的因领取重大疾病保险金而导致死亡保障降低的不足而设计的，其规定保险人给付重大疾病保险金后，若被保险人在某一特定时间仍存活，可以按照某些固定费率买回原保险额的一定比例（如25%），使死亡保障有所增加，如果被保险人再经过一定时期仍存活，可再次买回原保险总额的一定比例，最终使死亡保障达到购买之初的保额。回购式选择带来的逆选择是显而易见的，作为曾经患过重大疾病的被保险人要按照原有的费率购买死亡保险也有失公平。因此对于"回购"的前提或条件的设计至关重要，是防范经营风险的关键。

（三）重大疾病保险合同的主要条款

1. 除外责任

被保险人因下列情事之一而罹患重大疾病、身故或身体残疾时，保险公司不负保险责任：(1) 投保人的故意行为；(2) 受益人的故意行为；(3) 在合同订立或复效之日起2年内自杀或故意自伤身体；(4) 故意犯罪、吸毒、殴斗、酒醉；(5) 战争、军事行动或动乱；(6) 罹患获得性免疫缺陷综合症（艾滋病）、性病、先天性疾病或遗传性疾病；(7) 核爆炸、核辐射或核污染；(8) 无驾驶执照、酒后或其他违章驾驶；(9) 自本合同生效或复效之日起180日内罹患重大疾病。

2. 重大疾病的范围及定义

（1）心脏病（心肌梗塞）：指因冠状动脉阻塞而导致部分心肌坏死，其诊断必须同时具备下列三条件：第一，新近显示心肌梗塞变异的心电图。第二，血液内心脏酶素含量异常增加。第三，典型的胸痛病状。但心绞痛不在本合同的保障范围之内。

（2）冠状动脉旁路手术：指为治疗冠状动脉疾病的血管旁路手术，须经心脏内科心导管检查，患者有持续性心肌缺氧造成心绞痛并证实冠状动脉有狭窄或阻塞情形，必须接受冠状动脉旁路手术。其他手术不包括在内。

（3）脑中风：指因脑血管的突发病变导致脑血管出血、栓塞、梗塞致永久性神经机能障碍者。所谓永久性神经机能障碍，是指事故发生6个月后,经脑神经专科医生认定仍遗留下列残障之一者:植物人状态、一肢以上机能完全丧失、两肢以上运动或感觉障碍而无法自理日常生活者。所谓无法自理日常生活,是指食物摄取、大小便始末、穿脱衣服、起居、步行、入浴等,皆不能自己为之,经常需要他人加以扶助之状态;丧失言语或咀嚼机能。言语机能的丧失是指因脑部言语中枢神经的损伤而患失语症。咀嚼机能的丧失是指由于牙齿以外的原因所引起的机能障碍,以致不能做咀嚼运动,除流质食物以外不能摄取食物之状态。

(4) 慢性肾衰竭(尿毒症):指两个肾脏慢性且不可复原的衰竭而必须接受定期透析治疗。

(5) 癌症:指组织细胞异常增生且有转移特性的恶性肿瘤或恶性白血球过多症,经病理检验确定符合卫生部"国际疾病伤害及死因分类标准"归属于恶性肿瘤的疾病,但下述除外:第一期何杰金氏病;慢性淋巴性白血病;原位癌症;恶性黑色素瘤以外的皮肤癌。

(6) 瘫痪:指肢体机能永久完全丧失,包括两上肢、或两下肢、或一上肢及一下肢,各有三大关节中的两关节以上机能永久完全丧失。所谓机能永久完全丧失,指经6个月以后其机能仍完全丧失。关节机能的机能丧失指永久完全僵硬或关节不能随意识活动超过6个月以上。上肢三大关节包括肩、肘、腕关节,下肢三大关节包括股、膝、踝关节。

(7) 重大器官移植手术:指接受心脏、肺脏、肝脏、胰脏、肾脏及骨髓移植。

(8) 严重烧伤:指全身皮肤20%以上受到第三级烧伤。但若烧伤是被保险人自发性或蓄意行为所致,不论当时清醒与否,皆不在本合同的保障范围之内。

(9) 暴发性肝炎:指肝炎病毒感染而导致大部分的肝脏坏死并失去功能,其诊断必须同时具备下列两个条件以上:肝脏急剧缩小;肝细胞严重损坏;肝功能急剧退化;肝性脑病。

(10) 主动脉手术:指接受胸、腹主动脉手术,矫正狭窄,分割或切除主动脉瘤。但胸或腹主动脉的分支除外。

第四编 保险业法

第十七章 保险组织

第一节 保险组织的设立

一、保险组织的类型

保险业直接关系到公共利益和社会稳定,各国皆对经营保险业的组织形式有严格的限制。目前,除英国劳合社(Lloyd's)中的个人保险人外,各国均禁止个人经营保险业务。保险经营者必须是法人组织,保险业组织形式基本采取公司制,但这并不是说不能依法设立其他性质的保险组织。我国现实生活中存在合作保险组织形式,例如,农村的互助合作保险组织。相互合作保险的组织形式亦为外国保险业所广泛采用。在我国未来保险业发展中,也应适合不同营业实践需要采取不同的保险组织形式。

保险组织就其经营主体而言,可分为公营保险组织和民营保险组织;就其经营目的而言,可分为营利保险组织和非营利保险组织。[①] 就保险公司而言,依投资主体的不同,可以分为内资保险公司和外资保险公司;根据保险公司的组织架构,保险公司有总公司、分公司、子公司等形态。

各国保险法律规定和存在的保险组织,其组织形式是有差别的。一般来说,保险人采取的组织形式有股份有限保险公司、有限责任保险公司、相互保险公司、保险合作社和个人保险组织。

---

① 袁宗蔚:《保险学》(修订34版),三民书局1999年版,第167页。

(一) 股份有限保险公司

股份有限保险公司,是指公司资本分为等额股份,股东在一定人数以上的保险公司。这是保险人营业采取的主要组织形式,也是保险人营业的基本组织形式。

(二) 有限责任保险公司

有限责任保险公司,是指由 50 人以下股东共同出资,每个股东以其所认缴的出资额对公司承担有限责任,公司以其全部资产对其债务承担责任的企业法人。我国有限责任保险公司主要形式是国有独资保险公司和国有控股有限公司。

(三) 相互保险公司

相互保险公司(mutual insurance company),是由约定危险发生而受有财产或人身利益损失的人联合加入公司,以其成员所交基金对危险发生所致损失承担给付义务,出资者与其具有成员关系与保险关系依存性的保险组织形式。相互保险公司是将相互合作制与公司制结合而成的一种管理、经营危险的特殊组织形式。投保人基于自己的投保取得公司成员的资格,公司用投保人交付的保险费形成保险基金,通过公司制度进行经营,以投保人之间的互助共济实现其人身或财产的保险保障。最早的相互保险公司出现在英国,经营火灾保险。相互保险公司这种保险组织形式也在我国支持农业保险的政策下出现。[①]

(四) 保险合作社

保险合作社(co-operative insurance society),是由对某种危险具有同一保障要求的人自愿集股设立,社员共同管理组织、经营业务,共同分担危险的保险营业组织。其依合作原则从事保险业务,是同股份有限公司与相互保险公司并存的一种保险组织。它一般属于社团法人,是非营利机构,以较低的保险费满足社员的保险需求,社员

---

① 阳光相互保险公司在黑龙江垦区,经中华人民共和国国务院同意,保监会批准,国家工商总局注册成立,并于 2005 年 1 月 11 日正式营业。阳光相互保险公司总公司下设哈尔滨分公司,9 个中心支公司(不包括正在筹建的 2 个中心支公司),一百多个保险社,二千多个保险分社。2005 年该公词的保险费收入达到 2.2 亿元,2006 年其保险收入达到 3 亿元,2007 年前 11 月的保险费收入达到 5.4 亿元。

与投保人基本上是一体的。①

(五) 个人保险组织

个人保险组织,是以自然人个人独立与投保人缔结保险合同,并利用个人财产独立承担责任的保险营业形式。以此种方式经营保险的自然人须有一定量的个人财产。保险经历了从海上保险到陆上保险的发展过程,而最初的海上保险一般都是凭借个人财力经营的。由于个人财产难以承担较大的危险,个人形式的保险营业受到限制,逐渐消失。劳合社是目前世界上唯一存在的个人保险组织。

二、保险公司的设立

(一) 保险公司的设立条件

保险公司的设立条件是指法律规定设立保险公司必须具备的条件。保险公司设立应符合法定要件,并须经保险监督管理机构批准。② 根据《保险法》第 68 条和《保险公司管理规定》第 6 条规定,保险公司的设立,应具备如下条件:

1. 合法的公司章程

公司章程是关于公司组织和行为规范的重要文件,是公司设立的必要条件。根据我国《公司法》第 82 条的规定,股份有限保险公司的章程应载明如下内容:(1) 公司名称和住所;(2) 公司经营范围;(3) 公司设立方式;(4) 公司股份总数、每股金额和注册资本;(5) 发起人的姓名或者名称、认购的股份数、出资方式和出资时间;(6) 董事会的组成、职权、任期和议事规则;(7) 公司法定代表人;(8) 监事会的组成、职权、任期和议事规则;(9) 公司利润分配办法;(10) 公司的解散事由与清算办法;(11) 公司的通知和公告办法;(12) 股东大会会议认为需要规定的其他事项。

2. 符合法定数额的资本额

公司资本是公司赖以存续的血液,是保险公司得以设立和运作

---

① 参见陈云中:《保险学》,五南图书出版公司 2002 年版,第 217 页。
② 《保险法》第 67 条。

的基础。设立保险公司,须具备相应的资本。公司资本是指设立公司时依公司章程约定,股东向公司投资形成的公司财产。法律对公司设立的注册资本有最低限额的要求,达到该最低限额要求的资本是保险公司设立的必要条件。根据《保险法》第69条规定,设立保险公司,其注册资本的最低限额为人民币2亿元,保险公司的最低资本限额必须是实缴货币资本。保险法关于2亿元最低资本额的规定,是强行性规则,不允许当事人低于2亿元人民币的调整。《保险法》规定,保险监督机构根据保险公司的业务范围、经营规模,可以调整其注册资本的最低限额,但不能低于最低资本限额为2亿元的数额。

3. 适格的高级管理人员

保险公司高级管理人员是指对保险公司总公司及其分支机构经营管理活动具有决策权或者重大影响的下列人员:(1)总公司、分公司、中心支公司总经理、副总经理、总经理助理;(2)总公司董事会秘书、合规负责人、总精算师、财务负责人;(3)支公司、营业部经理;(4)与上述高级管理人员具有相同职权的负责人。

保险公司是专营保险业务的特种公司,其运营具有较强的专业性、技术性,这就要求保险公司高级管理人员须具备一定的专业知识和工作经验。保险公司高级管理人员的任职条件包括积极条件和消极条件。

积极条件包括:(1)遵守法律及公司章程的要求。高级管理人员应当遵守法律、法规和保险监管制度,遵守保险公司章程。(2)品行要求。高级管理人员应当具备诚实信用的品行。(3)专业知识条件。高级管理人员应当具有履行职务必需的相应的专业知识。[①](4)工作经验条件。高级管理人员须具备从业经历。[②](5)管理能力条件。高级管理人员须具备一定的管理能力。(6)国籍条件。中资保险公司的法定代表人应当是中华人民共和国公民。

---

① 具体内容见《保险公司董事和高级管理人员任职资格管理规定》第10条第1项、第16条第2款。

② 具体内容见《保险公司董事和高级管理人员任职资格管理规定》第10条第2项、第3项;第13条第2项;第14条第2项;第16条;第16条第1款。

消极条件包括:(1) 有《保险公司董事和高级管理人员任职资格管理规定》第 17 条、第 18 条情形的,不得担任保险公司董事或者高级管理人员。① (2) 在被整顿、接管的保险公司担任高级管理人员,对被整顿、接管负有直接责任的,在被整顿、接管期间,不得到其他保险机构担任高级管理人员。

中国保监会及其派出机构对高级管理人员任职资格实行分级审查、分级管理。除保监会另有规定外,由其审查和管理保险公司总公司高级管理人员的任职资格;其派出机构审查和管理辖区内保险公司分支机构高级管理人员的任职资格。

4. 健全的组织机构和管理制度

健全的组织机构和管理制度是保险公司正常有效地开展业务的必要条件。组织机构是组织调控的条件保证,公司管理制度是规范调控的条件保证。两者是保险公司内部组织活动与外部营业行为的基础。

完善的管理制度是保险公司正常营业的规范保证,内容包括公司的财务会计制度、人事管理制度、劳动工资制度、业务管理制度以及员工工作纪律等制度。

5. 适于保险营业的营业场所与设施

保险业的经营,须具备与经营范围与规模相适应的营业场所和设施,这是保险公司进行营利性营业行为的物质前提。保险业的营业场所主要是指行政办公和经营业务的房产、办公设备和租用的工作场所;保险营业设施主要是指保险业正常经营所必须的通讯设备、交通设备、信息处理设备、文档储存设备、安全装备等。

(二) 保险公司的设立程序

保险经营是一种专业性营业行为,其经营状况关乎保险团体的危险承担,关乎经济安全与社会稳定,这决定了保险公司的设立及其营业行为并非保险公司的当然性权利,而须经国家依法定条件许可其进行保险业经营。因此,我国《保险法》对保险公司的设立实行许

---

① 具体内容见《保险公司董事和高级管理人员任职资格管理规定》第 17 条,第 18 条。

可设立主义原则（审批主义原则），《保险法》第 67 条第 1 款规定："设立保险公司应当经国务院保险监督管理机构批准。"

设立保险公司，对设立人而言，应经过筹建申请和正式申请；对保险监督管理机构而言，要进行相应的初步审查与许可审查两个阶段。

1. 筹建保险公司的申请

《保险法》第 70 条规定："申请设立保险公司，应当向国务院保险监督管理机构提出书面申请，并提交下列材料：(1) 设立申请书，申请书应当载明拟设立的保险公司的名称、注册资本、业务范围等；(2) 可行性研究报告；(3) 筹建方案；(4) 投资人的营业执照或者其他背景资料，经会计师事务所审计的上一年度财务会计报告；(5) 投资人认可的筹备组负责人和拟任董事长、经理名单及本人认可证明；(6) 国务院保险监督管理机构规定的其他材料。"

2. 拟设立保险公司的筹建

根据《保险法》第 72 条的规定："申请人应当自收到批准筹建通知之日起 1 年内完成筹建工作；筹建期间不得从事保险经营活动。"

(1) 筹建的内容

拟设立保险公司的筹建，设立人应该按照《保险法》第 68 条所规定的保险公司成立的条件进行，主要是：股东符合法律、行政法规和中国保监会的有关规定；有符合《保险法》和《公司法》规定的章程；注册资本最低限额为人民币 2 亿元，且必须为实缴货币资本；有符合中国保监会规定任职资格条件的董事、监事和高级管理人员；有健全的组织机构；建立了完善的业务、财务、合规、风险控制、资产管理、反洗钱等制度；有具体的业务发展计划和按照资产负债匹配等原则制定的中长期资产配置计划；具有合法的营业场所，安全、消防设施符合要求，营业场所、办公设备等与业务发展规划相适应，信息化建设符合中国保监会要求。

(2) 筹建的期限

经中国保监会批准筹建保险公司的，申请人应当自收到批准筹建通知之日起 1 年内完成筹建工作。筹建期间届满未完成筹建工作的，原批准筹建决定自动失效。

(3) 筹建的限制

筹建中的公司不具有法律主体资格,没有保险经营许可,所以,筹建机构在筹建期间不得从事保险经营活动。

筹建的投资人关系到保险业经营的稳定性,是保监会审批的重要参考指标,筹建期间不得变更主要投资人。

3. 提出设立公司正式申请

根据《保险法》第71条的规定,设立保险公司的申请经保险监督管理机构初步审查合格后,申请人业已根据《保险法》与《公司法》的规定完成了保险公司的筹建,若具备《保险法》第68条规定的设立保险公司条件的,应向保险监督管理机构提交正式申请文件,保监会对其申请进行许可审查。

保险监督管理机构自收到设立保险公司的正式申请文件之日起60日内应作出批准或者不批准的决定。①

4. 颁发经营保险业务许可证

经批准设立的保险公司,由保监会颁发经营保险业务许可证。否则,保险公司不能进行登记与开展保险业务。

5. 保险公司的设立登记

经批准开业的保险公司,应当持批准文件以及经营保险业务许可证,向工商行政管理部门办理登记注册手续,领取营业执照后方可营业。

第二节 保险公司的变更

一、保险公司的合并与分立

(一) 概念与形式

保险公司的合并,是指两个或两个以上的保险公司依法或依约定归并为一个公司或创设一个新的保险公司的商业行为。保险公司合并的形式有吸收合并与新设合并两种。保险公司的分立,是指一

---

① 《保险法》第73条第2款。

个保险公司又设立另一保险公司或一个保险公司分解为两个以上的保险公司。保险公司分立有新设分立与派生分立两种形式。

(二) 法律效力

1. 保险公司合并的法律效力

(1) 公司的消灭、变更和设立

合并保险公司因合并形式不同可导致保险公司的消灭、变更和设立三种后果。其一,保险公司的消灭。在吸收合并情形下,被吸收保险公司的法人资格消灭;在新设合并情形下,参加合并的保险公司法人资格均归消灭。其二,保险公司的变更。在吸收合并情形下,存续公司的股东、资本等发生变化,公司章程亦须修改。其三,保险公司设立。在新设合并情形下,因合并而设立一新公司。

(2) 权利义务的概括承受

在吸收合并情形下存续公司与在新设合并情形下新设公司应无条件地继受因公司合并而解散的保险公司的经确认的债权债务。当事人在合同中排除债务的约定不发生效力。保险公司在合并中违反法律,不向债权人作合并通知或公告,或债权人在法定期限内提出异议的,债务人未清偿债务或提供相应担保的,该合并不能对抗债权人。

2. 保险公司分立的法律效力

保险公司的分立行为可导致公司发生解散、变更和新设。对分立中的原保险公司而言,分立可能导致其解散或资本和股东的变更。对股东而言,分立会引起其与原保险公司关系及其股权的数量与结构的变化。对债权人而言,分立会引起债务人的变化。

二、保险公司组织形式的变更

保险公司组织形式变更,是指不中断公司的法人资格而将保险公司由一种法定形式转变为另一种法定形式。与保险公司合并、分立不同之处在于,在保险公司组织形式变更中,保险公司不经解散、清算、重新设立等程序而改变为另一种保险公司。

在公司法上,由于各种形式的公司责任形式不同,故现代各国公司法对公司形式的变更多采种类限制主义,以将可变更公司形式限制在责任形式相同的公司之间。但各国的具体限定方法不尽一致。我国《公司法》第96条仅对有限责任公司变更为股份有限公司作了规定。因此,这里仅述及国有独资保险公司的组织形式变更。

1. 变更程序

(1) 由董事会作出变更方案。

(2) 经国有资产监督管理机构或者本级人民政府决定。

(3) 修改公司章程等变更程序。按我国《公司法》关于设立股份有限公司的程序经创立大会通过,经有关部门批准办理,并向公司登记机关为变更登记。国有独资公司折合交付的实收股本总额不得高于公司的净资产额。公司为实现组织变更须增加资本公开发行股份的,应依公司法关于向社会公开募股的规定办理,即经证券监督管理机构批准,向社会公告募股。

2. 法律效力

保险公司形式发生变化;原国有独资保险公司的债权债务由变更后的股份有限保险公司承继。

三、保险公司其他事项的变更

保险公司其他事项的变更,是指除保险公司合并、分立、保险公司组织形式变更以外的其他的公司实体变化。《保险法》第84条规定:"保险公司有下列情形之一的,应当经保险监督管理机构批准:(1) 变更名称;(2) 变更注册资本;(3) 变更公司或者分支机构的营业场所;(4) 撤销分支机构;(5) 公司分立或者合并;(6) 修改公司章程;(7) 变更出资额占有限责任公司资本总额5%以上的股东,或者变更持有股份有限公司股份5%以上的股东;(8) 国务院保险监督管理机构规定的其他情形。"上述内容变更,除分立或者合并的重大变更事项外,其他重要变更也采同样的监管程序,即首先,须由股东(大)会或者董事会同意;其次,须经保险监督管理机构审查批准;最后,要向原登记机关办理登记。若涉及减少资本时,保险公司须通知公告债权人。

第三节 保险公司的解散、清算

一、保险公司的解散

(一) 概念与分类

保险公司的解散,是指已经成立的保险公司因其章程或法律规定的解散事由发生而停止营业,并处理未了结业务,逐渐终止其法人资格的行为。这是保险公司主体资格消灭的必经程序。保险公司解散以其原因不同可分为任意解散和强制解散。此外,还有宣告破产导致的解散等。

1. 任意解散

在我国《保险法》上,经申请并由保险监督管理机构批准而进行的解散,是任意解散。保险公司因合并、分立、股东大会决议或公司章程规定的解散事由出现,经保险监督管理机构批准后解散。为保护被保险人利益及保险市场的正常发展,保险监督管理机构应对公司解散予以监督管理。人寿保险的被保险人组成的危险团体的危险分散涉关其自身生存及未来生活甚巨,更影响着社会安定。为使人寿保险合同利益不致因保险公司解散受有影响,法律限制经营人寿保险业务的保险公司的任意解散。经营人寿保险业务的保险公司因合并、分立而解散,人寿保险合同债权人并不因此受有影响,由分立或合并后的公司承继。所以,经营人寿保险业务的公司,依分立或合并形式解散的,不受限制。除此以外的人寿保险公司的其他形式的任意解散均受限制。

2. 强制解散

强制解散包括命令解散与判决解散。

(1) 命令解散

命令解散系指保险公司违反法律、行政法规,被保险监督管理机构或公司登记主管机关吊销经营保险业务许可证或营业执照、责令关闭或被撤销,从而强制性地否定其营业资格。

根据《公司法》第 181 条第 4 项、《保险法》第 161 条、第 162 条

的规定,命令解散保险公司的事由包括:

第一,违反法律,超出核定的业务范围从事保险业务或者兼营本法及其他法律、行政法规规定以外的业务,逾期不改正或者造成严重后果的,责令停业整顿或者吊销经营保险业务许可证。此时,原来的保险公司即应经保监会的命令而否定其经营资格而发生强制解散的后果。

第二,在有以下行为时,除可以限制保险公司业务范围、责令其停止接受新业务外,亦可根据情况吊销其经营保险业务许可证。此时,原来的保险公司即应经保监会的命令否定其经营资格而发生强制解散的后果。这些情况包括:违反法律,未按照规定提存保证金或者违反规定动用保证金,情节严重的;违反法律,未按照规定提取或者结转各项责任准备金或者未按照规定提取未决赔款准备金,情节严重的;违反法律,未按照规定提取保险保障基金、公积金,情节严重的;违反法律,未按照规定办理再保险分出业务,情节严重的;违反法律,违反规定运用保险公司资金,情节严重的;违反法律,未经批准设立分支机构或者代表机构,情节严重的;违反法律,未经批准分立、合并,情节重的;违反法律,未依规定将应当报送审批的险种的保险条款和保险费率报送审批,情节严重的。

第三,保险公司亦可因依法被吊销营业执照、责令关闭或撤销而解散。①

(2) 判决解散

判决解散是指保险公司出现股东无力解决的不得已事由,公司董事的行为危及保险公司的存续,公司营业遭遇显著困难,公司财产有遭受重大损失之虞时,持有一定比例出资额或股份的股东,请求法院解散公司。法院经过审理后,可判决保险公司解散。这属于司法性的强制解散。

3. 破产解散

保险公司不能清偿到期债务,经保险监督管理机构同意,由人民法院依法宣告破产。保险公司破产既可因债权人申请发生,亦可因

---

① 《公司法》第181条第4项。

债务人申请发生。作为强制性解散原因的,只能是因债权人申请而导致的破产。

根据《保险法》和《企业破产法》的规定,保险公司破产解散须具备的条件主要包括:(1)保险公司不能清偿到期债务,并且资产不足以清偿全部债务或者明显缺乏清偿能力的,即保险公司对于已届清偿期的债务经债权人请求而明显缺乏清偿能力以致不能清偿或者保险公司停止支付到期债务并呈连续状态;(2)经行为人的申请;(3)经保险监督管理机构批准,法院可宣告破产。

(二)保险公司解散的法律后果

1. 保险公司原来的代表机关和业务执行机关(董事会、经理等),均丧失其地位和职权,不能再对外代表公司行使职权,其地位由清算组或破产管理人代替。保险公司的董事会和监事会仍然存在,可以在必要时行使法律或章程规定的职权。保险公司与股东的法律关系仍然存在,股东与清算中保险公司的关系仍适用《公司法》中股东与公司关系的法律规定。

2. 保险公司经解散后,其权利能力即受到限制。除为清算的必要外,公司不得进行任何业务活动,不得处理保险公司财产或者从公司取得任何利益。

二、保险公司的清算

(一)概念与种类

保险公司的清算,是指保险公司解散时,清理其债权债务,处分其财产,终结其内外关系,从而消灭公司法人资格的法律程序。保险公司除因合并或分立而解散外,其余原因引起的解散,均须经清算程序。

依据不同标准,保险公司清算可分为不同类型。

1. 破产清算与非破产清算。根据是否在破产的情况下进行清算,保险公司的清算可以分为破产清算和非破产清算。破产清算,是指保险公司不能清偿到期债务被依法宣告破产时,由法院指定破产管理人对公司资产进行清理,将破产财产分配给债权人,并消灭公司人格的程序。保险公司非破产清算,指保险公司资产足以清偿债务的情况下进行的清算。包括自愿解散的清算和强制解散的清算。

2. 任意清算与法定清算。根据清算事务系由保险公司自行确定的程序还是依照法定程序进行,可分为保险公司的任意清算与法定清算。任意清算,指在公司自愿解散情形下,依公司章程的约定或全体股东同意的清算,体现的是当事人的意思自治。法定清算,是指公司依照法定程序进行的清算。依照清算是否受到法院或行政机关的干预,法定清算可分为普通清算与特别清算。普通清算,是指由保险公司自行依法组织的清算组织按法定程序进行的清算。特别清算,是指当解散的保险公司实行普通清算遇到障碍时,由法院或行政机关命令组织清算人并加以监督所进行的清算。特别清算是介于普通清算与破产清算之间的一种特别程序,由法院或行政机关进行一定干预和监督。

《公司法》规定的法定清算有两种情形:一是公司自愿解散后逾期不成立清算组时,债权人可以申请法院指定人员组织清算组。法院应当受理该申请,并及时指定清算组成员进行清算。二是《公司法》第184条规定的命令解散的情形,即当公司违法被依法责令关闭而解散的,由主管机关组织股东、有关机关及有关专业人员成立清算组织,进行清算。

(二) 清算组的产生

1. 因自愿解散而产生的清算组

保险公司公司章程规定的解散事由出现或者股东大会决议解散,经保险监督管理机构批准后解散。保险公司应当依法成立清算组,进行清算。

《公司法》第184条规定:"公司因本法第181条第(1)项、第(2)项、第(4)项、第(5)项规定而解散的,应当在解散事由出现之日起15日内成立清算组,开始清算。有限责任公司的清算组由股东组成,股份有限公司的清算组由董事或者股东大会确定的人员组成。逾期不成立清算组进行清算的,债权人可以申请人民法院指定有关人员组成清算组进行清算。人民法院应当受理该申请,并及时组织清算组进行清算。"

2. 因破产所致解散产生的清算组

保险公司不能支付到期债务,经保险监督管理机构同意,由法院依法宣告破产。申请国有独资保险公司破产的,由国有资产监督管理机构决定。国务院规定确定的重要国有独资保险公司的破产,须经国有资产监督管理机构审核后,报本级人民政府批准并形成清算组织。[1] 保险公司被宣告破产的,由人民法院组织保险监督管理机构等有关部门和有关人员成立清算组,进行清算。

3. 因保险公司被撤销而产生的清算组

保险公司违反法律、行政法规,被保险监督管理机构吊销经营保险业务许可证的,依法撤销。由保险监督管理机构依法及时组织清算组,进行清算。

---

[1] 《公司法》第67条。

第十八章 保险监管

第一节 保险监管概述

一、保险监管的内涵

无论是发达国家还是发展中国家,无论是崇尚自由经济的国家还是推行政府积极干预经济的国家,无不对保险业实施监管。保险监管之所以具有国际普遍性,主要是由保险业的性质及其经营特点决定的。第一,负债性。保险公司通过收取保险费而建立的保险基金,很大一部分是保险公司未来承担危险的准备金。保险准备金是保险公司对其客户的负债,而不是保险公司的资产,在保险合同期满之前不为保险人所有。第二,保障性。保险的基本职能在于损失补偿或保险金给付,并通过这种补偿或给付保证社会生产和人民生活在灾害事故造成损失时,能够及时得到恢复和弥补。如果保险公司经营不善,不能正常履行其补偿或给付职能,将会直接影响社会再生产的正常进行和人民生活的安定。第三,广泛性。保险业对整个社会有较大的影响和渗透。从范围上看,一家保险公司可能涉及众多家庭和企业的安全;从期限上看,一个保险合同可能涉及危险团体成员的终生保障。

监管是监督和管理的合称,保险监管是指对保险业的监督和管理。依据监管主体范围的不同,保险监管有广义和狭义两种理解。广义的保险监管是指有法定监管权的政府机关、保险行业自律组织(如保险行业公会或协会),保险企业内部的监督部门以及社会力量对保险市场及市场主体的组织和经营活动的监督或管理。狭义的保险监管一般专指政府保险监管机关依法对保险市场及保险市场主体的组织和经营活动的监督和管理。

二、保险监管的模式

从1841年美国新罕布什尔州建立了世界上最早的保险监管制度以来,世界各国根据其不同的经济背景和法律环境建立了各自的监管制度。总体来看,世界范围内监管模式主要有公示监管模式、准则监管模式和实体监管模式三种。

(一) 公示监管模式

公示监管模式是指政府不直接监管保险业的经营,只是要求保险人按照政府规定的格式及其内容,将其营业结果定期呈报给主管机关,并予以公布。该模式是一种宽松的监管方式,凡是保险业的组织形式、保险合同内容的设计、保险资金的运用等,均由保险人自行决定,政府不作过多干预。保险经营的好坏,由被保险人及一般大众自行判断。采用此种监管方式必须具备一定的条件,包括国民经济一定程度的发展,保险机构的普遍存在,投保人具有选择保险人的可能,保险企业具有一定的自制能力,保险市场具有平等的竞争条件和良好的职业道德,社会大众具有较高的文化水准和参与意识,被保险人对保险公司的优劣有适当的判断能力和评估标准等。这种监管方式将政府与公众结合起来,有利于保险人在较为宽松的环境中自由发展。在历史上,英国曾采用此种监管方式。按照英国的规定,经营保险业无需执照或其他特别批准。如果是公司经营,仅须按照正常方式办理公司登记;个人经营仅须取得劳合社的会员资格即可。但公示监管方式存在固有的缺陷,由于被保险人和一般公众处在信息不对称的不利一方,该模式不利于切实有效地保障被保险人的利益。随着现代保险业的发展,英国也逐渐放弃了该种监管方式。

(二) 准则监管模式

准则监管模式,又称规范监管方式或形式监管方式,是指国家对保险业的经营制定一定准则,要求保险人共同遵守的一种监管方式。政府规定的准则仅涉及重大事项,例如,保险公司的最低资本额、资产负债表的审查、法定公布事项的主要内容等。这种方式强调保险经营行为形式上的合法性,故比公示监管方式具有较强的可操作性,曾被视为"适中的监管方式"。但是,由于这种监管方式仅从形式出发,难以适应所有保险组织,加之保险技术性强,涉及的事务复杂多变,所以仅有某些基本准则难以起到有效监管的作用。

(三) 实体监管模式

实体监管模式,亦称严格监管方式或许可监管方式,是指国家制订完善的保险监督管理规则,主管机构根据法律、法规赋予的权力,对保险市场尤其是保险人进行全面的监督管理的一种方式。实体监管主要是对保险组织的市场准入、保险经营以及市场退出机制进行全方位的监管。该监管方式于1985年由瑞士首创,目前包括我国在内的世界上大多数国家都采用实体监管方式。

三、保险监管的机构设置

(一) 国外保险监管机构的设置

国外保险监管机构的设置分为两种情况:一是设立直属政府的保险监管机构;二是在直属政府的机构下设立保险监管机构,执行保险监管的部门隶属于财政部、商业部、中央银行、金融监督管理局等。保险监管机构作为一国保险市场的主管机关,形式多样,名称不一,同一国家的不同时期也有不同的主管机构。

(二) 我国保险监管机构的设置

1. 我国保险监管机构的历史演变

我国保险监管机构的设置历经了一个复杂的变迁过程。新中国成立之初,原中国人民保险公司由中国人民银行拨款设立并由其管理,后于1952年由财政部管理。1959年国内保险业务停办,保险公司变成一个专营涉外保险业务的机构,在行政上也脱离了财政部,变为中国人民银行总行的一个处。1980年国内保险业恢复,中国人民保险公司亦从中国人民银行中分立出来,成为国务院直属的局级经济实体。1985年,国务院颁布《保险企业管理暂行条例》,首次以立法形式确立了我国保险业的主管机关及其职责。该条例中明确规定,国家保险管理机关是中国人民银行。实际行使管理权的是中国人民银行非银行金融机构管理司下设的保险管理处。所以说中国保险监管机构起初是中国人民银行非银行金融机构管理司的保险处。在1995年《保险法》颁布后,中国人民银行内部进行机构调整,成立了保险司,专门负责保险市场的监管。根据我国保险业与银行业发展的实际情况,在1998年11月18日,经国务院批准,按照银行业与保险业"分业经营、分业监督管理"的原则,设立保监会,它是国务院的直属事业单位,成为全国商业保险的主管机关,根据国务院授权履行行政管理职能,依照法律、法规统一监管中国保险市场。这样,我国对保险业的监管就由中央银行监管转变为保监会的专业监管。

2. 中国保监会的性质及职权

(1) 中国保监会的性质

中国保监会,是全国商业保险的主管部门,为国务院直属事业单位,根据国务院授权行使行政管理职能,依照法律、法规统一监督管理我国保险市场,维护保险业合法、稳健的运行。最初保监会下设8个部,具体负责行使保险监管各项职能。2003年,国务院决定将保监会由国务院直属副部级事业单位改为国务院直属正部级事业单位,并相应增加职能部门、派出机构和人员编制。此后,保监会内设办公厅、发展改革部、政策研究室、财务会计部、财产保险监管部、人身保险监管部、保险中介监管部、保险资金运用管理部等15个职能机构,并在全国各省、直辖市、自治区、计划单列市设有35个派出机构。

(2) 中国保监会的职权

保监会的职权包括:① 拟订有关商业保险的政策法规和行业发展规划;② 依法对保险企业的经营活动进行监督管理和业务指导,维护保险市场秩序;③ 依法查处保险企业违法违规行为,保护被保险人利益;④ 培育和发展保险市场,推进保险业改革,完善保险市场体系,促进保险业公平竞争;⑤ 建立保险业风险评价与预警系统,防范和化解保险危险,促进保险企业稳健经营与业务的健康发展。

第二节 保险监管的内容

一、偿付能力监管

(一) 偿付能力监管的内涵

偿付能力监管是防范风险、加强监管的核心。根据《保险法》和

《保险公司偿付能力管理规定》,保险公司偿付能力是指保险公司清偿其债务的能力。由于保险合同双方当事人的权利义务在时间上的不对称性,保险人先收取保险费,而在未来约定事件发生后才对保险事故发生所致损失进行赔偿或给付。先收取的保险费被视为保险人的负债,给付保险金视为对负债的偿还。投保人则相反,先履行交付保险费的义务,在约定事件发生时才有权请求保险人履行保险金给付义务。一旦保险事故发生,保险人须为相应的保险给付,因此,保险公司的支付能力关涉相对人的利益和保险业的经营。若保险人在经营过程中偿付能力不足或破产,而保险合同的履行期却未届至,这将使被保险人失去保险保障,蒙受损失,并给社会带来不安定的因素。由此可见,保险人的偿付能力在保险人的经营中具有举足轻重的地位,各国均把偿付能力作为监管的重心。

(二) 偿付能力监管的内容

1. 偿付能力评估

保险监督管理机构应当建立健全保险公司偿付能力监管指标体系,对保险公司的最低偿付能力实施监控。保险公司偿付能力指标是指保险公司应当具有与其风险和业务规模相适应的资本,确保偿付能力充足率不低于100%。偿付能力充足率即资本充足率,是指保险公司的实际资本与最低资本的比率。[1]

2. 偿付能力管理

保险公司应加强综合风险管理,影响公司偿付能力的因素都应当纳入公司的内部偿付能力管理体系。

(1) 资产管理。保险公司应当建立有效的资产管理制度和机制,识别、防范和化解集中度风险、信用风险、流动性风险、市场风险等资产风险。[2]

(2) 负债管理。保险公司应当识别、防范和化解承保风险、担保风险、融资风险等各类负债风险。[3]

---

[1] 《保险公司偿付能力管理规定》(2008年)第3条。
[2] 《保险公司偿付能力管理规定》(2008年)第23条。
[3] 《保险公司偿付能力管理规定》(2008年)第24条。

(3) 资产负债匹配管理。保险公司应当加强资产负债管理,建立资产负债管理制度和机制,及时识别、防范和化解资产负债在期限、利率、币种等方面的不匹配风险及其他风险。[1]

(4) 资本管理。保险公司应当建立健全资本管理制度,持续完善公司治理,及时识别、防范和化解公司的治理风险和操作风险。保险公司应当建立资本约束机制,在制定发展战略、经营规划、设计产品、资金运用时考虑对偿付能力的影响。保险公司应当建立与其发展战略和经营规划相适应的资本补充机制,通过融资和提高盈利能力保持公司偿付能力充足。[2]

3. 偿付能力报告

保险公司应当按照中国保监会制定的保险公司偿付能力报告编报规则及有关规定编制和报送偿付能力报告。保险公司偿付能力报告包括年度报告、季度报告和临时报告。

保险公司应当于每个会计年度结束后,按照中国保监会的规定,报送董事会批准的经审计的年度偿付能力报告。保险公司年度偿付能力报告的内容应当包括:董事会和管理层声明;外部机构独立意见;基本信息;管理层的讨论与分析;内部风险管理说明;最低资本;实际资本;动态偿付能力测试。[3]

保险公司应当于每季度结束后,按照中国保监会的规定报送季度偿付能力报告。保险公司发生对偿付能力产生重大不利影响的事项的,应当自该事项发生之日起 5 个工作日内向中国保监会做临时报告。这些事项包括但不限于:重大投资损失;重大赔付、大规模退保或者遭遇重大诉讼;子公司和合营企业出现财务危机或者被金融监管机构接管;外国保险公司分公司的总公司由于偿付能力问题受到行政处罚、被实施强制监管措施或者申请破产保护;母公司出现财务危机或者被金融监管机构接管;重大资产遭司法机关冻结或者受到其他行政机关的重大行政处罚;对偿付能力产生重大不利影响的

---

[1] 《保险公司偿付能力管理规定》(2008 年)第 25 条。
[2] 《保险公司偿付能力管理规定》(2008 年)第 26、27、28 条。
[3] 《保险公司偿付能力管理规定》(2008 年)第 14 条。

其他事项。①

(三) 偿付能力监管的实施

1. 监管方式

中国保监会建立以风险为基础的动态偿付能力监管标准和监管机制,对保险公司偿付能力进行综合评价和监督检查,并依法采取监管措施。中国保监会对保险公司偿付能力的监督检查采取现场监管与非现场监管相结合的方式。②

非现场监管主要是指对保险公司报送的偿付能力报告进行审查和根据保险公司报送的偿付能力报告和其他资料对保险公司偿付能力进行分析。

现场监管主要是指中国保监会对保险公司的偿付能力管理的合规性和有效性、偿付能力评估的合规性和真实性和中国保监会监管措施的执行情况进行定期或者不定期的现场检查。

2. 监管措施

中国保监会根据保险公司偿付能力状况对保险公司实施分类监管。中国保监会根据保险公司偿付能力状况将保险公司分为下列三类,分别为:不足类公司,充足I类公司和充足II类公司。③

不足类公司,指偿付能力充足率低于100%的保险公司。对于不足类公司,可以采取下列一项或者多项监管措施:责令增加资本金或者限制向股东分红;限制董事、高级管理人员的薪酬水平和在职消费水平;限制商业性广告;限制增设分支机构、限制业务范围、责令停止开展新业务、责令转让保险业务或者责令办理分出业务;责令拍卖资产或者限制固定资产购置;限制资金运用渠道;调整负责人及有关管理人员;接管等。

充足I类公司,指偿付能力充足率在100%到150%之间的保险公司。中国保监会可以要求充足I类公司提交和实施预防偿付能力不足的计划。

---

① 《保险公司偿付能力管理规定》(2008年)第17条。
② 《保险公司偿付能力管理规定》(2008年)第33条。
③ 《保险公司偿付能力管理规定》(2008年)第37条。

充足Ⅱ类公司,指偿付能力充足率高于150%的保险公司。充足Ⅱ类公司存在重大偿付能力风险的,中国保监会可以要求其进行整改或者采取必要的监管措施。

二、保险资金运用监管

(一) 保险资金的构成

资金运用是保险行业的核心业务,它已经超越保费收入,成为保险公司利润的主要来源。保险资金运用不仅能够增强保险公司的竞争力,提高其偿付能力,而且能推动资本市场的发育与成熟,从而带动国民经济的发展。

保险资金是指保险公司的各项保险准备金、资本金、营运资金、公积金、未分配利润和其他负债,以及由上述资金形成的各种资产。

(二) 保险资金运用的原则

保险资金运用应当遵循安全性原则、流动性原则与收益性原则。

1. 安全性原则

安全性原则是保险资金运用的最基本原则。安全性原则主要在于防止因资金运用的风险而损及保险公司的偿付能力。保险企业的可运用资金既不完全是保险公司的赢利,也不是闲置资金,其大部分是保险企业的负债,即对保险合同债权人的未来承担保险给付义务的负债。如果资金运用无法坚持安全性原则,不仅会影响保险给付,损害被保险人的利益,而且会导致保险业机能的丧失。

2. 流动性原则

流动性原则,是指资金运用的变现性。保险人根据保险合同的约定,在保险期间内对保险事故发生所致损失承担保险给付义务,而保险事故发生具有随机性的特点。因此,运用中的保险资金必须保持足够的流动性,以满足随时履行保险给付义务的需要。流动性因保险业务性质不同而有所差别。人身保险业务多为长期且具有储蓄性,对流动性的要求较小,比较适合长期投资。财产保险业务则正好与此相反。①

3. 收益性原则

保险人运用保险资金以求赢利是资金运用的直接目的。较高的资金运用回报率可以为保险人带来充足的经营资本,保证其有能力降低费率、扩大业务规模,以及增强保险人的偿付能力。这就要求保险人在资金运用项目上力求收益的最大化,确保资产保值增值。但是,收益与风险成正比,收益越高,其面临的风险也就越大。因此,保证资金运用的收益性,必须在坚持资金运用的安全性和流动性的前提下实现。

(三) 保险资金运用的渠道及限制

1. 资金运用的渠道

《保险法》第106条根据我国保险市场的现状,以上述原则为基础,规定保险人可以如下形式运用保险资金:

(1) 银行存款。保险人可以将一部分资金存入银行,由银行以借贷形式投资于资金市场,以取得利息收入。以银行存款形式运用保险资金,其安全性、流动性高,但收益性较低。

(2) 买卖债券、股票、证券投资基金份额等有价证券。

(3) 投资不动产。

(4) 国务院规定的其他资金运用形式。自2003年以来,我国保险资金运用的渠道逐步拓宽,先后打开了五扇大门:允许保险公司投资可转换债券;保险外汇资金在境外证券市场上投资;允许保险公司发行次级债;保险资金可直接投资股票市场;外资保险公司可向商业银行办理协议存款等。②

2. 资金运用的限制

(1) 范围限制

保险资金只能用于《保险法》规定的渠道,不能超出法律和法规规定的范围。同时,保险公司的保险资金不得用于设立证券经营机

---

① 江朝国:《保险业之资金运用》(修订一版),保险事业发展中心2003年版,第53页。

② 张洪涛主编:《发展保险事业 构建和谐社会》,中国人民大学出版社2005年版,第251页。

构,不得用于设立保险业以外的企业。

(2) 比例限制

保险公司运用的资金和具体专案的资金占其资金总额不得超出一定的比例。具体的比例由保监会确定。同时,保险公司运用保险资金的具体方式、具体品种的比例以及认定的最低评级,应当符合保监会的规定。

(四) 保险资金运用的模式

我国保险资金的运用主要通过成立专门的保险资产管理公司、设立专门的投资机构、委托第三方投资管理公司等三种模式来运作。

1. 设立保险资产管理公司

保险资产管理公司一般是保险公司的全资或控股子公司,专门负责保险资金的运用。这是大型保险公司通常采取的模式。保监会发布的《保险资产管理公司管理暂行规定》,明确规定了保险资产管理公司的设立、变更和终止,经营范围和经营规则,风险控制和监督管理。目前,我国已经成立了中国人保资产管理公司、中国人寿资产管理公司、华泰保险资产管理公司、中再资产管理公司等九家保险资产管理公司。

2. 设立专门的投资机构

通常是保险公司总部设立专门的投资部,负责管理公司的投资账户资产。此种模式通常被规模较小的保险公司采用。

3. 委托第三方投资管理公司

委托第三方投资管理公司,就是将保险资金委托给其他专业化投资机构进行管理,这些投资机构主要是一些独立的基金公司和综合性资产管理公司。通过委托第三方资产管理公司进行资金运作,可以充分利用其专业化的优势,实现其资产的保值增值,为公司节省人力成本;同时,此种模式通过委托的方式,可以有效的进行风险隔离,避免系统性风险。

三、危险防范监管

为防范经营危险,现代保险公司承保危险分解为自留危险与分保危险,保险法从危险的自留额与再保险两个方面设计危险防范的制度构造。

(一) 自留危险控制制度

《保险法》设有关于保险人总体最大自留责任的确定规则与个体危险最大自留责任限额的确定规则。保险人应根据其自身能力来确定自留额与分保额,确保自留危险能够为其所承担,同时其分保额亦不应损及其赢利。危险单位总体的自留责任一般以当年承保保费的总额扣除分保净保费的余额为当年自留保费。保险人以当年自留保费的数额来确定当年自留给付义务的范围(危险责任的最高限额)。自留保费与偿付能力相关联,偿付能力体现为实有资本金与公积金的总和。所以,保险人的最大自留责任限额最终由资本金与公积金的总和来确定。保险法通过在自留保费与实有资本金和公积金总额之间确定具体比例的形式来加以规范。我国《保险法》第102条规定:"经营财产保险业务的保险公司当年自留保险费,不得超过其实有资本金加公积金总和的4倍。"据此,保险人当年自留保费总额以其资本金与公积金总额的4倍为限。因人身保险的保险事故发生概率较为规则,其概率计算较为精确,不像财产保险的事故发生几率缺乏稳定性,其营业危险较小,所以经营人身保险的保险人不受此限。

《保险法》第103条第1款规定:"保险公司对每一危险单位,即对一次保险事故可能造成的最大损失范围所承担的责任,不得超过其实有资本金加公积金总和的10%;超过的部分,应当办理再保险。"据此,在我国,保险人对每一危险单位的个体最大自留责任不能超过其资本金与公积金总额的10%。

(二) 再保险制度

再保险是采用保险方法再分散保险责任的一种办法,是原保险人经营的一种策略,借以减轻自己的责任,也可以达到保障营业安全的目的。《保险法》第103条规定:"保险公司对每一危险单位,即对一次保险事故可能造成的最大损失范围所承担的责任,不得超过其实有资本金加公积金总和的10%;超过的部分,应当办理再保险。"第105条规定:"保险公司应当按照国务院保险监督管理机构的规定办理再保险,并审慎选择再保险接受人。"

四、不正当竞争行为监管

(一) 不正当竞争行为表现

不正当竞争行为主要表现为:第一,降价排挤竞争对手。降价排挤竞争对手,是指经营者为了排挤竞争对手而以低于成本的价格销售保险商品的行为。第二,诋毁商誉。诋毁商誉,是指保险人捏造、散布虚假的事实,损害竞争对手的商业信誉和商品声誉的行为。[①] 第三,不当利诱。不当利诱,是指以抢占保险市场为目的,以给危险团体成员一定利益而排挤其他竞争对手的行为。[②] 第四,商业贿赂。商业贿赂,是指行为人采用财物或其他行为进行贿赂以销售或购买保险商品的行为。[③] 第五,虚假宣传。虚假宣传,是指保险人利用广告或者其他方法,对保险商品的内容等作引人误解的宣传。[④] 第六,侵犯商业秘密。侵犯商业秘密,是指保险人通过不正当手段,违法获取、披露、使用或允许他人使用权利人的技术秘密或经营信息的行为。保险人或者是再保险接受人对在办理保险业务中知道的投保人、被保险人或再保险分出人的业务和财产情况负有保密的义务。

(二) 不正当竞争行为的法律规制

竞争是推动保险企业进步的内在动力源泉,能够激励保险人为保险商品的消费者提供优质服务。不正当竞争,不但提高企业的经营成本,形成无效率的运作,而且容易导致保险人清偿能力的下降和消失。保险市场上存在的回扣、差价和不按费率规则随意加减保费等不正当竞争行为不仅破坏了保险正常营业,而且严重影响了保险市场秩序。因此,各国保险法都对保险市场中的不正当竞争行为进行规制。

《保险法》第 115 条规定:"保险公司开展业务,应当遵循公平竞争的原则,不得从事不正当竞争。"《保险法》又在其后规定了不正当行为的种类和各自负有的法律责任。同时,保险人的不正当竞争行

---

① 《保险公司管理规定》第 49 条。
② 《保险公司管理规定》第 50 条。
③ 《保险公司管理规定》第 51 条。
④ 《保险公司管理规定》第 45、46、52 条。

为亦可依据《中华人民共和国反不正当竞争法》追究其法律责任。

五、合同内容监管

（一）对一般合同的监管

保险合同是典型的格式合同，体现出较强的技术性。合同当事人之间存在明显的信息不对称，会危及公平的实现。同时，合同双方的地位明显不对等，保险人处于强势地位。对被保险人而言，合同的实现存在较大的困难。对此，我国保险法对合同的内容和合同的履行作出了专门规定，以实现合同的公平。《保险法》第114条规定："保险公司应当按照国务院保险监督管理机构的规定，公平、合理拟定保险条款和保险费率，不得损害投保人、被保险人和受益人的合法权益。保险公司应当按照合同约定和本法规定，及时履行赔偿或者给付保险金义务。"

（二）对特殊险种的监管①

保监会对特殊险种采用审批制和备案制两种方式进行监管。关系社会公众利益的保险险种、依法实行强制保险的险种和新开发的人寿保险险种等的保险条款和保险费率，应当报保险监督管理机构审批。保险监督管理机构审批时，遵循保护社会公众利益和防止不正当竞争的原则。审批的范围和具体办法，由保险监督管理机构制定。其他保险险种的保险条款和保险费率，应当报保险监督管理机构备案。

保险公司使用的保险条款和保险费率违反法律、行政法规或者国务院保险监督管理机构的有关规定的，由保险监督管理机构责令停止使用，限期修改；情节严重的，可以在一定期限内禁止申报新的保险条款和保险费率。

六、信息监管

信息监管，是指保险公司应当将保险经营过程中的重大事项或经营活动中的资料或数据予以披露或报告的制度。保险经营涉关公

---

① 《保险法》第136—137条。

众利益,保险经营的安全关乎国计民生。信息监管是有效防范保险风险的重要措施。信息监管包括信息披露和信息报告两项内容。

(一) 信息披露制度

《保险法》第110条规定:"保险公司应当按照国务院保险监督管理机构的规定,真实、准确、完整地披露财务会计报告、风险管理状况、保险产品经营情况等重大事项。"该法第108条规定:"保险公司应当按照国务院保险监督管理机构的规定,建立对关联交易的管理和信息披露制度。"保险公司的信息披露应当真实、准确、完整。信息披露的内容包括财务会计报告、风险管理状况、保险产品经营情况、关联交易等重大事项。未按照规定披露信息的。保险监督管理机构有权责令其限期改正;逾期不改正的,处1万元以上10万元以下的罚款。[1]

(二) 信息报告制度

1. 信息的报告

保险公司应当按照保险监督管理机构的规定,报送有关报告、报表、文件和资料。保险公司的偿付能力报告、财务会计报告、精算报告、合规报告及其他有关报告、报表、文件和资料必须如实记录保险业务事项,不得有虚假记载、误导性陈述和重大遗漏。保险公司应当聘用经国务院保险监督管理机构认可的精算专业人员,建立精算报告制度。保险公司应当聘用专业人员,建立合规报告制度。[2]

除中国保监会另有规定外,保险公司的股东大会、股东会、董事会的重大决议,应当在决议作出后30日内向中国保监会报告。[3]

2. 信息的保管

保险公司应当按照国务院保险监督管理机构的规定妥善保管业务经营活动的完整账簿、原始凭证和有关资料。账簿、原始凭证和有关资料的保管期限,自保险合同终止之日起计算,保险期间在1年以下的不得少于5年,保险期间超过1年的不得少于10年。[4]

---

[1] 《保险法》第171条。
[2] 《保险法》第85—86条。
[3] 《保险公司管理规定》第67条。
[4] 《保险法》第87条。

七、保险组织监管

保险监管机构对保险公司的组织活动采取特定形式的监控,对保险公司营业过程中出现特定情况,监管机构亦采取特定措施进行管控。

(一)保险公司的整顿

1. 保险公司整顿的发生原因

保险公司的整顿,是指保险公司不能在限期内执行保险监督管理机构纠正其不法行为的措施,保险监督管理机构成立整顿组织,监督保险公司清理整治其业务、财务或资金运用状况以及经营管理状况的措施。整顿目的在于监管保险公司,使其纠正违法行为,恢复合法经营状态。

根据《保险法》第140条、第141条的规定,整顿保险公司的原因,是其在指定的期限内不能改正责令其改正的违法行为,包括:(1)未能在限期内依法提取或结转各项准备金;(2)未能在限期内依法办理再保险;(3)未能在限期内改正违法运用资金的行为;(4)未能在限期内调整负责人及有关管理人员。被整顿保险公司经整顿已纠正其违反本法规定的行为,恢复正常经营状况的,由整顿组提出报告,经国务院保险监督管理机构批准,结束整顿,并由国务院保险监督管理机构予以公告。

2. 整顿组织的成立与权力

根据《保险法》第141条、第142条的规定,整顿权由整顿组织行使。整顿组织的成员由保险监督管理机构选派和指定,由保险专业人员和该被整顿保险公司有关人员组成。整顿组织成立后,须做出整顿决定并予以公告。整顿决定的内容包括:被整顿公司的名称、整顿理由、整顿组织和整顿期限。

整顿组织在整顿过程中的主要权力是监督保险公司日常业务,包括保险合同的订立、履行,保险资金的运用,办理再保险等,整顿组织均有监督权。

整顿组织只能行使监督权,保险公司的日常业务活动仍由保险公司进行,而不是由整顿组织进行。整顿组织行使监督权的同时,还须承担监督职责,若怠于监督,应承担法律责任。

3. 整顿保险公司期间的保险业务

对保险公司进行整顿的目的是使其改正违法经营行为,保障其偿付能力。因此,对保险公司进行整顿,不能终止其原有业务,应当保证其原有业务的连续性。但对新开办的业务,须征得保险监督管理机构的许可。如果保险监督管理机构认为该项新业务对保险公司偿付能力不利,其有权停止开展新的业务或停止部分业务,调整资金运用。《保险法》第142条规定:"整顿组有权监督被整顿保险公司的日常业务。被整顿公司的负责人及有关管理人员应当在整顿组的监督下行使职权。"该法第143条规定:"整顿过程中,被整顿保险公司的原有业务继续进行,但是,国务院保险监督管理机构可以责令被整顿公司停止部分原有业务、停止接受新业务,调整资金运用。"

4. 整顿程序的结束

整顿组织对保险公司的整顿具有一定的期限和条件。当达到一定条件后,整顿程序结束。结束整顿的条件是被整顿的保险公司已经改正违法经营行为,恢复正常经营状况。但整顿结束须经特定程序,非当然结束。

结束整顿程序包括:(1)整顿组织对被整顿保险公司的整顿工作进行总结,判定其是否达到结束整顿的条件;(2)若认为达到结束整顿的条件,由其提出结束整顿报告;(3)整顿组织提请保险监督管理机构批准整顿结束。

(二)保险公司的接管

1. 保险公司接管及其发生的原因

保险公司的接管,是指保险公司偿付能力严重不足或违反保险法的规定,损害公共利益,可能严重危害或已经危及保险公司的偿付能力时,由保险监管机构对其采取必要措施,以保护被保险人的利益,恢复保险公司的正常营业。对保险公司的接管是比对其整顿更为严格的政府监督措施,其目的是对被接管的保险公司采取必要措施,以保护被保险人的利益,恢复保险公司的正常经营。

保险公司接管的发生须具备一定前提条件,根据《保险法》第145条的规定,只有在保险公司有下列情形的,国务院保险监督管理机构才可以对其实行接管：

(1) 公司的偿付能力严重不足的；

(2) 违反《保险法》规定，损害社会公共利益，可能严重危及或者已经严重危及公司的偿付能力的。

保险公司被接管后，其债权债务关系并不因接管而发生变化，原有债权债务仍然有效。保险公司作为商事主体，被接管后只是管理工作的变化，其商事主体的资格并未改变。

2. 接管组织的成立

《保险法》第146条规定："接管组的组成和接管的实施办法，由国务院保险监督管理机构决定，并予以公告。"据此，在我国，接管组织的组成及其接管办法被授权于保监会作出决定。

3. 接管的期限

《保险法》第147条规定："接管期限届满，国务院保险监督管理机构可以决定延长接管期限，但接管期限最长不得超过2年。"据此，接管的具体期限由保监会决定。该期限一般在接管前作出。在这一期限届满后，保险公司仍未恢复正常经营，保监会可以决定延期，但最长不得超过2年。

4. 接管的终止[①]

保监会有权决定是否终止接管。接管的终止分两种情况：(1) 当接管期满，接管目标已实现，即被接管公司已恢复正常经营能力，应终止接管；(2) 当接管期满，被接管保险公司未恢复正常经营能力，接管组织若认为其财产不足以清偿所负债务，经保监会批准，依法向人民法院申请进行重整或破产清算。

---

① 《保险法》第148条。

后　　记

本教材是根据高等教育自学考试法律专业的考试计划,从培养和选拔人才的需要出发,按照《保险法自学考试大纲》的要求,结合自学考试的特点,由吉林大学法学院民商法专业博士生导师、中国法学会商法学研究会副会长徐卫东教授、吉林大学法学院副教授高宁博士、吉林大学法学院讲师潘红艳博士、吉林大学法学院讲师祝杰博士集体编写。具体分工为:

徐卫东:第一编。
高　宇:第二编、第三编第8—9章。
潘红艳:第三编第10—16章。
祝　杰:第四编。

全书完稿后,由徐卫东教授修改定稿。

本教材定稿后,由中国人民大学法学院民商法学博士生导师贾林青教授、北京工商大学保险系主任、博士生导师王绪瑾教授、中央财经大学法学院陈飞博士进行审稿并提出修改意见,在此,谨向他们表示诚挚的谢意。

全国高等教育自学考试指导委员会
法学专业委员会
2010 年 9 月

全国高等教育自学考试
法律专业

保险法自学考试大纲

（含考核目标）

全国高等教育自学考试指导委员会制定

出版前言

为了适应社会主义现代化建设事业的需要，鼓励自学成才，我国在20世纪80年代初建立了高等教育自学考试制度。高等教育自学考试是个人自学、社会助学和国家考试相结合的一种高等教育形式。应考者通过规定的专业课程考试并经思想品德鉴定达到毕业要求的，可获得毕业证书；国家承认学历并按照规定享有与普通高等学校毕业生同等的有关待遇。经过近三十年的发展，高等教育自学考试为国家培养造就了大批专门人才。

课程自学考试大纲是国家规范自学者学习范围、要求和考试标准的文件。它是按照专业考试计划的要求，具体指导个人自学、社会助学、国家考试、编写教材及自学辅导书的依据。

为更新教育观念，深化教学内容方式、考试制度、质量评价制度改革，更好地提高自学考试人才培养的质量，全国考委各专业委员会按照专业考试计划的要求，组织编写了课程自学考试大纲。

新编写的大纲，在层次上，专科参照一般普通高校专科或高职院校的水平，本科参照一般普通高校本科水平；在内容上，力图反映学科的发展变化以及自然科学和社会科学近年来研究的成果。

全国考委法学类专业委员会参照普通高等学校《保险法》课程的教学基本要求，结合自学考试法律专业的实际情况，组织编写的《保险法自学考试大纲》，经教育部批准，现颁发施行。各地教育部门、考试机构应认真贯彻执行。

全国高等教育自学考试指导委员会
2010年6月

Ⅰ 本课程的性质与设置目的

课程的性质与目的

保险法学是以保险法为研究对象的一门独立的法学学科,通过对它的学习,能够为保险法的立法与司法提供基本理论知识,是法学自考教育的选修科目之一。

本课程介绍保险法学的基本理论、基本知识和保险法在法律实务中的具体理解与适用。本课程的任务是通过学习和考试,使学生掌握保险法学的基本知识,熟悉常用保险合同的成立、效力变动、保险合同的履行、保险合同的终止等,以指导保险法的司法实践,使保险法更好的调整社会生活,为从事保险法的实务以及其他学科的学习和工作打下坚实基础。

经济发展与社会生活需要分散危险、消化损失,法律对保险关系的调整愈加重要,全面系统学习和把握保险法学的知识和理论是各类法律专业和经济专业人才不可缺少的要求。通过本门课程的学习,使学生能够识别、掌握保险法的基础概念、基本理论,运用保险法的基本概念、基本原理分析和解决一般性的实践问题,培养学生初步运用基本知识和概念分析和解决问题的能力。

本课程与相关课程的联系(先修后修课程)

《民法总论》、《合同法》、《商法总论》、《公司法》为本门课程的先修课程,如果没有这些方面的基础知识,本课程的学习将会受到一定的影响。

Ⅱ 课程内容与考核目标

第一编 保险法绪论

第一章 危险与保险

学习目的与要求

了解危险与保险的概念、特征和要素;掌握保险的一般分类;明确保险的功能;掌握保险法的历史概况。

第一节 保险的含义与特征

一、危险及危险处理

危险是指损失发生及其程度的不确定性,保险是人类创造的对抗危险的有效方法。

二、保险及其特征

(一)保险的概念

保险是受同类危险威胁的成员为分散危险而通过双方有偿合同组成共同团体,在因危险发生而受到损害时,享有独立请求权的危险处理方法,是受法律调整的商事法律关系。

(二)保险的特征

1. 危险依赖性

2. 危险选择性
3. 行为营利性
4. 分担社会性
5. 资金公益性
6. 目的合法性
7. 利益对等性
8. 金融中介性

三、保险的形成与发展

（一）保险观念时代

（二）前保险时代

（三）保险形成时代

（四）保险扩展时代

（五）保险现代化时代

四、中国保险的演变

中国于19世纪初由外国人创立保险公司开始出现保险业，新中国保险业创立国有保险制度，到1958年经历了初步发展；1980年恢复以后，经历了三十年呈现出良好发展势头。

第二节　保险的分类与职能

一、保险的分类

（一）根据实施形式不同进行分类

（二）根据保险标的不同进行分类

（三）根据承担责任次序不同分类

（四）根据创设保险目的不同进行分类

二、保险的职能

（一）分担风险职能

（二）经济补偿职能

（三）防灾防损职能

（四）金融中介功能

考核知识点

一、保险的含义与特征
二、保险的分类与职能

考核要求

一、保险的含义与特征
识记：保险的含义。
领会：保险的特征。
二、保险的分类与职能
识记：保险的分类。
领会：保险的职能。

第二章 保险法的产生及其变动

学习目的与要求

学习和掌握保险法的概念、调整对象和特征,了解保险法的形成与发展的历史,认识我国保险法实践的历史传承与发展历程,加深对现行保险法律制度的理解。

第一节 保险法概说

一、保险法的概念
保险法是调整保险关系的法律法规的总称。
二、保险法的调整对象
(一)保险合同法
(二)保险业法
(三)保险特别法
三、保险法的特征
(一)保险法是私法
(二)保险法是具有公法性的商法
(三)保险法是公益法
(四)保险法具有鲜明的技术性

第二节 保险法的产生与发展

一、国外保险法的沿革
二、旧中国的保险立法
三、新中国的保险法

考核知识点

一、保险法概说
二、保险法的产生与发展

考核要求

一、保险法概说
识记:保险法的概念。
领会:保险法的调整对象;保险法的特征。
二、保险法的产生与发展
识记:国外保险法的沿革;新中国的保险法。
领会:旧中国的保险立法。

第二编　保险法本论

第三章　保险合同概述

学习目的与要求

了解和掌握保险合同的概念和特征;掌握保险合同的主要分类。

第一节　保险合同的概念和特征

一、保险合同的概念

保险合同属于债权合同的一种,是指双方约定,投保人向保险人给付保险费,保险人对于因合同约定的可能发生的事故因其发生所造成的财产损失承担保险金给付义务,或者当被保险人死亡、伤残、疾病或者达到合同约定的年龄、期限等条件时承担给付保险金义务的协议。

二、保险合同的特征

保险合同具有民事合同的特点,也有不同于其他民事合同的属性,一般来说包括:(一) 债权性;(二) 非典型双务性;(三) 强制有偿性;(四) 射幸性;(五) 不要式性;(六) 格式性。

第二节 保险合同的主要分类

一、财产保险合同与人身保险合同

以保险标的性质不同,保险合同分为财产保险合同与人身保险合同。财产保险合同是指以财产以及相关利益为保险标的的保险合同。人身保险合同是指以人的生命或身体为保险标的的保险合同。

二、损失填补保险合同与定额给付保险合同

根据保险金确定的方式,即保险金给付是以保险事故发生所致的经济损失为准,还是不论经济损失多少而以预先约定的固定金额为准,保险合同可分为损失填补型保险合同与定额给付型保险合同。损失填补型保险合同以补偿被保险人因保险事故发生所致的实际经济损失为目标,保险金额的确定以可评价的客观经济利益为基础。定额给付保险合同因保险事故发生即按约定给付固定金额,不以实际经济损失的数量确定保险金给付。

三、定值保险合同与不定值保险合同

以是否在合同中预先确定保险价值为准,保险合同可分为定值保险合同与不定值保险合同。定值保险合同,是指当事人双方缔约时,已经事先确定保险标的的价值,并载于保险合同中,作为保险标的于保险事故发生时的价值的保险合同。不定值保险合同,是指保险标的的价值于保险合同订立时并未约定,须待保险事故发生后,再评估保险事故发生时保险标的的价值的保险合同。

四、特定危险保险合同与一切危险保险合同

根据保险人承保危险的范围不同,保险合同可分为特定危险保险合同与一切危险保险合同。特定危险保险合同是指保险人仅承保特定的一种或数种危险的保险合同。一切危险保险合同又称"综合合同",是指保险人承保合同明确予以排除的危险以外的一切危险的保险合同。

五、原保险合同与再保险合同

根据两个以上互相牵连的保险合同的相互关系,即保险人承担责任的不同次序为标准,保险合同可分为原保险合同与再保险合同。

在两个以上互相牵连的保险合同中,由投保人与保险人订立的保险合同为原保险合同;再保险人与原保险人约定,将原保险人承担的部分保险给付义务转由再保险人承担所达成的合意是再保险合同。

六、单保险合同与复保险合同

依是否以同一保险标的、保险利益、保险事故,在同一保险期间,与两个以上的保险人分别订立保险金额总和超过保险价值的两个以上的保险合同为标准,保险合同可分为单保险合同与复保险合同。单保险合同,是指投保人对某一保险标的,基于某一保险利益、就某一保险事故与某一保险人订立的保险合同。复保险合同,是指投保人对于同一保险标的,基于同一保险利益,以同一保险事故,在同一或重叠的保险期间内分别与两个以上的保险人订立保险金额总和超过保险价值的两个以上的保险合同。

七、为自己利益的保险合同与为他人利益的保险合同

以保险合同是否为自己利益而订立为标准,可将其分为为自己利益的保险合同与为他人利益的保险合同。为自己利益的保险合同,是指投保人以自己为给付保险金请求权人的保险合同。为他人利益的保险合同,是指投保人不享有保险金给付请求权的保险合同。

考核知识点

一、保险合同的概念和特征
二、保险合同的主要分类

考核要求

一、保险合同的概念和特征

识记:保险合同的概念;保险合同的非典型双务性、强制有偿性、射幸性、不要式性、格式性。

领会:保险合同的债权性。

二、保险合同的主要分类

识记:财产保险合同;人身保险合同;损失填补保险合同;定额给付保险合同;定值保险合同;不定值保险合同。

领会:特定危险保险合同与一切危险保险合同;原保险合同与再保险合同;单保险合同与复保险合同;为自己利益的保险合同与为他人利益的保险合同。

第四章 保险合同的主体与客体

学习目的与要求

了解和掌握保险合同当事人、关系人和辅助人之间的权利义务关系;掌握保险利益的含义及其与保险合同主体之间的关系。

第一节 保险合同的当事人

一、保险人

保险人,是指与投保人订立保险合同,按约定有权收取保险费,并承担危险,在保险事故发生时履行给付保险金义务的经营危险的组织。

二、投保人

投保人,是指向保险人发出投保请求,与保险人订立保险合同,并依约承担交付保险费义务的人。投保人须具备如下条件:1. 具有权利能力与相应的行为能力;2. 人身保险的投保人在合同订立时须具有保险利益。

第二节 保险合同的关系人

一、被保险人

(一)被保险人的概念与资格

被保险人是指其财产或者人身受保险合同保障,享有保险金请求权的人,被保险人可以为投保人。在财产保险中,被保险人是保险事故发生时真正受有损失的人。在人身保险中,被保险人是保险事故发生的载体,是保险合同承保危险的承受者。被保险人可以是自然人、法人或其他组织。投保人不得为无民事行为能力人投保以死亡为给付保险金条件的人身保险,保险人也不得承保。父母为其未成年子女投保的人身保险,不受上述规定限制。但是,因被保险人死亡给付的保险金总和不得超过国务院保险监督管理机构规定的限额。

(二) 被保险人的同意

在被保险人与受益人非为同一人的人身保险合同中,以人的生命或身体为保险对象,若无限制,无异于以他人生命为赌注,易引发道德危险,所以应对以他人为被保险人投保的死亡保险加以限制。同意分为事前的同意(允许)与事后的同意(承认)。

在不同条件下,被保险人同意的内容不同。(1) 在订立保险合同时,同意包括对投保人以及其为被保险人订立包含死亡为保险事故的人身保险合同的同意和对投保人与保险人间约定的保险金额的同意。(2) 在指定受益人时,被保险人对谁为受益人为是否同意的意思表示。(3) 在变更受益人时,被保险人对变换已指定的受益人为是否同意的意思表示。(4) 在以死亡为给付保险金条件的保险合同转让或质押时,也应经被保险人为同意的意思表示。在合同订立时的同意是被保险人第一次同意,而在该合同债权转让或质押时,需经被保险人的第二次同意,第一次同意不能代替第二次同意。

就是否订立合同的同意,即第一次同意,可以书面、口头等方式,不必限于要式的同意。当该保险合同转让或质押时,被保险人的第二次同意,应以书面形式为之,采取要式行为的方式行使。

二、受益人及其受益权

(一) 受益人

受益人是指由权利人在保险合同当中指定的享有保险金给付请求权的人。(1) 基于保险合同,在保险事故发生时,享有保险金给付请求权。(2) 受益人须由权利人在保险合同中指定而产生。(3) 在以死亡为给付保险金条件的保险合同中,权利人指定受益人时,须经被保险人同意。

(二) 受益权

受益权是受益人基于保险合同享有的保险金给付请求权,受益权是期待权,而非既得权。受益权因受益人的产生而存在,受益人基于权利人指定而产生。

指定权的行使是一种单方行为,对所指定的受益人,无须征得被指定人本人的同意,亦不须与保险人达成意思的合致,但须在保单中载明。指定受益人既可以在订立保险合同的当时,亦可以在合同成立之后。权利人可以指定一人或数人为受益人,原则上无人数的限制。权利人在指定受益人时,可以在合同中确定受益人的受益顺序与受益份额。受益人的变更是指对先前已经确定的受益人进行更换。

在确定受益人之后,该受益人作出拒绝享有保险金给付请求权的意思表示,为受益权的放弃。受益权的消灭分为绝对消灭与相对消灭两种。受益权的绝对消灭系指受益权因行使后,最终实现而不再存在。受益权的相对消灭系指已确定的特定受益人因特定事由发生而使其受益权对该受益人而言不再存在。

第三节 保险合同的辅助人

一、保险代理人

(一) 保险代理人的概念及特征

保险代理为民法上代理的一种。保险代理人是指根据保险人的委托,向保险人收取代理手续费,并在保险人授权的范围内代为办理保险业务的机构或个人。保险代理人是保险人的代理人,代保险人办理保险业务。

(二) 保险代理人的资格

设立专业保险代理人,应采取有限责任公司和股份有限公司形式。保险兼业代理人是指受保险人委托,在从事自身业务的同时,指定专人为保险人代办保险业务的单位。个人保险代理人是指根据保险人委托,向保险人收取代理手续费,并在保险人授权的范围内代为办理保险业务的个人。个人保险代理人是其他保险代理人的基本组成单位,其他保险代理人是在个人保险代理人基础上形成的。

二、保险经纪人

(一) 保险经纪人的概念

保险经纪人是指基于投保人的利益,为投保人与保险人订立保险合同提供中介服务,并依法收取佣金的机构,包括保险经纪公司及其分支机构。(1) 保险经纪人是基于投保人的利益为保险经纪行为的。(2) 保险经纪人以自己的名义为保险经纪行为,并独立承担法律后果。(3) 保险经纪人的行为内容是为投保人与保险人订立保险合同提供中介服务,包括直接保险经纪与再保险经纪。(4) 其主体形式严格限制为一定组织。(5) 保险经纪人的佣金既可由保险人给付,亦可由保险人的相对人给付。

(二) 保险经纪人的资格

采取不同公司形式设立的保险经纪人应具备如下条件:

第一,股东、发起人信誉良好,最近3年无重大违法记录;

第二,注册资本不得少于人民币1000万元的最低限额,且必须为实缴货币资本;

第三,公司章程符合有关规定;

第四,董事长、执行董事和高级管理人员符合规定的任职资格条件;

第五,除保监会另有规定外,名称应包含"保险经纪"字样,不得与现有保险中介机构相同,并具备健全的组织机构和管理制度;

第六,有与业务规模相适应的固定住所;

第七,有与开展业务相适应的业务、财务等计算机软硬件设施;

第八,法律、行政法规和保监会规定的其他条件。

(三) 保险经纪人的权限

(1) 为投保人拟订投保方案、选择保险人、办理投保手续;(2) 协助被保险人或受益人进行索赔;(3) 再保险经纪业务;(4) 为委托人提供防灾、防损或风险评估、风险管理咨询服务;(5) 保监会批准的其他业务。

三、保险公估人

(一) 保险公估人的概念

保险公估人是指受当事人委托,专门从事保险标的的评估、勘验、鉴定、估损、理算等业务,并依约收取报酬的组织。保险公估机构可采合伙企业、有限责任公司或股份有限公司形式。

(二)保险公估人的资格

设立保险公估机构,应当具备下列条件:

第一,股东、发起人或者合伙人信誉良好,最近3年无重大违法记录。

第二,采取合伙形式或有限责任公司形式设立保险公估机构的,其注册资本不得少于人民币200万元,以股份有限公司形式设立的,其注册资本不得少于人民币500万元,且必须为实缴货币资本。

第三,公司章程或者合伙协议符合有关规定。

第四,董事长、执行董事和高级管理人员符合本规定的任职资格条件。

第五,除保监会另有规定外,名称应包含"保险公估"字样,不得与现有保险中介机构相同,并具备健全的组织机构和管理制度。

第六,有与业务规模相适应的固定住所。

第七,有与开展业务相适应的业务、财务等计算机软硬件设施。

第八,法律、行政法规和保监会规定的其他条件。

(三)保险公估人的权限

(1)保险标的承保前和承保后的检验、估价及风险评估;(2)保险标的出险后的查勘、检验、估损理算及出险保险标的残值处理;(3)风险管理咨询;(4)保监会批准的其他业务。保险公估机构从事保险标的的评估、勘验、鉴定、估损、理算等业务应当遵守法律、行政法规和保监会的有关规定,坚持客观、公正、公平的原则。保险公估机构因自身过错给保险当事人造成损害的,应当依法承担相应的法律责任。

第四节 保险利益

一、保险利益的概念与作用

(一)保险利益的概念

保险利益又称可保利益,是指权利人对保险标的具有的法律上的利害关系,即在保险事故发生时可能遭受损失的利益。

(二) 保险利益的作用

1. 保险利益的存在有助于区分保险与赌博,以消除赌博的可能性。

2. 保险利益的存在在于防止道德危险的发生。

3. 在财产保险合同,以是否具有保险利益作为判断标准,决定真正受有损失的人。

4. 在财产保险合同,以保险利益为判断标准限制保险人的损失填补额度。

二、财产保险的保险利益

(一) 财产保险的保险利益的含义

财产保险的保险利益既表征了一种利害关系,又表征了一种利益,即主体对保险标的所具有的适法的经济利益。

其构成要件包括:(1) 保险利益具有适法性,即须为适法利益或为法律所允许的利益。(2) 保险利益具有可估价性,即其利益必须是有经济价值的利益。(3) 保险利益具有可确定性,即可保险的利益须为确定的利益或可得确定的利益。

(二) 财产保险利益的存在时间

财产保险的被保险人在保险事故发生时,对保险标的应当具有保险利益。

(三) 财产保险利益的具体认定

财产保险的保险利益可分为积极的财产保险利益与消极的财产保险利益。积极的财产保险利益是对债权、物权以及准物权所享有的现存利益以及期待利益。消极的财产保险利益,是指因债务不履行所生的责任或侵权所致的不利益。期待利益,包括积极的期待利益与消极的期待利益。积极的期待利益是指主体基于其正常的营业或现有财产的安全而可获得的利益。消极的期待利益系指基于现有利益而期待某种责任不发生的利益,主要表现为责任保险。

三、人身保险的保险利益

(一) 人身保险的保险利益的含义及特点

人身保险的保险利益,是指权利人对于被保险人的生命或身体

所具有的利害关系。人身保险的保险利益与财产保险的保险利益相比有不同的特点,表现在:

(1) 财产保险的保险利益以保险事故发生时存在为已足,人身保险的保险利益在缔约时即须存在。

(2) 财产保险的保险利益的内容限于与经济利益有关的利害关系,人身保险的保险利益不以经济上的利害关系为必要内容。

(3) 保险利益的大小有无客观标准不同。

(4) 人身保险的保险利益不能以金钱估量,无双重受益或代位求偿存在的余地。

(5) 在以死亡为保险事故发生的人身保险中,由于受益人是保险事故发生时享有保险金给付请求权之人,所以,该受益人与被保险人之间的关系决定着是否会引发赌博与道德危险。

(二) 人身保险利益的具体认定

投保人对一定范围内的人员具有保险利益,分为法定保险利益和意定保险利益,前者只要投保人与被保险人具备法定的客观关系,即具有保险利益,与被保险人意思无关;后者是以被保险人的自由意思确定法律规定的客观关系之外的人对其是否具有保险利益,及意思决定是否具有保险利益。

四、保险利益的转移

保险利益的转移,又称保险利益的变动。保险利益移转方式的不同对于保险合同的效力也有不同的影响。保险利益的转移主要指在被保险人死亡而发生继承关系、保险标的物易主而发生所有权转移关系、投保人破产时其财产归入破产财团以备分配于破产债权人等情形下,保险利益是否为受让人利益继续存在。也就是说,在出现上述情形时,保险合同是否仍应为继承人、受让人或破产管理人而存在。保险标的转让的,保险标的的受让人承继被保险人的权利和义务。保险标的转让的,被保险人或者受让人应当及时通知保险人,但货物运输保险合同和另有约定的合同除外。因保险标的转让导致危险程度显著增加的,保险人自收到前款规定的通知之日起 30 日内,可以按照合同约定增加保险费或者解除合同。保险人解除合同的,应当将已收取的保险费,按照合同约定扣除自保险责任开始之日起至合同解除之日止应收的部分后,退还投保人。

五、保险利益的消灭

在财产保险中,保险标的灭失,保险利益即归消灭。在人身保险中,当投保人与被保险人间丧失构成保险利益的关系时,原则上保险利益随之消灭。

考核知识点

一、保险合同的当事人
二、保险合同的关系人
三、保险合同的辅助人
四、保险利益

考核要求

一、保险合同的当事人

识记:保险人、投保人的概念及法律地位。

二、保险合同的关系人

识记:被保险人的概念及被保险人的同意的含义、同意内容、同意的行使;受益人的概念、权利内容、指定、变更、消灭。

领会:被保险人同意的性质。

三、保险合同的辅助人

识记:保险代理人、保险经纪人和保险公估人的概念。

领会:保险代理人、保险经纪人和保险公估人的资格取得。

四、保险利益

识记:保险利益的概念;保险利益在财产保险和人身保险中的差异及其认定;保险利益的变动。

领会:保险利益的立法模式;保险利益的消灭。

第五章 保险合同的订立与生效

学习目的与要求

了解保险合同订立的基础知识,掌握和明确保险合同订立的一般程序、保险合同的生效、如实告知义务和说明义务。

第一节 保险合同的订立

一、保险合同的订立与成立

保险合同的订立系指投保人与保险人之间为保险的意思表示并达成合致的状态。其所揭示的是缔约人自接触、洽商直至达成关于保险的合意的过程,是动态行为与静态的保险协议的统一。保险合同的成立是合同订立的一部分,标志保险合同的产生与存在,是静态的协议结果。

二、保险合同订立的一般程序

保险合同成立是指保险合同当事人投保与承保的意思表示的一致。

(一)保险要约

在保险合同订立中,要约表现为未来的投保人向保险人发出的订立保险合同的意思表示,在保险法上称为投保或要保。

(二)保险承诺

保险承诺是指受要约人对保险要约的内容完全接受的意思表示。

第二节 保险合同订立中的先合同义务

一、保险人之相对人的先合同义务——告知义务

(一) 告知义务的概念

告知义务,是指在保险合同订立时,义务人应将保险标的的有关重要事实情况向保险人如实陈述。

(二) 告知义务的根据

义务人在缔约之际必须履行如实告知义务,其目的在于使保险人对危险获得充分的认识,从而基于双方的自愿达成合意,使保险人承担的危险与获取的保险费符合保险法上的对价平衡原则。

(三) 告知义务的性质

告知义务不是保险合同的约定义务,而是先合同义务,即基于诚信原则所派生的义务。

(四) 告知义务的主体

投保人对保险人的询问应如实告知。

(五) 告知的时间

义务人在合同订立时应就保险人询问的有关保险标的的重要情况向保险人如实陈述。

(六) 告知的方式

义务人告知时可采书面形式,亦可采口头形式。

(七) 告知的范围

告知的范围包括应告知的事项与免予告知的事项。应告知的范围限于重要事实;免予告知的事项包括:(1) 保险人已知的事实;(2) 保险人应知但因故意或重大过失而未知的事实。

(八) 违反告知义务的构成

在主观上,义务人故意或重大过失未如实告知;在客观上,投保人故意不如实告知或重大过失未履行如实告知义务,对保险事故的发生有严重影响。

(九) 违反告知义务的法律后果

当保险人询问有关保险标的的重要事实时,义务人故意不如实

陈述时,保险人可以解除合同。在义务人因重大过失而没有如实告知时,保险人可以行使上述解除权,并为上述除斥期间所限制。对于合同解除前发生的保险事故,如果义务人因重大过失没有如实告知对其发生有严重影响的,保险人不承担保险金给付义务,但应退还保险费;如果义务人因重大过失未如实告知对其没有严重影响的,保险人仍应承担保险金给付义务。保险人知道有解除事由之日起,超过30日不行使而消灭。该解除权自保险合同成立之日起超过2年不行使的,保险人不能再解除合同。

二、保险人的先合同义务——说明义务

(一)说明义务的概念及根据

保险人的说明义务是指在订立保险合同时,保险人应对合同内容予以解释和澄清,使投保人了解合同的内容。

(二)说明义务的性质

说明义务基于当事人缔约之际特殊信赖关系而生,属于先合同义务。

(三)说明义务与告知义务的区别

1. 履行义务的主体不同。
2. 义务作用的对象不同。
3. 违反两者的法律后果亦不完全相同。
4. 两者的目的不同。

(四)说明的内容

说明的内容主要包括保险合同条款的有关情况。

(五)说明的时间和方法

义务人应在合同成立之前或当时履行说明义务。保险人可以书面或者口头形式向投保人作出说明,也可以通过本人或代理人向投保人作出说明。

(六)违反说明义务的法律后果

保险人未对免责条款明确说明的,该条款无效,但不影响合同其他内容的效力。

第三节 保险合同的生效

一、保险合同的法律效力

(一)保险合同法律效力的含义

保险合同的法律效力,系指法律赋予依法成立的保险合同具有拘束当事人及第三人的强制力,包括对保险合同当事人的效力与对第三人的效力。

(二)保险合同法律效力的根据

保险合同的当事人应受合同拘束的依据在于意思自治原则及其派生的合同自由原则。

二、保险合同的生效要件

保险合同的生效要件包括民法上关于一般合同的生效要件的法律规则,其规定了保险合同的一般生效要件。此外,我国《保险法》上关于保险合同生效的特别法律规则,构成保险合同的特别生效要件。

(一)保险合同的一般生效要件

1. 缔约人具有相应的民事行为能力

2. 意思表示真实

3. 内容合法

(二)保险合同的特别生效要件

保险合同的特别生效要件包括附条件和附期限情况下的特别生效要件与《保险法》规定的特别生效要件。

三、保险合同的生效时间与保险期间

(一)生效时间

保险合同生效的时间,即保险合同效力开始产生的时间。

(二)保险期间

保险期间是保险人承担保险给付义务的时间段限。

四、保险合同的无效

(一)保险合同无效的概念

保险合同的无效是指保险合同虽然成立,但因法律规定或合同约定的原因,自始不发生效力。

(二)保险合同无效的原因

一般说来,保险立法上规定的保险合同无效事由主要有:

1. 承保危险不存在。
2. 权利人对保险标的不具有保险利益。
3. 以他人生命为标的而订立死亡保险合同时未经被保险人同意;父母以外的人以无行为能力人为被保险人订立以死亡为给付保险金条件的合同,无效。

(三)保险合同无效的确认及法律后果

保险合同一经被确认无效,当事人之间的权利义务关系即告消灭,可视为合同未成立。

第四节 保险合同的形式与内容

一、保险合同的形式

保险合同的形式是保险当事人双方合意的载体,是保险合同内容的外部表现。

(一)投保单

投保单亦称投保申请书,是指投保人为订立保险合同向保险人发出的书面要约。

(二)暂保单

暂保单亦称临时保险单,是指在签发正式保险单之前,保险人出具的临时保险凭证。

(三)保险单

保险单,系指保险合同成立后,保险人向投保人签发的正式书面凭证,以载明当事人双方的保险合同权利、义务。

(四)保险凭证

保险凭证亦称小保单,是保险人向投保人签发的证明保险合同已经成立的书面凭证,是一种简化了的保险单。

(五)其他形式

其他形式的保险合同,是指除保险单和其他保险凭证以外的以书面形式表现的保险合同。

二、保险合同的内容

保险合同的内容,系指保险合同中双方当事人约定的权利义务,其表现为保险合同的基本条款以及特约条款。

(一) 基本条款

1. 基本条款的含义与内容

保险合同的条款,可分为基本条款与特约条款。通常所谓"基本条款",是指保险合同必须具备的条款,否则合同就不成立,包括:合同当事人、关系人的姓名或名称及住所;保险标的;保险责任和责任免除;保险期间和保险责任开始时间;保险金额;保险费及其支付方法;保险金赔偿或者给付办法;违约责任和争议处理;订立合同的年、月、日。

2. 基本条款的效力

保险合同的基本条款,经投保人与保险人约定后,对投保人、保险人及被保险人发生约束力。如果漏列或欠缺法定事项损害该保险合同的实质,影响保险合同的实际存在,保险合同不生效力。

(二) 特约条款

1. 特约条款的含义

特约条款是指保险人与投保人双方在已经拟定的基本条款的基础上,为满足各自的特殊需要而约定的合同内容。

2. 特约条款、除外条款与不包括条款

特约条款与除外条款及不包括条款不同。特约条款与除外条款及不包括条款,虽均为保险人控制并确定其所承担的危险而设,但有如下的不同:(1) 含义不同;(2) 效力不同;(3) 内容不同。

3. 特约条款的形式

特约条款的常见形式,大约有下列 4 种:

(1) 附加条款;(2) 共保条款;(3) 协会条款;(4) 保证条款。

考核知识点

一、保险合同的订立
二、保险合同订立中的先合同义务
三、保险合同的生效
四、保险合同的形式与内容

考核要求

一、保险合同的订立
识记:要保;承保。
领会:保险合同的订立与成立的关系。
二、保险合同订立中的先合同义务
识记:告知义务;说明义务。
领会:先合同义务。
三、保险合同的生效
识记:保险合同的生效;保险合同的有效要件;保险合同的无效。
领会:保险合同的成立与生效。
四、保险合同的形式与内容
识记:保险标的;保险期间;保险金额;保险费;保险责任;投保单;暂保单;保险单;保险凭证。
领会:保险合同的基本条款;保险合同的特约条款。

第六章 保险合同的效力变动

学习目的与要求

了解和明确保险合同的变更、转让、解除、中止、复效、解除和终止的法律意义和基本原理。

第一节 保险合同的变更

一、保险合同变更的含义
保险合同内容变更系指当事人间享有的权利、承担的义务发生变化,而合同当事人并未改变。
二、保险合同变更的要件
(一)原已存在着保险合同关系
(二)保险合同内容发生变化
(三)保险合同的变更须经过双方当事人协议或依法直接规定或法院裁决,有时依形成权人的意思表示
(四)保险合同变更须遵守法律要求的方式
三、保险合同变更的效力
合同变更的实质是以变更后的合同代替了原合同。

第二节 保险合同的转让

一、保险合同转让的概念
所谓保险合同的转让,是指保险合同当事人一方依法将其合同的权利和义务全部或部分地转让给第三人的行为。

二、保险合同转让的类型

依我国《保险法》的规定,保险合同转让分为以下两种情形:

(一)财产保险合同的转让

财产保险合同的转让分为法定转让与约定转让。法定转让是指通过立法对保险标的所有权变动时,保险合同权利义务当然为受让人承继;投保人或被保险人死亡或破产时,保险合同利益仍为继承人或债权人承继予以规范。约定转让是指合同订立后投保人或被保险人因为保险标的或危险转移等事实发生,通过合意将合同的权利、义务转移给第三人,由第三人继续享受合同权利并承担合同义务。

(二)人身保险合同的转让

人身保险合同的转让,主要指因保险人资格的消灭而引起人寿保险合同权利义务的概括转让。

第三节 保险合同的中止

一、保险合同中止的含义

所谓保险合同的中止,是指在保险合同有效期限内,因某种事由出现而使合同的效力处于暂时停止的状态。

二、保险合同效力中止的立法目的

长期保险合同的投保人难免会因疏忽或经济一时变化而出现不能按时交付保险费的情况。为避免一时的合同义务不履行而导致所有合同义务的适当履行化为乌有,完全失去效力,产生对受保险合同保障的人有失公允的结果。也可以使保险人继续保有合同业务,巩固其已有营业,最基本的价值在于前两者。

三、保险合同中止的构成要件

(1)保险合同的效力中止仅适用于人身保险合同,而不适用于财产保险合同。

(2)保险合同的投保人没有选择一次性清偿保险费债务的交付方式履行合同债务,而是采取分期交付方式履行交付保险费义务。

(3)投保人在保险合同成立时已经交付了第一期保险费。

(4)义务人超过宽限期仍没有交付后续当期保险费。

(5) 保险合同没有约定其他处理办法。保险合同对于如何处理投保人未交保险费的情形,没有规定中止合同效力以外的其他解决办法,诸如减少保险金额、保险费自动垫交等。

四、保险合同中止的法律效果

中止后,合同效力暂时停止。

第四节 保险合同的复效

一、保险合同复效的概念

保险合同的复效,是指导致保险合同中止的法定事由消除后,具备相应的条件,其效力即行恢复如未中止前的状态。

二、保险合同的复效条件

根据我国《保险法》,人寿保险合同的复效应具备如下要件:

1. 投保人向保险人提出复效请求;
2. 投保人提出复效申请符合法律规定的期限要求;
3. 投保人补交保险费;
4. 被保险人请求复效时须符合投保条件;
5. 保险人和投保人就复效条件达成协议。

第五节 保险合同的解除

一、保险合同解除的含义

保险合同的解除是指保险合同有效期间内,有解除权的一方当事人通过向他方为解除合同的意思表示,使保险合同关系归于消灭。

二、投保人解除合同的条件

保险合同解除分为投保人解除条件和保险人解除条件。除法定和约定外,投保人可以任意解除合同。

除货物运输保险合同和运输工具航程保险合同在保险责任开始后不得解除、保险合同特别约定投保人不得解除合同外,为任意解除条件。

三、保险人法定解除合同的条件及适用情形

保险人解除合同的条件可分为法定解除条件和约定解除条件。

法定解除条件是指法律规定的保险人可以解除合同的事由。《保险法》规定保险人的法定解除条件及适用情形有:(1)投保人违反告知义务;(2)谎称发生保险事故或故意制造保险事故;(3)投保人或被保险人未按约定维护保险标的安全;(4)保险标的的重要危险增加;(5)投保人申报的被保险人年龄不真实;(6)合同效力中止后,经过2年未达成复效协议;(7)保险标的部分损失。

四、保险人约定解除合同的条件及适用情形

基于合同自由,在不违反强行性规则、社会公共利益的前提下,保险人也可以与投保人约定解除合同。

第六节 保险合同的终止

一、保险合同终止的含义

保险合同的终止,是指保险合同在其存续期间内,因一定事由的发生,使合同的效力不再存在而向将来归于消灭。合同终止有广义与狭义之别。

二、保险合同终止的原因

(一)因保险合同约定的保险期间届满而终止

(二)保险合同因保险人终止而终止

(三)保险事故发生后因保险人适当履行保险给付义务而终止

(四)保险合同因保险标的物全部灭失而终止

(五)因合同主体行使解除权而终止

(六)因法律规定的情况出现而终止

三、保险合同终止的法律效果

保险合同的终止,其效力自终止时起向将来消灭而不再继续,并不溯及既往,所以双方当事人均无恢复原状的义务。

考核知识点

一、保险合同的变更
二、保险合同的转让
三、保险合同的中止
四、保险合同的复效
五、保险合同的解除
六、保险合同的终止

考核要求

一、保险合同的变更
识记:保险合同内容变更条件。
领会:保险合同的变更效果。
二、保险合同的转让
识记:保险合同转让的含义。
领会:保险合同转让的类型。
三、保险合同的中止
识记:保险合同中止的构成要件。
领会:保险合同中止的目的。
四、保险合同的复效
识记:保险合同复效的要件。
领会:保险合同复效的根据。
五、保险合同的解除
识记:保险人法定解除的条件。
领会:投保人的任意解除。
六、保险合同的终止
识记:保险合同终止的原因;保险合同终止的效果。
领会:保险合同终止的含义。

第七章 保险合同的履行

学习目的与要求

了解和明确投保人的义务及其履行、保险人的义务及其履行与保险合同解释的基础知识和基本原理。

第一节 投保人义务及履行

一、交付保险费的义务

（一）保险费的法律性质

保险费是投保人交付于保险人作为其负担危险对价的金钱，投保人交付保险费是保险合同义务，而非合同的效力要件，亦非成立要件。

（二）交付保险费通知与宽限期间

人身保险合同的投保人未按期交付后续当期保险费时，保险人可以催告。在应交付后续当期保险费时，经催告后30日或者未经催告60日仍不交付的，保险合同效力中止。

（三）怠于给付保险费的法律后果

就财产保险来说，对于合同约定为一次交付保险费而投保人未交保险费或约定分期交付保险费而投保人未付保险费的，若保险合同有特别约定，应从其约定；若无特别约定，保险人可以请求投保人承担债务不履行的违约责任，即请求其交付保险费及利息。

就人身保险合同来说，合同约定分期支付保险费，投保人支付首期保险费后，除合同另有约定外，投保人自保险人催告之日起超过30日未支付当期保险费，或者超过约定的期限60日未支付当期保险费的，合同效力中止，或者由保险人按照合同约定的条件减少保险金额。

(四)保险费的返还

《保险法》规定在某些情形下保险人应当返还保险费,某些情况下则无须返还。

1. 保险合同无效情形下保险费的返还

如果合同无效,已经交付的保险费是否应予返还取决于投保人是否可归责。如果投保人出于恶意则不应当返还保险费,如果出于善意,投保人本身并没有过失,则应请求保险人返还保险费。

2. 保险合同解除情形下保险费的返还

保险合同解除后,保险人是否应当将已收取的保险费返还,应区分不同情况而定。

(1)投保人违反如实告知义务,足以影响保险人决定是否同意承保或提高保险费率的,保险人有权解除保险合同。投保人故意不履行如实告知义务的,保险人不退还保险费;投保人因重大过失未履行如实告知义务的,保险人可以退还保险费。

(2)行为人故意谎报、制造保险事故的,保险人有权解除合同,并不退还保险费。

(3)投保人、被保险人未按照约定履行其对保险标的安全应尽的义务的,保险人有权要求增加保险费或者解除合同。因投保人或被保险人有过错,保险人不应返还全部已收取的保险费。保险期间开始后,保险人自开始之日即承担保障保险标的的危险损失的义务,到被解除之时,保险人已经履行危险承担义务,投保人应负担该期间内的保险费。

(4)在危险程度显著增加时,义务人应通知保险人,应通知而怠于通知的,除不可抗力外,不论是否故意,保险人均可解除保险合同。保险人解除合同的,应当将已收取的保险费,按照合同约定扣除自保险责任开始之日起至合同解除之日止应收的部分后,退还投保人。

(5)人身保险合同因投保人怠于给付保险费而效力中止的,自合同效力中止之日起2年内双方未达成复效协议的,保险人有权解除合同。保险人解除合同的,应当按照合同约定退还保险单的现金价值。

(6) 保险标的发生部分损失的,保险人给付保险金之日起 30 日内,投保人可以解除合同。合同解除的,保险人应收取受损失部分的保险费;对未受损失部分的保险费,保险人应先计算出整个保险期间内保险标的未受损失部分的总保险费,再计算出自危险承担义务开始之日至合同解除之日止之间的应收保险费,以总保险费减去应收保险费,剩余保险费还给投保人。

(7) 投保人解除保险合同时,保险费的返还分人身保险和财产保险而有不同。在人身保险合同,保险人应当自收到解除合同通知之日起 30 日内,按照合同约定退还保险单的现金价值。在财产保险合同,保险责任开始前,投保人要求解除合同的,应当按照合同约定向保险人支付手续费,保险人应当退还保险费。保险责任开始后,投保人要求解除合同的,保险人应当将已收取的保险费,按照合同约定扣除自保险责任开始之日起至合同解除之日止应收的部分后,退还投保人。

3. 保险合同终止情形下保险费的返还

保险合同终止时,其效力自终止之时起消灭。保险人对于已收取的保险费中属于终止前已承担的危险的对价,无须返还。至于属于终止后的保险费是否应予返还,则应视具体情形而定。

(1) 保险标的非因保险事故完全灭失致保险合同终止时,或保险人因危险增加而要求增加保险费,投保人不同意而终止的,保险人应返还保险合同终止后的保险费。(2) 保险合同因投保人破产或保险人破产而终止,终止后的保险费应予返还。但经营有人寿保险业务的保险公司被依法撤销或者被依法宣告破产的,其持有的人寿保险合同及责任准备金,必须转让给其他经营有人寿保险业务的保险公司;不能同其他保险公司达成转让协议的,由国务院保险监督管理机构指定经营有人寿保险业务的保险公司接受转让。

4. 其他情形下保险费的返还

(1) 据以确定保险费率的有关情况发生变化,保险标的危险程度明显减少的,除合同另有约定外保险人应当降低保险费,并按日计算退还相应的保险费。

(2) 保险标的的保险价值明显减少的,除合同另有约定外,保险人应当降低保险费,并按日计算退还相应的保险费。

(3)依《保险法》第 32 条规定,人身保险合同的投保人申报的被保险人年龄不真实,并且其真实年龄不符合合同约定的年龄限制的,保险人可以解除合同,并按照合同约定退还保险单的现金价值。

(4)以被保险人死亡为给付保险金条件的合同,自合同成立或者合同效力恢复之日起 2 年内,被保险人自杀的,保险人不承担给付保险金的义务,但被保险人自杀时为无民事行为能力人的除外。保险人不承担给付保险金义务的,应当按照合同约定退还保险单的现金价值。

(5)被保险人故意犯罪导致其自身伤残或者死亡的,保险人不承担给付保险金的义务。投保人已交足 2 年以上保险费的,保险人应当按照保险合同约定退还其现金价值。

二、危险显著增加的通知义务

(一)危险显著增加通知义务的设置目的

当保险标的情况的变化严重增加了保险合同缔结之初所承保的危险,相对人负有危险显著增加的通知义务,以使保险人对危险显著增加的事实作出正确估量,决定是否继续承保或以何种条件继续承保,采取相应的措施控制危险。

(二)危险显著增加通知义务的构成要件

1. 危险增加通知义务首先须具备危险显著增加的客观事实,此为积极要件。

2. 消极要件,包括:(1)为履行道德义务而致危险显著增加。(2)为减轻或避免损害的必要行为。(3)保险人所知悉。(4)依通常注意义务,危险增加为保险人应知或无法推诿为不知的情形。(5)经声明不必通知。

(三)危险显著增加通知义务的履行

在危险显著增加时,义务人应及时通知,而保险人有要求增加保险费或解除保险合同的权利。

三、防险的义务

(一)防险义务的含义

防险的义务,即保险合同义务人为维护保险标的安全,避免危险发生或减少危险发生可能性而为或不为一定行为。

（二）防险义务的履行

防险义务的履行主体是被保险人。被保险人应该遵守国家有关消防、安全、生产操作、劳动保护等方面的规定，维护保险标的的安全。

（三）违反防险义务的后果

投保人或被保险人未按照约定履行其对保险标的安全应尽的义务，保险人有权要求增加保险费或者解除合同。

四、保险事故发生的通知义务

保险事故发生时的通知义务，也称出险的通知义务，是指在保险期间内，合同约定的承保危险发生后，投保人、被保险人或受益人应当将此事实及时通知保险人。因行为人故意或者因重大过失未及时通知，致使保险事故的性质、原因、损失程度等难以确定的，保险人对无法确定的部分，不承担赔偿或者给付保险金的责任，但保险人通过其他途径已经及时知道或者应当及时知道保险事故发生的除外。

五、保险事故发生时的施救义务

保险事故发生时的施救义务，是指保险合同约定的危险事故发生时，投保人、被保险人除及时通知保险人外，亦应采取积极合理的措施抢救出险的保险对象，以避免或减少损失。保险人须补偿其施救费用。

六、提供资料或其他证据的义务

保险事故发生后，通知义务人须在法定或约定期限内将事故的发生通知保险人，保险人在接到通知后应履行保险给付义务。保险人为确定保险事故的发生、发生原因及给付范围或保全其代位权等所需的资料，应由被保险人或投保人协助提供。

第二节　保险人义务及履行

一、保险事故发生之前的保险给付义务——危险承担义务

保险人依约承担危险，该危险承担的主给付义务分为两个阶段，一在危险发生之前；一在危险发生之后，潜在的危险承担义务显现为

保险金给付义务。保险人的主给付义务是危险承担义务,即保险人依合同所负担的提供保险保障的义务。该危险承担义务在保险事故发生时,表现为保险人的保险金给付义务。在保险事故未发生时,使被保险人免于经济上或精神上的忧虑。

二、保险人的通知义务

保险标的发生部分损失的,自保险人给付保险金之日起 30 日内,投保人可以解除合同;除合同另有约定外,保险人也可以解除合同,但应当提前 15 日通知投保人。

三、危险减少时减收保险费的义务

据以确定保险费率的有关情况发生变化,保险标的危险程度明显减少或者保险标的的保险价值明显减少,除合同另有约定外,保险人应当降低保险费,并按日计算退还相应的保险费。

四、保险事故发生后的保险给付义务——保险金给付义务

约定的危险事故在保险期间内发生保险合同约定的给付保险金的条件成就,保险人承担的保险给付义务即由应然存在转化为实际履行。在收到给付请求或有关证明、资料 60 日,已经认定事故属于保险范围,不能最终确定给付金额的,应预先给付。

五、给付必要合理费用的义务

(一)施救费

(二)为查明和确定保险事故的性质、原因和保险标的损失程度所支付的必要的、合理的费用

(三)仲裁或者诉讼费用

在责任保险合同中,因被保险人给第三人造成损害的保险事故发生而被提起仲裁或者诉讼的,除合同另有约定外,由被保险人支付的仲裁或者诉讼费用以及其他必要的、合理的费用,亦由保险人承担。

六、保密义务

保险人与投保人缔结保险合同和再保险合同时所知悉的资讯,只要投保人、被保险人不愿将这些情况对外公开或传播,保险人和再保险人均依法应负保密义务。

第三节 保险合同的解释

一、保险合同解释的含义及其必要性

保险合同的解释,系对保险合同内容(表现为格式条款或其批注)的理解和说明。

合同解释的必要性在于合同的条款内容具有抽象性。

二、保险合同的解释方法

(一)文义解释

文义解释,系指在保险合同内容中,若其用语与合同目的无明显的冲突或违背,一般应按该用语的最常用、最普遍的含义进行理解的一种解释方法。

1. 保险合同的书面约定与口头约定不一致的,以书面约定为准。

2. 投保单与保险单或其他保险凭证不一致的,以保险单或其他保险凭证所载明的内容为准。

3. 当保险合同的特约条款与格式条款不一致的,以保险合同的特约条款为准。

4. 保险合同的条款内容因记载方式不一致的,按照批单优于正文、后批注优于前批注、加贴批注优于正文批注、手写条款优于打印条款的规则解释。

5. 若保险合同由数份文件构成而发生冲突,保险合同的条款内容因记载时间不一致的,时间在后的文件优于时间在前的文件。

(二)专业解释

但在保险合同的用语中,有些日常用语由于保险技术性已经成为该领域的专业用语时,其含义应按该行业通用的含义来进行解释,而与一般生活用语不同。

(三)目的解释

目的解释,即当合同中的用语含混不清而按其文意解释会背离合同目的时,应根据合同内容与合同订立时的背景材料进行逻辑分析来推断缔约时当事人的真意,由此说明和理解合同内容。

（四）疑义不利解释

疑义不利解释，即在保险合同当事人对合同条款内容发生争议，运用文意解释、目的解释等不能合理解决时，对保险合同的用语应作出不利于保险人的解释。

(1) 只有采用保险人提供的格式条款订立的保险合同，保险人与投保人、被保险人或者受益人对合同条款有争议的，才可以适用不利解释。

(2) 当格式条款内容的用语本身有歧义，按照文义解释存在两种以上相互冲突的最通常、最普遍的含义，合同当事人的目的通过该用语难以表明时，才可以适用不利解释。

(3) 就某些特定情形，在适用不利解释上须对与保险人相对的一方当事人进行限制。

考核知识点

一、投保人义务及履行
二、保险人义务及履行
三、保险合同的解释

考核要求

一、投保人义务及履行

识记：交付保险费的义务；危险显著增加的通知义务；防险的义务；保险事故发生的通知义务；保险事故发生时的施救义务；提供资料或其他证据的义务。

领会：保险费的法律性质。

二、保险人义务及履行

识记：保险事故发生之前的保险给付义务；保险人的通知义务；危险减少时减收保险费的义务；保险事故发生后的保险给付义务；保

险事故发生后的其他给付义务;保密义务。

领会:保险给付义务与保险金给付义务的关系。

三、保险合同的解释

识记:疑义不利解释。

领会:保险合同解释的含义及其必要性。

第三编 保险法各论

第八章 财产保险合同概述

学习目的与要求

了解和明确财产保险合同的法律特征及其主要类型、代位求偿权、保险金额、保险价额和重复保险的基础知识和基本原理。

第一节 财产保险合同的概念和特征

一、财产保险合同的概念

财产保险合同是指以财产或财产性利益为保险标的的保险合同。

二、财产保险合同的特征

1. 所涉法益、法益所负载的载体不同
2. 保险利益的意义及适用不同
3. 损失填补的适用不同
4. 保险价值的适用不同
5. 保险代位权的适用不同

第二节 财产保险合同的种类

一、财产损失保险合同

财产损失保险合同是以有形财产为保险标的的保险合同。

二、责任保险合同

责任保险合同是以被保险人依法应对第三人承担的损害赔偿责任为保险标的保险合同。

三、信用保险合同

信用保险合同是指被保险人(债权人)为保证其债权届期获清偿,而将债权届期不获清偿的危险由保险人承担,在债务人期满不履行债务时,由保险人在保险金范围内履行给付义务的保险合同。

四、保证保险合同

保证保险合同,是指由作为保证人的保险人为被保证人向权利人提供担保,当被担保义务人因作为或不作为而不履行义务,致使权利人遭受经济损失时,由保险人向作为被保险人的权利人承担保险给付义务。

第三节 保险代位

保险代位派生于损失填补原则,系指保险标的发生保险事故致推定全损或保险标的因第三人责任致损,保险人依约为保险给付后,依法获得保险标的的所有权或取得对加害第三人的代位追偿权。其主要包括权利代位与物上代位。

一、权利代位

(一)权利代位的含义

保险代位是指追偿权的代位,又称"保险代位权"或"代位求偿权",系被保险人因保险人依约承保的损失发生而对第三人享有损害赔偿请求权,保险人于履行保险给付义务后,代被保险人之位行使被保险人对于该第三人的损害赔偿请求权的权利。

(二)代位求偿权的行使要件

第一,被保险人因某种原因事实(保险事故)发生而对第三人有损害赔偿请求权。

第二,被保险人发生损害赔偿请求权的原因事实属于保险事故的范围。

第三,保险人已对被保险人履行了保险给付义务。

第四,保险人代位权,系以保险人自己名义对第三人行使。

第五,能够代位行使的权利,以该权利性质上不具有人身专属性为限。

第六,代位权应向对被保险人负损害赔偿责任的人行使。

第七,保险人行使代位权利,其数额以不超过保险人对被保险人的给付金额为限。

(三) 代位权的功能

1. 避免被保险人获得双重补偿
2. 避免轻慢与放纵第三人责任
3. 通过减轻保险人的给付义务而降低保险团体的保费

(四) 保险代位权的本质

保险代位权系债权的法定移转。

(五) 代位权的行使内容与限制

一般认为,代位权规则只适用于财产保险,人身保险中的生存保险、死亡保险以及两合保险无代位权规则的适用。

(六) 保险人代位权的维护

保险事故发生后,没有给付保险金前,被保险人放弃对第三人请求赔偿的权利的,保险人不承担保险金给付义务。保险人向被保险人赔偿保险金后,被保险人未经保险人同意放弃对第三人请求赔偿的权利的,该行为无效。被保险人故意或者因重大过失致使保险人不能行使代位请求赔偿的权利的,保险人可以扣减或者要求返还相应的保险金。

(七) 保险代位权的诉讼时效

保险代位权源于被保险人对第三人享有的损害赔偿请求权,属于债权请求权,债权请求权受诉讼时效的支配。

二、物上代位

物上代位是指保险标的遭受保险给付义务范围内的损失,保险人依保险金额完全给付后,依法取得该标的的所有权。

保险事故发生后,保险人已支付了全部保险金额,并且保险金额等于保险价值的,受损保险标的全部权利归于保险人;保险金额低于保险价值的,保险人按照保险金额与保险价值的比例取得受损标的的部分权利。

第四节 保险金额与保险价额

一、保险金额的意义

保险金额为保险人在保险期间所负保险给付义务的最高限额。保险人应在承保前查明保险标的的市价,避免超额承保。保险金额的功能在于,在财产保险,保险金额系判断保险是否为超额保险、等值保险或部分保险的标准。

二、保险价额的意义与种类

保险价额,又称保险价值,是指保险标的在保险事故发生时的实际价值。保险价额的法律意义在于,保险事故发生时,以保险价额作为保险人履行保险给付义务数额的判断标准。

三、足额保险、不足额保险与超额保险

财产保险合同,以保险金额与保险价值是否一致而分为足额保险、不足额保险与超额保险。当保险金额符合保险价值时,称其为足额保险,依该保险价值计算得出的损失数额即为保险人应负的保险给付数额。当保险金额高于保险价值时,称其为超额保险。当保险金额低于保险价值时,称其为不足额保险,亦即部分保险。

第五节 重 复 保 险

一、重复保险的概念与立法目的

重复保险,又称复保险,相对于单保险而言,是指就同一保险标的、同一利益、同一保险事故,在同一保险期间,分别与两个以上保险人订立数个保险合同,且保险金额总和超过保险价值的保险。为落实损失填补原则和公平合理地界定保险合同当事人的权利义务,对复保险予以规范。

法律设置规则调整复保险的目的在于:防止超额保险;避免不当得利;控制道德危险;增强安全保障。

二、重复保险的适用范围

重复保险被规定于财产保险合同部分而非总则中,其只适用于财产保险合同。

三、重复保险的构成要件

（一）基于同一保险利益订立合同

（二）保险事故相同

（三）订立两个以上保险合同

（四）保险期间具有重叠性

（五）保险金额总和超过保险价值

四、重复保险合同投保人的通知义务

投保人应将复保险的有关情况通知保险人。

五、重复保险保险人的保险给付义务分担

复保险的保险金额总和超过保险价值的，各保险人的给付金额的总和不得超过保险价值。除合同另有约定外，各保险人按照其保险金额与保险金额总和的比例承担给付义务。

考核知识点

一、财产保险合同的概念和特征

二、财产保险合同的种类

三、保险代位

四、保险金额与保险价额

五、重复保险

考核要求

一、财产保险合同的概念和特征

识记：财产保险合同的概念。

领会：财产保险合同的特征。

二、财产保险合同的种类

识记：财产保险合同的主要种类。

领会:财产保险合同的种类的划分标准。

三、保险代位

识记:权利代位;物上代位。

领会:保险代位求偿权的功能。

四、保险金额与保险价额

识记:保险价额;保险金额;不足额保险;超额保险。

领会:足额保险。

五、重复保险

识记:重复保险的构成要件;适用范围。

领会:重复保险的通知义务。

第九章 财产损失保险合同

学习目的与要求

了解和明确财产损失保险合同的法律特征、火灾保险合同、货物运输保险合同、运输工具保险合同和农业保险合同等的基础知识和基本原理。

第一节 财产损失保险合同的概念和种类

一、财产损失保险合同的概念

财产损失保险合同,是指以有形财产为保险标的,补偿其直接损失的财产保险合同,也称为狭义的财产保险合同。

二、财产损失保险合同的损失及其确定

(一)财产损失保险合同的损失

财产损失保险合同以承担被保险人因其有形财产发生保险事故所致损毁灭失的不利益,其损失范围的确定对被保险人利益维护及保险人合同义务的履行至关重要。保险人应承担的损失范围一般包括:保险标的遭受的实际损失、施救费用、查定保险事故及其所致损失的费用。

(二)财产损失保险合同的损失确定

财产损失保险合同采取定值保险合同方式订立的,其损失以约定的保险价值计算。采取不定值保险合同方式订立的,根据保险事故发生当时当地的保险标的的市场价格计算确定经济损失,即其保险价值以出险时有形财产的重置成本价值减去折旧费后的余额。

（三）财产损失保险合同的主要种类

根据保险标的的具体形态不同,财产损失保险合同可分为火灾保险合同、货物运输保险合同、运输工具保险合同和农业保险合同。

第二节 火灾保险合同

一、火灾保险合同的概念

火灾保险合同是指以火灾、爆炸等不可抗力或意外事故为承保危险的财产损失保险合同。

二、火灾保险合同承保的财产范围

火灾保险合同承保的财产范围广泛,包括动产和不动产,只要被保险人所有或与他人共有而由被保险人负责的、由被保险人经营管理或替他人保管的、其他具有法律上承认的与被保险人有经济利害关系的财产,都可纳入承保范围。

三、火灾保险合同承保的危险范围

保险人的承保危险范围一般经在合同中约定基本危险、特约危险和危险免除予以确定。

（一）基本危险包括：火灾；其他自然灾害；意外事故。

（二）特约危险

在以火灾等不可抗力或意外事故为承保危险基础上,行为人也可以根据其生活需要,以增加保险费为代价,与保险人特约,由其承保附加危险。

（三）除外危险

四、火灾保险合同的损失确定

保险人应根据义务人提供的损失清单或各种单证,对保险合同约定的各项财产损失金额和费用支出核实计算给付保险金的数额。

第三节 国内货物运输保险合同

一、货物运输保险合同的概念

货物运输保险合同,是指以运输中的货物为保险标的,保险人对运输中发生不可抗力或意外事故所致货物损失予以补偿的财产损失保险合同。

二、货物运输保险合同的特点

（一）货物运输保险合同的保险标的常处于运输中，而不是位于固定地点。

（二）保险标的脱离所有人或经营人直接管领控制，而由承运人直接管理。货物上负载的危险程度，除为运输方式及运输条件所决定外，深受承运人的影响。

（三）保险期间的起讫时间一般以一次运程计算，采取仓至仓的方法予以确定。

（四）货物运输保险合同常以定值保险方式订立合同。

三、货物运输保险合同承保危险范围

综合水路、陆路和航空货物运输保险合同的内容，货物运输保险合同所承保的危险范围包括基本危险、特约危险和除外危险。

第四节 国内运输工具保险合同

一、运输工具保险合同的概念

运输工具保险合同，是以机动车、船舶或飞机等运输工具为保险标的的财产损失保险合同。由于通过运输工具运载旅客或货物，因交通条件各异，易发生危险事故导致财产损失。运输工具保险已广为行为人所采用。运输工具保险合同因作为保险标的的运输工具性能不同，其危险性质也不同，据此，可分为机动车保险合同、飞机保险合同、船舶保险合同等。

二、运输工具保险合同的特征

除具有一般财产保险合同的特点外，运输工具保险合同还具有如下特点：

1. 保险标的的特定性；
2. 被保险人的开放性；
3. 保险给付义务履行的并举性。

三、机动车损失保险的承保危险范围

机动车损失保险的承保危险包括碰撞损失与非碰撞损失,其中碰撞是指被保险车辆与外界物体的意外接触;非碰撞,则可以分为以下几类:自然灾害,如洪水、暴风、雷击、泥石流等;各种意外事故;其他意外事故。

第五节 农业保险合同

一、农业保险合同的概念

农业保险合同,是指以农作物种植、禽畜养殖为保险标的,对种植物、养殖物因不可抗力或意外事故所致损失予以补偿的财产损失保险合同。根据其标的是属于种植物和养殖物的不同,基本可分为种植物保险合同和养殖物保险合同。

二、农业保险合同的特点

1. 保险标的具有生命力;
2. 保险价值的变动性;
3. 以低额承保方式经营。

考核知识点

一、财产损失保险合同的概念和种类
二、火灾保险合同
三、国内货物运输保险合同
四、国内运输工具保险合同
五、农业保险合同

考核要求

一、财产损失保险合同的概念和种类
识记:财产保险合同的损失及确定。

领会:财产损失保险合同的主要种类。

二、火灾保险合同

识记:火灾保险合同承保的财产范围;火灾保险合同承保的危险范围。

领会:火灾保险合同的损失确定。

三、国内货物运输保险合同

识记:货物运输保险合同承保危险范围。

领会:货物运输保险合同的特点。

四、国内运输工具保险合同

识记:机动车损失保险的承保危险范围。

领会:运输工具保险合同的特征。

五、农业保险合同

识记:农业保险合同的基本含义。

领会:农业保险合同的特点。

第十章 责任保险合同

> **学习目的与要求**

了解责任保险合同的概念、特征及分类、机动车交通事故强制保险合同的基本条款、机动车交通事故强制保险的概念；明确责任保险合同的基本条款及保险金的给付和其他费用的承担、机动车交通事故强制保险与机动车商业第三者责任险的区别；掌握责任保险合同第三人的法律含义、范围及其损害赔偿请求权。

第一节 责任保险合同的概念、特征及分类

一、责任保险合同的概念

责任保险，是被保险人对第三者负损害赔偿责任时，由保险人承担其赔偿责任的保险。从法律性质上讲，我国《保险法》将责任保险合同界定为一种财产保险合同。

二、责任保险合同的特征

1. 责任保险补偿对象是保险合同主体以外的第三人；2. 责任保险承保标的是民事赔偿责任；3. 责任保险承保方式多样。

三、责任保险合同的分类

1. 公众责任保险；2. 产品责任保险；3. 雇主责任保险；4. 职业责任保险；5. 第三者责任保险。

第二节 责任保险合同的第三人

一、责任保险合同的第三人的法律含义

责任保险合同的第三人，是指合同约定的当事人和关系人以外，对被保险人享有保险金赔偿请求权的人。

二、责任保险合同中第三人的范围

在雇主责任保险中,第三人限于为雇主所雇用,其民事损害赔偿责任由雇主承担的雇员。在公众责任保险中,第三人为被保险人应向其承担损害赔偿责任的人,不包括雇主(被保险人)雇用的员工和为雇主提供服务的人。责任保险合同第三人的范围还因承保的责任类型的不同而不同,如果责任保险承保的是违约责任,第三人以对违约的被保险人有损害赔偿请求权的人为限;如果责任保险承保的是侵权责任,则第三人是因被保险人的侵权责任而享有损害赔偿请求权的人。

三、责任保险第三人的保险给付请求权和损害赔偿请求权

《保险法》规定了责任保险第三人有条件的保险金直接请求权。

第三节 责任保险合同的履行和基本条款

一、责任保险合同的履行

(一)责任保险金给付的条件;(二)责任保险金给付的对象;(三)责任保险其他费用的承担。

二、责任保险合同的基本条款

(一)保险责任;(二)责任免除;(三)责任限额;(四)保险人的义务;(五)投保人及被保险人的义务;(六)赔偿处理

第四节 机动车交通事故强制保险

一、机动车交通事故强制保险的概念

机动车交通事故强制保险,是指由保险公司对被保险机动车发生道路交通事故造成受害人(不包括本车人员和被保险人)的人身伤亡、财产损失,在责任限额内予以赔偿的强制性责任保险。

二、机动车交通事故强制保险与机动车商业第三者责任险的区别

(一)赔偿原则不同;(二)保障范围不同;(三)强制性不同;(四)保险条款和基础费率不同;(五)责任限额不同;(六)法律依据不同;(七)归责原则不同。

三、机动车交通事故强制保险合同的基本条款

（一）机动车交通事故责任强制保险责任限额;(二) 机动车交通事故责任强制保险费率;(三) 机动车交通事故责任强制保险当事人;(四) 垫付条款;(五) 责任免除;(六) 赔偿处理;(七) 合同变更与终止。

考核知识点

一、责任保险合同的概念、特征及分类

二、责任保险合同的第三人

三、责任保险合同的履行和基本条款

四、机动车交通事故强制保险

考核要求

一、责任保险合同的概念、特征和分类

识记:责任保险合同的概念;责任保险合同的特征。

领会:责任保险合同的分类。

二、责任保险合同的第三人

识记:责任保险合同第三人的法律含义。

领会:责任保险合同第三人的范围;责任保险合同第三人的保险给付请求权和损害赔偿请求权。

三、责任保险合同的履行和基本条款

识记:责任保险金给付的条件;责任保险金的给付对象;责任保险其他费用的承担。

领会:责任保险合同的基本条款。

四、机动车交通事故强制保险

识记:机动车交通事故强制保险的概念;机动车交通事故强制保险与机动车商业第三者责任险的区别。

领会:机动车交通事故强制保险合同的基本条款。

第十一章 保证保险合同与信用保险合同

学习目的与要求

了解保证保险合同的类型、信用保险合同的类型、忠实保证保险合同的主要条款、产品质量保证保险合同的主要条款、出口信用保险合同的主要内容、投资信用保险合同的主要内容;明确保证保险合同与保证合同的区别、信用保险合同与保证保险合同的关系;掌握保证保险合同的概念、信用保险合同的概念。

第一节 保证保险合同

一、保证保险合同的概念和特征

保证保险是指保险公司向履行保证保险的受益人承诺,如果被保险人不按照合同约定或法律规定履行义务的,则由保险公司承担赔偿责任的一种保险形式。

二、保证保险合同与保证合同的区别

1. 保证保险合同与保证合同主体资格不同;2. 保证保险合同与保证合同的目的不同;3. 保证保险合同与保证合同的内容不同;4. 保证保险合同与保证合同的责任性质不同;5. 保证保险合同与保证合同的债产生原因不同;6. 保证保险合同与保证合同的抗辩权不同;7. 保证保险合同与保证合同的运行方式不同;8. 保证保险合同与保证合同的对价不同;9. 保证保险合同与保证合同的责任承担前提不同;10. 保证保险合同与保证合同的独立性不同;11. 保证保险合同与保证合同承担责任的财产来源不同。

三、保证保险合同的类型

(一) 忠实保证保险合同;(二) 合同保证保险合同;(三) 产品

保证保险;(四)司法保证保险;(五)执照、许可证保证保险。

四、典型保证保险合同的主要条款

(一)忠实保证保险合同的主要条款

1. 责任范围;2. 除外责任。

(二)产品质量保证保险合同的主要条款

1. 责任范围;2. 除外责任。

第二节　信用保险合同

一、信用保险合同的概念

信用保险合同是指,权利人要求保险人对他方信用提供担保的保险合同。

二、信用保险合同与保证保险合同的关系

(一)信用保险合同与保证保险合同的联系

(二)信用保险合同与保证保险合同的区别

1. 投保人不同;2. 投保人与实际受益人不一致;3. 主体范围不同;4. 承担的风险不同。

三、信用保险合同的类型

(一)出口信用保险合同;(二)国内贸易信用保险合同;(三)投资信用保险合同。

四、出口信用保险合同的主要内容

(一)短期出口信用保险合同的主要内容;(二)中长期出口信用保险的主要内容;(三)出口信用保险合同的赔偿等待期。

五、投资信用保险合同的主要内容

(一)保险责任;(二)除外责任;(三)保险金额;(四)赔偿期限。

考核知识点

(一)保证保险合同

(二)信用保险合同

考核要求

(一)保证保险合同
识记:1.保证保险合同的概念;2.保证保险合同与保证合同的区别
领会:保证保险合同的类型。
(二)信用保险合同
识记:1.信用保险合同的概念;2.信用保险合同与保证保险合同的关系。
领会:1.信用保险合同的类型;2.出口信用保险合同的主要内容;3.投资信用保险合同的主要内容。

第十二章 海上保险合同

学习目的与要求

掌握海上保险合同的概念、船舶保险合同的概念、运费保险合同的概念、保障赔偿责任保险合同的概念、海上货物运输保险合同的概念、石油开发保险合同的概念;明确海上保险合同的内容,实际全损、推定全损、单独海损、共同海损的含义;了解海上船舶保险合同的特征和条款。

第一节 海上保险合同的概念和种类

一、海上保险合同的概念

海上保险合同,是指以海上财产,如船舶、货物以及与之有关的利益,如运费、租金等作为保险标的的保险。

二、海上保险合同的种类

(一)船舶保险合同

船舶保险合同是指,以各种类型船舶为保险标的,船舶在海上航行或者在港内停泊时,遭到的因自然灾害和意外事故所造成的全部或部分损失及可能引起的责任由保险人进行赔偿的保险合同。

(二)运费保险合同

运费保险合同是指,以运费为保险标的,海损后船舶所有人无法收回的运费由保险人补偿的保险合同。

(三)保障赔偿责任保险合同

保障赔偿责任保险合同是指,船舶所有人之间相互保障的一种保险合同形式。主要承保保险单不予承保的责任险,对船舶所有人在营运过程中因各种事故引起的损失、费用、罚款等予以保险。

（四）海上货物运输保险合同

海上货物运输保险合同以海运货物为保险标的，保险人承担整个运输过程，包括内河、内陆运输保险标的遭受自然灾害和意外事故的损失。

（五）石油开发保险合同

石油开发保险合同是以承保海上石油开发全过程各类财产、利益、责任和费用等风险为保险标的的保险合同。

第二节　海上保险合同的内容及保险标的的损失

一、海上保险合同的内容

（一）海上保险合同的主要条款

1．保险人名称；2．被保险人名称；3．保险标的；4．保险价值；5．保险金额；6．保险责任和除外责任；7．保险期间；8．保险费。

（二）海上保险合同的保险标的

1．船舶；2．货物；3．船舶营运收入，包括运费、租金、旅客票款；4．货物预期利润；5．船员工资和其他报酬；6．对第三人的责任；7．由于发生保险事故可能受到损失的其他财产和产生的责任、费用。

（三）海上保险合同的保险价值

1．船舶的保险价值；2．货物的保险价值；3．运费的保险价值；4．其他保险标的的保险价值。

二、海上保险合同保险标的的损失

海上保险合同中按照标的遭受的损失程度的不同，可以分为保险标的的全损和保险标的的部分损失。

（一）保险标的的全损

保险标的的全损一般包括实际全损和推定全损。

1．实际全损

实际全损是指保险财产在物质形态或经济价值上全部消失，即保险标的发生保险事故后灭失，或者受到严重损坏完全失去原有形体、效用，或者不能再归被保险人所拥有。

2. 推定全损

推定全损是指,保险标的因实际全损不可避免,或出现为免遭实际全损而付出超过保险标的价值的费用时而推定保险标的价值全部灭失。

(二) 保险标的的部分损失

除保险标的全损以外的损失即为部分损失,部分损失又包括单独海损和共同海损。

1. 单独海损

单独海损是指,保险标的因承保危险引起的非共同海损的部分损失。即由属于保险范围的风险引起的,在不可预料的情况下发生的,某一标的单独遭受的损失。

2. 共同海损

共同海损是指,为了使船舶和船上货物避免共同危险,有意且合理的做出特殊牺牲或者支付特殊费用而发生的损失。

第三节 海上货物运输保险合同

一、海上货物运输保险合同的承保险别及责任范围

海上货物运输保险合同包括基本险和附加险。

(一) 海上货物运输保险合同基本险

海上货物运输保险合同基本险别包括平安险、水渍险和一切险三种。

1. 平安险的责任范围

2. 水渍险的责任范围

3. 一切险的责任范围

(二) 海上货物运输保险合同附加险

海上货物运输保险合同附加险是基本险别责任的扩大和补充,它不能单独投保,附加险别有一般附加险和特别加险。

二、海上货物运输保险合同保险责任期限

三、海上货物运输保险合同除外责任

四、海上货物运输保险合同索赔期限

五、海上货物运输保险合同的转让

第四节　海上船舶保险合同

一、海上船舶保险合同的特征
1. 船舶保险主要以承保船舶水上风险为限。
2. 船舶保险所承担的风险相对集中,损失金额大。
3. 船舶保险事故的发生频率高。
4. 船舶保险承保范围广泛。
5. 船舶保险属于定值保险。
6. 船舶保险的保险单不能随船舶的转让而转让。
7. 船舶保险涉及的法律广泛、政策性强。

二、海上船舶保险合同条款
　　船舶保险的保险标的是船舶,包括其船壳、救生艇、机器、设备、仪器、索具、燃料和物料。可以分为全损险和一切险。
　　(一)海上船舶保险合同责任范围
　　1. 全损险的责任范围
　　2. 船舶一切险的责任范围
　　(二)海上船舶保险合同除外责任
　　(三)海上船舶保险合同免赔额
　　(四)海上船舶保险合同保险期限
　　(五)海上船舶保险合同终止
　　(六)海上船舶保险合同保险费和退费
　　(七)海上船舶保险合同被保险人义务
　　(八)海上船舶保险合同中的招标
　　(九)海上船舶保险合同索赔和赔偿
　　(十)海上船舶保险合同争议的处理

考核知识点

一、海上保险合同的概念和种类
二、海上保险合同的内容及保险标的的损失
三、海上货物运输保险合同
四、海上船舶保险合同

考核要求

一、海上保险合同的概念和种类
识记：海上保险合同的概念。
领会：船舶保险合同；运费保险合同；保障赔偿责任保险合同；海上货物运输保险合同；石油开发保险合同。

二、海上保险合同的内容及保险标的的损失
识记：实际全损；推定全损；单独海损；共同海损。
领会：海上保险合同的主要条款；海上保险合同的保险标的；海上保险合同的保险价值。

三、海上货物运输保险合同
识记：海上货物运输保险合同的承保险别。
领会：海上货物运输保险合同的除外责任。

四、海上船舶保险合同
识记：海上船舶保险合同的特征。
领会：海上船舶保险合同的主要条款。

第十三章 人身保险合同导论

学习目的与要求

了解人身保险合同的主要条款的含义及内容;明确人身保险合同的概念、种类和特征;掌握人身保险合同当事人和关系人及其权利。

第一节 人身保险合同的概念、特征和种类

一、人身保险合同的概念

人身保险合同是指投保人根据合同约定向保险人支付保险费,保险人在被保险人死亡、伤残、疾病或者达到合同约定的年龄、期限等条件时承担给付保险金义务的保险合同。

二、人身保险合同的特征

(一)保险标的人格化

(二)保险金定额给付

(三)人寿保险保险费的非诉性

(四)以生命表或伤残表作为技术基础

(五)保险人无代位求偿权

(六)人身保险的保险事故涉及人的生死和健康

三、人身保险合同的种类

(一)人寿保险合同

人寿保险合同是指投保人和保险人约定,被保险人在合同规定的年限内死亡,或者在合同规定的年限届满时仍然生存,由保险人按照约定向被保险人或者受益人给付保险金的合同。

(二) 健康保险合同

健康保险合同,又称疾病保险,是指投保人和保险人约定,投保人向保险人交纳保险费,于被保险人疾病、分娩及分娩所致残疾或死亡时,保险人承担给付保险金义务的人身保险合同。

(三) 意外伤害保险合同

意外伤害保险合同,简称伤害保险合同,是指投保人和保险人约定,在被保险人遭受意外伤害及意外伤害所致残疾或死亡时,保险人依照约定向被保险人或者受益人承担给付保险金义务的人身保险合同。

第二节 人身保险合同的当事人及关系人

一、人身保险合同的保险人及其权利

人身保险合同的保险人是指根据人身保险合同的约定,向投保人收取保险费,当被保险人死亡、伤残、疾病,或达到合同约定的年龄、期限时,承担给付保险金义务的人。人身保险合同的保险人享有以下权利:

(一) 投保人申报的被保险人年龄不真实,并且真实年龄不符合合同约定的年龄限制的,保险人享有合同解除权。

(二) 人身保险合同效力中止满两年保险人未与投保人达成协议的,保险人有权解除合同。

(三) 投保人、受益人故意造成被保险人死亡、伤残或者疾病,保险人不承担给付保险金的责任。

(四) 以被保险人死亡为给付保险金条件的合同,自合同成立或者合同效力恢复之日起2年内,被保险人自杀的,保险人不承担给付保险金的责任。

(五) 因被保险人故意犯罪或者抗拒依法采取的刑事强制措施导致其伤残或者死亡的,保险人不承担给付保险金的责任。

(六) 被保险人故意犯罪导致其自身伤残或者死亡的,保险人不承担给付保险金的责任。

二、人身保险合同的投保人及其权利

投保人是指与保险人订立保险合同,根据保险合同约定缴纳保险费,对被保险人的寿命和身体具有保险利益的人。投保人是人身保险合同的当事人,是向保险人提出订立保险合同要约,并负有缴纳保险费义务的人。

(一) 投保权

(二) 复效请求权

(三) 指定与变更受益人权

三、人身保险合同的被保险人及其权利

被保险人是指其生命和身体受保险合同保障,保险事故发生后,享有保险金请求权的人。人身保险合同被保险人的主要权利包括:

(一) 决定合同效力及保险单的转让或质押

(二) 指定与变更受益人

(三) 保险金受益权的归复

四、人身保险合同的受益人及其权利

受益人是指根据人身保险合同约定,由被保险人或投保人指定,享有保险金请求权的人。投保人、被保险人可以作为受益人。受益人享有的权利即为受益权。

第三节 人身保险合同的主要内容

一、不可抗辩条款

不可抗辩条款又称不可争议条款,是指如果保险人放弃了可以主张的权利,经过一定期间保险人无权再以此进行抗辩的人身保险合同条款。

二、年龄误告条款

年龄误告条款即是规定投保人在投保时误报被保险人年龄情况下的处理方法的条款。

三、宽限期条款

宽限期条款是规定分期缴费的寿险合同中关于在宽限期内保险合同不因投保人延迟缴费而失效的条款。

四、保费自动垫缴条款

保费自动垫缴条款规定,投保人未能在宽限期内缴付保费,而此时保单已具有现金价值,同时该现金价值足够缴付所欠缴的保费时,除非投保人有反对声明,保险人应自动垫缴其所欠的保费,使保单继续有效。

五、复效条款

复效条款是指人身保险合同因逾期缴费效力中止两年内,投保人向保险人申请恢复合同效力,经保险人审查同意,投保人补交失效期间的保险费及利息,保险合同效力恢复。

六、不丧失价值任选条款

寿险保单除短期的定期险外,投保人缴满一定期间(一般为2年)的保费后,如果投保人满期前提出解约或终止的请求,保单所具有的现金价值不丧失。

七、保单贷款条款

保单贷款条款规定,投保人缴付保费满若干年后,如有临时性的经济上的需要,可以将保单作为抵押向保险人申请贷款。

八、保单转让条款

九、自杀条款

自杀条款规定,以被保险人死亡为给付保险金条件的合同,自合同成立或者合同效力恢复之日起2年内,被保险人自杀的,保险人不承担给付保险金的责任,但被保险人自杀时为无民事行为能力人的除外。自杀条款包括以下要件的要求:

(一) 主体要件

(二) 主观要件

(三) 时间要件

(四) 法律效果

十、战争条款

战争条款规定,在保险合同的有效期间,如果被保险人因战争和军事行动而死亡或残废,保险人不承担给付保险金的责任。

十一、意外死亡条款

意外死亡条款规定,被保险人在保单的有效期内因完全外来的、剧烈的意外事故发生后于若干日内(一般为 90 天)死亡,其受益人可得到几倍的保险金。

十二、受益人条款

受益人条款是在人身保险合同中关于受益人的指定、资格、顺序、变更及受益人的权利等内容的具体规定。

十三、红利任选条款

红利任选条款规定,被保险人如果投保分红保险,便可享受保险公司的红利分配权利,且对此权利有不同的选择方式。

十四、保险金给付的任选条款

(一)一次支付现金方式

(二)利息收入方式

(三)定期收入方式

(四)定额收入方式

(五)终身年金方式

十五、共同灾难条款

共同灾难条款规定,受益人与被保险人同死于一次事故中,如果不能证明谁先死,则推定受益人先死。

考核知识点

一、人身保险合同的概念、特征和种类

二、人身保险合同的当事人及关系人

三、人身保险合同的主要内容

考核要求

一、人身保险合同的概念、特征和种类

识记:人身保险合同的概念;人身保险合同的特征。

领会:人身保险合同的种类。

二、人身保险合同的当事人及关系人

识记:人身保险合同的保险人;人身保险合同的投保人;人身保险合同的被保险人;人身保险合同的受益人。

领会:人身保险合同保险人的权利;人身保险合同投保人的权利;人身保险合同受益人的权利。

三、人身保险合同的主要内容

识记:人身保险合同主要条款的含义。

领会:人身保险合同主要条款的内容。

第十四章 人寿保险合同

学习目的与要求

了解与掌握人寿保险合同的概念及种类,重点要正确区分分红保险、投资连结保险、万能人寿保险、年金保险等新型保险种类及特殊性;明确人寿保险合同投保人与被保险人的资格;掌握人寿保险合同的概念、死亡保险的概念、定期死亡寿险的概念、终身死亡寿险的概念、生存保险的概念、生死两全保险的概念、年金保险的概念、简易人身保险的概念。

第一节 人寿保险合同的概念和种类

一、人寿保险合同的概念

人寿保险合同是指,投保人和保险人约定,被保险人在合同规定的年限内死亡,或者在合同规定的年限内仍然生存,由保险人按照约定向被保险人或者受益人给付保险金的合同。

二、人寿保险合同的种类

人寿保险可以被划分成风险保障型人寿保险和投资理财型人寿保险。

(一)风险保障型人寿保险

风险保障型人寿保险偏重于对抗人的生存或者死亡的风险。风险保障型人寿保险又可以分为死亡保险、生存保险、两全保险、年金保险、简易人身保险。

1. 死亡保险

死亡保险是指以被保险人在保险期限内死亡为保险事故的保险,死亡保险依期限可以分为定期死亡寿险和终身死亡寿险。

(1) 定期死亡寿险

定期死亡寿险也称定期寿险,是指以被保险人在规定期限内发生死亡事故为前提而由保险人负责给付保险金的人寿保险。

(2) 终身死亡寿险

终身死亡寿险也称终生寿险,被保险人不论在保险期限内何时死亡,保险人都给付保险金。

2. 生存保险

生存保险是指以被保险人在保险期限内的死亡、伤残、或者被保险人生存到保险期限届满为保险事故发生,保险人按照合同的约定给付保险金。

3. 生死两全保险

生死两全保险也称"生死合险"或"储蓄保险",无论被保险人在保险期间死亡,还是被保险人到保险期满时生存,保险公司均给付保险金。

4. 年金保险

年金保险简称年金,是在约定的期间或被保险人的生存期间,保险人按照一定周期给付一定数额的保险金。

5. 简易人身保险

简易人身保险是一种简化了的人寿保险。依照简易人身保险合同,被保险人生存至保险期限或者被保险人在保险期限内因保险事故死亡或者伤残,保险人向被保险人或者受益人给付约定的保险金。

(二) 投资理财型人寿保险

投资理财型人寿保险侧重于投资收益,被保险人也可获取传统寿险所具有的功能。该类型保险可分为分红保险、投资连结保险和万能人寿保险。

1. 分红保险

分红保险保单持有人在获取保险保障之外,可以获取保险公司的分红,即与保险公司共享经营成果。

2. 投资连结保险

投资连结保险保单持有人在获取保险保障之外,至少在一个投资账户拥有一定资产价值。

3. 万能人寿保险

万能人寿保险具有弹性强,成本透明,可投资的特征。保险期间,保险费可随着保单持有人的需求和经济状况变化,投保人甚至可以暂时缓交、停交保险费,从而改变保险金额。

第二节 人寿保险合同的订立和内容

一、人寿保险合同的订立
(一) 投保人与被保险人资格
1. 投保人资格
2. 被保险人资格
3. 常见拒绝承保的规定
(二) 人寿保险合同的要约与承诺
二、人寿保险合同的主要条款
(一) 观望期条款
(二) 所有权条款
(三) 保单提现条款
(四) 自动垫付保费条款
(五) 除外责任条款
(六) 完整合同条款

第三节 年金保险合同的种类

一、按缴费方法分类,年金保险可分为一次缴清保险费年金保险与分期缴费年金保险
1. 一次缴清保险费年金
2. 分期缴费年金
二、按年金给付开始时间分类,年金保险可分为即期年金和延期年金
1. 即期年金
2. 延期年金

三、按被保险人分类,年金保险可分为个人年金、联合及生存者年金和联合年金

1. 个人年金

2. 联合及生存者年金

3. 联合年金

四、按给付期限分类,年金保险可分为定期年金、终身年金和最低保证年金

1. 定期年金

2. 终身年金

3. 最低保证年金

五、按保险年金给付额是否变动分类,年金保险可分为定额年金与变额年金

1. 定额年金

2. 变额年金

六、团体年金的分类

1. 团体延期缴清年金

2. 预存管理年金

3. 保证年金

考核知识点

一、人寿保险合同的概念和种类

二、人寿保险合同的订立和内容

三、年金保险合同的种类

考核要求

一、人寿保险合同的概念和种类

识记:人寿保险合同的概念;死亡保险;生存保险;生死两全保

险;年金保险;简易人身保险;分红保险;投资连接保险;万能保险。

领会:风险保障型人寿保险;投资理财型人寿保险。

二、人寿保险合同的订立和内容

识记:人寿保险合同投保人与被保险人资格;人寿保险合同的要约与承诺。

领会:人寿保险合同的主要条款。

三、年金保险合同的种类

识记:一次缴清保险费年金保险与分期缴费年金保险;即期年金和延期年金;个人年金、联合及生存者年金和联合年金;定额年金与变额年金;定期年金、终身年金和最低保证年金。

领会:团体年金的分类。

第十五章　意外伤害保险合同

学习目的与要求

了解意外伤害保险的种类、意外伤害保险合同的主要内容、旅游意外伤害保险合同的主要内容；明确意外伤害保险的概念、意外伤害保险责任的认定；掌握旅游意外伤害保险合同的含义。

第一节　意外伤害保险的概念、种类及特征

一、意外伤害保险的概念

人身意外伤害保险是指投保人和保险人约定，在保险有效期间内，被保险人遭受意外伤害或者因意外伤害而导致残疾、死亡时，由保险人按照约定向被保险人或者受益人给付身故保险金或残疾保险金的人身保险。

二、意外伤害保险的种类

（一）按投保动因分类

个人意外伤害保险可分为自愿意外伤害保险和强制意外伤害保险。

（二）按保险危险分类

个人意外伤害保险可分为普通意外伤害保险和特定意外伤害保险。

（三）按保险期限分类

个人意外伤害保险可分为极短期意外伤害保险、一年期意外伤害保险和多年期意外伤害保险。

（四）按险种结构分类

个人意外伤害保险可分为单纯意外伤害保险和附加意外伤害

保险。

三、意外伤害保险的特征

（一）短期性

（二）灵活性

（三）保费一般不具备储蓄功能

（四）保险费的厘定与被保险人年龄无关

第二节　意外伤害保险合同的主要内容

一、意外伤害保险的责任范围及责任认定

（一）意外伤害保险的责任范围

保险事故造成被保险人死亡、残废、支出医疗费或暂时丧失劳动能力的，保险公司支付保险金。

（二）意外伤害保险责任的认定

1. 被保险人遭受了意外伤害

2. 被保险人死亡或残废

3. 意外伤害是死亡或残废的直接原因或近因

二、意外伤害保险合同的除外责任

（一）一般意外伤害保险的除外责任

（二）特约保意外伤害保险的责任范围

三、意外伤害保险金的给付

按照伤害程度的不同定额给付。

四、意外伤害保险的保险费

根据意外事故发生频率及其对被保险人造成的伤害程度，对被保险人的危险程度进行分类，根据对不同类别的被保险人的分类，对不同类别的被保险人分别制定保险费率。

五、意外伤害保险的责任准备金

采取非寿险责任准备金的计提原理，对一年期及一年以内的人身保险业务均按当年保险费收入的 50% 提存责任准备金。

六、意外伤害保险的保险金额

由保险人结合生命经济价值、事故发生率、平均费用率以及当时总体工资收入水平,确定总保险金额,再由投保人加以认可。

第三节 旅游意外伤害保险合同

旅游意外伤害保险是指以被保险人在旅游过程中发生的意外伤害为保障对象的意外伤害保险。其中的旅游是指,因旅游、洽谈公务、探亲等必须离开被保险人所在地的行为。

一、旅游意外伤害保险合同的保险责任

在合同保险责任有效期内,保险公司承担下列保险责任:

1. 意外身故保险金
2. 意外残疾保险金
3. 意外医疗费用保险金

二、旅游意外伤害保险合同的保险期间

三、旅游意外伤害保险合同的免责事由

考核知识点

一、意外伤害保险的概念、种类及特征
二、意外伤害保险合同的主要内容
三、旅游意外伤害保险合同

考核要求

一、意外伤害保险的概念、种类及特征
识记:意外伤害保险的概念;意外伤害保险的特征。
领会:意外伤害保险的分类。
二、意外伤害保险合同的主要内容
识记:意外伤害保险的责任认定。
领会:意外伤害保险的责任范围;意外伤害保险合同的除外责

任;意外伤害保险金的给付;意外伤害保险的保险费;意外伤害保险的责任准备金;意外伤害保险的保险金额。

三、旅游意外伤害保险合同

识记:旅游意外伤害保险的含义。

领会:旅游意外伤害保险的保险责任;旅游意外伤害保险的保险期间;旅游意外伤害保险的免责事由。

第十六章　健康保险合同

学习目的与要求

了解健康保险的分类、医疗费用保险的分类和合同常见条款、失能收入保障保险的主要内容、重大疾病保险的分类和合同主要条款。明确健康保险的概念、医疗费用保险的含义、疾病保险的含义和重大疾病保险合同的含义；掌握健康保险的特征、失能收入保障保险的概念、护理保险的概念。

第一节　健康保险的概念、特征和分类

一、健康保险的概念

健康保险是指保险合同的双方当事人约定，投保人向保险人交纳保险费，当被保险人由于疾病、分娩以及由于疾病或者分娩致残或者失去劳动能力时，由保险人给付保险金的保险。

二、健康保险的特征

（一）保险期限较短

（二）保险金给付的补偿性

（三）合同条款呈现出复杂性

三、健康保险的分类

（一）健康保险按照保障对象可以分为疾病保险、医疗保险、失能收入损失保险和护理保险。

（二）健康保险按照保险期限的不同，可分为长期健康保险和短期健康保险。

第二节 医疗费用保险

一、医疗费用保险的概念和分类

医疗费用保险是指以保险合同约定的医疗行为的发生为给付保险金条件,向被保险人提供接受诊疗期间的医疗费用支出保障的保险。

(一)医疗费用保险按照保险金的给付性质分为费用补偿型医疗保险和定额给付型医疗保险。

(二)医疗费用保险按照医疗费用的性质可以分为普通医疗保险、补充医疗保险、特种医疗保险和综合医疗保险。

二、医疗费用保险合同的常用条款

1. 免赔额条款
2. 比例给付条款
3. 给付限额条款

第三节 失能收入保障保险和护理保险

一、失能收入保障保险

失能收入保障保险是指以因保险合同约定的疾病或者意外伤害导致工作能力丧失为给付保险金条件,为被保险人在一定时期内收入减少或者中断提供保障的保险。

(一)失能收入保障保险的给付方式
(二)失能收入保障保险的给付期限
(三)失能收入保障保险的免责期间
(四)失能收入保障保险中残疾的含义

二、护理保险

护理保险是指以保险合同约定的日常生活能力障碍引发护理需要为给付保险金条件,目的是为被保险人的护理支出提供保障的保险。

第四节 疾病保险和重大疾病保险

一、疾病保险

疾病保险指以疾病为给付保险金条件的保险。通常这种保单的保险金额比较大,给付方式一般是在确诊为特种疾病后,立即一次性支付保险金额。

二、重大疾病保险

(一)重大疾病保险合同的概念

重大疾病保险合同,是指由保险公司经办的以特定重大疾病,如恶性肿瘤、心肌梗死、脑溢血等为保险对象,当被保险人患有上述疾病时,由保险公司对所花医疗费用给予适当补偿的商业保险合同。

(二)重大疾病保险的分类

1. 重大疾病保险按保险期限划分,可以分为定期重大疾病保险和终身重大疾病保险。

2. 重大疾病保险按给付形态可划分为提前给付型、附加给付型、独立给付主险型、按比例给付型、回购式选择型五种。

(三)重大疾病保险合同的主要条款

1. 除外责任

2. 重大疾病的范围及定义

考核知识点

一、健康保险的概念、特征和分类
二、医疗费用保险
三、失能收入保障保险和护理保险
四、疾病保险和重大疾病保险

考核要求

一、健康保险的概念、特征和分类
识记:健康保险的概念;健康保险的特征。
领会:健康保险的分类。

二、医疗费用保险
识记:医疗费用保险的含义。
领会:医疗费用保险的分类;医疗费用保险合同的常见条款。

三、失能收入保障保险和护理保险
识记:失能收入保障保险的概念;护理保险的概念。
领会:失能收入保障保险的主要内容。

四、疾病保险和重大疾病保险
识记:疾病保险的含义;重大疾病保险合同的含义。
领会:重大疾病保险的分类;重大疾病保险合同的主要条款。

第四编 保险业法

第十七章 保险组织

学习目的与要求

了解保险组织的类型及其主要形态;弄清保险公司设立的条件和程序;掌握保险公司变更的类型以及法律效果和程序;掌握保险公司解散和清算的程序与法律效果。

第一节 保险组织的设立

一、保险组织的类型

各国保险法律规定和存在的保险组织,其组织形式是有差别的。一般来说,保险人采取的组织形式有保险股份有限公司、保险国有独资公司、相互保险公司、保险合作社和个人保险组织。

二、保险公司的设立

(一)保险公司的设立条件

根据《保险法》第68条和《保险公司管理规定》第6条规定,保险公司的设立,应具备如下条件:

1. 合法的公司章程
2. 符合法定数额的资本额
3. 适格的高级管理人员
4. 健全的组织机构和管理制度

5. 适于保险营业的营业场所与设施
(二) 保险公司的设立程序
1. 筹建保险公司的申请
2. 拟设立保险公司的筹建
3. 提出设立公司正式申请
4. 颁发经营保险业务许可证
5. 保险公司的设立登记

第二节 保险公司的变更

一、保险公司的合并与分立

保险公司的合并,是指两个或两个以上的保险公司依法或依约定归并为一个公司或创设一个新的保险公司的商业行为。保险公司合并的形式有吸收合并与新设合并两种。保险公司的分立,是指一个保险公司又设立另一保险公司或一个保险公司分解为两个以上的保险公司。保险公司分立有新设分立与派生分立两种形式。

二、保险公司组织形式的变更

保险公司组织形式变更,是指不中断公司的法人资格而将保险公司由一种法定形式转变为另一种法定形式。与保险公司合并、分立不同之处在于,在保险公司组织形式变更中,保险公司不经解散、清算、重新设立等程序而改变为另一种保险公司。

三、保险公司其他事项的变更

保险公司其他事项的变更,是指除保险公司合并、分立、保险公司组织形式变更以外的其他的公司实体变化,主要是:(1) 变更名称;(2) 变更注册资本;(3) 变更公司或者分支机构的营业场所;(4) 撤销分支机构;(5) 修改公司章程;(6) 变更出资额占有限责任公司资本总额5%以上的股东,或者变更持有股份有限公司股份5%以上的股东;(7) 国务院保险监督管理机构规定的其他情形。

第三节　保险公司的解散、清算

一、保险公司的解散

保险公司的解散,是指已经成立的保险公司因其章程或法律规定的解散事由发生而停止营业,并处理未了结业务,逐渐终止其法人资格的行为。这是保险公司主体资格消灭的必经程序。保险公司解散因其原因不同可分为任意解散和强制解散。此外,还有宣告破产导致的解散等。

二、保险公司的清算

保险公司的清算,是指保险公司解散时,清理其债权债务,处分其财产,终结其内外关系,从而消灭公司法人资格的法律程序。依据不同标准,保险公司清算可分为不同类型:(1)破产清算与非破产清算;(2)任意清算与法定清算。

考核知识点

一、保险组织的设立
二、保险公司的变更
三、保险公司的解散、清算

考核要求

一、保险组织的设立

识记:保险组织的类型;股份有限保险公司;相互保险公司;保险合作社;保险公司的设立条件;适格的高级管理人员。

领会:有限责任保险公司;个人保险组织;保险公司的设立程序;拟设立保险公司的筹建。

二、保险公司的变更

识记:保险公司合并和分立的概念;保险公司合并和分立的法律效果;保险公司变更的类型。

领会:保险公司合并和分立的程序;保险公司组织形式的变更;保险公司其他事项的变更。

三、保险公司的解散、清算

识记:保险公司解散的概念;保险公司解散的种类;保险公司清算的概念;保险公司清算的种类。

领会:保险公司解散的法律效果;清算组的产生。

第十八章 保险监管

学习目的与要求

了解和掌握保险监管的内涵与监管模式;弄清保险监管机构的设置;掌握保险监管的内容。

第一节 保险监管概述

一、保险监管的内涵

监管是监督和管理的合称,保险监管是指对保险业的监督和管理。依据监管主体范围的不同,保险监管有广义和狭义两种理解。广义的保险监管是指有法定监管权的政府机关、保险行业自律组织(如保险行业公会或协会)、保险企业内部的监督部门以及社会力量对保险市场及市场主体的组织和经营活动的监督或管理。狭义的保险监管一般专指政府保险监管机关依法对保险市场及保险市场主体的组织和经营活动的监督和管理。

二、保险监管的模式

总起来看,世界范围内监管模式主要有公示监管模式、准则监管模式和实体监管模式三种。

三、保险监管的机构设置

国外保险监管机构的设置分为两种情况:一是设立直属政府的保险监管机构;二是在直属政府的机构下设立保险监管机构,执行保险监管的部门隶属于财政部、商业部、中央银行、金融监督管理局等。我国按照银行业与保险业"分业经营、分业监督管理"的原则,设立保监会,它是国务院的直属事业单位,是全国商业保险的主管机关,根据国务院授权履行行政管理职能,依照法律、法规统一监管中国保险市场。

第二节 保险监管的内容

一、偿付能力监管

偿付能力监管是防范风险、加强监管的核心。根据《保险法》和《保险公司偿付能力管理规定》，保险公司偿付能力是指保险公司清偿其债务的能力。

二、保险资金运用监管

保险资金是指保险公司的各项保险准备金、资本金、营运资金、公积金、未分配利润和其他负债，以及由上述资金形成的各种资产。资金运用是保险行业的核心业务，它已经超越保费收入，成为保险公司利润的主要来源。保险资金运用应当遵循安全性原则、流动性原则与收益性原则。

三、危险防范监管

为防范经营危险，现代保险公司承保危险分解为自留危险与分保危险，保险法从危险的自留额与再保险两个方面设计危险防范的制度构造。

四、不正当竞争行为监管

保险公司开展业务，应当遵循公平竞争的原则，不得从事不正当竞争。保险人的不正当竞争行为亦可依据《中华人民共和国反不正当竞争法》追究其法律责任。

五、合同内容监管

保险公司应当按照国务院保险监督管理机构的规定，公平、合理拟订保险条款和保险费率，不得损害投保人、被保险人和受益人的合法权益。保险公司应当按照合同约定和本法规定，及时履行赔偿或者给付保险金义务。

六、信息监管

信息监管，是指保险公司应当将保险经营过程中的重大事项或经营活动中的资料或数据予以披露或报告的制度。

七、保险组织监管

保险监管机构对保险公司的组织活动采取特定形式的监控，对保险公司营业过程中出现的特定情况,监管机构亦采取特定措施进行管控。

考核知识点

一、保险监管概述
二、保险监管的内容

考核要求

一、保险监管概述
识记:保险监管的内涵;保险监管的模式;实体监管模式;国外保险监管机构的分类;我国保监会的性质;我国保监会的职权。
领会:保险监管的缘由;公示监管模式;准则监管模式;国外保险监管机构设置的情况;我国保险监管机构的历史发展。

二、保险监管的内容
识记:偿付能力监管;保险资金运用监管;合同内容监管;保险组织监管的内容。
领会:危险防范监管;信息监管;不正当竞争行为监管;保险组织监管。

III 有关说明与实施要求

为了使本大纲的内容在自学考试及相关命题中易于贯彻落实,特作如下说明。

一、关于考核目标

本大纲在考核内容基础上进一步明确了考核目标,有助于考生确切认识和理解学习和考试内容,便于学生有针对性地应对复习和考试。在考核目标中,学习者可以按照识记、领会和应用三个层次来进行学习和应试。但是,由于每种层次的知识和原理都是相互关联的,因此,学习者应将各种层次的内容联系起来综合地予以认知和理解。

二、关于对命题考试的基本要求

1. 自学考试应根据本大纲列明的课程内容、考核点和考核要求进行命题。考试命题内容应突出重点,并合理分配章节覆盖面。

2. 本课程在考试题中对不同层次的考核内容要进行相应的比例控制,一般情况下,识记应占总题量的40%,领会应占总题量的35%,应用占总题量的25%。

3. 试题应按照易、较易、较难和难四个梯次的合理比例分布。每套试题内,易占20%,较易占30%,较难占30%,难占20%。

4. 本课程考试试卷的题型一般包括单项选择题、多项选择题、填空题、名词解释题、简答题、论述题和案例分析题等。

5. 本课程采用闭卷、笔试的考试方式。按百分制计分,60分为及格线。

三、关于自学考试教材

自学教材:《保险法》,全国高等教育自学考试指导委员会组编,徐卫东主编,北京大学出版社2010年版。

四、关于编写本大纲的参考法律文献

《中华人民共和国保险法》(2009年2月28日经第11届全国人大常委会第7次会议修订通过)、《中华人民共和国民法通则》、《中华人民共和国合同法》、《中华人民共和国破产法》、《中华人民共和国证券法》、《中华人民共和国刑法》以及中国保险监督管理委员会发布的规章和保险公司有关行业规范的有关课程内容的部分。

Ⅳ 题型示例

一、单选题(每题只有一个答案是正确的,将其前面的字母写在括号内)

1. 关于保险合同是否成立,下列说法正确的是(　　)
   A. 保险人签发了保险单,保险合同方可视为成立
   B. 只要投保人按规定填写了投保单,保险合同即可视为成立
   C. 只有投保人交付了保险费,保险合同方可视为成立
   D. 投保人提出保险要求,经保险人同意承保,并就合同的条款达成一致,保险合同即为成立

2. 保险合同成立后,除法律另有规定或保险合同另有约定外,可解除合同的人是(　　)
   A. 被保险人　　　　　　　　B. 保险人
   C. 投保人　　　　　　　　　D. 受益人

二、多选题(每题至少有两个答案是正确的,将其前面的字母写在括号内)

1. 责任保险合同的保险人应当支付的费用包括(　　)
   A. 被保险人因给第三者造成损害所致经济损失
   B. 被保险人因给第三者造成损害而被提起仲裁的仲裁费用
   C. 被保险人因给第三者造成损害而被提起诉讼的诉讼费用
   D. 被保险人因给第三者造成损害而被提起仲裁或诉讼时聘请律师所致费用

2. 以下哪种情况属于意外伤害保险合同承保的责任(　　)
   A. 因煤气中毒死亡　　　　　B. 因患癌症而死亡
   C. 因住房倒塌而致残　　　　D. 因耕牛顶撞而致残

三、名词解释

1. 受益人　　　　　　　　　2. 再保险

四、简答

1. 复保险的构成要件。
2. 保险代位求偿权的行使要件。

五、论述

1. 危险增加通知义务的构成要件。
2. 违反如实告知义务的构成要件。

六、案例分析

1. 2000年5月12日,某水产贸易公司在保险公司投保了财产基本险,保险期限一年。2000年7月12日凌晨左右,该水产贸易公司发生火灾,直接经济损失达人民币120万元。接到报案以后,保险公司立即赶赴现场进行勘查。经查火灾发生在保险期限以内,出险地点与保险单上财产地址相符,火灾也属于保险合同规定的保险责任。但是,该水产贸易公司的营业性质已经由水产品销售转变为经营歌舞厅,而且水产贸易公司并未向保险公司告知这一重要情况。这起火灾是由于电线短路,引燃木结构所致。该案保险公司是否可以拒付保险金?为什么?

2. 某厂女工王某于1996年6月22日为贺某投保(贺某与王某为婆媳关系)。经贺某同意后购买年期简易人身保险15份,指定受益人为贺某之孙,王某之子甲,时年12岁。保险费从王某的工资中扣交。交费1年零8个月后,王与被保险人之子乙离婚,法院判决甲随乙共同生活,离婚后王仍自愿按每月从自己工资中扣交这笔保险费,从未间断。1999年2月20日被保险人贺某病故,4月王向保险公司申请给付保险金。与此同时,乙提出被保险人是其母亲,指定受益人甲又随自己共同生活,应由他作为监护人领取这笔保险金。王则认为投保人是她,交费人也是她,而且她是受益人甲的母亲,也是甲合法的监护人,这笔保险金应由她领取。保险公司则以王某因离婚而对贺某无保险利益为由拒绝给付保险金。

问:
(1) 王某要求给付保险金的请求是否合理?为什么?
(2) 乙要求给付保险金的请求是否合理?为什么?

V 后 记

《保险法自学考试大纲》(含考核目标)是根据高等教育自学考试法律专业开考计划的要求,按照培养目标与课程特点,主要依据2009年修订发布的《中华人民共和国保险法》及相配套的法规、规章,结合本课程教材的编写过程,由吉林大学法学院徐卫东教授主持编写。

本大纲由中国人民大学法学院贾林青教授、北京工商大学王绪瑾教授、中央财经大学陈飞博士任审稿人,谨向他们表示诚挚的谢意。

全国高等教育自学考试指导委员会
法学类专业委员会
2010年9月